히브리들의 이야기

산민의 메타 히스토리

최한구 지음

도서출판 한글

히브리들의 이야기

2020년 5월 20일   1판 인쇄
2020년 5월 25일   1판 발행

저   자 최한구
발행자 심혁창
마케팅 정기영 곽기태

펴낸곳 도서출판 한글
우편 04116
서울특별시 마포구 신촌로 270(아현동)
수창빌딩 903호
☎ 02-363-0301 / FAX 362-8635
E-mail : simsazang@hanmail.net
창   업 1980. 2. 20.
이전신고 제2018-000182

* 파본은 교환해 드립니다
* 정가 20,000원
*
ISBN 97889-7073-576-4-93230

　　이 도서의 국립중앙도서관 출판예정도서목록(CIP)은 서
지정보유통지원시스템   홈페이지(http://seoji.nl.go.kr)와
국가자료종합목록 구축시스템(http://kolis-net.nl.go.kr)에
서 이용하실 수 있습니다.(CIP제어번호 : CIP2020019986

서 문

　세계사에서 가장 독특하고도 우뚝 높이 선 민족과 그 나라, 슈펭글러나 토인비도 그들의 역사 도식에서 평가할 수가 없어 각주로 밀어 버린 신비한 나라. 히브리들의 이야기, 4대륙과 접하면서 여섯 개의 대 문명과 맞장을 뜨며 강자들이 집어 삼키어 흔적도 없이 사라졌는가 하면 다시 살아 일어난 불가사의한 나라의 4천년 이야기를 쉽게 읽을 수 있는 에세이로 정리했습니다.

　세계인구의 0.5%도 되지 않는 나라가 세계의 재정과 국제 정치를 주도하는 별스런 나라. 유대인, 그러면 돈 잘 벌고 노벨상을 제일 많이 받는 탈무드 민족으로만 묘사하는 흥미 본위의 쓴 책들이 많습니다. 얼마 전 TV에 베스트셀러 작가와의 대화를 보는데 유대인이 왜 돈이 많으냐는 질문에 전혀 본질에 맞지 않는 답변을 들은 것이 이 책을 쓰는 동기가 되었습니다. 4천년 유대 역사를 핵심적으로 정리하면서 유대 역사의 정사를 조금 색다르게 메타 히스토리 관점에서 해석했습니다. 다시 말합니다만 본서는 흥미 본위의 책이 아니라 히브리의 정사입니다.

　학술적 논문이 아니기 때문에 참고 서적이나 출처를 밝히지 않았습니다. 그러나 4천년 유대 역사를 주제별로 핵심을 정리하느라고 마음 썼습니다. 오묘한 역사 사실을 단순히 정리한 감도 있습니다.

　역사학자인 친구 김인수 박사가 리딩해 주었고 소설가 한만선 선생께서 문장을 다듬어 주었습니다. 전체 흐름은 은사인 디몬트 박사의 유대민족을 따랐습니다만 모든 내용은 저자의 임의입니다.

　　　　　　　　　　　　　　　　　　　저자 최 한 구

‖ 목 차 ‖

히브리들의 이야기

인류 역사에 단 한 번,
오직 한 민족에게만 있었던 유일한 사건
인간의 사고로는 이해할 수 없는 민족
죽었다고 땅에 묻어 장례를 치르고 돌아서면 다시 살아 일어나
인류 역사에 가장 높은 곳에서 우뚝 서
인류를 풍요하게 하는 민족.

인류 역사에 아주 늦게 등장하여
유명한 역사가의 도식에서 설명할 수 없는
불가사의의 문화를 창출한 민족.

그들이 어떻게 태어나
어떻게 살고
어떻게 죽어 다시 살아났는지를 살핀다

히브리라고 부르는 유대인의 역사는

가나안의 방황
애굽의 노예
나라 건설
포로 생활
희랍시대
마카비 왕국 유대아 건설
로마학정
회교시대
봉건사회
자본시대
홀로코스트의 죽음
시온에 이스라엘 건설
(상론은 166장에 정리)

히브리들의 정신사
모세의 토라
에스라의 미드라쉬
유다하나시의 탈무드
아난 벤 다윗의 카라이즘
이삭 루리아의 카발라
발셈 톱의 하시디즘
멘델스 존의 하스카라
헤즐의 시온주의
(상론은128장에 정리)

제1장. 히브리들의 이야기 프리앰블

유대 또는 이스라엘이라는 민족의 이름이 정해지기 전
그들을 히브리라 불렀다. 강을 건너 고향을 떠난 자, 고향
없이 방황 하는 자란 뜻이다.
지금은 나라를 가지고 평안한 가정과 안식처가 있는 데도
그들은 히브리라고 부르는 것을 싫어하지 않는다.
히브리인이라고 부르는 이들은 나라 없이 2000년 이상
세상을 유랑하면서도 세계를 지배하는 탁월한 인물들을
생산, 인류에 봉사했다. 유대인으로 태어나 전 인류의
구세주로 지금도 10억의 신도를 가진 기독교, 15억이 넘는
정치 신도를 거느린 공산주의의 아버지 칼 마르크스,
물리학의 거성 아인슈타인, 정신세계의 프로이드, 영화 및
언론과 경제 산업의 두취들의 이름은 다 열거하지 못한다.
이 같이 우뚝 높이 선 인물을 배출한 기이한 히브리들은
어디서 온 사람들인지, 그 뿌리를 찾아간다.
그들은 아브람이라고 하는 한 노인이 야웨라는 절대 신을
만나는 데서 히브리가 시작된다.

1. 서문

나는 왜 이 책을 쓰는가?

유대인은 왜 돈을 잘 버는가? 강성대국 유대인 같은 판매 흥행서적의 책들을 경멸했다. 유대인의 정신 뿌리를 깊이 이해하지 않고서는 왜 돈을 잘 버는지, 왜 강성대국이 됐는지를 바로 이해하지 못하기 때문이다. 본서는 본래 히브리들의 사가 이야기 였는데 출판사의 요청에 의해 바꾸었다

인간사의 장구한 흐름에 가장 깊게 그리고 포괄적으로 세계와 접해 온 역사가 있다면 그것은 유대인이다. 그들은 4대륙과 6개의 대 문명을 경험하면서 삶과 죽음의 모든 질고를 견디며 지혜스럽고 강하여 졌다. 6개의 대 문명의 경험은 생명을 요구하는 엄중한 것이었으나 그들에게 하나의 큰 도전이었고 그 도전의 위기 속에서 강하고 지혜스럽게 성장하였다. 애굽, 앗시리아, 바빌론, 페르시아, 그리스로마, 중세의 디아스포라, 아랍제국, 독일, 그들은 거의 다 사라지고 히브리들만이 살아남아 있다.

토인비에 의하면 이 지구상에 21개의 큰 문명권이 있었다 한다. 그 찬란하고 강성한 문명은 몇 개의 건물과 돌 더미 몇 개를 남긴 채 다 사라져 없어졌다. 한데 중동의 가장 작은 소수 민족인 유대인은 살아남았을 뿐만 아니라 인류사에 가장 큰 영향력을 끼쳐 우뚝 높이 선 민족이 되었다. 인류의 인구 70억에 유대인 1300만, 본국에 400만, 해외에 900만이 산재하는데 세계인구의 0.5%도 되지 않음에도 종교, 물리, 의학, 화학, 문학, 음악, 언론, 철학, 경제에서 뛰어나 노벨상의 20%를 점유한다. 그런가 하면 세계인구 1/3에 해당되는 사람들이 신의 아들이라는 예수를 하나님의 아들로 숭앙하고 공산주의의 복음이란 마르크스의 자본론의 자식들이 되어 있다.

이같이 유별난 종족을 존속시켜 나온 힘은 무엇일까? 야웨라 이름하는 유일신과

그 신이 보내온 토라가 이 작은 민족을 지켜온 힘이다. 토라가 유대인을 위대하게 했고 이 유대인은 토라를 지켜 왔다. 토라를 중심으로 유대인들과 야웨와의 대화의 연속이 그들의 역사인데, 이 유일신 야웨가 준 토라가 유대인들을 세상에서 유별난 족속이 되게 했고, 그 대화 속에서 세상이 깨닫지 못한 사고인 교회, 기도, 구제, 교육, 자선 같은 개념을 창조하여 인류를 깨우쳤다.

야웨는 자기가 창조한 전 인류를 위한 모범적 인간의 모델을 내셨으니 그것이 유대인들이다. 모름지기 야웨의 창조물인 인간이 히브리 같아야 하니 히브리는 전 인류의 모델, 증인이 되라고 하셨다. 쉽게 말해 모든 인류가 유대인처럼 되라는 것이다. 그래서 누구도 갈 수 없는 신의 자녀의 길을 유대인을 통해서 보여 주어 인류 모델의 모델이 되게 했다.

이에 나는 오랜 시간 동안 고민하며 생각한 한 가지 문제가 있다. 유대인의 역사, 예수 오기 전의 2000년의 역사는 거룩한 선민의 역사라 하여 성경 속에 넣어 모든 인류의 경전으로 만들어 그 선민의 역사 속에서 야웨의 계시를 찾으라는 것이다. 나의 질문은 이것이다. 예수 이전의 유대사는 신의 계시인 경전이라면 예수 이후의 유대사는 신의 뜻이 있는 계시가 아니란 것인가?

야웨는 숱한 선지자를 세워 야웨의 뜻을 전달했다. 아말렉과 싸울 때 모세가 팔을 들면 아군이 이기고 손을 내리면 적국이 상승하고, 어린 초로의 아이가 세계적 명장을 물맷돌 하나로 해치우는 모습만이 계시의 말씀이라고 감동해 왔지만, 예수 이후의 유대사에도 야웨의 거룩한 손길이 아니고서는 일어날 수 없는 일들은 부지기수다. 2000간 나라 없이 살다가 나라를 세운 1948년 5월 14일, 일억이 넘는 아랍 연합국을 인구 백만도 안 되는 이스라엘이 쳐부순 사실을 어떻게 설명할 것인가? 결론부터 먼저 말하자면 예수 이후 2천년의 유대사도 신의 뜻을 계시한 거룩한 선민사다.

하나 경전 편집은 끝났다. 유대 역사에 성문과 구전이 있듯이 예수 이후 유대사는 성문경전에 포함시킬 수는 없으나 구전으로 받아 오늘 우리의 삶의 교훈으로 받아야 할 것이다.

2. 히브리들의 정체

유대인, 혹 이스라엘인은 석기 청동기의 시대를 경험하지 못한 채 불쑥 나타난 유별난 민족이다. 유대인, 이스라엘이라는 말은 아주 후기에 생겨난 이들의 명칭이다. 그 이전에는 이들을 이브리 혹 히브리인으로 불리었다. 히브리란 유프라테스 강을 건넘으로 고향을 잃은 사람이란 뜻이다. 그래서 히브리란 강을 건너온 뜨내기 인생이란 뜻으로 지금도 가는 곳마다 자신을 칭할 때 나는 히브리 사람 또는 이브리라고 소개한다.

히브리란 당시로서 고향 떠난 거지같은 존재로 자신을 낮추고 천하게 부르는 말이다. 한데 오늘날 유대인들은 히브리, 방황하는 거지란 말을 부끄럽게 생각지 않는다. 그들이 사용하는 언어를 유대어 또는 이스라엘어 하지 않고 히브리어라 한다. 뿐만 아니라 그들의 명문 예쉬바 대학을 히브리대학이라고 한다. 당시 자신을 낮추어 부른 천민이란 신분을 오히려 지금은 자랑스럽게 여기고 있다.

데라가 살던 메소포타미아는 도시 국가로 남부에 바빌론이 자리한다. 바빌론 이전은 아카드-수메르 왕국으로 기원 2100년 전 사르곤이라는 셈족 대왕이 건설한 왕국이다. 그 후 함무라비가 당시의 모든 도시 국가를 통일해 바빌로니아 제국을 건설한다. 이때 데라 라고 불린 사나이가 그의 아들 아브람과 그의 아내 사라, 조카 롯을 데리고 바빌로니아의 국제 도시 우르를 떠나 북서쪽으로 150km 떨어진 하란으로 간다. 데라는 여기에서 죽고 그의 아들 아브람이 가장이 되어 가족을 데리고 남하한다. 신의 후예인 아브람이 시도한 장도의 여행, 나침반도 비행기도 없는 시절에 그는 과연 여행가의 선구자로서 용기 있는 사나이였다. 신앙은 삶에 대한 용기이다. 3000년 후 그의 후예인 투델라의 벤자민은 유대인으로 마이코 폴로보다 앞서 아시아를 여행하게 된 것도 미상불 아브람에게서 얻은 지혜였을 것이다.

성서는 데라의 족보를 노아에게까지 연장하여 노아의 세 아들 중 축복받은 맏아들인 셈까지 소급되지만 성서는 그들이 무엇을 했는지 왜 고향 우르를 떠났는지에 대한 설명을 하지 않는다. 아버지를 잃고 가족을 이끈 아브람이 남하하다 일생을 변화시키는 불가사의한 경험을 만난다. 야웨와의 해후이다. 기독교의 시원이 되는 사도 바울이 다메섹 도상에서 예수의 환영을 본 것과 같은 의미이다. 바울 일생에 가장 경이로운 경험이요 기독교의 시작을 말하듯이 이 사건은 구약 종교의 시작이란 점에서 뜻 깊은 것이다. 이 만남의 동행은 삼천구백 년 전에 시작하여 아직도 계속되고 있다.

아브람이 야웨를 만날 때에 75세였다. 이때 야웨는 그에게 계약을 요구한다. 너와 나의 특수한 관계, 나는 너의 하나님이 되고 나의 계율을 지키면 나의 선민이 되어 모든 복의 근원이 되리라고 계약을 제안한다. 이 사건에서 아브람은 아브라함으로 개명하여 열국의 아비가 된다. 야웨는 너희가 특수한 인간이 아니라 세상과 구별된 인간이 되리라고 한다. 너와 나 사이는 어떤 가림도 허물도 없는 관계가 되어야 한다. 황량한 사막에서 기댈 사람 하나 없는 아브람의 일생에 가장 마음 든든한 뒷배가 생긴 것이다.

왜 아브람에게 이 같은 일이 생겼는지, 왜 아브람이 이 사건의 주인공이 됐는지도 설명하지 않는다. 계약의 내용은 간단하다. 너는 나의 선민, 내가 불러 택한 나의 맏아들이 되어 내 명한 바를 지키라. 8일 만에 할례를 받고 인간 제물을 금지하라는 것이다. 당시 아들을 잡아 제사 지내는 야만적인 종교 행위는 항용 있는 보통의 일이었다. 한데 그런 야만적 종교행위는 절대 금한다는 선진적 지시였다. 유대인 역사 4000년에 이 계약만큼 변함없이 야웨와 유대인을 묶은 고리는 없었다. 이 계약을 떠나서는 유대인도 이스라엘도 존재하지 않는다. 이 계약이 없었다면 유대인이란 정체성은 없어지고 세상의 속물로 동화되는 것은 일도 아니었다. 시대가 변하면서 그 계약의 방법이 달라질 수도 있지만 야웨와 히브리들의 관계의 기본과 목적은 한 번도 달라지지 않은 채 오늘에까지 왔다. 이것은 유대인의 출발점이다.

아브라함의 신과 인간의 계약, 사람과 사람 사이의 계약이란 점에서 기본은 같은 것으로 18세기 루소의 그것보다는 3800년 앞선 선진적 착상이다.

3. 히브리들의 역사를 바라보는 눈

랑게(1795-1886)는 역사가의 사명은 사실을 정확히 찾는 것이라 했다. 사실 정직하게 팩트를 찾아 정리하는 것은 중요하다. 한데 역사가가 얼마나 정확한 사실을 밝혀 기록할 수 있느냐이다. 설령, 했다 할지라도 자기 편견에서 보도하면 그것은 사실 증명이 아니다. 그래서 생긴 것이 독일의 역사 철학(GESCHICHTE)인데 이것마저 자기 철학화해 버리면 역사 사실과는 관계없는 허위만 남게 된다. 그래서 대두된 것이 메타 히스토리이다. 역사의 상상의 지평을 확장하는 것이다. 언어의 하부 구조 속에 있는 허구와, 사건을 픽션화하는 것이 우리에게 상상력을 발동시켜 역사에 가까이갈 수 있다고 했다. 저자는 지금 메타 히스토라로 히브리들의 이야기를 보도한다. 그렇다면 우리는 히브리의 역사를 어떻게 보고 해석해야 할까. 맑스 디몬트가 적용한 8가지 역사방법론에 따라 정리하고 내 생각을 펴고자 한다. 물론 8가지 역사 방법론도 필자의 견해에 의해 채색된 것이다.

헨리 포드는 역사는 전부 거짓말이라고 단정한다. 역사는 역사가의 자기 맘에 있는 대로 꿰어 맞춘 엉터리다. 그러니 역사를 알고 싶으면 양심적인 대학교수를 불러들으면 된다고 하는 역사 불신관이다

역사를 보는 제2의 방법은 정치학적 해석이다. 누가 왕이 되고 승리한 장수며 그로 인하여 왕조가 언제까지 갔느냐? 그 왕조가 강하여 누구를 지배하고 누가 지배를 당했는가? 기원전부터 오늘날까지 질서 정연하게 연대순으로 암기한다. 그것이 우리가 학교에서 배워온 역사공부다.

제3의 역사 방법은 지리학적인 것이다. 이 방법에 따르면 기후와 산업의 관계에서 지리적 영향에 의한 민족의 성격 같은 것을 논한다. 또한 지리적으로 이웃하고 있는 나라와의 관계와 영향도 다루는데 이 방법은 히브리를 연구하는 데는 별 도움이 안 된다. 히브리들은 온 세계 도처에 흩어져 살았기에 기후나 이웃의 영향에 대

해서는 말할 것이 별로 없다.

제4의 역사적 해석 방법은 경제적인 것이다. 이 역사관의 대표적 학자는 칼 마르크스이다. 역사는 생산 양식에 의해 결정된다. 봉건제도의 경제가 자본주의 경제로 변하고 있는 상황에서 생산 양식이 경제와 사회 원리가 된다고 주장한다. 그래서 사회제도 종교, 윤리도덕 및 가치관이 변화해야 한다고 말한다. 가치관뿐만이 아니라 사회제도, 정치 제도도 변화해야 한다. 쉽게 말해 공산주의 물질사관이다

제5의 방법은 경제학적 방법보다는 새로운 것이다. 이것은 20세기 초엽에 지그몬트 프로이드에 의해 제창된 것으로 역사는 잠재적 반항심에서 해방시키자는 것이다. 우리의 잠재의식 속에 있는 성의 억압, 근친상간, 사디즘 같은 심리 문제에서 완전 해방될 때 진정한 인간 역사가 가능하다는 것이다. 정신 분석적 역사학자는 인간의 욕망성의 억압과 자유화의 정도가 역사의 방향과 문화의 방향이 된다고 주장한다.

여섯 번째 방법은 역사학을 철학화하는 것이다. 그 대표적인 학자가 헤겔, 슈펭글러와 토인비이다. 이들의 철학적 입장은 다 다르지만 공통적으로 일치하는 점이 있다. 역사는 생물처럼 생성의 과정으로 태어나 장성하고 늙어간다는 것이다. 생물과 같은 역사는 그 역사의 철학이나 사상의 성격에 따라 살아 움직이는 역사도 되고 사멸하기도 한다. 사실 헤겔과 슈펭글러와 토인비는 각자 완전히 다른 역사관을 가졌는데 그것은 다음 장에서 소상히 다루기로 한다.

일곱 번째 역사의 얼굴은 신학적인 해석이다. 인간과 이 세상사 사이에 신이 개입하여 역사를 운행한다는 신앙적 역사관이다. 개신교의 폴 티릭, 가톨릭의 베이쟈르예프, 유대교의 부버 같은 실존 철학자들의 주장이다.

제8의 역사관은 인간 위인설이라는 것이다. 쉽게 말해 시대를 운행하기 위해선 필요에 따라 어떤 위인이 나타난다고 믿는다. 사회 변화를 위해 루소나 콩로세 같은 계몽주의자가 생겨났고 워싱턴이 없었다면 미국의 역사는 없었고, 윈스턴 처칠이 없었다면 이차 대전의 승리도 없었다고 보는 영웅사관이다. 기독교적으로 보면 메시야 사관이다.

4. 유일신 신앙과 정신 투사

히브리의 시작은 아브라함이요 아브라함의 시작은 유일신 신앙이다. 당시 사막의 중동인은 수많은 잡신을 섬겼다. 하늘을 섬기고 별을 섬기며 운석을 섬기며 따라 갔다. 잡신을 섬긴다는 것은 잡신의 종이 되는 것이다. 잡신이 주는 온갖 공포와 근거 없는 미신과 거짓의 종 된 생활을 해야 한다. 어떤 나라는 나라 전체 인구의 세 배나 되는 신을 섬긴다고 하는데 그것은 귀신의 종 된 삶을 사는 것을 말한다.

이러한 상황 속에서 아브라함은 야웨를 만나는데, 아브라함의 야웨 해후는 아브라함의 삶의 스타일의 변화를 말한다. 야웨와의 해후는 유일신 신앙과 복의 근원으로 인생을 축복하고 할례와 유아 제물 금지로 요약되는 계약이지만 실제로는 야웨 신앙은 엄청난 궁극성과 초월적 가능성을 상상한다. 엄청난 창조와 끝없는 상상의 세계 속에서 삶의 새 길을 열게 한다. 어떤 상이 없는 야웨는 고정된 박재 신이 아니라 끝없이 변화 속에 있는 살아 있는 실체로서 가까이 왔다. 창조의 신, 사랑과 용서의 신, 무한한 가능과 잠재력의 신, 정의와 평화의 신, 유대인의 창조력과 위대성은 이 유일신 신관에서 나왔다. 아브라함의 일생은 상이 없는 야웨를 상상 궁구한다.

보이는 신과 보이지 않은 신은 대하는 방법이 다르다. 히브리들은 이교도들과는 다른 방법으로 신을 대하고 행동하기 시작했다. 야웨는 불사신이며 한 분밖에 없기에 신들의 전쟁으로 인한 재앙도 없고 신의 성생활의 희생도 필요 없었다. 고대 신전은 매춘 굴의 역할을 하므로 다산을 기원했는데 그 같은 성적 규율에서도 자유했다. 히브리들이 일신교를 받아들이자 무의식 속에서 어떤 특이한 삶을 한다. 처음에는 별 차이 없이 진행됐으나 시간이 지나면서 유대인의 삶은 고결로 변화됐다. 유일신 신앙의 고결한 삶은 그때부터 지금까지 이교도들과는 다른 삶으로 인도했다.

히브리들은 별종이다. 틀리더라도 남들과는 다른 삶을 산다. 이 별종 가운데 별종, 천재 심리학자인 지그몬트 프로이드의 정신 분석의 투사작용을 소개한다. 아브라함의 야웨 해후는 정신의 투사 작용이라는 것이다. 투사 작용이 무엇인가? 어떤 사람이 미래의 자기 모습을 그린다. 그런 위대하고도 흠모할 만한 모습 속에 자기를 투영하여 그 사람이 자기라고 계속해서 최면을 건다. 그는 계속 상상 궁구한다. 그것이 사실이라도 된 듯이 그 흠모할 만한 모습을 미래의 자기 속에 투사한다. 그는 일생 그것 외에는 생각지 않는다.

아브라함은 어디에선가 모르게 자기 정신을 괴롭히는 초월의 상을 그리고 있었다. 가장 흠모하고 바람직한 초월상, 그런 신이 나에게 있었으면 좋겠다, 그는 괴롭지만 그 신을 흠모하는 사람에게 투영했다가 자기 속에 들어와 있는 것을 괴로워하면서 그와는 계속 대화하고 투쟁한다. 자기가 투사한 초월자가 이제 자기 속에 들어오는 투사 작용을 한다. 그의 심리 속에서 일어난 현상이 투사되고 또 투영되어 들어온다. 지금까지는 자기 심리 속에서 일어난 일이지만 이제 현실이 된다. 쉽게 말하면 초월자 야웨가 온 것이 아니라 아브라함의 심리 속에 일어난 정신 현상이다.

환각 환청을 경험한 사람은 반드시 정신병을 앓은 사람만은 아니다. 정열이 있거나 어떤 것에 집착하면 계시를 보고 환각 환청을 보고 들을 수도 있다. 이 같은 거룩한 상상 속에 전능의 아버지를 상정하고 그와 계약을 하고 자신의 위치는 선민이라 칭한다. 이 모든 것의 시나리오의 작성자는 아브라함이다. 오늘날 모든 유대인은 아브람의 계약에 참여했다고 믿고 지금도 그 계약을 준수한다. 히브리들의 삶에 계약을 빼어 버리면 유대인은 존재하지 않는다. 히브리들의 주체성은 이 계약에서 시작한다. 꿈의 해몽으로 유명한 정신 분석의 창시자인 프로이드의 아브라함의 해석이다.

이 시간 이후 중동의 방향 없는 나그네 아브람은 열국의 아버지 아브라함이 된다. 이름도 바뀌고 삶도 바뀌는 변화의 삶이 시작된다. 아직 유다도 이스라엘도 태어나기도 전에 아브라함은 첫 유대인이 되고 이스라엘의 조상이 된다. 아브라함의 이 환상적 야웨 해후가 오늘 가장 특이하고 유별난 유대인을 만들었다

5. 히브리들이 방황하다 애굽에 정착하다

우르를 떠난 아브라함은 하란에서 남하하여 가나안 땅, 오늘날 팔레스타인에 도착하여 감사제를 드렸다. 배운 것도 들은 것도 없는지라 세겜에서 돌단을 쌓고 자기 식으로 야웨를 경배하고, 얼마 후 아내 사라가 병들어 죽으니 장지가 없어 현지인의 땅을 사서 장례를 치른다. 현지인에게서 은 4백 세겔을 주고 막벨라 굴을 사서 장지를 삼으니, 이것이 오늘날, 가나안 땅을 돈을 주고 샀다는 역사적 증거로 삼는다. 이것이 국제법상 땅 소유의 근거가 되는지는 잘 모를 일이나 유대인은 우리 조상이 돈을 주고 샀다고 소유권을 현재 주장한다,

적자가 없는 아브라함은 100세가 되어 금지옥엽 아들을 얻으니 이름을 이삭이라 하고, 8일 만에 약속한 할례를 베풀었다. 그 당시 일주일은 8일이라는 추측이 나온다. 그 후 야웨는 그와의 계약을 확인하기 위해 아들을 제물로 모리아 산에서 바치라고 한다. 주저 없이 아브라함은 아들을 산 채로 제단에 올리니 야웨는 너의 본심을 알았으니 천하의 복을 너에게 주리라. 하나 이것으로 아이를 제물로 바치는 인간 제사는 금지한다는 조건이 붙는다. 지금도 저 미개한 지역에서 사람을 신의 제물로 바치는 만행이 있는데 당시로선 사람 제물은 흔한 일이었는데 야웨는 절대 금지선언을 한다.

거기에다 야웨와의 계약에 관한 성격을 설명한다. 비록 철통같은 계약이라 할지라도 쌍방 갱신을 해야만 법은 지속적으로 유효하다는 것이다. 그래서 야웨 계약을 갱신한다. 야웨가 말한다. 너 마음을 알았다. 독자까지 아끼지 않고 바치는 너의 신심을 기억하마. 아브라함은 야웨와의 계약자로서 성심을 다한다. 그 후 히브리들은 야웨와의 계약을 지금껏 성실이 지켜 갱신하고 있다. 그래서 지금의 유대인들도 아브라함이 모리아 산에서 이삭을 드린 계약에 자기도 참여했다는 계약의 현재성을 강조한다.

산 제물로 드려진 이삭은 야곱과 에서를 낳고 이삭은 스스로 장자권을 포기하고 야곱이 장자가 되어 아버지 아브라함으로부터 가문의 축복을 받는다. 우생학적으로 먼저 잉태한 자가 자궁의 안쪽에 자리 잡고 후에 잉태된 자가 자궁 바깥쪽에 있다가 동생이 먼저 태어나고 형이 뒤에 나온다고 하는데, 사실은 야곱이 먼저 잉태한 형인데도 뒤에 나온 탓에 장자권을 회복하는 데 생명을 건 투쟁을 한다.

야곱은 아들 열둘을 낳아 열두 지파의 아비가 되니, 그의 이름은 야곱에서 이스라엘이 되어 비로소 이스라엘의 조상이 된다. 오늘날 이 방황하는 나그네인 히브리인들을 이스라엘이라고 부르는 이유가 야곱에서 연유한다. 아들들의 질투와 아비의 편애로 시기를 받던 요셉이 애굽으로 팔려가고, 그는 옥중에서 착실히 살다 출세 길이 열려 바로의 부왕이 된다. 때에 기근이 들어 식구들이 양식을 구하러 애굽으로 갔다가 부왕이 된 동생을 만나고 부왕 요셉은 아버지를 불러 내린다. 이것이 히브리들이 애굽으로 내려가 노예가 된 동기다.

세월이 흘러 요셉이 섬기던 바로가 가고 동방에서 온 힉소서 왕조가 자리 잡자 요셉의 일족은 찬밥 신세가 되어 애굽 건설 현장의 노동 노예가 된다. 420년의 긴 세월 동안 말 한마디 못하는 노동자가 되었다. 요셉을 알지 못하는 왕이 다스리더니 말하되 이들이 우리보다 크게 번식하고 강하도다. 이들을 괴롭히고 그 낳는 아들들을 전부 죽이라는 명령이 떨어진다.

400여 년 동안의 그들의 삶에 지도자와 종교는 어떤 것이었는지 성서는 말하지 않는다. 단지 그들의 고통과 신음 소리를 들으시고, 아브라함과 이삭과 야곱과의 맺은 계약을 기억하사 권념하였더라. 기근으로 인하여 한 가족의 이동으로 시작한 이스라엘이 장정만 60만에 이르는 대집단이 되어 신이 내린 지도자 모세를 만나 그들은 출애굽한다.

창세기 15장에 "너희는 이방의 객이 되어 400년을 고생하리라"는 말이 있다. 예언으로 받아들이나 창세기는 이 사건이 있고 난 후 800년 후에 기록된 것이니 예언이라 할 수 없으나 역사 환원법이란 특수 역사관에서 하는 유대인의 말이니 유념할 일이다

6. 도전 속에서 성장한 히브리

우리의 삶에는 아침에 일어나 저녁 잠자리에 들기까지 도전이 몰려온다. 보기 싫은 직장 상사를 종일 만나야 하고, 회식에서 먹지 못하는 술을 권하는 상사의 술잔을 받아야 한다. 삶은 도전이다. 이것은 작은 도전이지만 큰 회사나 나라에 밀려오는 도전은 생사를 건 투쟁이다. 이 도전을 원만히 받아들이지 못하면 살지 못하고 죽는다. 모든 사람의 상황은 다르지만 각기 생사를 건 도전에 어떻게든 응답해야 한다.

아주 작은 소수 히브리들은 세계로부터 여섯 번의 큰 도전을 받아 죽지 않고 살아남았다. 한 번의 도전을 끝내면 또 다른 도전이 기다리듯 찾아왔다. 도전은 끝임없이 찾아오고 그것을 싫어하면서도 참고 견디면서 이 도전을 받아들이는 동안 그들은 지혜로운 민족이 되어 갔다.

첫 번째 찾아온 도전은 주변에 있는 강대국들의 위협이었다. 이교도들인 주변국은 애굽을 비롯한 슈퍼 강대국이었다. 앗시리아, 바빌론, 페니키아, 페르시아들이 침략하는데 히브리들은 그들 사이에 끼어 있는 조각돌 같았다. 그 강대국들의 발에 한번 차이면 깨어지면서 나라가 없어질 정도였다. 이 강대국 속에 사라지지 않고 살아남은 힘은 무엇이었을까? 나라를 세우기 전부터 나라를 세운 후에도 끝도 없는 시달림의 도전 속에서 살아온 힘은 안으로 강하면서 겉으로 유연한 유일신 신앙이었다.

제2의 도전은 그리스 로마의 유혹의 철권이었다. 그리스의 지성적인 헬레니즘과 철권의 로마 주먹이었다. 헬라는 마력적인 예술 문화요 로마는 철권 정복자였다. 헬레니즘의 매력적인 마력은 법률, 예술, 종교, 문학에 지울 수 없는 각인을 남겨 놓았다. 하나 로마가 망하면서 헬라의 문화 정신도 함께 사라졌다. 그러나 히브리들은 살아남았다. 헬레니즘의 문화정신이나 로마군대의 힘 앞에서 히브리는 사상과 신앙으로 살아남았다.

제3의 도전은 외부에서 온 것이 아니라 안에서부터 일어난 정신적 분열이었다. 두 개의 유대주의가 분열했다. 팔레스타인의 유대주의와 디아스포라의 유대주의였다. 세계 속에서 성장한 유대주의와 나라 안에서 생긴 국수적 유대주의의 대립이었다. 그럼에도 그들은 탈무드로 지혜롭게 그 충돌을 완화시키며 화합했다. 토라를 현실화하는 탈무드 운동이 유대인을 단결시키는 힘이 되었다. 이것을 탈무드 시대라 하는데 탈무드가 유대인을 새롭게 했다. 유대인이 탈무드를 만들고 탈무드는 유대인을 지켜 주었다.

제4의 도전은 회교의 출현이다. 역사 상식으로 설명 불가능한 사건, 고아처럼 자란 마호메트의 뇌에서 태동한 회교는 태동 100년도 안 되어 중동 전체를 전율로 몰아넣는 슈퍼 파워로 성장했다. 회교는 기독교를 미워하는 분위기 속에서 의학, 천문학, 과학, 문학 등에 탁월하게 발전하여 서양 문명을 압도할 정도가 되었다. 이 가공할 회교세계에서 유대인이 생존할 수 있었던 것은 기적 이상이다. 오늘날 유대인과 회교와의 관계를 생각하면 그때의 일은 상상도 못할 일이다. 7세기에 시작한 회교는 15세기 제국이 망하고도 그 영향은 건재하여 아직까지 세계적 힘을 발휘하고 있다.

제5의 도전은 기독교가 압권으로 지배한 중세였다. 천년이 넘는 그리스도의 십자가의 힘은 개종을 하지 않으면 살아날 수 없는 상황에서 유대인은 마라노라는 돼지로 살았다. 이 암흑시대에 게토에서 살면서도 유대인은 지식의 전위대가 되고 얼마나 지독히 살았는지 국방장관도 되고 국무총리도 되었다. 가장 무서운 이 시대는 아마 십자군이 활약한 10-11세기였을 것이다. 천년도 넘는 그 세월에도 죽지 않고 살아남은 것을 어떻게 해석해야 할까?

제6의 도전은 19-20세기의 국가-산업주의 속에서 공산주의가 판치던 파시즘의 출현이다. 반셈주의로 규정하는 이 살인운동은 짧은 시간에 가장 많은 인류를 몰살하는 살인극이다. 문명의 수명은 길면 500년, 거대문명들은 다 사라졌지만 히브리는 4천 년을 죽지 않고 살아남았다. 무엇이 그들을 살렸을까? 이 죽음의 도전 속에서 히브리는 자기 자리를 확장하면서 세계화를 하며 스스로 변신하며 죽지 않고 살아남았다.

7. 마지못해 떠맡은 선지자 모세

히브리들이 어떤 연유로 애굽이란 나라로 내려갔는지를 살폈다. 그러면 히브리들을 400여 년간 노예로 부려 먹은 애굽이란 어떤 나라인가? 요셉과 그의 아버지와 형제들을 호의적으로 대했던 애굽은 누구였던가? 고고학과 역사가들의 연구로 고대 역사가 어느 정도 밝혀져, 애굽 역사를 30개 왕조로 나누었다.

구왕조(BC4500-3500), 고왕국(3500-2400), 중왕국(BC2400-1600), 제국시대(BC1600-1100)로 구왕조시대에 이미 상형 문자와 월력 그리고 파피루스란 종이를 사용하고 피라미드 건축을 하는 선진 해양 문명국이었다. 국력이 융성하여 때론 국경을 북으로 앗시리아 바빌론까지 확장했다.

요셉의 후손인 히브리들이 노예생활을 할 때는 제국의 중기였다. 제국시대 초기 동쪽에서 온 정체불명의 힉소스란 종족이 애굽을 탈취하였다가 애굽이 이들을 몰아내고, 그들을 포함한 다른 민족들을 노예로 삼았다. 이때에 선지자 모세가 태어난다. 히브리들에게 모세는 기독교의 예수와 같은 존재지만 그의 이름은 예수처럼 칭송을 받지는 못한다. 해방절인 유월절 전날 밤에 암송하는 소책자에 그 이름이 한번 나오고, 가톨릭인 미켈란젤로가 실수로 제작한 뿔 달린 모세상이 하나 있을 뿐이다. 히브리들은 야웨 외는 어떤 사람도 신적 위인으로 받들어 숭상하지 않기 때문이다.

출애굽기에 그의 출생 성장과정이 비교적 소상히 나오지만 노예된 입장에서 히브리들이 쓴 글이기 때문에 설화적으로 해석한다. 애굽은 인구 증가를 위해 다산 정책을 썼지만 어찌된 일인지 히브리들이 낳은 남자 아이는 다 죽이라고 명령한다. 몰래 숨겨 키운 레위 가족은 더 이상 몰래 숨겨 키울 수가 없어 갈대 바구니에 담아 나일 강에 흘려보낸다. 때에 애굽왕의 과부인 딸이 목욕을 나왔다가 아기를 발견하고 불쌍히 여겨 양자로 삼아 키운다. 그리하여 모세는 애굽의 왕자 신분으로 자라다 성인이 되어 성 밖으로 나갔다. 노예반장이 히브리를 학대하는 것을 보고 분노하여 살해하여 살인자가 되어 미디안 사막으로 도망하여 그곳의 제사장 이드로의 딸 십보라와 결혼한다. 왕족인 모세가 히브리가 학대당하는 것을 보고 왜 화가 났는지 우리는 모른다. 사막으로 도망간 모세가 호렙산에서 타지 않는 가시나무 아래서 아브라함의 야웨를 만난다. 이전에 들은 적이 없는 야웨가 민족을 구원하러 가라고 권유하지만 여러 핑계로 거절한다. 야웨가 강권함으로 마지못해 선지자의 역할을 떠맡는다. 여기에서 모세는 히브리들의 정신적 골격이 되는 십계명을 받는다. 너와 함께하리니 가라. 민족을 구출하라. 너의 형이 너를 도우리라. 이리하여 민족을 인도하고 느보산에서 고국을 바라보면서 승천했는지 죽었는지 그의 무덤이 어딘지 아무도 모른다.

모세에 대한 질문은 많다. 그는 왕위 우선 순위자인데 왜 그것을 버리고 노예의 길 히브리를 택했는지, 히브리어는 어디서 배웠는지, 입이 둔하다고 한 것이 야웨의 요청을 거절하기 위한 핑계였는지, 히브리어를 잘못하여 우회적으로 피했는지, 과연 그가 히브리인이었는지, 왜 그는 아들들에게 할례를 주지 않는지, 아브라함과 야웨의 해후에서 계약의 조건이 태어나 8일 만에 할례를 받는 것인데 그는 그것을 몰랐을까? 모세는 아브라함의 계약의 종교를 어디서 배웠을까? 모세의 장인인 이드로가 제사장이라고 했는데 이드로의 종교는 어떤 것이며, 모세에게 어떤 영향을 주었을까? 요셉의 초청으로 애굽으로 내려간 야곱의 가족들 외에 함께 가지 않은 잔존 식구들은 어떤 생활을 했을까? 그들도 아브라함의 계약 신앙을 알았을까?

여러 해결되지 않은 문제가 있지만 분명한 사실은 모세가 노예로 있던 민족을 이끌어 험난한 해방의 길을 열었다는 점이다. 무기 하나 없이 지팡이 하나밖에 없는 맨손으로 세계 최강대국과 싸워 민족을 해방시킨 힘이 어디서 왔을까? 지금 생각해도 상상할 수 없는 과업이었다. 붉은 갈대바다를 건너 풀 한 포기 자랄 수 없는 사막에서 40년 동안 아브라함의 계약 신앙을 바로 이해하여 교육시키고 발전시켰다. 아브라함의 계약 신앙은 구두 계약이었으나 모세는 그것을 문서화하여 민족 전체에게 교육시켰다. 이 사실에 대해 이견을 펴는 유대인 천재 프로이드의 강론을 들어 보자.

8. 모세와 히브리들의 일신교

히브리들은 별난 종자라서 별난 생각을 하여 세상을 놀라게 한다. 자본주의의 본산이 유대인의 게토였다면 또한 그에 반대되는 공산주의를 창시한 자 또한 유대인이다. 삼차원 우주 창공을 나는 자도 유대인 아인슈타인이고 정신세계를 헤엄친 자도 유대인 지그몬트 프로이드였다.

우리가 이해 못할 엉뚱한 이론이지만 천재들의 소리이니 한번 들어보는 것도 유익하리라. 지그몬트 프로이드는 그의 저서 「모세와 일신교」에서 모세는 히브리가 아니라고 한다. 모세는 애굽의 왕자로서 아톤이라는 일신 태양종교를 전파할 대상을 찾던 중 노예로 있던 히브리에게 해방을 주는 조건으로 그의 신일교를 전한다. 모세는 궁전의 왕자로서 애굽의 태양신인 일신교의 사제였는데 당시 아멘호텝 4세가 잡신 숭배인 애굽의 신앙을 유일신 신앙으로 바꾸려 했다. 한데 궁전 권력 다툼에서 패함으로써 그 사제인 모세도 함께 실각하게 되자 반란을 일으켜 히브리들을 충동질하게 된다.

아무리 왕자로서 반란을 일으켰다고 하나 왕권 중심의 애굽에서 왕자 하나 제거하는 일은 아주 쉬운 일인데 왜 강력한 애굽 왕권은 그를 즉시 제거하지 못했을까? 여러 가지 추측이 가능한데, 엄청난 대중 지지를 받고 있는 모세를 함부로 할 수 없었다는 것이다.

이 생각은 전혀 근거 없는 말은 아니다. 기독교의 전파자인 바울이 유대인들에게 예수의 도를 전파하고자 했으나 거부당하자 그 대상을 이방으로 바꾸었듯이 모세가 자기 종족 애굽에게 전파하려던 유일신 태양종교를 노예인 유대인에게로 향하게 된다. 이것은 역사의 아이러니다. 기독교 초기의 개종자들은 대부분 노예이듯이 모세도 노예를 택해 자기 종교를 전하고 자유를 보장해 주었다.

프로이드가 제기한 질문들에 대답할 필요성은 느끼지 않으나 그의 이중성에 대한 질문에 대해 어느 정도의 해답을 성서가 넌지시 알려준다. 성서학자들은 토라를 형성하는 경전에 여러 문서가 있다고 한다. J,E,JE,P,D로 되어 한 가지 주제에 대해 각기 다른 이론을 제시한다. 예컨대 J문서는 하나님을 JEHOVAH로 불러 그들을 YAHWIST라고 한다. J문서는 제일 일찍이 주전 9세기경에 남부 유다 왕국에서 쓰인 책이다. E문서는 하나님을 엘로힘으로 부른 무리들의 문서이다. P문서는 하나님을 향한 제사문서이고 에스라 시대에 최종 편집 문서를 말한다. 이렇게 산발적으로 흩어진 내용들을 정리하면서 당시 상황을 유추하여 모세의 처지를 이해한다. 물론 학자에 따라 분류를 달리하지만 야웨 엘로힘의 두 부족이 있는데, 야곱과 함께 애굽으로 가지 않은 히브리들과 애굽의 히브리들이 하나님에 대한 신앙의 견해차이라고도 한다. 모세는 이 두 신앙의 견해를 합일 조화했다고 본다.

탈무드는 하나님의 여러 칭호를 가진 문서들이 있었다면 그 시대에는 모세 오경이 존재하지 않았냐고 묻는다. 대답하기 어려운 질문이지만 내용은 간단하다. 모세 시대에 오경이 존재했다. 하나 오늘날과 같은 형식의 오경은 아니고, 원본 오경이 시대를 지나면서 편집되어 오다가 에스라 학군에 의해서 편집 종결된다. 오경의 모세 저작권에는 이의가 없는 것이다.

어떤 학자는 아브라함의 히브리 민족이 있고, 다른 하나는 모세가 이끌었던 야곱의 후손 히브리로 본다. 전자는 하나님을 여호와 야웨로, 후자는 엘로힘으로 불러, 혹 다른 두 신을 섬겼다고까지 추론한다. 모세는 이 두 신관을 가진 두 부류의 히브리를 통합한다. 이 합일이 성공하여 하나님이 여호와 엘로힘, 즉 주 하나님으로 통일된다.

지금껏 전개한 모세의 태생, 히브리 민족과 이스라엘의 민족의 흐름에 관한 이론적 논의는 역사적 사실을 확정하고자 한 것이 아니라 신관과 역사에 대한 관점을 지적하는 것이다. 두 부족의 신앙의 관점의 차이를 기억하자. 따라서 남쪽 유다는 하나님을 여호와라 부르고 북쪽 에브라임은 엘로힘으로 불렀다. 중요한 것은 야웨 해후를 통해 유일신 신관을 확립한 아브라함의 신앙을 명상화하지 않고 실제화 했다는 사실이다. 여기에서 출애굽의 인간 해방운동의 장대한 출발이 가능케 되었다.

9. 엉뚱한 프로이드의 모세의 일신교 주장

모세는 애굽의 왕자로서 궁전 성직을 수행했는데 애굽인들에게 자기 종교를 전파하려 했으나 거절당함으로 노예인 히브리들을 해방시켜 주는 조건으로 일신교를 가르쳤다고 했다. 히브리들은 해방이란 말에 현혹되어 무엇이든 가릴 형편이 못 되어 모세를 따라 나섰다. 과연 이 이론에 프로이드가 어떤 근거를 가지고 그렇게 주장하는지는 모른다.

모세의 오경은 매우 모순적이고도 까다로운 이원성을 보인다. 히브리인과 이스라엘이란 두 종류의 유대인이 혼합되어 있고, 애굽 궁정 출신 모세와 미디안의 모세는 같은 사람인가? 이들은 하나님을 여호와라 부르던 사람들과 엘로힘으로 부르던 사람들은 다른 아브라함의 후예들이다. 혹은 말하기를 야곱이 식구들을 데리고 간 무리들과 야곱을 따라 애굽으로 가지 않은 무리들이 하나님에 대해 다른 견해를 가지고 있었다.

앞에서 간단히 언급한바 일신교와 선민사상은 아브라함의 고안이다. 그것을 성문 이론화 한 사람이 모세인데, 모세는 아브라함의 기본 생각을 구체화했다. 영구히 흠모하고 숭앙할 대상, 신적 초월존재를 궁구하여 히브리들이 야웨를 만들었다. 쉽게 말해 머리 좋은 히브리들이 여호와를 만들었다는 것이다. 야웨가 아브라함에게 나타나 해후한 것이 아니라 아브라함은 그런 절대자가 나에게 있었으면 좋겠다고 항상 앙망 상상해 오던 초월자가 나타난 사건이 아브라함의 야웨 해후이다.

어떤 사람이 투사 투영 작업을 반복적으로 함으로써 환상이 현실화되었다는 것이다. 초월적 신적 절대자가 있는 것이 아니라 유대인의 특별한 두뇌로 야웨를 만들어 내놓았다. 그래서 여호와 하나님의 종족과 엘로힘 하나님을 숭앙한 종족을 모세가 결합시켰다. 왜냐하면 남부 유대종족은 하나님을 야웨로, 북부 에브라임 종족은 하나님을 엘로힘이라 불렀는데 모세가 두 종족을 합쳐 여호와란 이름으로 민족 결합을 이루었다. 이름을 따로 불렀으나 내용상에서 두 신은 동질이었다. 여호와가 이스라엘을 창조한 것이 아니라 히브리가 야웨를 창조하고, 다시 야웨가 거룩한 이름으로 히브리를 창조했다는 것이다. 유대인 천재 정신 의학자 프로이드의 주장이다

이에 대해서 우리가 특별히 첨가할 대답은 없다. 연구한다고 밝혀질 일도 고집에 가까운 믿음의 이름으로 아니라고 주장해 보았자 우리의 무식만 폭로하는 결과가 되기 때문이다. 프로이드는 랍비는 아니지만 랍비 수준의 성서 지식을 갖춘 지성인이기 때문이다. 또한 유대 랍비들 중에서도 누구도 프로이드를 비평하지도 않는다.

프로이드가 제시한 역사 배경은 히브리들이 노예로 있을 당시, 모세가 활동을 개시할 즈음 마침 아멘호텝 4세가 권력으로 다신교적 애굽의 신앙을 태양을 중심한 일신교 신앙으로 바꾸고자 했다. 태양신의 아들인 아톤은 지고한 유일신이었다. 다신교에 오래도록 젖어온 애굽인들은 아톤을 두려워했다. 유일신으로 인해 반란이 일어났다. 황제는 이 반란에 밀려 사형을 당했다. 이 반란이 100년 가까이 계속되다 일신교는 사라졌다. 이때 택함을 받은 사람들이 히브리 노예들이다.

모세는 정치 반란군이요 대중 선동을 하여 많은 애굽인이 동조했고 출애굽 할 때 함께 동행하여 나왔다. 그의 어머니 애굽 공주도 함께한 것을 보면 알 수 있다. 황량한 사막에서 약간의 반란을 제외하고는 무사히 구출 인도하는 것을 보아도 그의 능력을 짐작할 수가 있다.

이런 점에서 볼 때 토라는 모세의 토라이다. 그는 하무라비 법전은 물론 중동 문물에 정통한 교육을 받았기 때문에 신적 자유를 제외하고는 거의 동일한 민법 사상을 포함한다. 모세가 사용한 눈에 눈, 이에 이라는 동태 복수법은 모세보다 천 년 전에 하무라비가 선언한 내용과 거의 동일했다. 수메르인은 하무라비보다 더 먼 시대 2500년에 성문법을 가졌는데 아마 가장 선구적인 성문법이지만 정의와 인권 동등권에서 모세의 법을 따르지 못한다. 수메르와 바빌론 제국을 거치면서 법이 발전하여 바빌론의 하무라비법전이 되나 이 역시 모세 법전에 있는 인권 민주정신은 없다.

10. 모세의 법철학

일반적으로 민사 형사에 관한 법을 법률이라 하고 종교 제의법을 율법이라 한다. 법률보다는 포괄적이고 실생활에 접근해 있다. 그래서 모세의 법전을 율법, 모세율법이라 한다.

물론 모세에 앞선 법은 수메르법이 있고, 수메르 사르곤이 망하고 바빌론 제국의 하무라비 대왕이 하무라비법전을 제정한다. 법 역사에서 하무라비법은 기념비적이다. 시간적으로 모세보다는 800년 앞섰으나 하무라비법전은 민주정신과 인권의식이 결여되어 있다. 이런 인권적 민주법은 기원전 200년, 로마시대까지도 없었다. 모세의 법전은 최초의 사법적 법전으로 휴머니즘에 근거한 정의와 사랑의 법으로 데모크라시를 선도하는 선진법이었다. 이것이 시작에서 별 차이가 없었으니 시간이 가면 갈수록 그 사회와 인간이 다른 방향으로 발전해 나갔다.

모세의 법을 유의 깊게 보면 사상에서 확실하고 매우 흥미롭다. 여기에는 인간의 본질과 유대의 국가개념이 잘 나타나 있다(물론 이 당시는 히브리들의 국가가 없었지만 미래의 국가를 염두에 둔 법률이었다). 모세의 법은 기본적으로 세 개의 범주로 나누어진다. 인간과 인간의 관계, 인간과 국가의 관계, 그리고 인간과 신의 관계에 관한 것이다.

모세의 법은 야웨가 이스라엘에게 약속한 나라를 전제한다. 히브리에서 이스라엘로 변한 이들이 법을 받았을 때는 아직도 유목민이었다. 유목민을 향해 모세가 법을 하사했으나 유목민을 대상으로 하지 않은 미래 백성을 염두에 두었다. 항상 법속에는 나의 백성이란 말이 연속으로 나오는데 백성은 가족을 중심한 나라의 존재를 항상 염두에 두게 했다. 그렇다고 해서 나라를 위해 개인이 희생당하는 일은 없었다. 개인의 인권이 중시되었고 가정이 그 중심에 있었다. 신혼의 아내 사랑을 위해 군대 가는 것을 연기할 수 있게 했다. 이러한 법은 선포후 400년간 존속되다가 예언자들에 의해 갱신되었다. 개인 하나 하나가 백성으로 개인이 중시되었다. 아마 이 백성의 정신은 민주주의 성문법이라 할 수 있는 아브라함 링컨의 선언, BY THE PEOPLE FOR THE PEOPLE OF THE PEOPLE에 영향을 주었다.

모세의 법전은 인권을 중시하고, 교회와 국가의 분리 원칙을 제정한 것이다. 이 모세 법전은 예언자 시대를 지나 18세기 계몽주의의 계약 사상에 사상적 영향을 끼친다. 모세의 법전에는 제사종교와 민사법전이 분류되어 있는 인류 최초의 법이다. 그 어두웠던 옛날의 종교적인 나라가 그런 사려 깊은 법 규정을 가졌다는 것은 놀라운 일이다. 사제들이 법을 어겼을 경우도 철저히 법으로 규제하여 사제가 법 위에 있지 않음을 분명히 했다. 사법권이 독립되어 있어 종교나라의 우선권을 금지했다.

미국헌법과 모세의 법철학에는 불가시적 유사성이 있다. 미국의 연방 정부는 헌법에 의한 정치권한만을 가진다. 모세의 법에는 금지된 상황 외는 무엇이든 다할 수 있다. 그러나 금지법 외에 다할 수 있으니 얼마나 적극적인 법정신인가? 금지법이 아니라 적극적인 법정신이 나타나 있다는 뜻이다. 예를 들어 모세의 십계명에 하지 말라는 것이 7, 하라는 3가지는 아주 적극적으로 반드시 해야 할 일을 밝히고, 7가지는 분명히 해서는 안 될 일을 확실히 한다. 이렇게 선명히 밝혔기 때문에 그 외의 문제는 전부가 다 자유로운 적극성이 있다.

3000년도 더 된 모세의 법을 음미하면 세목에서 전문화되지 않았지만 그 인도주의 정신에 놀랍다. 미국의 노예법이 폐지된 것이 1850년대, 자유로운 선거권이 주어진 것은 그보다 후일의 일이다. 한데 유대인 노예법은 주인을 위해 성실히 일한 7년 후에는 종소리가 들리면 해방이 된다. 3000년 전에 이 같은 노예 자유법이 히브리 사회에서 시행된 것은 놀랍다.

3000년 전의 성에 관한 법을 한번 살펴보자. 유대인에게 있어서 성은 엄격한 규율 하에 있지만 필요 이상으로 청교도적이지 않았다. 성욕은 하나님이 주신 인간의 기쁨이다. 이 성욕을 위해 신혼의 남녀가 떨어지지 말고 함께하라. 남자가 독거하는 것은 옳지 못하니 결혼하라고 강력히 권했다.

11. 모세법의 핵심 십계명

불란서의 유대인으로 천문학자요 수학자인 임마누엘 본피스는 14세기에 십진법을 고안해 냈다. 유럽의 과학자들이 십진법을 알게 되기 150년 전의 일이다. 그는 카발라 신비주의 신앙인이었으나 신비 신앙과 과학적 이상을 구별한 학자요 신앙가였다. 학문적으로 십진법이 이론화하였지만 실제로 쉬운 계산법이다. 우리의 왼쪽 손가락이 5에 오른쪽 손가락이 5, 도합 열이라 수학을 모르는 자도 손가락으로 계산한 것이 이미 십진법이다. 쉽게 암기할 수 있는 열은 그만큼 중요한 수학 단위이다.

야웨가 이스라엘에게 중요한 삶의 지침 열을 내렸는데 그것이 십계명이란 것이다. 그 내용이 너무 유명하여 영화로도 만들어져 세상에 알려진 것이다. 히브리 무리를 끌고 나온 모세가 홍해를 만나 절망하고 있을 때 야웨가 바다의 입을 열어 마른 땅을 밟고 홍해를 건너면서 민족의 대합창을 한다. 이것을 히브리의 바다의 칸타타라 한다. 이 칸타타가 끝나고 모세는 호렙산으로 초대를 받아 야웨를 만나 히브리가 살아가는 삶의 지침을 하사받는다. 십계명은 히브리 삶의 핵심 가르침이다.

이 십계명의 핵심이 열이지만 그 내용은 둘로 대별하여 신을 향한 태도와 인간을 향한 태도로 나눈다. 야웨는 유일한 신이신데 그 신을 향하여 어떤 형상도 만들지 마라. 둘째 인간을 향해 내가 싫은 것은 남에게도 하지 마라로 요약된다. 잡신으로 차 있는 이 세상에서 어떤 잡신을 섬겨 그 잡신의 종이 되지 말며, 그 다음 신의 형상을 만드는 것을 금지한다.

신의 형상을 만들지 말라. 땅에 있는 것이나 하늘에 있는 것이나 바다 물속에 있는 것이나 어떤 형상도 만들지 마라. 이 계명은 유대인의 정신과 성격형성에 지대한 영향을 미친다. 역시 프로이드는 매우 재미있는 말을 한다. 형상이 없는 신을 가짐으로 신은 이름도 표정도 없는 것이 되므로 보이지 않는 신은 무한한 추상성으로 다가온다. 그러므로 신을 형상 속에 집어넣음으로 신을 제한한다. 무한한 능력의 신을 왜 작은 형상 속에 집어넣어 물질화하는가? 신을 물질화하면 이미 그는 신이 아닌 인간보다 못한 물질로 속화된다. 형상이 없는 신의 이 금기를 받아들이면 정신과 성격에 깊은 영향을 끼친다. 추상적인 개념이 감각이나 시각의식보다 우선한다. 정신성이 시각의식보다 우선한다. 신을 물이 아닌 정신적 존재로 믿음으로 유대인은 점점 더 정신적이고 추상화된 인간으로 변했다. 신앙을 물의 차원에 있지 않고 초월적 고차원으로 만들었다. 신을 향한 추상성은 무한한 상상과 창조성을 가져다주었다.

시대가 흐르면서 신의 초월성을 이해하는 만큼 초월적 신의 구상에 점점 변화를 주는 정신적 인간이 되어 갔다. 예언자와 제사장과 랍비들이 신의 초월성에 의미를 자기들이 그 신을 이해하는 만큼 광의적으로 표현했다. 유대인은 돌로 만들어진 신들이 아니라 정신적 신을 가짐으로 우수한 문화를 창조하고 폭 넓은 인격을 가지게 됐다.

유대인의 지성적인 성격은 바로 신을 추상적 상상의 존재로 만듦으로써 민족 자부심을 심어 주었다. 이런 초월의 신은 성적도 아니고 사디즘도 아니고 신들의 싸움도 없는 존귀한 신이 되었다. 이런 초월의 신을 신앙하는 히브리들의 삶은 어느 민족보다도 다른 모습으로 나타난다. 현재 미국 인구의 2퍼센트가 유대인이지만 폭력 범죄로 인하여 감옥에 간 사람들은 전체 인구의 0.001 퍼센트, 강간, 살인, 구타, 수간 등의 잔인한 범죄 행위는 거의 없다. 통계로 나타난 이 극단적인 불균형은 늘 사회학자들의 놀라움이 되고 있는데 그 모두가 형상 없는 정신적 고상함을 지닌 신을 향한 신앙 때문이라고 믿고 있다.

3000년 전에 선포된 십계법을 오늘날의 시각으로 보아도 차원 높은 의미를 가져다준다. 물론 십계명이 가져다준 부작용이 전혀 없는 것은 아니다. 신의 형상을 없이 함으로써 유대인의 세계에 조각, 미술, 건축, 조형예술 분야는 전혀 인재가 나타나지 않았다. 그러나 이제는 그 분야에도 위대한 인재들이 활동하고 있다. 아브라함의 환상은 망상이 아니라 현실이 되어 유일신 신앙은 믿고 따르는 자들을 위대하게 만들었다.

제2장. 유대인의 나라 건설을 향하여

히브리들은 중동에서 제일 늦게 태동하여 방황하다 얻었던 땅은 지정학적으로 가장 상처받기 쉬운 땅이라 지금도 후회하는 장소이다. 땅은 얻었으나 왕이 없이 300년 이상 혼란 가운데서 고생한다. 그럼에도 야웨는 왕을 허락지 않는다. 그 이유는 왕은 천상천하에 하늘 왕 한 분뿐이란 것을 훈련시키기 위함이다. 인간은 왕이거나 백성이든 하늘 왕 앞에서 모두가 평등하다는 것이다. 실상 이것은 아주 선진적 데모크라시를 시행한다. 이런 제도는 역사에 최초의 이상적인 실례지만 정치 실종으로 나라는 강대국의 말발굽에 짓밟혀 노예가 되어 남의 나라에서 70년간 고역하다 돌아와 새 나라를 건설한다. 잊어버린 모세의 법전훈련을 하는 과정에서 이해하지 못한 청년 세대들을 위하여 히브리어를 통역하고 또한 유연한 해석 작업이 필요했는데 그것이 탈무드의 씨앗이 된다. 이스라엘 인근의 모든 나라는 왕을 가지고 있었으나 이스라엘은 나라는 있었으나 왕이 없으므로 외적을 효과적으로 막을 수 없음을 한탄했다.

백성들이 왕 주시기를 간절히 요청했다. 그때 백성들이 이렇게 부르짖었다.

그 때에는 이스라엘에 왕이 없으므로 사람마다 자기 소견에 좋은 대로 행하였더라(사 17:6)

12. 이스라엘이 얻은 땅

지정학적으로 세계지도를 살펴볼 때 가장 묘한 위치를 찾으라면 아마 두 곳일 것이다. 한국과 이스라엘일 것이다. 강대국에 둘러싸여 침략 당하기 가장 쉬운 장소, 영웅호걸들이 짓밟기 가장 쉬운 땅, 한국은 차치하고 이스라엘을 보자. 아프리카 아시아 중동 유럽의 한가운데 있어서 그 땅을 통과하지 않고는 다른 땅을 점령할 수 없는 요충지, 어떤 면에서는 가장 험악지라 할 수 있다. 그럼에도 히브리들은 그 땅을 야웨가 주신 축복의 아름다운 땅으로 감사하고 찬양했다.

유대인은 완전히 잘못된 판단으로 잘못된 선택을 하여 두고두고 고난을 당하게 된다. 유대인은 제국의 군대가 통로로 사용하는 좁고 긴 땅을 택해 버린 것이다. 이 잘못된 선택으로 전투 때문에 노예로 팔리거나 추방당하거나 멸망당하는 참혹한 아픔을 당했다. 이 땅은 시대에 따라 이름을 달리했다. 가나안, 팔레스틴, 유다, 이스라엘, 유대아 그리고 다시 이스라엘로 불린다. (이스라엘은 야곱이 야웨와의 씨름에서 이겨 이스라엘이라는 이름을 얻고, 유다는 야곱의 넷째 아들이 유다로서 장자의 역할을 하면서 얻은 이름으로 후일 그 후손 다윗 왕조의 나라 이름이 된다. 그래서 유대라는 말은 히브리 사람들을 주로 의미하고 이스라엘은 나라 이름으로 쓰였다. 유대보다는 이스라엘이 더 히브리적이고 큰 개념이다, 이스라엘이 유대의 아버지이기 때문이다.)

이집트 탈출은 모세의 인도로 감행됐고, 약속의 땅 가나안으로의 귀환은 모세의 후계자 여호수아의 통솔로 실현된다. 여호수아는 실로 영웅적인 용기와 지략으로 가나안 거주 종족들을 몰아낸다. 가나안은 철기문화로 잘 무장된 군사들이었으나 도시국가인 연고로 통일된 전선이 아니었기에 힘을 모으지 못했다. 왕들은 위대했으나 허술하게 연합된 관계로 강력한 유대군대를 당해내지 못하고 쓰러졌다. 그곳의 도시국가들이 연합하기 전에 여호수아는 먼저 공격하여 쳐부수어 버렸다.

여호수아는 요단강을 건너 훈련 안 된 소수 군대를 이끌고 남쪽의 여부스를 격파하고, 여부스왕의 지휘하에 있는 여러 연합군을 격파한다. 그리고 북으로 진로를 바꾸어 이번에는 하솔왕이 인도하는 연합군을 격파한다. 그 후 가나안의 토착 문화를 무자비하게 격파하는데 고대사와 고대의 관습을 모르는 사람으로서는 이해하기 힘들다. 실제로 그 당시 기원전 6세기에 크레타 문명을 파괴한 그리스인의 행동이나 같은 시대 로마인이 에트루리아 문명을 무자비하게 파괴한 것과 비교하면 유대인이 가나안 문명을 파괴한 것은 아주 신사적이라 할 수 있다.

유대인이 가나안 문명을 그렇게 야만스럽게 파괴한 것은 가나안 문명이 아니라 그 문명 속에 있는 종교적 악성 때문이었다. 가나안인은 몰록 신에게 사람 제물을 바치고, 바알 또는 아세라 신에게는 외설적 음란, 혼음 행위를 강요했다. 가나안 땅의 저항을 다 무너뜨리고 난 다음에야 가나안과 유대의 종교적 경계가 이루어졌다. 유일신과 잡신이다.

그런 점에서 가나안 땅은 유대인이 귀향하기에는 적절한 장소였다. 말했듯이 약 500년 후에 애굽에서 돌아온 이주 히브리들은 다시 그 형제들과 결합한 것이다. 그 형제들이란 말은 아브라함의 후손과 야곱의 후손 중 야곱과 함께 애굽으로 가지 않고 가나안 땅에 잔존하여 살던 히브리 자손들을 말한다. 가나안 땅에 머물렀던 히브리들과 애굽에서 돌아온 히브리들이 융합하는 데는 거의 300년의 시간이 필요했다. 그후 정치적으로 결합되는 듯했으나 다시 벌어지는 징조가 보이자 그 결합은 정치적이었다는 것을 깨닫게 된다.

여호수아가 가나안을 정복한 시간은 아주 짧았으나 그 싸움은 치열했다. 밖으로는 원수들, 안으로는 내분으로 한 부족이 몰살당하기도 하고 태양이 하늘 위에 걸리고 달이 아얄론 골짜기에 걸리는 역사 초유의 사건이 있었다. 이리하여 여호수아는 31왕을 정복하고 할아버지가 400세겔을 주고 산 땅을 찾고, 애굽에서 가져온 할아버지 요셉의 유골을 세겜에 장사하는 것으로 그 장열한 정복의 역사는 끝나고 여호수아가 후계 없이 가버린다. 왜 여호수아가 안정되지 못한 땅에 후계자도 없이 가버린 이유를 모른다.

13. 무질서와 혼란의 시대

  불세출의 지도자 여호수아는 가고, 이상하게도 그는 후계자를 훈련시키지도 임명하지도 않고 가버렸다. 물론 그 마음속에 염두에 둔 백성 통치의 이념이 있었다. 야웨의 숨은 뜻을 그는 감지했지만 어떤 암시도 주지 않고 가버렸는데 먼 후일에 대한 계획을 후일의 사건들을 통해서 그의 예지를 깨닫는다.

  히브리들의 유목민 생활은 끝나고 가나안에 정착함에 따라 농경문화를 시작하면서 기묘한 정치 제도를 생산한다. 그 당시로서도 예를 찾을 수 없지만 지금의 시각에서도 앞선 정치 제도를 만들어 낸다. 판관이라고도 하는 사사들의 통치이다. 사사는 야웨로부터 신 내림을 통해 임명을 받아 신이 하사한 책임을 지며 야웨의 계시를 따라 움직이는 신의 사람들이다. 이들은 연방제에 해당하는 데모크라시 민주주의를 세웠다. 그리스인들이 시행한 민주주의보다 400년 앞선 제도로서 그리스의 그것보다 완벽한 백성 중심의 민주 연방제였다.

  히브리들의 연방제도는 12부족, 야곱의 아들들의 후손의 모임인데, 주와 시의 재판소가 그 주나 시에 있고, 그 위에 통치하는 장로 모임이 있었다. 그 장로들의 모임 위에 사사가 있고, 사사는 연방헌법, 그 위에 모세의 법이 있었다. 사사는 전쟁 시에는 최고 사령관이요 평화시대는 행정수반이었다. 말했듯이 사사의 권한은 헌법에 제한을 받으나 미국의 대통령이나 국무총리처럼 책임과 권한을 위임받아 행사했다.

  사사가 토론의 주제를 장로회에 상정한다. 그러면 장로의회는 중의원을 소집할 수 있다. 중의원회는 지역 대표로서 하원 의회 같은 것이다. 장로회는 오늘날 상원 의회 같은 것이고 사법부 역할도 했다. 역사의 흐름에 따라 이 장로의회가 그리스 로마 시대에는 산헤드린이 된다. 장로제도란 대표 원리로서 현대에 와서 스코틀랜드에서 실시되었고 그것이 오늘날 현대 민주주의의 시작인 된 셈이다. 쉽게 말해 장로 제도가 민주제도의 골격이다.

모세의 오경을 읽으면 사사시대 이전에도 이스라엘의 백성의 모든 집회, 백성 people의 집회란 말이 왕왕이 나온다. 앞에서 언급했듯이 미국 대통령 링컨이 백성에 의한 정권, 백성의 위함이라고 말할 때 그 백성을 뜻한다. 모세가 시내산에서 토라를 받을 때 히브리 장정들이 60만, 그 외의 모든 인구들에게 다 말할 수는 없고, 백성들의 대표들을 불러 말했을 것으로 본다. 이 말은 모세시대부터 대표 원리를 적용했다는 뜻이다.

유대인의 최초 통치방법이 오늘날 미국의 데모크라시와 비슷했다는 것은 흥미롭다. 여러 이유가 있겠지만 특이한 것은, 미국의 건국의 아버지들은 성서를 읽고 자랐으며, 그들은 성서를 히브리 원어로 읽을 수 있는 수준으로 히브리들의 통치 정신에 정통하고 있었다. 미국이 그리스의 데모크라시를 본 딴 것이 아니라 히브리의 사사 제도를 본 딴 것은 우연이 아니다.

사사에 의한 통치는 사무엘시대까지 연장하면 약 300여 년 정도 지속되었는데 하나의 약점이 있었다. 연방제를 실시함으로써 중앙 집권력이 약하게 되었다. 사사는 제각기 부족에 바탕을 둔 지도자로 야웨의 성령으로 인도받아 국난이 생길 경우 힘을 합쳐 외세를 막았다. 사실 유대인에게도 쟌 다크 같은 여 전사 영웅이 나라를 구하는 데보라가 그녀였다. 당시 지도자들은 자기 후계자를 기르지도 임명도 하지 않았는데 그 이유는 야웨가 친히 이 백성을 구한다는 확신이 있었기 때문이다.

여호수아의 지도하에 가나안을 정복했으나 잔존 세력은 끝임 없이 히브리들을 괴롭혔다. 웃니엘을 시작으로 15의 사사가 출현하여 백성을 지켜 왔는데, 그때에 이스라엘에 왕이 없으므로 사람마다 자기 소견대로 행하더란 말은 있었지만 누구도 왕이 없음을 불평은 하되 원망하지는 않았다.

앞에서 말했듯 여호수아가 야웨의 뜻을 감지하고 후계자를 세우지 않았다고 했는데 그것이 왜 그랬을까? 야웨가 우리의 만군의 왕이시므로 이 땅에 따로 왕을 둘 필요가 없다고 훈련을 한 것이다. 사무엘도 왕을 달라는 백성의 요구를 거절하면서 야웨가 우리의 천상천하의 왕임을 훈련받고 왕을 가지라고 신명기의 왕도(17)를 상기시킨다.

14. 유대의 왕정 수립

가나안 일경의 모든 나라들은 일찍이 왕국을 건국하고 왕정통치를 하고 있었다. 이에 비해 유대는 아주 늦게 왕정을 수립하지만 하나님의 허락이 없어 긴 시간을 끌었다. 긴 사사제도는 야웨의 정신, 즉 야웨만이 임금 중의 임금이라는 정신을 침투시켰다. 통치와 국방에 혼란을 가져왔다.

때에 유목생활을 끝내고 농업경제로 변하는 전환기라 할 수 있다. 낙타의 똥을 주어 천막에서 밥해 먹고 살던 생활은 사라지고 도시의 가옥에서 사는 큰 변화가 일어나는 순간에 강력한 중앙 집권력이 필요했다. 아무리 그러했다 치더라도 왕권을 허락하지 않은 이유가 무엇일까?

유대인의 일신교는 신과 인간이 직접적인 교류관계를 가지기 때문에 왕권의 개념은 이교도의 왕과는 달랐다. 이교도는 왕은 신의 대리자, 신의 핏줄이라고 생각하여 왕을 신으로 숭앙하고 받들어 국교로 삼았다. 그러나 유대인은 그렇게 생각지 않았다. 유대인은 왕을 신의 혈통이라고도 생각지 않고 숭배하지도 않았다. 유대인에게 있어서 왕이란 백성과 똑같은 존재로 도덕적 법률적 책임을 지는 사람이었다. 그러므로 유대인의 통치제도는 입헌군주제의 성격을 띠고 있었다. 하늘에 만군의 왕이 계시므로 이 땅의 왕은 권한을 위임받은, 만군의 왕의 왕자 역할을 위임 받아 수행하는 것이었다. 기원전 1000년경에 형성된 유대 왕정은 입헌 군주제로서 인류 최초의 것이었다. 민주주의 제도를 가졌다고 하는 로마나 그리스도 이런 제도를 가져 보지 못했다. 백성이나 임금이 야웨 앞에서는 동일한 인간이란 만민 평등사상이 이들에게 있었다.

사사 시대에 기드온의 아들 아비멜렉이 스스로 왕이라고 선포를 했으나 맞아죽고, 사울이 맨 처음 머리에 기름 부음을 받고 정식으로 이스라엘의 왕이 되었다. 그러나 사울은 제대로 왕의 구실도 하지 못한 채 자결하고 그 사위 다윗이 진정한 왕이 된다. 다윗은 왕이 되어 나라를 확장하고 왕권을 확립했다. 골리앗과 싸워 그 무용을 만방에 떨친 왕으로서 세 가지 업적을 세워 오늘날까지 영원한 왕으로서 그를 기억한다.

다윗은 예루살렘을 행정의 수도로 유대인의 영원한 고향으로 만들었다. 두 번째 거룩한 성지로 하나님이 계신 곳으로 삼았다. 예루살렘에 성전을 쌓는 일을 작정했다. 물론 그는 성전을 준비하고 그 아들 솔로몬이 완성한다. 세 번째로 다윗은 하나님의 법궤를 예루살렘 성전에 봉헌한 사람이다. 이스라엘에게 있어서 법궤는 하나님 그 자체였기 때문이다. 다윗은 많은 사람을 죽인 무용이었기에 야웨는 그의 피 묻은 손으로 성전 짓기를 허락지 않았다. 하나 그 아들에 의해 법궤가 모셔진 예루살렘은 유대교 기독교 회교의 영원한 성지가 되었다.

다윗이 죽고 그 아들 솔로몬은 유대인 제국을 물려받았으나 천지 사방에 적들로 둘러 싸여 있었다. 제국의 북으로 유프라테스 강가에서부터 남으로 아카바만에 이르는 지금 면적의 5배의 넓이지만 항상 적으로부터 침략을 받았다. 유대국은 적들의 피 위에 세워진 원한의 제국이었다. 생각해 보라. 자기 땅이라고 점만 찍어 놓고 약 500년 후에 나타나 살고 있는 원주민을 추방하면 황당하지 않겠는가? 500년이나 살았던 땅을 비우라니 누가 순순히 나가겠는가? 예루살렘 성전이 있는 땅은 여부스족의 헤브론이었다. 본래 살고 있던 팔레스타인들도 쫓겨나긴 했으나 항상 출몰하여 기회를 엿보고 있었다. 패배하여 쫓겨난 사람들은 연합하여 유대인을 대적한 것이다. 그 항거는 약 3000년이 지난 지금에도 계속되고 있다.

솔로몬은 부왕 다윗과는 달리 전쟁을 좋아하지 않고 평화외교를 했다. 싸우지 않고 땅을 차지하는 외교 전술을 폈다. 평화 외교를 하다 보니 자연 외국으로부터 온 공주들과의 정략결혼이 있었다. 그는 수많은 처첩을 거느렸다. 자신이 분간하지도 못할 정도의 아내와 첩들이 있어 일천의 여인이 있었다고 했다. 그의 여인 예찬은 유명한 연애시 아가서 노래 중의 노래 속에서 나타난다. 이 여인들에게서 묻어들어온 이교사상이 이스라엘 왕국의 패망의 원인이 될 줄은 몰랐다. 솔로몬의 여인 천하가 이스라엘왕국에 피를 불러왔다.

15. 솔로몬의 폐륜실정이 나라를 분열시키다

혹자는 솔로몬의 치적을 칭송하여 성군이라 하지만 그를 높게 빛나게 한 치적은 하나뿐이다. 그의 아버지가 준비한 예루살렘 성전 건축이다. 히브리의 정신사적 관점에서 보면 솔로몬은 나라의 정신을 더럽히고 나라를 분열시키는 망국의 길을 준비한 사람으로 볼 수밖에 없다.

솔로몬은 전쟁을 하지 않고 외교로 나라 부강을 꿈꾸었다. 일정 부분 그 일은 성공적이어서 무역의 활성화를 통해 경제 부흥을 가지고 왔지만 당시는 이스라엘에 농경 산업이 뿌리 내리지 못하고 있었다. 몇 백 년을 유목 생활에서 농사로의 전환은 짧은 기간 동안에 쉬운 일이 아니었다. 지방 권력을 약화시켜 왕정을 향한 반란 세력을 잠재우기 위해 모든 산업화 경제화를 중앙 집권 통제하에 두었다. 지파 권력이 경제를 가지면 중앙 세력에 도전하기 때문이다. 이것이 나중에 국가 분리현상까지 만들었다.

이러한 반항세력을 없애기 위해 솔로몬은 지방 경계를 없애 버렸다. 오직 12개의 조세 지역을 만들어 돈 거두어들이기에 주안을 두었다. 이 세금을 내지 못하면 그들은 홈리스가 되어 방황하게 된다. 그 방황하는 자들을 끌어 강제노동자로 써 먹었다. 분명히 무역과 경제는 발전했지만 빈곤한 시골 방황자를 흡수하지 못했다. 솔로몬 말년에 과잉한 빈익빈 부익부 현상이 일어나 사회정의의 타락에까지 가게 되었다.

고대사회의 나라의 뿌리를 망가뜨리는 문제 가운데 하나가 종교 정책이다. 역사학자 에드워드 기번이 말한 대로, 로마의 종교 정책은 로마 국가에 반하지 않은 종교는 다 용납되듯이 솔로몬의 치세 역시 모든 종교는 용납되고 일부다처도 용납되었다. 그것은 왕궁에서부터 시작됐기 때문이다. 평화 정책을 위해 인근 거의 모든 나라의 공주들을 아내로 맞아 평화 무역 정책을 펼쳤다. 여러 공주들이 가지고 온 종교도 용납되어 이스라엘은 더 이상 유일신교국이 아니었다. 그러나 그 같은 정책도 평화와 나라의 안정을 가져오지 못하고 뿌리부터 균열이 가고 있었다

다윗이 나라의 왕이 될 때부터 에브라임 지파를 중심한 북왕국 이스라엘과 유다는 억지로 통합된 상태였지 이유만 있으면 나누어질 상황이었다. 이런 상황에서 마음에 없는 솔로몬을 이스라엘은 왕으로 받아들였다. 솔로몬이 아버지 다윗 뒤를 이어 즉위하고 이스라엘은 솔로몬에게 복종했다. 솔로몬의 즉위식이 남쪽과 북쪽에서 따로 두 번이나 이루어졌다는 것은 유대-이스라엘 왕국의 이중성과 취약성을 말한다.

기원전 931년에 솔로몬이 죽는다. 그 아들 르호보암도 북에 가서 즉위식을 해야만 했다. 그곳에 가자 이스라엘의 장로들이 정치적 종교적 불만을 토로한다. 르호보암은 듣지 못한 척했다. 이스라엘 장로들은 마음에 결심한다. 북의 10지파는 이스라엘의 장로들의 대표인 여로보암과 르호보암의 역사적 담판을 하지만 이 자유 요구를 르호보암은 뭉개버린다.

여로보암은 장로의 대표였다. 이스라엘 장군으로 솔로몬의 폭정에 항거하다가 실패하여 애굽으로 피신했다 돌아온다. 교만하고 허영심 많은 지도자가 그렇듯 솔로몬의 아들도 그의 요구에 귀 기울이지 않았다. 대신 그는 이스라엘에 군대를 보냈으나 완패한다. 솔로몬 사후 일 년도 안 되어 팔레스타인 왕국은 산산조각이 난다. 북쪽 에브라임 지파들과 남쪽 지파를 겨우겨우 봉합해온 나라가 완전히 깨어진 것이다. 12부족 중 유다와 소수로 남은 베냐민지파로 유대왕국이 되고 북의 10지파는 이스라엘이 된다. 한 아버지에게서 태어난 12아들이 서로 나누어져 이 분쟁의 싸움이 백년 가까이 계속된다. 이로써 헷갈리게 하는 유대왕국, 그리고 이스라엘 왕국이 따로 살림을 차리게 된 것이다. 남쪽은 유대왕국, 북쪽은 이스라엘이다. 완전히 다른 나라로서 원수처럼 살아갔다.

이스라엘의 전승에 의하면 어떤 여자의 자식도 그 생산한 자녀는 귀히 여긴다. 하나 부정한 여인의 아들 솔로몬의 부정한 정치가 이렇게 유다-이스라엘을 분립시키는 망국을 낳았다. 그의 성적 부정과 정치의 실패가 유일신교에 얼마나 반한 것에 대해선 차치하고, 두 나라의 진화과정을 살핀다.

16. 남북 두 왕국, 유대와 이스라엘의 진화과정

이스라엘의 왕 사울이 죽고도 히브리들은 사울이 이스라엘 전체의 왕이란 애착을 가지고 있었다. 그래서 사울의 아들 이스보셋이 나라를 통치하다가 누군가에 의해 암살을 당한다. 이 말은 이스라엘과 유다 사이에 격렬한 싸움이 있었다는 증거이다. 그럼에도 다윗은 유다 지파에 의해 왕의 기름 부음을 받는다. 그후 다윗은 유다 전체의 왕으로 인정받지만 사울의 이스라엘 왕국에 대한 향수는 여전하여 겨우겨우 나라가 통일을 유지하다 솔로몬의 아들 르호보암의 악정으로 남왕국과 북왕국으로 나라는 갈라졌다.

다윗과 솔로몬의 이야기는 잘 알려졌지만, 분열된 두 왕국의 이야기는 더 모험적이고 흥미롭다. 앗시리아와 바빌론 군대의 말발굽 소리만 들어도 오금을 조리며 도망을 치는데 유대 이스라엘은 용감무쌍히 싸워 도저히 항복시킬 수 없는 족속으로 알려졌다.

유대와 이스라엘의 왕국, 특히 이스라엘의 역사는 음모, 배반, 횡령, 시해 등으로 차 있는 인간적인 가장 인간적인 역사였다. 어쩌면 이태리의 메디치가의 역사처럼 눈부신 활약을 보여준 북왕국 이스라엘의 정치 행보는 찬란했다. 이 혼돈과 찬란한 역사에도 불구하고 그 역사에는 하나의 큰 테마가 있었다. 유대 이스라엘의 왕국이 망하기까지 300년을 일관하는 대 흐름의 세 가지 주제가 있었다.

첫째 이교도의 제의나 종교에 흡수되지 않도록 노력하는 일신교 신앙, 두 번째 인간 삶의 목표로서 도덕과 정의를 세우려는 것, 세 번째 유대민족의 혈통을 보존하려는 노력, 이 세 가지가 있었으나 이스라엘이 먼저 멸망하였으므로 그 역사부터 먼저 살펴보고 유대왕국의 이야기로 가자.

이스라엘의 왕권은 다윗왕가를 거역한 정통성이 없는 연고로 정통성과 혈통성이 약하여 모든 왕은 평균 11년밖에 통치하지 못했다. 이스라엘 역사 212년 동안에 9

개 왕조에 19명의 왕중 자연사한 사람이 없을 정도다. 어떤 왕조는 단지 7일밖에 통치하지 못했다. 북왕국 여로보암 왕은 남북왕국의 분열을 심화하여 남쪽을 향한 극단적 증오로 왕정을 시작했다. 예루살렘 성전에 대항하기 위해 벧엘에 북왕국 성전을 지어 예루살렘 성전으로 가는 길을 막았다. 이로써 정치적 종교적 불화를 심화시켰다. 성서의 첫 문서인 J문서가 이스라엘에서 씌어졌다. 그러자 남쪽 유대가 이에 질세라 10년 후에 E문서가 예루살렘에서 씌어져 예루살렘 성전의 정통성을 주장했다.

북왕국 여로보암의 뒤를 이은 왕들은 모두 무능하여 이스라엘은 극심한 혼란을 겪지만 탁월한 지도력을 갖춘 오므리 왕조 덕분에 나라가 강성해져 중동의 최고 왕국이 된다. 오므리 왕은 아주 역동적이고 능력이 있는 왕으로서 나폴레옹처럼 용감무쌍하게 6-7차례의 외적을 당당히 무찌른다. 오므리 왕은 수도를 세겜에서 사마리아로 옮겨 법을 개정하고 무역과 상업을 부흥시킨다. 이로써 나라가 부강하여져서 중동에서 두려움과 존경의 대상이 되어, 앗시리아 기념비에도 그의 치적과 이름이 올라 있다. 그의 놀라운 치적으로 이스라엘이라는 국호보다는 오히려 오므리 왕조라고 알려졌다.

그러나 오므리는 후세에 불행을 가져올 실수를 저지른다. 그의 아들 아합을 시돈의 공주인 이세벨과 정략결혼을 시킨다. 이세벨의 아버지는 승려였으나 페니키아의 왕을 암살하고 왕위를 찬탈한 인물로 딸에게도 그런 암살과 찬탈의 권력욕을 잘 가르쳐 주었다. 이스라엘의 왕비가 된 이세벨은 물불 가리지 않고 시민의 권리를 박탈하는 행위를 했다. 바알 신의 매춘을 끌어들여 불의 신 몰독에게 아이들을 번제로 바쳐 국민들의 분노를 샀다.

그러나 아합은 외교술과 전쟁에 뛰어나 페니키아, 다마스코스, 시돈, 두로를 물리쳤지만 적국의 왕을 원수로 대하지 않고 형제로서 대했다. 동북부의 앗시리아의 야욕을 알아차리고 동부의 국가들을 친구로 삼았다. 500년 동안 제국의 꿈을 준비하던 앗시리아가 일어서서 11세기에 그 꿈을 실행하기에 이르니 10세기에 바빌로니아로, 9세기에는 남부로 진출하여 애굽을 먹을 준비를 하고 있었다. 앗시리아는 역사에 나타난 가장 극악한 제국 중의 하나였다. 이스라엘 정복은 시간 문제였다,

17. 이스라엘의 몰락

앗시리아인이 얼마나 잔인했던가? 정복한 땅의 왕과 귀족의 목을 잘라 해골로 만들어 노예로 삼은 유랑인의 목에 걸고 다니게 하고, 자식과 식구들의 해골을 쌓아 문 앞의 장식을 만든다. 왕의 목전에서 자식들을 살상한다, 이 정도로 잔인한 종족들이니 이들이 정복하면 그 땅의 백성들은 죽는 것보다 더 험난한 삶을 살았다. 앗시리아의 산업은 침략과 약탈이다. 남의 것을 빼앗아 사는 사람들이다. 앗시리아의 정복욕은 아브라함의 시대부터 키워 히브리들의 남북왕조로 분리될 때는 정복의 준비가 끝난 상태이다.

천년 동안 제국의 꿈을 꾸고, 기원전 10세기부터 그 꿈은 실현되어 바빌론과 그 인근을 지배한다. 9세기에는 동남으로 진출하여 애굽이 그 목표였다. 한데 그 진로의 한가운데 이스라엘이 있었다. 이스라엘 아합은 이것을 눈치 채고 방어를 단단히 하고 있었다. 카르가르에서 이스라엘 아합 군대와 앗시리아가 맞붙었다. 비록 아합과 연합한 이웃의 군대가 2만의 병사를 잃었지만 대대적인 승리를 거두자 앗시리아는 제국의 꿈을 100년 후로 미룰 수밖에 없었다.

하나 그 강렬한 아합이 죽자 악녀 이세벨을 향한 분노가 끓어올랐다. 나라가 혼란에 빠져 이세벨은 죽어 개의 밥이 되고, 예언자 엘리샤가 예후 장군에게 기름을 붓고 왕을 세운다. 시돈의 음녀 이세벨의 잔당을 처리한다. 이세벨뿐이 아니라 아합의 전 가족을 몰살한다. 예후는 가혹한 왕이었지만 기민한 행정가였다. 음란 예배와 바알 예배도 근절하고 상업과 공업을 장려했다. 오랜만에 맛보는 평화시대였다.

이스라엘은 주위의 제국들의 움직임을 눈여겨보면서 소국들을 합병하여 나라를 배로 확장했다. 이 당돌한 소국의 움직임을 보고 주위 나라들이 함부로 대항하지 않고 조용히 지켜만 보았다. 이 조용한 시점에 앗시리아에서는 큰 변화가 일어났다. 그 시대의 비스마르크라 할 수 있는 티글라트 필레셋 3세가 앗시리아 수도 니느웨를 침략하고 있었다. 티글라트 필레셋 3세야말로 피도 눈물도 없는 폭풍의 왕이었다. 앗시리아의 1000년 제국의 꿈을 이룰 무서운 왕이 등장한 것이었다.

협박하고 어르고 침략하는 정복방법이 히틀러 그것과 비슷했다. 티글라트 필레셋 3세는 이스라엘에 다액의 조공을 요구했다. 이스라엘 조정은 두 파로 나뉘어 조공을 바치자, 바치지 말고 한판 붙자는 것이다. 조공을 지불하느냐 하지 않느냐가 왕실이 결정할 문제였다. 그러는 사이 왕들은 암살당하고 나라는 혼란에 빠진다. 친 앗시리아 왕이 조공을 몇 번 바치다가 그만두었다. 앗시리아 왕 티글라트 필레셋은 더 이상 참지 않고 군대를 끌고 이스라엘을 침공한다. 쉽게 이스라엘이 항복할 것으로 기대했으나 전투는 10년간 계속되고 앗시리아 왕도 세 명이나 교체된다. 필레셋도 용감무쌍했지만 그 후임들도 모두 탁월한 군사 지도자였다.

우표딱지보다 작은 이스라엘을 정복하는데 10년이 걸린 것은 불가사의다. 이로서 바꾸어진 앗시리아 왕 사르곤이 완전 정복하니 이스라엘은 이 지상에서 영원히 사라진다. 나라 건국한 지 214년, 6개 왕조에 19의 왕들이 제위에 있었다.

열 지파로 이루어진 이 이스라엘의 백성은 어디로 갔을까? 완전히 이 지상에서 사라진 히브리들은 어디에서 어떤 모습으로 살고 있을까? 후기하겠지만 바빌론으로 끌려간 히브리들은 아직까지 살아 2600년이 지난 지금 나라를 재건했는데 인구와 땅 덩어리에서 몇 갑절이 되는 이스라엘은 어떻게 완전히 사라졌는가?

앗시리아 지배 정책과 바빌론 정책은 달랐다. 바빌론은 그들의 신분을 보장하는 노예로 삼았지만 앗시리아는 노예화와 동화정책을 씀으로써 그 혈통을 완전 산화시켜 버렸다. 앗시리아에 의해 멸망하자 피하여 도망 온 잔존 백성의 마을이 남미에 있다는 말이 있는데 그것은 추측일 뿐 확인된 정설은 아니다.

이스라엘 멸망 후의 사건과 유대 멸망을 비교하는 여러 학설이 흥미롭다. 여하간 이스라엘은 완전히 소멸되고 유대는 지금도 살아 있는데 그 흥미로운 히브리 유대의 이야기를 한다.

18. 유대의 멸망과 예루살렘의 함락

기원전 933년에 시작한 유대가 기원전 586년에 느부갓네살에 의해 멸망하기까지 388년간 왕통을 유지하다 백성들은 바빌론 포로로 끌려감으로써 유대는 끝이 난다. 같은 지정학적 상황임에도 북왕국은 앗시리아에 멸망, 남 왕국은 강대국 사이에서 침략을 받는 약점을 가졌음에도 이스라엘에 비해 170년을 더 국운이 연장된 이유에 대한 설명은 여럿이 있다. 과연 무엇 때문에 유대가 그 왕성했던 이스라엘보다 더 오래 견딜 수가 있었는가?

왕의 수는 이스라엘과 비슷한 20명으로 평균 17년을 통치하면서 한 왕조로 비교적 안정된 상태였지만 지정학적인 관점에서는 유대가 이스라엘보다 더 어려운 상황이었다. 북은 잔악한 앗시리아를 대하면서 남쪽의 대강국 애굽과 경계하면서 항상 그 눈치를 보아야 했다. 한때 왕성하여 애굽을 물리치고, 페니키아, 아라비아, 팔레스틴, 모압, 시리아를 격퇴하여 국토를 확장했으나 다시 힘이 기울어져 옛날의 모습으로 돌아갔다.

이스라엘 왕조에서 가장 어려웠던 위기는 6대왕 아하시야 때이다. 이스라엘에 악녀 이세벨이 있었듯이 유대에도 그 같은 악녀 하나가 있었다. 이세벨의 딸 아달랴를 유대 왕 여호람에게 시집보내어 왕이 죽자 왕손 전부를 살상하고 자기가 왕위에 오른다. 딸은 어머니의 모든 것을 닮는다는 말처럼 왕위에 오른 아달랴는 유대의 신앙과 정신을 완전히 파괴하고 모든 왕족을 죽인다. 그 살인 소동 중에서 요호람의 어린 아들 요아스 하나만 숙모의 도움으로 피신하여 7세가 되어 왕위에 오르고 유대-이스라엘 100년 전쟁도 끝나 선정을 베푼 평화의 시대가 된다.

앗시리아의 티글라트 필레세 3세가 아달랴를 복권시키고자 했으나 선지자 이사야의 중재 조언으로 왕위 전쟁을 피할 수 있었다. 유대 왕들은 이사야의 말에 귀를 기울이고 앗시리아가 요구하는 조공을 바쳤다. 이스라엘이 조공을 바치지 않아 멸망하는 것을 두려운 마음으로 보았기 때문이다.

　결국 친애굽파가 이겨 애굽과 합세하여 앗시리아와 싸우기로 결정한 것이다. 앗시리아가 반란 작전을 북에서 일으키고 남에서 애굽이 공격하고 북에서 유대가 싸우는 전략이었다. 하나 이것을 신속히 눈치 챈 앗시리아가 대 군대를 파견함으로써 모든 전략은 무너지고 앗시리아에 애굽이 굴복하자 유대 홀로 싸우기로 결정한다. 죽음을 각오한 유대의 비장한 결정이었다. 앗시리아 군대는 예루살렘을 포위하고 날만 새면 공격할 참이었다. 유대군대가 아침에 앗시리아의 왕 산헤립의 군대를 둘러보는데 모두 짐을 싸들고 도망가고 있었다. 역대기와 이사야 37장은 18만 오천 명이 사살되었다고 했다. 유대인은 이것을 야웨가 내린 은총이라고 축하했다. 역사가 헤로드토스는 쥐의 역병 발진티푸스가 앗시리아군을 휩쓸었다고 주장한다.

　명철한 이사야의 조언대로 하늘 기적이 내려 도와줄 때까지 앗시리아에 조공을 바친다. 하나 앗시리아는 역사의 운이 없었다. 페르시아만까지 점령하여 승리를 목전에 두고 바빌론의 반란으로 앗시리아의 수도가 약탈당한다(주전 612년). 앗시리아는 제국의 일부라도 지키려고 사력을 다했으나 바빌론은 애굽과 짜고 앗시리아를 전멸시킨다. 605년에 있었던 카르케미슈 전쟁이다. 앗시리아는 붕괴하여 바빌론의 수중에 드니 유대도 자연 바빌론의 것이 되었다. 이로써 유대왕국도 종언을 고하고 그 백성들은 노예로 바빌론으로 끌려가는 운명이 되었다.

　기원전 600년대에 바빌론 통치가 시작되고 수년이 지나 유대는 몇 번의 반란을 일으켜 승리하지만 결국은 597년에 예루살렘이 완전 패망하고, 느부갓네살은 18세의 여호야김왕을 붙잡고 지도층 8000여 명을 인질로 잡아간다. 바빌론은 유대를 약탈도 황폐시키지도 않고 시드기야를 괴뢰정권의 왕으로 임명한다. 그럼에도 유대는 애굽의 힘을 빌려 독립운동을 하다 격노한 느부갓네살이 침공하여 애굽은 항복했으나 유대는 일년 반을 더 항쟁하다 항복하고 시드기야는 면전에서 아내와 자식들이 학살당하는 것을 보고 왕은 눈알을 뽑는 수난을 당하나 잃은 국권을 찾을 수가 없이 성전은 완전 파괴되고 말았다. 이로써 388년의 유대 역사는 종언을 고한다.

19. 신명기 역사관과 역대기 역사관

　정확히 말해 구약 전체는 히브리인 이스라엘의 역사이다. 이 역사는 히브리들의 삶의 발자취다. 그 삶의 발자취의 기록, 즉 역사를 기록할 때는 기록하는 관점이 있다. 쉽게 말해 평민을 중히 여기는 관점, 또는 귀족을 중히 여기는 관점 같은 것이다.

　성서에 크게 두 개의 역사관점이 있다. 신명기 역사관점과 역대기 역사관점이다. 신명기 역사관점에서 쓴 책을 신명기 역사서라 하고 역대기 관점에서 쓴 글을 역대기 역사서라고 한다. 반월형 중동지역의 역사관점과 히브리들의 역사관점은 아주 다르다. 고대 근동의 역사는 윤회적이고 정체 반복적이지만 유대의 역사관은 목표를 향한 직선적이고 미래적이다. 고대 근동의 역사는 위에서 아래로 내려오는 하향식 역사지만, 히브리의 역사관은 아래서 위로 올라가는 상향식 역사관이다. 물론 히브리의 역사에도 왕들의 이야기가 많이 나오지만 기본상 히브리의 역사는 백성들의 역사다.

　대체로 신명기 역사관은 신명기를 시작으로 열왕기하까지를 말한다. 요시야왕이 성전 수리중 발견한 법전이 유대사회와 종교에 끼친 영향 하에서 기록되어진 책들을 두고 하는 말이다. 신명기가 우리에게 전한 메시지는 한 분 하나님에 대한 영원한 신앙, 그 말씀의 영원한 현재성을 중시하는 선택 받은 백성의 특권과 책임을 염두에 둔다. 야웨의 신앙과 인간을 향한 사랑의 균형 속에서 말씀의 오늘 현재성을 강조하여 끝임 없는 신앙과 삶의 갱신 개혁을 요구한다. 영원한 현재는 예언적 역사관이다. 그래서 예언서의 대부분이 신명기에 시원을 두기에 영원한 미래를 지향하는 선교적 미래 세계를 추구한다. 그래서 신명기 사관은 낙관적이요 희망적이다.

　신명기 역사서가 대부분 처참한 포로기에 씌어졌지만, 원망보다는 후회와 뉘우침 속에서도 다시 시작하는 낙관적 미래를 바라보는 태도는 위대하다. 사실 히브리의 역사를 읽을 때 어디까지가 역사사실이고 어디가 신앙 고백인지를 구별하기 힘들다. 하나 신명기 역사관은 우주의 보편적 구원을 추구하여 모든 민족을 수용하는 관용적 고백이다. 미래로 가기 위해 과거를 보는 것으로 신명기 역사관은 낡은 것에서 새로운 개혁을 추구한다. 과거를 철저히 반성하면서 개혁의 새 길을 찾는다. 그래서 어떻게 하면 우리가 새로워져 그 땅의 진정한 주인이 될 것인가를 반추한다. 야웨와 함께하는 삶은 어떤 상황 속에서도 새로운 미래를 가질 수 있다는 낙관적 미래관이다.

역대기 역사서는 역대기 상하, 에스라, 느헤미야를 포함하는데 신명기 역사서를 전체적으로 또는 부분적으로 과감히 삭제 첨가하여 제사적 관점에 중심을 둔 히브리 역사관이다. 역대기 역사서는 신명기 역사서의 수정 보충판이라 할 수 있다. 다윗왕조의 메시야 신앙과 제사 관점에서 벗어난 것은 과감히 삭제하고 또 첨가한다.

역대기서와 에스라 느헤미야의 문자나 서술방법이 동일하게 이스라엘 민족 제의 중심이요 복고적이요 교회 지상주의다. 신명기 역사관에서 정의와 자비가 중요하지 교회나 예배는 그 다음이다. 이스라엘의 새 미래를 열기 위해서는 돌아가 과거를 회복해야 한다. 에스라가 모세 율법을 재건하여 그 나라를 세워야 한다. 이스라엘은 지상 국가가 아니라 제사장 나라로 다시 서야 하기 때문에 이 기준에서 벗어나는 신명기 역사 내용은 전부 삭제해 버린다. 예컨대 다윗 왕통의 명예를 해치는 내용은 전부 삭제한다. 따라서 북왕조 이스라엘은 예루살렘 성전을 떠난 패륜아이기 때문에 망했을 뿐만 아니라 그 뿌리마저 찾을 수 없게 되었다고 주장한다. 역대기서에서 그와 같은 내용들, 다윗의 비윤리적으로 부정한 사실은 전부 삭제되어 거룩한 메시야 다윗 모습만 남겨두었다.

그러함에도 불구하고 제사장 나라의 자존심, 제사법전 같은 것은 아주 잘 보존되어 오늘날 예배와 제사의 본이 되고 있음은 사실이다. 이로써 유대왕국은 오랜 세월 유지되어 흩어졌음에도 다시 나라를 회복했고, 북왕국 이스라엘은 뿌리도 없이 소멸된 이유에 대한 설명이 됐는지 모르겠다. 이 신명기 역사관과 역대기 역사관은 신약 속에도 크리스천 인격 속에도 혼재되어 흐르고 있음을 볼 수 있다.

20. 휴대용 종교

인류 문명을 해석할 때 거의 모든 역사가들이 히브리의 역사를 단 몇 줄의 서술로 끝내 버린다. 세계사에 별 의미가 없는 역사로 보기 때문이다. 그들은 광활한 국토와 빛나는 문명의 탑을 의미 깊게 평가할 뿐 세계인구의 3/1 이 기독교인이요 거의 1/3이 공산주의 신도들을 만들어낸 유대인에 대해 무게 있게 보지 않는다.

슈펭글러의 역사관에 따르면 이스라엘과 유다는 멸망과 더불어 이 땅에 없어졌어야 할 문명이다. 슈펭글러는 문명의 춘하추동의 주기설을 주장하는 사람이기 때문이다. 모세와 여호수아가 히브리 문명의 봄을 가꾸고 다윗과 솔로몬이 그 여름을, 분리된 두 왕국이 그 문명의 가을을, 바빌론 포수가 그 문명의 겨울로 마감된 것으로 본다. 히브리 문명의 주기가 끝나 사라졌다고 보고 있다.

그러나 기원전 1900년의 뿌리에서 자라 1200년대에 시내산의 정기를 모아 시작한 히브리 문명은 과연 죽어 없어진 것인가?

확실히 히브리의 문명도 슈펭글러의 도식에 따르는 것같이 보였다. 10부족의 이스라엘은 앗시리아 손에 망가지고 그 뿌리, 잔존도 찾을 수 없게 되었다. 베벨론이 유대인을 잡아 포로로 끌고 갈 때 그 역사도 종말인 것으로 보였다. 그들은 세계로 다 흩어져 없어지는 것 같았기 때문이다. 종교의 시대이니 정복자의 종교를 믿고 동화되는 것이다. 주위의 히타이트, 페니키아, 시리아, 여부스가 다 그렇게 됐다. 이스라엘도 그렇게 됐다. 한데 유대인은 그렇게 되지 않았다. 이스라엘은 소멸되어 없어져 버렸는데 유대인은 죽으면서도 살아남은 이유가 무엇인가? 정치나 경제적인 측면에서 역사를 해석한다면 다음과 같이 설명할 수 있을 것이다. 앗시리아의 정책은 정복한 족속들을 소구분으로 분할하여 각 지역에 이산시킨다. 그러면 시간이 지나면 자연 동화되어 소멸한다. 이에 비해 바빌론은 정복한 족속들을 그대로 놓아 준다. 그런 바빌론에 정복당한 유대인은 동화되지 않고 민족 주체성을 유지하며 생존해 왔다. 유대인들은 온갖 협박에도 불구하고 민족의 주체성을 지키겠다는 노력 가운데 그 지도자들의 사고가 기발했다. 오히려 포로 당한 후 민족 자각의식이 새로워지고 더욱 깊고 넓어진 신앙과 문화 경험을 했다. 이스라엘이 멸망하고 유대가 어떻게 분열 멸망했는지도 살펴보았다.

내외 우환이 겹친 가운데, 우상 숭배가 번창하고 부자는 가난한 자를 억압하고 잡혼이 나라의 힘을 약화시켰다. 이스라엘에서 한 것처럼 유대인들도 세 가지 정신에 역점을 두고 노력했다. 일신교 신앙은 어떤 이교에게도 흡수당하지 않았다. 도덕과 사회정의를 높이 받들었다. 세 번째 선민신앙을 존귀하게 지킨다. 그럼에도 불구하고 유대는 멸망할 조건을 충분히 갖추고 있었다.

이런 경우 토인비가 말하는 문명에의 도전이라고 말할 수 있는 호례이다. 유대도 이스라엘처럼 존속할 수 없는 멸망의 독립국이라고 슈펭글러처럼 토인비도 생각할 수 있다. 그럼에도 슈펭글러의 주장에 저항하는 것처럼 유대는 역사에 불쑥불쑥 다시 나타났다. 슈펭글러는 아예 유대인을 무시했고 토인비는 하찮은 유대인이라 생각하여 각주 아래로 밀어내어 버렸다.

토인비의 이론이 주장하는 것처럼 유대인은 끝임 없이 그리고 강렬하게 두 가지 사상으로 세계를 향해 응전하여 민족의 멸망이라는 운명을 벗어났다. 잊혀진 2000년 세월 동안 죽은 듯이 슈펭글러도 토인비도 주목하지 못한 사이에 일어나 세계 문명의 각 분야에 영향을 끼치고 있다. 그 첫째 사상으로 구약성경을 정경화하여 세계의 의식을 변화시켰다.

유대인이 포로로 잡혀간 바빌론에서 이룬 탁견은 성전 종교였던 유대교를 휴대용 종교로 새로이 변신한 사실이다. 모든 옛날 종교는 성전 없이는 형성되지 않는다. 그러나 유대인이 바빌론의 포수에서 생각한 것은 포장된 휴대용 종교라는 것이다. 세상 어디에서도 믿고 따를 수 있는 종교는 예루살렘 성전 없이도 그 신앙이 가능하다는 발상이다. 포로로 잡혀갔음으로 인하여 더 높고 고상한 종교 경지에 오를 수 있게 된 것이다. 유대인이 깨달은 종교 사상 가운데 가장 고상하고도 위대한 경지에 오른 것이 포로들의 자각이다. 그것이 토라의 경전화와 휴대용 종교로의 전환이다.

21. 예언자가 누구인가

예언의 전승은 신명기에까지 간다. "나와 같은 선지자 하나를 세우리니 너희는 그를 들을지어다"(신 18). 이 선자자의 활동은 남북왕국이 흥흥하고 서민이 도탄에 빠질 때였으나 실제로 이들의 역할이 그 빛을 보게 된 것은 포로시대였다. 선지자들은 의식이나 제사는 아무런 가치가 없고 야웨가 중히 여기는 것은 인권, 정의, 도덕이라고 주장하며 야웨는 제사나 제물을 원치 않는다고 했다. 제물을 바치지 못하는 것이 죄가 아니라 정의를 왜곡 타락시키는 것이라고 했다. 토라 신앙의 변화가 온 것이다. 뿐만 아니라 유대인의 야웨 신앙을 완전히 바꾼 예언 정신은 신명기 사관의 발전이다. 그럼에도 불구하고 그들이 포로로 붙잡혀 가기 전까지는 깨닫지 못했다.

그렇다면 예언자는 미래를 꿈꾸며 점을 치는 자인가? 그렇기도 하지만 그 이상이다. 선지자 사상은 히브리 정신이 가지는 아주 특이한 사상이다. 점치는 예언자는 중동에서 흔한 존재다. 하나 히브리의 예언자 사상은 정의와 평화 인권을 말함에 특이하다. 선지자가 무엇인가? 선지자는 시공간을 초월한 정의, 평화를 선포한다. 시공간을 초월한다는 말은 예언자는 과거나 현재나 미래에 구애받지 않고 정의를 선언한다.

하나님의 세계에는 시공간을 초월한다. 나단이 다윗의 과거 죄를 고발할 때, 왕이 두려워 아무도 말 못하나 나단은 당신이 바로 그 죄인이라고 한다. 미래도 마찬가지다. 현재는 말할 것도 없고 미래의 사실을 두려움 없이 말한다. 예언자의 길은 정의의 길임을 보여 히브리들이 수준 높은 도덕적 인간이기를 간구한다.

히브리 전승에서 문서 예언자의 효시를 아모스에게 둔다. 그는 북왕국으로 가 그 기세등등한 여로보암 2세에게 부정과 타락에서 벗어나라고 충고하다가 북에서 추방당하나 두려워하지 않고 향리로 돌아왔다. 그 뒤를 호세아가 그리고 이사야가 맡았다. 당시 아모스, 호세야, 이사야가 그런 정의의 설교를 했을 때 세상은 비웃고 제사장은 분노하고 왕들은 불안에 떨었다. 그러나 백성과 종교인과 왕들은 그들을 이해하지 못했다. 그들은 히브리의 제물종교에서 도덕적 고급종교를 지향했다. 지금으로서도 상상하지 못할 도덕적 초월 세계를 꿈꾼 사람들이다. 천천의 수양이나 송아지의 제물보다 강수같이 흐르는 진실한 마음의 종교를 주창했다. 위대한 도약이었다.

유대나라는 위기에 처했을 때 예언 종교가 태동하게 된 데는 요시야라는 지성과 지략과 정의에 찬 양심적 신앙을 가진 인물에게 빚진 것이 많다. 요시야는 사회적 불평등과 부도덕이 나라를 망친다는 것을 알아 모세 법전을 설하고자 했으나 어떤 사회적 계기가 없이는 불가능한 것을 알았다. 우상이 없는 정결한 나라와 부의 평등과 인간권리가 보장되는 나라를 꿈꾸었다.

요시야는 원대한 시나리오를 계획했다. 대 계획을 위한 시나리오를 만드는데 두 가지 관점을 생각했다, 어떤 계기와 타이밍의 조화를 중시했다. 요시야는 그 계획의 효과적인 결과를 위해 극적인 묘안을 고안했다. 제사장 힐기야와 서기관 사반과 의논하여 여호와 자료와 엘로힘 자료에서 발췌하여 성서를 편집하는 일에 착수했다. 그리고는 그것을 감추었다. 유월절이 가까이 오는 날 성전 수리를 하다가 우연히 발견한다. 그것을 사반에게 읽게 하고 사회개혁을 실천하여 전무후무한 해방절(유월절)을 선포한다.

또 다른 설명도 있다. 실제 그 자료는 솔로몬 시대부터 성전에 있었다. 신심이 돈독한 요시야가 성전 수리를 하다가 우연히 율법책을 발견했다는 것이다. 그 결과 그 문서의 낭독후 효과는 엄청나서 모든 백성이 경외심에 가득 찼다. 설사 요시야가 각본을 따라 준비하여 일어난 일이든 우연히 발견하여 일어난 일이든 결과는 마찬가지다. 여호와 경전에 대한 경외심과 애국심의 각성은 대단했다. 여기에서 말씀과 통치의 카리스마가 형성되었다. 우상 숭배를 척결하고 신전을 정화하는 국민개혁이 시작된 것이다.

요시야의 각본은 엄청난 미래의 예지를 가지고 행한 결과가 되었다. 이 문서가 신명기의 어느 부분이었는지는 알 수 없으나 신명기의 개혁신앙과 예언정신을 불러일으킨 것은 확실하다. 예언 정신은 야웨의 종교관의 변화를 통해 유대인은 인류의 모범이 되게 하고 세계를 품게 했다. 성전과 제물 없이 신 앞에 회개하는 마음으로 다가가는 고급종교의 길을 열어주었다.

22. 바빌론 강가에서

유대인에게 있어서 바빌론의 경험은 천지창조만큼이나 엄청난 변화였다. 한 인물의 야웨 경험이 모든 부족의 신앙이 되고 모세에 의해 민족으로 확대되고, 요시아에 의해 새롭게 인식되고 예언자들에 의해 보편화되었다. 아모스에 의해 시작된 예언 신앙이 이사야, 예레미아에 의해 보급됨에 따라, 바빌론으로 추방되기 전에 이미 휴대용 신앙을 가지게 되었다. 추방 전에 충분히 이방 땅에서 신앙을 가지고 살 준비가 되었다는 것이다.

바빌론에서 히브리들이 경험한 것은 야웨에 대한 신앙변화, 국가와 민족관에 대한 변화를 통해 세계의 일원이 되는 자각이 들어선 것이다. 바빌론에서 히브리들은 완전히 새로운 인간이 되었다. 좁은 히브리의 세계관이 우주적 신앙으로 세계의 모범이 되는 자각으로 변하였다. 실제로 바빌론에서 히브리들은 두 개의 사상을 개발하였다. 종교적 제물을 드리는 성전 대신 배움의 터인 회당을 만든 것으로 이것은 나중 기독교의 교회가 되고 학교가 되고 회교의 모스크 사원이 되었다. 신을 향해 제물을 드리는 대신 기도를 통해 마음의 변화를 신 앞에 올리는 것이다.

유대인은 중재자 없이 어디에서든 신 앞에 나아갈 수 있는 자력적 신앙을 갖게 되었다. 지금으로서는 대수롭지 않은 것이지만 그 당시로서는 대단한 변화였다. 성전이나 짐승의 제물 없이 신 앞에 나아갈 수 있는 신앙은 당시의 큰 변화요 자각이었다. 이동할 수 없었던 성전에 매인 신앙, 경직된 유대인의 신앙이 이제 불가사의 성전이라는 유연성을 갖게 되어 바빌론 땅도 거룩한 성전으로 받아들여진 것이다.

많은 역사서는 히브리들의 바빌론 생활의 비참함과 황폐를 그리고 있다. 다행히도 이것은 정확한 묘사가 아니다. 기원전 6세기를 통치한 바빌론 왕들은 아주 진보적 관대한 왕들이었다. 바빌론 그발 강가에서 수금을 나뭇가지에 걸고 노래하며 통곡한 유대인은 소수 광신자였다. 바빌론에 온 히브리들이 그토록 자랑한 시온은 바빌론의 신문물 앞에서 처량하게 여겨졌다. 신국이라고 자부한 자기들의 나라보다 훨씬 앞선 번영의 문명을 보고 놀랐을 뿐이다. 유대인에게 있어서 바빌론의 문명은 놀람이요 감격이었다.

당시 바빌론은 중동의 문화와 무역의 중심지였다. 세계 구석구석을 누비는 무역상으로 차 있었다. 자원은 차고 넘쳐 팔레스타인의 척박한 땅과 비교할 수가 없었다. 바빌로니아 문서관에는 세계의 모든 정보가 다 있어 포로인 히브리들도 자유스레 열람할 수 있게 되니 책과 학문을 사랑하는 민족이 되었다. 새로운 학문에 문화의 우아함까지 배워 세련되어 갔다. 시편 137편에 예루살렘아 내가 너를 잊을진대 내 오른손이 그 재주를 잊고, 내 혀가 천장에 붙을지라도 시온의 노래를 원수를 위하여 부르지 않겠노라의 시편은 아마 바빌론 초기의 광신자의 향수의 노래였을 것이다.

유대인은 바빌론에서 번영하고 세련되었을 뿐만 아니라 높은 교육 수준에 인구도 엄청나게 불어나 있었다. 포로로 갈 때 8,500여 명이었는데, 포로 중기에 12만 5천 명, 후기에는 15만으로 늘어나 많은 정부 요직을 차지하고 있었다. 노예의 비참한 생활로 알았으나 고레스 왕은 히브리들에게 충분한 자유와 교육의 기회를 주어 학문이 정상에 오른 사람도 많았다.

바빌론이 왕성할 시기에 페르시아인들은 존재하지 않았다. 후일 바빌론을 무찌르고 페르시아 제국을 세운 인종의 계보는 정확지가 않다. 그들은 문명 세계에 늦게 출현한 종족으로 미디아인이 아니었나 생각된다. 바빌론이 왕성할 때 기원전 560년에 페르시아 제국은 소국으로 고레스가 통치하고 있었다. 소왕국이 급속히 발전하여 기원전 539년에 바빌론을 정복하고, 530년에는 그 아들 캠비세스는 인도 그리고 지중해까지 장악하는 제국이 되니 자연 히브리들은 좋은 주인을 만나 좋은 포로 생활을 한 셈이다

페르시아 제국의 황제 고레스는 문화의 허를 찌르는 결정을 한다. 그 넓은 제국을 통치함에 히브리 몇을 붙잡아 놓을 필요가 없다고 생각했다. 히브리들을 돌려보내라. 꿈꾸는 것과 같은 기쁜 소식이었다. 이때 부르던 노래가 시편 126편, "시온의 포로를 돌리실 때 우리는 꿈꾸는 것 같았도다."

23. 히브리들의 귀향

고레스의 히브리들의 귀향 선포는 꿈이었다. 하나 유대인을 위한 조치가 아니라 페르시아 제국의 식민지 정책이었다. 식민지의 관리로 세금만 거두면 될 일이지 골치 아픈 일에 관여 않겠다는 것이다. 한데 상상도 못할 꿈이었는데 히브리들은 별로 기뻐하지 않았다. 나는 세련된 바빌로니아인이 됐는데 황폐와 굶주림이 있는 예루살렘으로 왜 돌아가야 하는가? 예루살렘은 또 다른 외국이다. 가서 뭘 하고 살아야 하는가? 1948년 이스라엘이 독립했을 때 미국에서 고국으로 돌아오는 유대인은 거의 없었던 것과 비슷했다. 그때 그들은 고민한다. 내 개인이 이 편리한 바빌로니아를 떠나 선민으로 어떻게 사느냐의 질문이었다.

바빌론에서 귀향한 사람들은 대부분이 광신자와 가난뱅이들이었다. 그들은 세 사람의 훌륭한 지도자를 따라 갔다. 유대 왕국의 왕자인 세스바살과 스룹바빌, 그리고 사두개의 대제사장 여호수아였다. 두 왕자는 왕이 되고 싶었고 여호수아는 대제사장이 되고 싶었다. 두 왕자는 성전 재건에 참여한 그 이후 소식은 없다. 나라를 재건하여 항거할 것을 염려한 페르시아 제국이 없애 버린 것으로 추정한다. 페르시아는 종교지도자는 허락했으나(슥6:11) 정치지도자는 허락지 않았기 때문에 그 둘은 처형된 것으로 본다.

제사장이 취임하는 것은 페르시아 제국의 문제가 아니지만 유대인에게는 중요한 뜻을 지닌다. 독립 왕국을 건설하려는 것이 아니라 선민의 자치제를 실시하려는 것이기 때문이다. 사사들과 제사장들의 통치를 받아온 유대인들은 이후 하스몬가의 왕국이 설 때까지 이 같은 제사장 통치를 받으며 살아왔다. 그렇다고 해서 유대가 신정 국가가 된 적은 없고, 신 앞에 선 데모크라시에 의해 백성의 정치를 해 왔다. 유대에는 산헤드린이란 종교의회가 있어서 대제사장의 독주를 허락지 않았고 그는 종교의 수장일 뿐이었다.

첫 번째 귀향의 지도자는 정치적인 틀을 만들었고, 두 번째 귀향의 무리는 정신적인 틀을 만들었다. 두 번째 지도자는 명문 출신인 느헤미야와 에스라였다. 느헤미야는 사독의 손자로서 왕의 술 맡은 관원이었고, 에스라는 왕실 서기관으로 학자였다. 이 두 사람은 기독교의 바울 같은 존재로 유대교의 틀을 만든 사람들이다. 실상 오늘날 유대교는 이 두 사람의 작품이다.

페르시아왕에 의해 총독으로 임명받은 느헤미야는 법을 제정하고 사회 개혁을 통해 나라를 상업과 공업화하는 일을 시작했다. 한편 무너진 성벽은 느헤미야에게 맡기고 에스라는 무너진 도덕과 모세의 법을 재건해야 한다고 믿었다. 그는 유대인의 가슴에 토라민족으로 유대인의 자존심을 영구히 심어 주어야 한다고 믿었다. 그래서 에스라를 제2의 모세라 부른다.

페르시아왕의 허락을 받아 세 번째 귀향에 1,800명을 인솔하고 와서 시작한 일이 유대인과 이방인의 결혼 금지법이었다. 권력의 느헤미야, 학사 에스라가 시작한 일이었다. 페르시아인은 말할 것도 없고 유대인들도 그것을 마땅찮게 생각했다. 노예로 있던 놈들이 감히 종주국 상전과 결혼한 것을 비난하다니, 이에 항거한 유대인이 룻기를 기록하여 우리의 조상 다윗도 이방의 할머니에게서 태어났다고 항변한다. 이것은 유대인이 다른 민족보다 위대하다는 것이 아니라 종교의 순수성을 지켜 동화하지 않겠다는 자생적 결단으로 시간이 감에 따라 호응을 얻고 지금까지도 그러하다.

이들이 시작한 신앙 자생적 조치는 정신적 종교적 표본이 되는 신명기의 법전을 정리하고 그 후 4권의 책을 정리하여 모세의 서를 편집하게 된다. 제일 먼저 요시야의 신명기를 재확인하고 이 설도 많은 모세 오경을 정리 확정하는 역사적인 일을 했다. 여기에서 결정된 모세의 오서가 변경하거나 첨부, 삭제할 수도 없는 경전이라고 선포한다. 느헤미야 에스라가 형성한 오경 경전화 작업은 영원한 그들의 위대한 작업이었다.

요시야가 오경을 낭독할 때도 그 같은 극적인 효과를 연출했다. 페르시아국의 구석구석을 달려가 유대력 정초에 모세의 오서가 읽히어진다고 소문을 내었다. 이때 전국의 유대인들이 예루살렘으로 모여들었다. 히브리어를 모르는 사람을 위한 통역이 있었다. 여기에서 탈무드의 씨앗이 태동한다. 유대인이 바빌론에서 배운 것은 한정이 없는 민족의 새 창조였다.

24. 영원한 지혜의 샘, 탈무드의 시작

세상에서 제일이라고 자부하던 선민 유대가 바빌론에 가서 놀랐다. 건물, 산업, 상업, 학문에서 도저히 따라갈 수 없는 수준을 보고 우물 안 개구리였음을 자인하게 된다. 상상할 수 없는 문화의 수준에 놀라 토라를 새롭게 이해하게 된다. 원치 않았으나 강제로 끌려온 포로의 생활이 유대인에게 하늘이 내린 강제 유학이 된 셈이다. 그 유학을 통해 히브리들이 보지 못하고 알지 못한 세계를 접하므로 새로운 세계인이 되었다.

에스라 느헤미야의 개혁은 다시 선민 유대인의 자리로 돌아가는 것이었다. 그러자면 성전 수리나 사회개혁도 중요하지만 제일 중요한 것은 토라로 돌아가는 것이었다. 이 가장 위대한 경전 작업을 한 사람은 학사 에스라였다. 그래서 에스라를 제2의 모세라고 부른다. 일 년에 두 번 토라를 읽게 되어 있는데 히브리어를 잊어버린 유대인들이 많아 이해를 하지 못했다. 아람어를 사용하는 히브리들이 알아듣게 설명하는 통역이 필요했다. 또한 통역한 그것을 글로 남겨 적어 읽게 할 필요성이 있게 되었다.

전 인류의 길잡이가 된 탈무드는 아주 우연한 기회에 그 씨가 뿌려졌다.

토라는 수정할 수 없는 경전이다. 하나 청중이 못 알아들으니 해석자가 설명을 해 주어야 했다. 그러나 청중의 의도는 달랐다. 모호한 히브리어나 어구를 해석하는 것을 넘어 시대에 뒤떨어진 토라를 어떻게 할 것인가를 고민했다. 이것은 느헤미야 에스라가 의도한 이상이었다. 그래서 토라를 생활에 맞게 재해석하는 작업으로 발전한 것이었다. 이 해설을 미드라쉬라 하는데 이것이 7-800년 후에 탈무드가될 줄 아무도 몰랐다. 토라가 국수주의적 종교적 유대인을 창조했다면 탈무드는 유대인을 세계인으로 만들어 과학적이고 합리적인 세계인으로 만들었다. 탈무드 교육은 여호와의 본질과 유대인의 성격과 세계관을 바꾸어 놓았다. 이 미드라쉬가 발전하여 이산 즉 디아스포라의 유대인이 될 때 탈무드가 된다.

히브리들이 바빌론의 노예 노릇을 하면서도 모세의 토라는 하늘이 내린 신성한 야웨의 가르침이란 믿음을 가지고 있었다. 그래서 토라를 생명처럼 받들어 배우고 암기했다. 토라를 정리하는 작업은 거룩한 일이었다. 모세가 쓰지 않았다거나 여러 글을 모았다거나 하는 여러 잡설은 문제가 안 된다. 단지 계시의 토라가 정리되어 경전이 되었다는 사실만이 중요하다.

주전 1900년 전 아브라함 개인의 종교 경험이 모세에 의해 성문 체계화되고 모세 사후 800년에 요시야의 위대한 종교개혁, 그후 300년 후 느헤미야 에스라에 의한 혁신을 거쳐 유대교가 탄생됨으로 유대인의 정체성이 확립된 것이다. 바빌론에서 돌아온 유대인은 책과 책의 사랑을 가지고 돌아왔다. 포로들의 귀향으로 인하여 학문의 중심이 팔레스타인으로 이동되고 또한 바빌론에 남아 있는 유대인은 그곳에서 유대인 학문 중심을 지켜 왔다. 그리하여 팔레스타인과 바빌론은 학문의 경쟁이 되다가 예루살렘이 파괴, 함락된 후 바빌론만이 유대인 학문 중심으로 1000여년간 계속되어 왔다.

유대인은 바빌론에서 회당을 가지고 왔다. 포로들이 돌아와 한동안 예루살렘에서는 성전과 회당이 병존한다. 이전의 유대인들은 하나이신 야웨, 유일 성전이라 했으나 회당이 생김으로 신앙에 변화가 온 것이다. 예배만이 아니라 모임의 장소로서 회당은 만남의 장소, 배움의 장소, 기도의 장소로 바뀌었다. 이제 유대교의 구조가 제물 헌납에서 기도, 배움, 만남으로 바뀌니 유대인의 삶과 행동까지 바뀌는 것이었다. 성전을 통한 헌신만이 아니라 회당을 통해서 배움의 터로 삼으니 배움의 민족이 되어 오늘날까지 회당을 통해 그들은 신앙을 결속하고 배우고 성장한다.

바빌론에서 돌아온 유대인은 안착도 하기 전에 알렉산더를 통한 헬레니즘을 강요받는다. 머지않아 유대인은 세계를 유랑하게 될 것이란 예상도 하지 못한 채 그들은 유랑 준비를 한 셈이다. 야웨가 선택한 히브리를 예루살렘에 안착하도록 그냥두지는 않았다. 야웨는 히브리를 디아스포라란 이름으로 온 세계로 흩을 때 한 손에 토라 다른 한 손에 탈무드를 쥐고 떠나게 했다.

제3장. 역사의 소용돌이, 디아스포라

선지자들은 바빌론에 70년간 포로의 객이 된다고 했지만 실제 바빌론에서 59년(주전 597- 539)간 잡혀 있다가 돌아왔다. 물론 일찍 잡혀간 자도 늦게 돌아온 자도 있기에 햇수는 달라진다. 포로에서 돌아온 후 에스라의 모세법전 재편집(주전 397)으로 유대교가 형성된다. 이리하여 대제사장 여호수아를 시작으로 유대는 정치 없는 제사장 통치로 종교 자치국이 된다. 엄격한 율법주의의 탄생으로 유대인의 정체성을 확립하는데 이것은 예수가 십자가 처형을 받을 때까지 더욱 견고해진다. 그것이 살 길이라고 생각했기 때문이다. 나라를 다시 잃지 않는다는 일념에서 내린 결심이다.

기원전 330년 세상의 판도는 달라진다. 마케도니아 출신 알렉산더 대왕이 세계를 제패하여 헬라문화로 모든 인류를 채색하고자 했다. 그러나 그의 치세는 아주 짧았다. 약관 33세로 죽음으로 그의 야망은 깨졌다.

그 후계자들인, 안티우쿠스, 셀리우코스, 프톨레미, 패르디가스 등 네 영웅이 알렉산더의 영토를 나누어 갖는 혼란이 계속된다.

사파 분립의 분쟁 속에서 유대인은 잠깐 나라를 세웠지만 몰려드는 외세를 감당할 수가 없었다. 사해 동굴의 하시딤의 도움으로 하스몬가가 나라를 세운다. 하스몬가의 마카비왕조는 집안싸움으로 망하고 알렉산더의 헬라문명과 로마의 학정은 유대인의 뼈를 녹이는 유혹으로 다가왔다. 결국 예루살렘 성은 폭파되면서 하늘이 내린 히브리의 살 길, 관속에서 헤어나온 벤자카이의 지혜가 유대의 불길을 살린다. 민들레 씨앗이 바람 타고 천지로 흩어지듯 디아스포라가 된 히브리는 세계로 흩어지면서 탈무드의 가르침을 가슴에 품고 떠난다.

기원 전후 세계는 강국들의 각축장에서 어떻게 선민으로 히브리들이 살아남았을까?

25. 황폐한 조국에 돌아와서

페르시아의 관용한 황제 고레스에 의해 히브리들은 해방을 선포 받아 세계를 새롭게 바라보는 혜안과 엄청난 지혜를 가지고 돌아왔다. 다시 태어난 히브리라고 말한 바 있다. 사실이다. 히브리들은 가기 싫은 바빌론 포로였으나 그것은 최상의 배움, 강제 유학을 하고 돌아온 셈이다. 그것도 학비 한 푼도 내지 않고 당시 세계 최고 수준의 문명과 지식과 책을 보고 온 것이다. 갈 때에 만 명 미만이 갔으나 돌아올 때는 15만이 넘는 대가족이 되어 돌아왔다. 하기야 15만의 히브리가 다 돌아온 것은 아니고 많은 숫자가 바빌론에 그냥 남아 학문연구를 했다. 이들이 바빌론 히브리 학파가 되어 나중에 바빌론 탈무드를 만들어 낸다.

귀향을 시작한 539년 이후 백년이 넘게 귀향의 흐름은 계속되어 학사 에스라는 397년에 모세오경을 정리하여 경전화하고 유대교의 시작이 된다. 그런 점에서 모세는 히브리의 종교를 만들고 에스라는 유대교를 만든 셈이다. 나라를 살리는 길은 강렬한 모세 법전의 실천을 통해 민족 결속을 해야 한다고 믿었다. 토라의 준수신앙은 2000년의 유대 역사에 강렬하게 성장하여 오늘날까지 계속된다. 바리새와 랍비의 전승이 여기서 시작된다.

기쁨에 넘쳐 고국으로 돌아왔으나 살 수 있는 환경이 아니었다. 비참한 황폐, 배고픔과 병마뿐이었다. 에스라는 경전을 정리하여 경전화한 것뿐만 아니라 삶의 새로운 규정을 발표한다. 돌아온 포로들이 고향 어디를 가더라도 예배할 수 있도록, 예루살렘에 성전, 지방에 회당을 두었다. 나라는 식민지 상태였지만 대제사장 여호수아 이후 대제사장이 수상으로 종교 자치제를 실시했다. 물론 예루살렘 성전은 짐승 제물을 드렸지만 지방 회당은 그렇지 않았다. 성전과 회당이 병존한 셈이다. 그래서 예배의식을 표준화했다. 기독교처럼 히브리들도 기도와 찬양을 표준화했다. 에스라 느헤미야는 1주에 2일간은, 안식일에는 토라가 낭독되도록 했다. 랍비만이 경을 낭독할 수 있는 것이 아니라 정갈한 복장을 한 사람은 누구나 할 수 있었다.

일상생활 규칙도 바뀌고 있었다. 동족끼리 고리대업이 금지되고, 빌려주더라도 동족에게는 이자를 받지 않게 되었다. 약 2K 이내의 거리에서 올 수 있는 사람이 10명 이상이 되면 집회를 허락했다. 이것을 미얀법이라 한다. 보행 범위내 100명이 넘는 숫자가 되면 공동체를 인정했다. 그 나라의 현행법에 저촉되지 않는 한 유대인 자치법으로 처리하고, 더 큰 종교 사회 문제는 산헤드린 공회에서 처리한다. 이 외에도 여러 가지 생활 법규를 정하여 철저한 유대인이 되게 했다. 유대인은 정부나 사회로부터 절대 구제를 받지 않도록 회당에서 상부상조, 교육을 받을 수 없는 형편의 아이들은 공회에서 책임지기로 했다. 이것은 오늘날도 변함없는 유대인의 생활 관습이다. 학생을 가르치는 교사도 존경받는 직업에 높은 월급을 받았다. 교육을 그만큼 중요한 것으로 인정했기 때문이다.

유대인은 노예라 할지라도 6년이 지나면 7년째는 해방되어야 한다. 유대인은 동족의 보호자이기 때문에 그와 같은 노예해방 제도를 가졌는데 이는 아브라함 링컨의 노예 해방보다도 2400년도 더 오랜 제도이다. 포로 이후 유대인은 언어에 대한 새로운 자각이 있어 히브리어를 가정에서는 의무적으로 사용했고 지금도 그러한데 이스라엘이 독립하기 전의 천 년 간도 히브리들은 기도만은 히브리어로 했다. 생활 수칙도 정하여 실천했다.

유대인은 인구 감소를 심각하게 걱정했다. 그래서 독신주의나 영아 유기나 살해를 큰 범죄로 중벌에 처했다. 결혼은 개인의 사건이 아니라 민족의 문제로 회당 전체의 축하 모임으로 하고 결혼 비용이 없으면 공동체에서 대신 내주었다.

유대교의 태동으로 인하여 유대인은 완전히 다른 유대인으로 거듭난 것이다. 에스라 개혁은 모세법전의 개혁뿐이 아니라 삶의 큰 혁명이었다. 왜냐하면 그렇게 하지 않으면 생존할 수 없는 절박감이 있었고, 그 강직한 유대교의 정신과 삶의 자세는 2000년의 긴 세월, 지금까지 유대인을 지키는 강한 성이 되었다. 에스라 종교 개혁 이후 정치적 탄압 없이 평화스럽게 살다가 알렉산더 대제의 출현으로 엄청난 문화의 충격과 변화를 받게 된다.

26. 알렉산더의 헬레니즘

세속 역사의 변혁 중 가장 큰 사건 중 하나가 알렉산더 대왕의 출현일 것이다. 그리스의 북쪽 마케도니아의 필립포스 왕의 아들로 태어나 20세에 왕이 되어 근동을 통일하여 전 지역을 헬라화하는 문화 침략을 하게 된다. 모두가 헬라어를 쓰고 읽고, 그리스의 시를 암송해야 했지만 실제로는 대다수 그리스인과 피복자들은 무식한 문맹이었다. 그리스 사상은 근동을 600년이나 군림했으나 서양과 동양의 만남에서 아무런 새로운 예술, 문학, 철학도 탄생시키지 못했다.

하지만 유대인은 예외였다. 유대인은 철저히 헬레니즘을 거절하면서 그리스 철학자들의 사상은 열심히 배웠다. 배움에 관한 한 유대인은 풍부한 학문적 토양을 가지고 있었기에 무한히 반항하면서 파악하고 받아들였다. 때문에 서양의 어떤 이론도 유대인의 지성은 수용할 수가 있었다. 오히려 유대인의 배움 위에 유대인의 신앙과 감성을 첨가했다. 유대인은 그리스의 사고와 철학을 무한히 차용하면서도, 그리스인은 예의도 도덕도 없는 야만족속이라고 생각했다. 이와 같이 이교도를 무시하는 유대인의 태도는 그 후에도 변함이 없었다.

유대인이 에스라에 의한 경전과 생활 개혁을 397년, BC 332년 알렉산더의 출현까지 비교적 평온한 생활을 했다. 페르시아의 관용한 왕들의 자유 정책으로 정치에 관여하지 않는 한 자유스런 종교 생활을 할 수가 있었다. 페르시아 제국에서 볼 때 유대인은 수많은 피정복 나라 가운데 하나일 뿐, 유대인이라 하여 별스런 특별 취급을 하지 않았기에 자유로운 생활을 했다.

기원전 5세기는 그리스의 황금시대였지만 그것은 또한 불안한 세기였다. 그리스인도 아리안족이지만 같은 아리안족인 페르시아로부터 위협을 받고 있었다. 기원전 6세기 페르시아는 그 영토를 해안까지 확장되어 그 다음 정복 목표는 그리스였다. 그리스는 도시국가로 대제국 페르시아를 당할 수가 없었다. 하나 기적 같은 일이 일어났다. 도시 군대가 대제국을 쳐부순 것이다. 마라톤 전쟁(기원전 490)과 살라미스 해전(기원전 480)에서 강대한 페르시아 군을 쳐부순 것이다. 이것은 전혀 이치에 맞지 않는 사건이었지만 이 세상에는 이치에 맞지 않는 일투성이가 아닌가? 약소한 그리스가 강대국 페르시아의 군대를 줄줄이 쳐부수었다.

　도대체 이 그리스인이란 누구인가. 그리스, 헬라, 희랍은 다 같은 내용이지만 다른 이름이다. 헬라란 본래 아주 작은 헬레나란 마을 이름이다. 무슨 조화로 그리스인은 유대인과 상종하게 되었는가? 그리스인과 페르시아인은 같은 동족이지만 그 기원과 내력에 대해선 별로 알려진 것이 없다. 그리스 역사는 대략 기원전 7세기의 아테네 스파르타, 고린도의 도시국가 형성에서 시작됐다고 볼 수 있다. 그 이전은 잘 모른다. 이스라엘이 앗시리아에 정복당한 시대이다. 기원전 5-4세기는 그리스에 있어서 최고의 인물이 생산된 시대지만 종교에서는 그렇지 않았다.

　그리스인은 페르시아인과 전쟁을 하지 않을 때는 잘 어울려 오락도 함께 하는 동족이었다. 페르시아와 그리스인은 동족이요 형제이다. 정복을 하지마는 합병하지 않았다. 야만인을 통치하거나 교육시키는 일은 하지 않고 또 이교들은 상대할 가치도 없는 존재로 생각했다. 기원전 이와 같은 생각에 변화를 준 사람이 알렉산더 3세. 보통 알렉산더 대왕이라 한다.

　그는 희랍의 최고 학문을 희랍의 최고의 선생으로부터 받았다. 그래서 그는 세계적 대제국을 꿈꾸는 예지를 배웠다. 백만 군대를 가진 페르시아를 기원전 334년에 3만 2천의 군대를 가지고 헬레스폰트를 건너가 격파했다. 페르시아는 그라니코스 강가에서 패배하고 익소스에서 전멸 당한다. 그래서 알렉산더는 페르시아 왕 다류스 3세에게 무조건 항복을 요구했다. 이로써 기원전 330년에 페르시아는 그리스에 멸망한다. 승자원칙에 따라 페르시아의 속국인 유대인도 자연 승자인 그리스로 넘어 온다. 적에 대해 용감무쌍히 싸운 유대인이지만 어떤 이유에서든 유대인은 알렉산더에 저항하지 않았다. 성질 고약한 유대인을 보고 야만인이라고 놀란 것은 알렉산더였다.

27. 알렉산더의 세계주의 정책

알렉산더의 야망은 그리스 제국을 건설하고, 헬라문화를 세계에 펴는 일이었다. 그의 영토에 사는 사람은 그리스 말을 사용하고, 그리스인처럼 생활 행동하는 그리스인이 되게 하는 것이다. 정복한 나라마다 전부 그리스화하는 것이 그의 목적이었다.

그렇다면 그리스의 문화인 헬레니즘이란 무엇인가? 전설적 영웅 헬렌이 살던 곳, 그곳에 거주한 사람들을 헬레네라 하여 이 사람들의 정신과 생활양식을 말한다. 알렉산더 대왕 사후, 그의 정신을 계승하여 정복지의 사람들에게 헬레니즘, 즉 그리스 문화로 무장케 했다. 헬레니즘은 철저한 인간 중심으로 인간의 지혜와 고상함을 강조하여 인간의 건강과 미를 숭상하는 인본주의다. 그래서 조각, 미술, 체육에서 인간의 고상한 아름다움을 찬양하여 건물을 만들고 체육훈련을 하였다. 그리하여 세계의 모든 인간이 이 같은 인본주의 정신으로 훈련받아야 한다고 믿었다. 이 인본주의는 철저히 합리적이고 이성적이어야 한다. 따라서 이들은 특별한 종교가 없는 자연 신교로, 그 자연 가운데 있는 만물의 영장이 인간이라고 생각했다. 그래서 그리스의 미술과 조각, 건축의 주제는 고상하고 아름다운 인간이었다.

알렉산더는 이 인본주의 헬레니즘의 거성인 아리스토텔레스에게서 완벽한 그리스교육을 받아 철저한 그리스 정신의 아들로서 세계를 정복하여 헬라화할 세계주의를 꿈꾸었다. 그의 정복은 세계를 헬라화하는 데 목적이 있었기 때문에 정복하는 곳마다 헬라 도시를 세워 세계의 주인은 인간인 고로 인간이 귀히 여김을 받는 세상을 꿈꾸었다.

그가 사람을 정복하여 교화하는 방법은 아주 단순했지만 그 결과는 아주 효과 있게 나타났다. 칼을 쓰는 대신 그는 섹스를 사용했다. 알렉산더는 자신도 페르시아 공주와 결혼하고 자신의 부하 장교들도 정복지의 여자와 결혼을 명령했다. 그리고 생산하고 번식하라고 축복했다. 10년이 지나자 근동엔 10여 개의 그리스 도시가 건설되었다. 애굽의 알렉사드리아가 그 대표적인 도시였다. 잡혼에 의한 동화정책은 아주 효과가 있어서 주민의 반감이 없었다. 그가 33세의 젊은 나이로 죽지 않았다면 그 효과는 더 커서 그의 소원이 이루어졌을 것이다.

문화를 숭상하는 알렉산더의 지배 하에서 유대인의 신앙적 삶은 겉으로는 평온했다. 하지만 히브리들의 적은 헬라주의였다. 그리스인과 유대인 사이에는 보이지 않는 사상적 투쟁이 있어 변화하지 않으려 했으나 항거하면서 유대인은 언어와 예법과 습관과 종교 신앙까지 변하고 있었다.

사업을 주로 하는 유대인들은 시장과 찻집에서 그들과 교류하면서 변화를 주고받았다. 밤이 되면 젊은이들은 극장, 나이트클럽, 체육장, 술집에서 만나 서로의 문화를 나누면서 히브리들은 변화해 갔다. 경제적 관계에서 서로의 영향을 받아 서로가 편리하게 이름부터 헬라식으로 바꾸어졌다. 미국에서 영어식 이름을 쓰듯이 자연스럽게 그렇게 되어 갔다,

유대인은 시나고그까지 그리스 신전과 비슷하게 지었다. 최근의 고고학적 발견에 의하면 그리스 지역의 유대 회당이 그리스 신전과 유사한 모양임이 드러났다. 발견한 당시에는 그리스 신전으로 알았으나 깊이 조사해본즉 유대인들도 깜짝 놀라고 기독교인들은 실망했다. 신전 같은 히브리 회당의 벽면에서 성서 얘기의 색채가 선명히 나타난 것이다. 그 그림들이 비잔틴 회화 같기도 해서 우리가 잘 아는 대로 비잔틴 문화가 기독교의 작품으로 이해했으나 그 뿌리가 유대인임이 밝혀졌다.

인본주의 중심의 그리스 문명에서 유대인의 삶은 카바레에서 침실로 옮겨지는 퇴폐문화가 형성되어졌다. 이리하여 유대인 지식인도 그리스의 에피쿠로스 철학에 넘겨져 향락에 빠졌다. 유대인들은 에피쿠로스 철학이야 말로 매춘부같이 생각하여 저주했는데 시간이 지남에 따라 유대인들도 그렇게 향락을 추구하는 속물이 되어 가고 있었다. 이러한 상황에서 유대의 저항이 승리하게 된 원인은 두 가지다. 모세법의 원칙과 다윗왕의 후예는 언제든 왕족이라는 자부심 때문이었다. 이런 상황 속에 알렉산더 대왕은 33세 요절로 떠나고 세상은 혼란 속으로 간다.

28. 삼두파의 군사 시대

　그리스의 철학자요 지리학자인 스트라보는 이렇게 말했다. 인구의 대부분이 농사에 종사했지만 유대인들은 주로 상업과 공업에 종사하면서 그리스 전 지역에 자유스럽게 살았다. 유대인이 진출하지 않은 곳이 없이 골고루 퍼져 살았지만 특히 소아시아 지역에 많았다. 유대인의 속마음은 언제나 민족의 정체성과 신앙적 고뇌를 가지고 있었다. 그럼에도 불구하고 그리스 법의 공정성 때문에 유대인은 부당히 취급을 받지 않았다. 물론 당시의 법이 그리스 로마의 귀족을 위한 법이었지만 평민이라 하여 부당히 취급하지는 않았다는 점에서 오늘날도 본받아야 한다고 본다.

　그리스 로마 법제, 미국의 법제, 그리고 유대인 법전이 인권을 중시하는 점에서 유사하다는 것은 우연이 아니다. 유대인 법은 4세기에 에스라가 새로이 생활법으로 제정했다. 아직도 시죄법을 시행하는 나라가 있는데 유대법전에는 금지되어 있었다. 랍비들은 법이 정의 실현의 도구로 생각하여 모세 법전을 하늘이 내린 황금률로 생각했다. 기독교의 실현자인 바울이 사도행전의 로마 법정에서 받는 재판을 볼 때도 법의 정의가 바로 서 있는 것을 볼 수 있다. 증인을 세우고 자신을 변호하고 변호사가 따로 변론케도 했다. 2000년 전의 법적 사실이지만 오늘날 선진법에 못지않은 인권 중심의 법 집행이었다. 당시 그런 사회 환경 속에서 유대인들은 짧은 평화를 누렸으나 알렉산더 대왕의 죽음으로 다시 철권에 휘둘리게 되었다.

　알렉산더 대왕이 후계와 유언을 남기지 않고 가버리니, 알렉산더의 친자는 어리고, 그 휘하의 장수들이 50년 넘게 권력 싸움으로 살리고 죽이는 쟁탈전이 벌어졌다. 그 가운데 유수한 장수 넷이 알렉산더 대제의 전 강토를 사분한다. 그 이전에 알렉산더의 이복동생이 왕이 되고 뱃속에 든 아이를 차기 임금으로 합의했으나 정치가의 약속은 약속일 뿐, 지키는 자 없으니 이복동생과 어린 알렉산더의 아들이 모두 원인 모를 살해를 당하고 그 후 위대한 네 장수가 제국을 사등분한다.

프톨레미는 애굽의 왕이 되어 아렉산드리아에 수도를 삼고 알렉산더 도서관을 세우고, 셀라큐스는 메소포타미아 지역, 안티오쿠스는 그리스와 마케도니아를 차지한다. 문제는 가나안을 누가 통치하느냐였다. 유대인의 생사여탈권이 걸린 문제였다. 애굽의 프톨레미 왕조와 메소포타미아의 셀라큐스 왕조가 100년 이상을 싸우다 셀라큐스 왕조로 결착되었다. 하나 저 멀리 마케도니아에 있는 안티오큐스도 팔레스타인을 지배하고 싶어 했다. 그는 유대인의 자치 능력을 알기 때문에 많은 자유를 주기로 약속까지 했다.

그때만 해도 로마는 신생국가였기 때문에 나라의 장래를 위해 그리스화 정책을 강하게 펴 그리스 신전과 안티오쿠스의 동상을 많이 세워야 한다고 믿고 실천했다. 알렉산더 전토에서 그의 정책은 성공적이었으나 팔레스타인에서만은 불가능했다. 유대인들이 그리스 신전과 안티오쿠스의 동상 세우는 일에 찬성할 리가 없었다. 병역의무와 세금 의무를 충실히 했기에 안티오쿠스 왕은 유대인이 좋다고 했으나 그 아들이 반대했다. 주전 176년에 즉위하고서 그의 그리스화 정책은 더 강렬해졌다. 전국에서 하는 일을 왜 유대인이 반대하느냐이다. 희극처럼 시작했으나 유대인에게는 대 비극으로 다가왔다. 유대 성전과 회당에 그리스 신상을 모시는 일에까지 가니 극렬한 반대 운동이 일어나게 된 것이다.

유대인의 선민 자존심이 발동했다. 정치적으로는 마카비운동이, 종교적으로는 하시딤운동이 일어났다. 하시딤은 순수 극단 유대주의자들이다. 경건한 사람들로 알려진 이들은 생명을 불사하는 신앙 투쟁가들이다. 물론 18세기 폴라드를 중심해서 일어난 하시디즘의 하시디스트와 혼동해서는 안 된다. 기원전 하시딤운동에 참여하는 숫자가 많아지자 후일 유다국 건설에 큰 영향을 끼친다. 사해 집단과 하스몬가의 마카비 왕국이 그것이다.

열방이 주 앞에 한 동포로 모이는 이사야의 세계주의의 꿈이 알렉산더의 그것보다 적어도 5세기 전의 일이요, 또한 알렉산더의 세계주의 꿈이 예수의 복음으로 세계를 평화 안에 하나를 이루는 전초가 되었다고 한다.

29. 유대인의 그리스화

셀리우코스 왕조는 그 영토를 통솔할 총독을 임명했다. 자치 정부를 가진 유대인의 경우 추천하면 대제사장이 총독이 되었다. 그리스화된 유대인은 안티오쿠스에 협조하는 것이 상책이라고 생각했다. 음모로 그리스화된 대제사장 야손(여호수아)이 뇌물을 갖다 바쳤다. 그는 철저한 그리스화의 전도사였다. 셀리우코스와 프톨레미 왕조가 100년이나 심혈을 기울여 유대인을 그리스화 하려고 했으나 하지 못한 것을 일 년 만에 해내었다.

성전에 그리스 신상과 조각을 내걸고 이교의 종교의식을 허락했다. 유대인 제사장들은 그리스의 종교 복장을 입었다. 이교도의 사제들이 유대인의 성전이나 회당에 파견되었다. 유대 백성들의 분노가 하늘까지 치솟았다. 그가 일 년 만에 대제사장과 총독 직을 그만 두고 애굽으로 도망갔다. 거기서 맞아죽었다는 말도 있다. 일 년 만에 그만 두었기에 다행이었다. 야손의 그리스화에 일어난 반동 사건이 하시딤과 마카비 반란이다.

주전 170년경의 일이었다. 다수의 민중이 하시딤 조직에 가담하여 500년 전의 호세아 신앙으로 방탕과 우상 숭배를 규탄하였다. 하시딤은 호세아의 헤세드 신앙(순결과 인애를 지키는 신앙)을 가르친 유대 중심 사상 가운데 하나다. 하시딤 신앙을 지키는 하시디안은 에피쿠로스의 쾌락주의를 멀리하고 경건한 예언자 신앙으로 돌아가자고 촉구했다. 급속도로 그리스화되어 가는 유대인의 심성을 잡고자 일어난 신앙운동이 하시딤의 저항이다.

가나안 유대인의 땅은 지정학적으로 애굽을 장악한 프톨레미, 중앙아시아를 잡은 셀리쿠스, 마게도니아를 잡은 안티오쿠스 등 세 왕조가 번갈아 가면서 괴롭혔다. 안티오쿠스는 죽고 그 아들 에피파네스 안티오쿠스가 유대를 괴롭혀 왔기에 지나치게 악독한 왕조였다. 하시디언 신앙을 가진 자들이 그리스주의 유대인에 대한 반항이 일어났다. 실상 셀리코스 왕조는 대제사장 야손처럼 반유대주의 정책을 시행한 적이 없었다. 하기야 정복지 모든 종족이 그리스화에 복종하는데 유독 유대인만은 반대한 것이다. 한데 유대인은 셀리코스 왕조를 향해 반란을 일으킨 셈인데 실상은 유대인 내부 정화 운동이었지만 반 그리스운동으로 보여 그 보복은 심각했다.

안티오쿠스의 아들 안티오쿠스 에피파네스는 그리스화가 잘 되어 가는 것을 보고 이제 행동으로 옮길 때가 되었다고 생각하고 애굽으로 진군했다. 그런데 왕이 전투에서 죽었다는 소문이 날아왔다. 이때야말로 그리스화에 앞장선 반역자들을 제거해야 할 시간이라고 믿고 하시디안들은 안티오쿠스가 임명한 제사장과 관리들을 30m 높이의 성벽 밖으로 던져 버렸다. 민족 신앙의 반역자들 전부를 추방했다. 그리스화에 앞장선 유대인 지도자를 거의 전부를 청산했다. 회당 안에 있는 신상 조각들을 전부 부수어 갖다 버렸다. 그리고 하시딤들이 정권을 잡았다.

안티오쿠스 에피파네스가 죽었다는 소문은 거짓이었다. 에피파네스는 펄펄 뛰었다. 애굽으로 진군하다가 실패한 분노를 팔레스타인에 퍼부었다. 가는 곳마다 보이는 대로 살육을 했다. 그 후 알렉산더 대왕이 유대인을 그의 도시로 이주시킨 것처럼, 에피파네스는 예루살렘에 이교도들을 이주시켜 유대인 혈통을 흐리게 할 작전이었다.

에피파네스가 그 정도로 끝냈으면 유대인과 화해를 하고 그냥 넘어갈 일이었지만 그는 그 분노를 다른 방향에 퍼부었다. 안식일과 할례를 금지했다. 하시딤들은 거의 괴멸되었지만 다른 하시딤들이 생겼다. 적당한 헬라화는 인정했으나 이들은 전적으로 극단적으로 거부한 파였다.

한편 예루살렘 교외에 한 제사장이 그리스 관리로부터 협박을 받았다. 그리스 신상을 걸고 예배하라는 명령이었다. 그 제사장은 하스몬가에 속한 마타디아였는데 하스몬이란 하스몬 지역 사람이란 뜻이다. 그는 강제로 신상과 우상을 숭배하기보다는 그리스인을 죽이는 것이 낫다고 생각했다. 죽이고 나니 안티오쿠스는 보복하라고 명령하자 많은 민중이 하스몬가를 지키기 위해 궐기했다. 이들을 마카비파라고 하는데 히브리말로 망치란 뜻이다. 안티오쿠스와 생명을 걸고 불굴의 의지로 싸웠다. 세계 최초의 종교전쟁으로 무수한 하시딤과 유대인이 죽었다. 여기서 유대아 왕국이 시작된다.

30. 하스몬가의 유대아 왕국 건설

유대왕국은 이스라엘과 분리하면서 다윗 왕가의 왕국을 유대 혹 유다(Judah)라 하고, 그 왕국은 바빌론에 의해 멸망하고, 약 300년 후 하스몬가에 의해 세워진 마카비 왕조의 나라를 유대아(Judaea142-63 BC)라고 구별한다. 일반적으로 유대라 하면 다윗왕국을 의미하지만 유대아도 별 구별 없이 부른다. 하스몬가가 자기들의 주장으로 다윗왕의 후예라 하나 확실치 않다.

유대인들은 그리스화에 극렬히 반대했다. 알렉산더 대왕은 세계주의를 향하여 민족과 문화를 그리스화하는 보편주의지만 그의 죽음 후 그의 야망은 사라지고 그의 수장들 가운데 네 장군들의 영토 쟁탈전이 심해져 죽이고 죽임을 당하는 시대가 되었다. 그 중 안티오쿠스 왕조가 가장 악랄하여 성전과 회당 안에 그리스 신상을 세우고 경배케 하고, 안식일과 할례를 폐지함으로써 유대인의 분노가 극에 달하여 안티오쿠스 왕조와 싸웠다.

유대 땅은 북쪽 왕국 셀러쿠스에 접하고 남쪽은 애굽 왕조 프톨레미가 서로 싸웠다. 그런가 하면 그리스를 점령한 안티오쿠스는 유대 땅은 말할 것도 없고 알렉산더 전 지역을 삼키려 날뛰니 유대 땅은 세 왕국의 각축장이 되었다. 이런 상황에서 하스몬가에 의해 반 그리스 반란운동으로 인하여 수없이 많은 유대인이 몰살당하였다. 안티오쿠스 왕조의 그리스인은 재산을 위해서가 아니라 신앙을 위해 장렬히 죽어 가는 유대인의 모습을 경멸과 경이에 찬 눈으로 바라보았다.

수도가 점령되고 성전과 신상이 파괴되고 왕이 체포되면 대체로 항복을 한다. 산산조각이 나버린 나라와 백성들의 처참한 상황에서도 유대인은 항복을 하지 않았다. 그들은 알고 있었다. 유대인 한 사람 한 사람의 가슴에 성전이 있고 나라가 있는 것을 알았기 때문에 유대인 전부를 박멸해야 한다고 믿고 구별 없이 모조리 다 죽였다. 이러한 전쟁을 20년(166-143 BC)을 넘게 계속했다. 마카비의 무용담이 그리스 세계 전토에 퍼졌다.

안티오쿠스 왕조는 유대인과의 전쟁을 대수롭지 않게 생각했다. 마카비에게 본때를 보여주기 위해서 정예군을 보냈다. 마카비 군대는 안티오쿠스의 정예군을 전멸시켜 버렸다. 예상외의 전멸에 화가 난 안티오쿠스는 일급의 특수군대를 이끌고 예루살렘으로 갔다. 그는 절대로 이긴다는 확신에 차서 유대인을 노예로 팔 준비까지 하여, 유대인 한 사람이 얼마라는 리스트까지 들고 갔다. 안티오쿠스의 점괘가 틀렸다. 기원전 164년에 유대인은 안티오쿠스를 격파하고 예루살렘을 탈환하고 감격에 찬 예배를 드렸다. 이것이 빛의 축제라는 하누카의 시작이다. 대체로 12월 17일-24일까지인데 혹자는 기독교의 성탄절을 방해하기 위한 축제라 하지만 성탄절보다 훨씬 앞선 축제로 예수님도 수전절을 지켰다.

안티오쿠스와의 전쟁 이십여 년, 유대인은 용감했고 전쟁마다 승리했다. 대제국은 창피를 당하고 팔레스타인에서 철수했다. 안티오쿠스 에피파네스는 유대인을 노예시장에 팔리라는 꿈을 이루지 못하고 죽었다. 그의 후계자는 부득이 유대인에게 전면적인 자유를 주기로 했다. 승리에 도취한 유대인은 적진을 향해 진격했다. 안티오쿠스는 이길 자신이 없는 고로 휴전을 선포하고 그들의 독립을 인정하기로 했다. 20년이 넘은 전쟁으로 나라는 황폐하고 백성은 피폐한 상태였지만 위대한 승리의 독립을 했다.

마타디아의 다섯 아들들은 이 긴 전쟁에 모두 죽고 단 한 사람 남은 사람, 시몬이 143년에 평화 조약에 사인하였다. 이 세상 전쟁사에서 볼 수 없는 놀라운 전쟁, 불가능이 현실이 되고 유대아의 왕국이 탄생한 것이다. 가장 복잡한 정치 종교문제를 지닌 히브리의 나라였다.

유대 나라가 멸망한 지 446년 후 유대아 왕국이 재건되었다. 하스몬가의 마카비 왕조이다. 역사 주기설을 주장하는 슈펭글러나 직선적 도전과 응전의 역사관을 가진 토인비의 이론에서 볼 때도 유대 나라는 매장되어 없어져야 할 운명인데 살아남았다. 인류는 그것을 망각했고 역사가들은 그들을 재발견해야 했다. 과연 무슨 조화인가? 신에 의해서 혹 운명에 의해서, 아니면 우연에 의한 조화인가. 사장되어 없어져야 할 나라가 다시 일어선 이유를 어떻게 설명할 것인가?

31. 하시딤과 마카비 왕조의 붕괴

마카비 왕조가 유대아를 건설하는 데는 안티오쿠스왕과 셀리쿠스왕의 과도한 그리스화에 반항하는 데서 시작한다. 두 왕이 번갈아 가며 유대인을 괴롭혔다. 마카비란 망치란 뜻으로 우리 야훼 같은 전사가 어디 있으랴는 성구를 용감무쌍한 마타디아의 셋째 아들의 별명에서 시작한다. 예루살렘 교외의 작은 마을의 회당장인 제사장 마타디아가 안식일과 할례를 금지하고 회당 안에 그리스 신상과 조각을 허락하라는 것에 반대, 그리스 관리를 죽이는 데서 25년간의 전쟁에서 승리하여 독립을 허락받는다.

이 독립 사건에 정신적 군사적 후원자는 하시딤들이다. 하시딤의 기원은 주전 2-3세기로 본다. 호세아의 헤세드 신앙을 가진 무리들이 유대가 멸망하자 사해 부근에 집단촌을 이루는 데서, 이들은 그리스의 문화 침략과 에피쿠르스 쾌락주의를 반대하여 초연한 순수 신앙을 고집한 사람들이다. 이 하시딤의 후원과 투쟁이 없이는 마카비 혁명은 절대 불가능했다.

혁명은 성공했고 그리스로부터 독립을 쟁취하나 마타디아의 아들들은 시몬 하나만 남기고 다 죽으니 왕위에 즉위하지 않으면서도 그는 초대 왕으로 여겨졌다. 공식적으로 말하면 그는 예루살렘의 대제사장이며 유대 총독이다. 그는 아주 현명한 지도자로서 중앙아시아를 점령한 셀레코스왕조와 프톨레미 왕조가 기회만 오면 침략해 올 것을 준비하고 있었다. 신생 제국 로마의 융기를 예기한 그는 로마와 상호 방위 조약을 맺고 후일 셀레우코스와 프톨레미오의 침략을 대비하고 있었다.

이 당시 유대아 왕국의 입장을 어떤 익살꾼은 호랑이 등을 타고 아무것도 모른채 미소 짓고 있다고 했다. 유대아 왕국이 주전 167-63년이니 103년간 호랑이 등을 타고 다니는 국가 운명이었다. 등에 있는 유대아를 호랑이는 언제든지 잡아 먹을 수가 있는 처지다. 호랑이는 누구인가?

유대아 제국은 한 세기 동안 존재하다가 로마제국에 의해 없어지는데 그것은 로마 때문이 아니라, 유대아 하스몬가의 내부 분쟁 때문이었다. 아비와 자식이, 형제가 형제를 백성이 지도자와 서로 물어뜯고 싸운 분쟁 때문이다. 그 지하에 깔려 있는 문제는 무리한 그리스화였다. 이 분쟁과 유대아 마카비왕조의 붕괴로 예루살렘 파괴 유대인의 디아스포라, 유대교의 분파와 기독교의 생산을 촉진했다. 사실 기독교도 유대교의 한 분파였는데 이 문제들은 긴 설명을 필요로 하는 데 두고두고 할 것이다

그리스화의 강압적 정책으로 유대인은 하시딤의 기치 아래 모였다. 실상 봉기는 헬레니즘의 반대보다는 종교 자유를 억압하는 문제로 발단한 것이다. 미국의 유대인처럼 유대인성을 잃지 않은 한도에서 그리스화 되기를 바라고 있었다. 바로 말해서 그리스화는 좋은 것이었기 때문이다.

마카비 왕조의 내분은 점입가경이었다. 왕실에 두 파가 있어 다섯 형제 가운데 살아남은 실제로 왕인 시몬이 사위에게 살해당한다. 시몬의 아들 히르카누스가 왕이 됨과 동시에 대제사장에 취임한다. 왕은 대제사장이 될 수 없는데 두 자리를 혼자 가지니 하시딤의 지식분자인 바리새가 반대한다.

외국인 용병을 고용하여 자기 초상이 든 경화를 주조하고 다윗의 묘소를 파 은 삼 천을 약탈하는 일까지 저지르니 하시딤은 대제사장 자리를 사임하라고 요구한다. 이에 화가 난 히르카누스는 하시딤의 바리새파를 떠나 사두개파로 이전한다. 뿐만 아니라 그리스화의 정책을 따르니 바리새 하시딤이 더 이상 마카비 왕조와 함께하지 못함을 선언한다.

협조하는 하시딤과 반대하는 하시딤이 분열을 시작한다. 하시딤의 핵심은 에세네파이다. 이들은 세속의 일과 정치적 관심이 전혀 없이 신앙적 명성과 성서 연구에 전념했다. 에세네 하시딤은 메시야 신앙을 중시하여 발전시킴으로써 세례 요한과 예수의 삶에 영향을 끼쳤다. 하시딤의 반그리스주의자는 에세네파가 되고, 에세네의 지식파가 제2당이 결성되니 그것이 바리새파이다. 그리스화에 찬동하며 성전 권력욕을 가진 당이 사두개이다. 시간이 지남에 따라 바리새와 사두개는 심하게 다툰다. 사두개는 종교적 보수주의, 정치적 자유주의요 바리새는 예언적 신앙을 믿는 지식층으로 그들은 회당과 기도 교육생활을 중시했다

32. 로마제국과 헤롯왕의 등장

하시딤즘은 유대종교의 모든 분파의 산실이다. 회당을 중심한 성전권을 쥔 사두 개는 성전 파괴로 없어지고, 바리새파는 회당 중심으로 학문을 숭상하여 오늘까지 존재하고, 현실 정치나 삶에 관심 없는 에세네 열심당은 사해동굴로 가서 집단촌을 이루어 쿰란 공동체를 이룬다. 사해 사본 학자들의 주장이다. 바리새는 문화적 정 치적 자유주의자였으나 그리스 문화는 이질 문화라 하여 반대했다. 바리새는 모세 의 율법을 재해석하고 구전 율법을 미드라쉬로 발전시켜 탈무드의 기초를 놓는다. 마카비 왕조의 종교와 정치에 분간 없는 욕심으로 인하여 하시딤은 분산되고 마카 비 왕조도 역사의 마지막으로 간다. 마카비 공식 역사는 80년이지만 이미 죽은 역 사가 연장됨으로 마카비 왕조의 역사를 103년 혹 126년까지도 본다.

마카비 시몬의 아들인 히르카누스왕은 이후 요인 살해, 형제살해 왕 살해를 자행 하고 그 아들 아리스토부루스 1세가 왕이 된다. 왕이 대제사장의 권세까지 독점하면 위험하다는 것을 안 히르카누스는 자기 아내에게 왕의 자리, 아들에게는 대제사장의 자리를 줄 작정이었다. 아리스토부루스는 그의 어머니, 형을 유폐시키고 다른 형제 를 죽이고 왕의 자리에 앉았다. 그는 열광적인 사두개요 극단적 그리스 지지자였다. 그는 일 년으로 퇴위당하고 그의 동생 알렉산더 야나이우스가 왕이 된다.

그는 악독한 폭군이었다. 외국 용병을 고용하여 철권통치를 했다. 그는 나라 경 계를 확대 다윗시대 만큼 넓게 확장했다. 이 시대에 사두개와 바리새파가 극단적 대립을 했다. 바리새 역사에 가장 풍자적인 일이 일어났다. 바리새파가 자기들의 최고 적인 셀레우코스에게 원조를 요청했다. 후일에 바리새파가 잘못한 것을 알고 야나이우스와 합쳐 셀레우코스를 물리친다. 사건이 끝나자 야나이우스는 바리새들 에게 무서운 보복을 한다. 이때에 그의 통치는 종말을 고하고 그의 처 알렉산더라 에게 양위한다.

알렉산더라의 통치는 주전 78-69년의 짧은 기간이지만 마카비 왕조의 황금시대였다. 랍비인 오빠의 조언에 따라 초등학교를 무료로 의무화하고 국민 문맹 퇴치를 했다. 그렇게 위대한 정치가였으나 큰 실수를 한다. 랍비인 오빠의 가르침으로 바리새파를 극히 좋아한 것이다. 사두개는 무슨 수를 쓰더라도 왕인 그녀를 몰아낼 기회를 찾는데 어떤 사건이 벌어진다. 아들과 아들들의 싸움이 극열해지자 내란이 되고, 신생 제국로마에 도움을 요청한다. 이때 로마의 폼페이우스 장군이 시리아를 정복하고 팔레스타인 국경지역에 주둔한 상태였다. 당시 왕을 퇴위시키고 국외로 추방한다.

아리스토 블루스 2 세가 다시 왕이 된다. 히르카누스 2세가 자기가 진짜 왕이라고 봄페이우스에게 하소연한다. 바리새파는 폼페우스에게 어느 누구도 왕으로 인정하지 말라고 요청한다. 폼페우스는 누구의 말도 듣지 않고 바리새의 요청을 들어 누구도 왕으로 인정하지 않고 둘 다 물리치고 기원전 63년에 유대아를 정복한다. 제2왕국인 유대아는 마카비 왕의 아들 시몬과 그 손자들이 103년간 통치하다 사라진다.

성서에는 형제가 대립하여 인생과 나라를 망치는 일들이 있었다. 가인과 아벨, 이삭과 이스마엘, 야곱과 에서, 솔로몬과 아도나이, 그리고 알렉산더리아의 두 아들 히르카누스와 아리스토불루스의 싸움으로 나라가 망가지고 있었다. 제사장 마타디아는 순수한 유대 신앙으로 그리스 문명의 비 신앙적 강압에 반대하다 하시딤의 도움으로 제2유대아 왕국이 건국하지만 신앙의 순수성을 세속의 정권과 혼돈하여 정치를 망쳤다. 하스몬가는 제사장과 왕으로서 자기 몫을 하지 못한 채 왕국은 사라진다. 이들이 형제끼리 골육상쟁을 할 즈음 로마의 정치 손길이 이미 팔레스타인을 덮고 있었다.

히르카누스가 정책의 실패로 이교도를 강압적으로 개종시켰다는 말을 했다. 그것이 이두메인이다. 이 이두메인 가운데서 유대인을 최고로 괴롭힌 헤롯왕이 나온다. 그래도 티격퇴격하면서 마카비 왕조를 유지했으나 주전 200년경에 마케도니아 전쟁에서 승리한 로마가 그 세력을 넓혀 간다. 그때 안티파스가 뇌물과 아부로 총독이 되고 그 아들 헤롯에게 총독을 주고 10년 후 왕이 된다. 이제 로마의 시대가 되고 헤롯의 천지가 되었다.

33. 로마의 융기와 그 영웅들

히브리는 메소포타미아 문명을 떠나 가나안 문명을 거쳐 애굽 문명에서 긴 세월 노예로, 그리고 그리스 문명의 잔혹한 경험을 거쳐 이제 로마문명의 한가운데로 붙들려 들어갔다. 그들이 왜 어떻게 로마 문명 속으로 붙잡혀 들어갔는지를 대강 살펴 보았고, 다음은 로마의 출생을 살핀다.

세계를 지배한 정복자 로마 사람은 어떤 사람들인가? 모든 길은 로마로 통한다는 로마의 뿌리는 학문적으로 정리되지 않아 분명치 않다. 전설에 의하면 이사야가 불멸의 예언서를 쓰고 있던 시기에 한 마리의 늑대가 로물루스와 레무스를 기르고 있었다. 그들은 강한 남자와 아름다운 여자로 성장하여 로마를 건국했다고 말한다. 그들은 역사에 나타나기 위해서 300년 동안 몸부림쳤다. 그들은 이전부터 이태리에 살고 있던 에투루리안인을 몰아내고, 게르마니아 숲속에서 왔다는 가리아인을 정복하기 위해 1세기 간 그들과 싸워 정복했다. 그들은 천부적 전사였다

로마는 주전 350-50까지 3세기에 이르기까지 몇 번의 전쟁을 치르고 드디어 세계의 패자가 되었다. 그리고 중앙 이태리의 지배자가 되었다. 3차의 포에니전쟁(한니발 전쟁)으로 이태리 전토와 스페인, 북아프리카의 지배자가 되었다. 그후 일차의 마케도니아 전쟁으로 그리스 전토를 손아귀에 넣었다. 기원전 1세기의 여명기에는 로마는 소아시아 주변까지 나아가 있었다. 그들이 바라본 땅은 저 알렉산더 대왕의 영토였다

다른 한편 제국 내에는 치열한 권력 투쟁이 벌어지고 있었다. 공화제가 붕괴되고 제왕의 독재가 시작되었다. 모든 고대제국이 그렇듯 로마는 모순 덩어리였다. 공화국으로 출발했지만 민주제가 실시된 적은 한 번도 없었다. 권력가에 의해 지배되는 나라여서 가난한 평민에게는 먹다 남은 찌꺼기를 나누어 주는 것에 불과했다. 최고회의인 원로원도 집정관과 귀족에게만 주어졌다. 전쟁에 이길 때마다 노예는

늘어나고 평민은 가난해졌다.

부패와 착취 그리고 잔혹함만이 로마의 정치 현실이었다. 돈이면 무엇이든 살 수가 있었다. 돈을 빌려 갚지 못하면 자식을 넘기고 아내까지 빼앗겼다. 권력을 쥐기 위해서는 생명을 건 쟁탈전이 벌어졌고 그 싸움에 지면 십자가에 매달아 처형했다. 이 잔악함에 항거하는 노예반란이 세 차례나 일어났으나 아무런 변화도 일어나지 않았다. 오히려 더 심각해졌다.

로마에서는 살육 전쟁이 벌어지고 있는데 로마 밖에서는 영광의 정복 소식만이 있었다. 세 차례의 미도리다테스 전쟁(기원전 764-564)에서 승리함으로써 전날의 알렉산더의 전토가 로마의 수중한 이 전투에서 유대가 로마의 수중에 들어오고 폼페이우스가 지휘한 이 전투에서 유대가 로마의 수중에 들어가고 폼페이우스는 권력으로 약탈한 재산으로 부자가 되고, 그의 경쟁자들은 로마에서 그를 기다리고 있었다.

군인인 폼페이우스가 원로원을 대표하고, 재정가인 크라수스가 귀족을 대표하고, 비뉘스와 주피터의 후예라는 카이사가 평민을 대표하는 원로원이 되므로 로마의 삼두 정치가 시작했다. 그러나 권력욕망이 우정보다 강했다. 전쟁으로 인하여 더 많은 헤게모니를 쥐게 됨으로 삼두정치는 깨어졌다. 데살리아 전쟁에서 폼페이우스가 패배함으로 그는 실권을 잃고 카이사가 최고 독재자가 되었다. 로마의 삼두정치도 공화정치도 끝나 버렸다.

전쟁에서 패배한 폼페이우스는 애굽으로 도망갔다. 카이사가 그 뒤를 추격하고, 폼페이우스는 그곳에서 암살자에 의해 살해당하고 카이사는 애굽의 여왕 클레오파트라와 사랑에 빠졌다. 클레오파트라는 사실 애굽 사람이 아니고 프톨레미 왕조의 마지막 여왕으로 그리스 여자였다. 카이사가 클레오파트라를 애무하고 있는 동안에도 그의 군대는 애굽을 짓밟고, 나아가서 유대 땅까지 진격했다. 나라를 잃은 클레오파트라는 그 대신 아들 하나를 얻었다. 카이사는 친구인 부르터스에게 죽음으로 클레오파트라의 로맨스도 끝난다. 카이사의 양자인 옥타비우스 어거스투스가 왕위에 오른다. 어거스투스는 클레오파트라에게서 나라도 신분도 재산도 전부 빼앗았다. 로마에서 어거스투스의 개선행진(기원전 30)에서 창피를 당하기보다 죽는 것이 낫다고 생각하여 자살의 길을 택했다. 이로써 그리스의 프톨레미 왕조는 끝이 난다.

34. 로마제국과 유대아의 접촉

다윗의 유대왕국이 사라지고 마카비 왕조가 세운 유대아는 알렉산더 대왕의 후
예인 네 장수의 나라들, 셀레우코스 왕조와 프톨레미 왕조와 접하면서 양쪽의 통치
를 피하려고 몸부림쳤다. 그리스의 안티오쿠스까지 간섭 통치했다. 이 통치를 받고
있는 동안에 그리스는 망하고 로마 제국시대가 시작하면서 유대아가 어떤 과정으
로 로마의 일부가 됐는지를 살핀다.

로마는 그 당시의 세계를 지배한 승리자로서 우쭐거렸지만 마음속으로는 항상
그리스에 대한 문화적 열등의식을 가지고 있었다. 로마는 강한 정복자였지만 그들
에게 문화적 창조능력이 없음을 감추려 했다. 로마인은 반지성적 실리주의자였다.
그래서 그리스 문명을 흉내 내기 시작한다. 미술, 문학, 과학, 조각도 전부 그리스
의 흉내를 내었다. 혹자는 말하기를 로마가 그리스를 버린 순간 로마도 버림받는
운명이 되었다고 했다.

그렇다면 로마와 유대와의 관계는 어떠한가? 정치적인 권력의 영향을 주었으나
로마제국은 유대인에게 어떤 영향도 주지 못했다. 로마가 지배한 시대에도 그리스
의 지성이 유대인의 생활과 정신에 영향을 주었다. 로마에 정복당한 많은 나라들이
순순히 복종했으나 유대인은 달랐고, 로마의 승리 기록을 깨부순 것도 유대인이었
기 때문에 로마 당국은 항상 유대인을 조롱했다. 당시 로마는 유대라 하지 않고 유
대아라 했다. 다윗 왕조는 유대지만 하스몬가는 유대아 왕조라(Judah가 아닌 Judea)
했기 때문이다.

안티파스는 역사에 나타난 인물 중에 정체를 알 수 없는 불가사의의 인물이다. 알
렉산더리아의 두 아들의 싸움에서 히르카누스의 편을 들어 그가 이기게 되자 집정관
이 되어 세력을 키웠다. 그는 누구든 세력이 있는 자에게 아첨하여 출세 길을 찾는 인
물이다. 파로살로스 전쟁에서 폼페우스가 패하자 유대를 통치하게 된 카이사에게 아

첨하여 유대 행정 장관이 된다. 카이사가 암살되자 음모에 가담한 카시우스에게 접근하여 뇌물을 바치고 아부한다. 안티파스가 기원전 43년에 첩들과의 연회중 가족에 의해 독살 당하자 그의 아들이 그 자리를 계승한다. 그가 후일 헤롯대왕이다.

헤롯왕은 부친의 처세술을 배웠다. 옥타비우스 어거스투스가 세력을 잡는 것을 보고서 로마로 갔다. 어거스투스에게 뇌물과 아부를 한 결과 유대인이 아닌 이두메인으로서 유대인의 왕이 된다. 헤롯이 제일먼저 해야 할 일은 하스몬가의 히르카누스 왕을 처형하는 것이다. 그의 형제 아리스토불루스는 로마에 포로로 잡혀가 독살당한 후였기에 히르카누스만 제거하면 하스몬가의 핏줄은 끝이 나는 것이다. 한데 헤롯이 로마에 있을 때 한 사건이 일어난다. 로마에서 독살당한 아리스토블루스의 아들 안티고누스가 파루디안인을 설득하여 로마의 지배하에 있는 예루살렘을 공격한다. 안티고누스는 놀랍게도 예루살렘을 빼앗고 왕이 되고 제사장의 자리에 앉는다.

이 소문을 들은 헤롯은 화를 참을 수가 없어 돌아와 싸우지만 헤롯은 패하고, 그 후 로마 대군단이 몰려와 3년간 싸워 정복한다. 이로 인해 안티고누스와 산헤드린 회원이 음모 가담죄로 전부 처형당한다. 기원전 37년의 일이다. 헤롯은 유대의 왕이 되었다. 이상한 역사의 아이러니였다. 히르가누스가 강제로 개종시킨 이두메인의 아들 헤롯이 유대인의 왕이 된 것이다.

헤롯, 그를 대왕이라고 불렀지만 그만큼 유대인을 괴롭힌 살인자도 없을 것이다. 의회인 산헤드린 지도자 45인을 죽여 의회를 폐지하고 사법체제를 유명무실하게 만들었다. 제사장과 대제사장도 복종하지 않으면 죽인다고 협박했다. 그는 대적하는 자는 누구든 죽였다. 아내와 자식들도 죽였을 때 새로운 시대를 열 메시야가 태어난다는 소문을 듣고 태어나는 어린 남자 아이들을 모조리 죽였다, 애굽의 바로를 흉내 낸 것이다.

유대인은 그를 혐오하면서 복종할 수밖에 없었다. 헤롯의 열 아내 가운데 하스몬 왕가의 공주가 있었는데, 그가 후일 하스몬 왕통을 이을 것으로 소망했다. 하나 그는 그 두 아들을 죽였다. 헤롯이 죽고 난 다음 착한 아들 안티파스는 선정을 베풀고 아겔라오는 사마리아를 다스렸다. 그들은 아비보다 더 포악했다. 하나 하스몬 가의 유대아는 끝난 왕정이었다.

35. 로마 치세하의 유대 종파들

로마는 유대 땅에 분봉왕과 총독을 두었으나 행정장관이 다스렸다. 행정장관은 많은 세금을 각출하기 위해 인구조사를 실시하고, 여러 명목으로 세금을 거두어 갔다. 헤롯치세 46년간 더 이상 짜낼 것이 없을 만큼 세금을 거두어 갔다. 로마치세하의 세금제도는 정부에서 책정한 세금에 자기가 임의로 결정한 세금을 첨가하는 것이다. 거두어들인 전체 세금에서 정부에 바칠 것을 보낸 그 나머지는 세리의 몫이다. 그러니 말이 세금이지 탈취에 가까운 것이었다. 이에 대한 작은 반란이 갈릴리 부근에서 몇 번 일어났으나 그것은 후일 큰 반란의 서곡이었다. 유대아 왕국은 소멸되어 없어졌으나 유대의 정신은 죽지 않음을 보여주는 사건들이 끝임 없이 일어났다.

헤롯은 연로하여 죽을 날을 기다리다 메시야가 태어난다는 소문을 듣고 베들레헴 인근에 출생하는 모든 사내는 다 죽이라고 명령한다. 문서에 의하면 어떤 작은 마을에선 20여 명의 아이를 죽였다고 한다. 실상인즉 그 당시 자기가 메시야라고 주장한 사람이 15명 정도가 있었다. 삶이 어렵고 시대가 각박하면 메시야를 찾게 되어 있는데 이때가 바로 그때였다.

앗시리아와 바빌론시대에, 적들이 침략을 하겠다고 협박할 때에 항상 유대나라는 두 당파로 나누어졌다. 전쟁을 하자는 파와 평화를 이루자는 두 당이 생겼다. 예수의 시대에도 유대아에는 두 당이 있었다. 열심당이라고 하는 헤롯당은 생명을 걸고 싸우자고 주장하고, 평화를 이루자고 한 것은 말없는 대중과 일부 바리새 사람들이었다. 정치적인 입장에서 열심당은 지난날 마카비 반란을 일으킬 때의 경건파인 하시딤과 흡사했다. 로마가 포악을 행할 때마다 희망을 잃은 절망파들은 열심당에 가담했다. 이래도 죽고 저래도 죽을 생명, 싸우다가 가자는 것이다.

안티오쿠스 왕조 때 횡포를 행함으로 친 그리스파가 반 그리스파가 된 것과 같았다. 앞에서 말했듯이 하시딤에서 바리새 사두개, 에세네로 분파되고 후일 그리스 도파까지 생겨났다. 기원 1세기에는 바리새파가 다수이고 최대의 세력을 잡은 것은 사두개이고, 에세네는 경건한 사람들이고, 그리스도파는 가장 편협 고집쟁이였다. 하스몬 왕조의 쇠퇴로 이 분파들이 힘을 잃고 비실거렸다. 하나 로마가 그 횡포가 심해 감애 따라 뭉칠 수밖에 없는 사건들이 계속 일어났다. 적의 적은 친구라고 하듯이 로마의 악정 앞에서는 전부 친구가 될 수밖에 없었다.

바리새는 성서 연구를 합리적인 방법으로 하며 모두를 포용하는 중도 노선을 취했다. 신약성서에 표현된 바리새를 편협한 위선자라고 한 것은 사실과는 다르다. 바리새들은 성서가 말하는 영혼 불멸과 부활, 메시야의 도래를 믿고 극히 관대한 사람들이었다. 성서에 대한 극단적 대립의 투쟁이 있을 경우 항상 유연한 중도의 길을 갔다. 그래서 이들은 구전 율법을 발전시켜 미드라쉬를 만들어 탈무드의 길을 열었다. 그럼으로써 시대의 변화나 상황에 적응할 수 있는 방법을 택했다. 대단히 실용적인 태도였다.

이 바리새에 정반대의 생각을 가진 보수파가 사두개였다. 사두개는 영혼의 불멸과 부활을 믿지 않은 현실주의자로 물질주의자요 성전을 쥐고 있는 정치 권력가였다. 부자와 귀족으로 구성된 산헤드린 의회를 장악하여 사법부를 좌지우지했다. 죄의 사면과 새로운 삶의 출발을 약속한 바리새는 사두개와는 상극이었다. 에세네는 열락을 비난하여 독신 생활의 경건을 지키라고 가르쳤으나 바울은 성욕을 자제하기 어려우므로 결혼하는 것이 좋다고 했다. 유대인의 사고에 인구를 감소시키는 것은 죄악이었다.

열심당은 주로 바리새와 사두개 사람들이었다. 열심당은 어떤 특수한 교리가 있는 것은 아니고 단지 적을 대항하는 애국당이었다. 이들은 갈리리 지방에서 큰 힘을 얻어 기원 6년 로마를 향한 봉기가 일어났을 때 주도적인 역할을 했다. 봉기는 진압되고 열심당의 숫자는 늘어났다. 그만큼 속으로 로마를 향한 증오가 가슴에 쌓이고 반란의 때를 기다리고 있었다. 이때 예수파는 예수의 죽음으로 사라지는 줄 알았는데 다소 사람 바울에 의해 엄청난 분파가 된다.

36. 열심당의 봉기

열심당은 종교 분파가 아니다. 쉽게 말하면 유대 애국당이다. 어떤 종파에 있든 나라를 살리려는 사람들이 모이는 곳이다. 신약의 예수의 제자 베드로도 열심당 출신인 것 같다. 칼을 들고 무력으로 봉기하는 것이다. 기원후 40년부터 열심당의 활약은 70년 예루살렘 전쟁과 마사다 전쟁에서 최고조에 이른다. 열심당은 로마와 사생결단 싸운 집단이다. 이제 그 비등점을 향해 분노가 끓어올라 폭발점을 향해 가고 있다. 세례자 요한에 의해 세례를 받은 예수당도 그의 죽음 뒤에 살아났다. 세례자와 예수는 에세네파, 그 이상으로 사해 동굴 하시딤 집단에 속한 것으로 추측된다. 그들의 가르침과 의식이 쿰란 공동체와 그것과 너무 닮았기 때문이다. 이 예수 집단은 예수 사후 바울에 의해 기하급수로 성장한 이들의 일부는 열심당에 가담했다. 물론 예수파는 다른 국가관을 가졌기 때문에 다른 당파는 달리 자기 신앙 보호를 위해 로마에 항거한 것이다.

로마에 의해 그리스가 몰락하는 비극처럼 로마와 유대의 충돌도 정점으로 가고 있었다. 기원 7년에서 41년까지 행정장관 즉 일곱 명의 총독이 유대를 통치했다. 그들은 전부가 군인으로 무식하고 난폭해서 어떤 잘못을 저지르면 목을 치면 모든 것이 끝난다고 생각했다. 목이 어깨에서 떨어지는 순간 사상도 혼란도 없어진다. 그리하여 바리새, 사두개, 에세네 사람들이 애국당인 열심당으로 모여 로마를 향해 전면전을 시도했다.

이러한 상황을 바꾸는 사건이 일어났다. 무식한 군인을 총독으로 보내는 것이 아니라 유대인에게 싫어하면서도 친근감을 주는 사람을 왕으로 보낸 것이다. 아그리파 1세가 왕으로 왔는데 그는 헤롯왕의 손자였다. 그는 로마의 사치 속에서 성장하여 황제 티베리우스의 양자가 되어 허물없는 사이로서 왕을 만들기 위해 총독제를 폐지한 것이다. 아그리파왕은 헤롯의 손자로서 미움을 받았지만 41-44년까지 3

년간 통치를 아주 잘하여 친근하게 받아들여졌다. 어떤 공식석상에서 그에게 아부한 사람들이 왕은 신이라고 칭송하는 순간 졸도하여 비극적으로 죽어버렸다.

아그리파가 죽음으로 유대의 운명은 다시 옛날로 돌아갔다. 새 행정장관이 올 때마다 분노가 정점으로 폭발할 지경이었다. 무능하고 잔인한 행정장관을 경질하면 또 다른 무능한 사람이 왔다. 유대인이 분노한 것은 로마인의 잔악이 아니라 로마인의 무식과 어리석음이었다. 유월절 행사에서 대제사장의 제복을 몰수하고 로마의 의복으로 갈아입게 했다. 유대인으로서는 참을 수 없는 일이었다. 유월절은 유대인에게 가장 큰 민족 명절이다. 민족의 해방절이요 봄의 축제인데 일어난 소동을 로마당국은 축제의 법석 내지 단순한 해프닝으로 생각했다. 로마 당국의 실수였다.

총독 플로루스는 성전에 보관하고 있는 금 17탈란트(35만 달러의 가치)를 주면 종교 자유를 주겠다고 했다. 유대인들은 대제사장의 의복 문제 바리새, 사두개, 에세네, 심지어 예수파까지 전부 열심당으로 모여들었다. 열심당 군대(군대라 할 수 있는 조직이 아니다)가 66년에 예루살렘에 주둔한 로마군 수비대를 습격하여 전부 축출해 버렸다. 이것이 계기가 되어 유대와 이두메 사마리아와 갈릴리가 합세하여 궐기 반항했다. 거대한 세계의 대제국인 로마를 향해 우표딱지보다 작은 나라가 도전했다.

로마의 속령이 된 다른 나라들은 유대인이 골리앗보다 더 큰 로마를 향해 덤벼드는 것을 당황스런 눈으로 바라보고 있었다. 어떤 전투에서는 유대인이 승리하는 것같이 보이기도 했다. 그래서 로마는 이전에 하지 않은 군사정책으로 작은 전투에도 대군대 정예군을 파견했다. 온 세계가 유대인 앞에서 당황하고 움츠리는 로마의 모습을 보고 더 당황했다. 가령 소인배 같은 유대인이 로마와의 전쟁에서 승리를 한다면 로마 전토에 있는 속령들이 일제히 일어설 것을 걱정하고 있었다. 그래서 로마는 단호하고도 과감한 군사전략으로 유대를 짓밟을 준비를 하고 있었다. 이때가 67년경이다. 일 년 동안 전면전을 펴고 있는 동안에 시리아에 주둔하고 있는 세스투스 갈루스 부대까지 반란 진압에 가세했지만 로마는 비참하게 패전하여 세계의 웃음거리가 되었다. 이것으로 로마제국이 순순히 물러설 것인가?

37. 관속에서 피어난 유대주의

유대인 열심당이 궐기하여 대제국 로마를 패대기치는 상황이 되자 시리아 군대까지 불렀다. 하나 로마는 비참한 패전으로 세계에 창피를 당하자 새로운 로마 장수를 임명한다. 베스파시우스가 유대 진압에 파견되어 갈릴리에서 승리한다. 갈릴리군의 유대 장수는 역사가 요세푸스였다. 그의 유대 이름은 요셉 벤 마타디아스(38-100)인데 전쟁에 패하여 포로가 되어 베스파시우스에 의해 끌려가면서 후일 로마 황제가 될 그와 친구가 된다.

요세푸스는 유대의 유복한 제사장 가문의 출신이다. 로마에 가서 최고 학부를 마친 그는 유대로 돌아와 군인으로 야웨께 헌신하기로 마음먹었다. 그는 유대 갈리리 군의 탁월한 지휘자가 되었다. 하나 갈리리군이 파멸되고 요세푸스는 포로로 총사령관인 베시파시우스 앞으로 끌려갔다. 후일 그는 최고의 역사학자가 되고 황제가 될 베시파시우스의 친구가 된다.

요세푸스는 베시파시우스의 친구가 되어 항상 동행하는 중 예루살렘 침략에 동참한다. 요세푸스는 이스라엘 전쟁사를 쓰기 위해 동행했지만 오해를 받아 지금도 그를 민족 배신자로 본다. 그러나 그의 저작들, 「유대전기」, 「유대 고대기」는 기원전후 100년의 유대 상황을 이해하는 데 가장 귀한 자료들이다.

전쟁이 3년째인 68년은 소강상태였다. 그러나 이 해는 유대인 정신사에 의미 깊은 해였다. 유대 땅은 이미 베스파시우스의 장중에 들어왔으나 예루살렘은 난공불락이었다. 공격에 공격을 더해도 예루살렘은 어쩔 수 없어서, 포위만 하고 있으면 성안의 유대인은 굶어 죽는다는 것이다. 이 장기전에 유대인이 살아날 길이 없다고 생각했다. 이러한 상황을 감지한 지성적인 랍비가 있었다. 요하난 벤 자카이다. 그는 죽어가는 유대인의 가슴에 횃불을 들려준 선구자였다. 그도 요세푸스처럼 로마군과 타협했지만 요세푸스와 달리 애국 지성인으로 추앙한다. 그 이유는?

그는 전쟁으로는 로마를 이기고 민족이 영존하는 길이 아니라고 생각했다. 전쟁을 버리고 다른 방안으로 총사령관을 만나 담판을 짓자고 계획하고 제자들을 불렀다. 내가 죽었다고 소문을 내라. 관속에 넣어 장례를 예루살렘 성 밖에서 치를 것이니 밖으로 나가는 것을 허락을 하라.

그가 생각한 것은 나라를 잃고 백성은 세계로 흩어질 것이다. 그런 상황에서 히브리가 살 길이 무엇인가. 유대정신을 영속하게 보존하기 위해서는 학문밖에 없다고 생각했다. 그는 미래를 바라보는 빼어난 지식인이요 미래를 예지한 랍비였다. 학교를 세워 교육을 하기 위해선 베스파니우스를 만나야 된다고 생각하여 죽음을 가장하여 관속에 들어가 밖으로 나갔다.

예루살렘은 죽음의 도시였다. 굶주림과 질병으로 하루에도 몇 백 명씩 죽어나갔다. 죽음으로 유대를 지켜야 한다고 생각하고 결사 항쟁했다. 성안은 열성당원이 절대법으로 통치하였기에 누구도 이의를 제기하지 못하고 순응해야만 했다. 이런 상황 속에서 벤 자카이는 밖으로 나갈 전략을 세워 관속에 들어가 밖으로 나아가 사령관의 막사 앞에 장례관을 세우고 나와 총사령관 베스파시우스를 만난다.

긴 칼을 찬 총사령관 베스파시우스는 승리에 찬 모습으로 긴 수염을 한 낡은 염감을 만났다. 술이 달린 낡은 옷을 입은 영감은 조금도 두려움 없이 대좌하여 자기의 소신을 말한다. 자기 한 목숨을 구걸하기 위한 홍정이 아니었다. 한 가지 예언할 것이 있다. 장군은 로마의 황제가 될 것이다. 그때 우리 유대인을 위한 작은 학교를 저 유대 땅 시골에 허락하라. 전혀 어렵지 않은 일이요 믿을 수 없는 미래 예언을 듣고 알았다고 약속했다.

벤 자카이가 유별난 예언을 생각한 것은 아니고 미래를 빈틈없이 계산하고 부탁한 것에 불과했다. 로마에는 왕의 계승의 법이 없었기 때문에 누구든 힘센 자가 왕이 되는데 후일의 정치 판도에서 베스파시우스가 가장 큰 세력을 가질 사람으로 예측한 것에 불과했다. 그해 삼인의 무능한 자가 왕이 되고 삼인이 전부 암살당하였다. 요나단 벤 자카이의 예언이 적중하여 베시파시우스가 로마의 황제가 되었다.

38. 관속에서 피어난 예쉬바

예쉬바는 유대인 최고 학문의 전당으로 누구나 선망하는 최고 학부이다. 예쉬바는 토라나 탈무드만 공부하는 곳이 아니라 우주와 인생의 본질을 찾아 사람 삶의 바른 길을 찾는다. 예쉬바를 말하지 않고는 유대교를 논할 수 없다. 오늘날 유대인의 존재, 유대인의 정신은 예쉬바에서 생산되었다. 유대인이 예쉬바를 만들고 예쉬바는 유대인을 살려 오늘에까지 있게 했다. 딸 가진 부모는 좋은 사위를 얻고자 예쉬바 인근의 사람들과 관계를 가지며 예쉬바 학생들을 후원하여 미래의 사위를 찾았다.

전장에서 본대로 절망의 한가운데서 민족생존을 위한 자구책으로 관속에 들어가 미래 희망을 찾은 벤 자카이의 관 속에서 생긴 학교가 예쉬바이다. 베스파시우스 장군에게 당신은 로마 황제가 된다. 그때 나를 기억하여 작은 학교 하나를 허락하라. 그것이 예쉬바이다. 지금도 세계의 도처에 예쉬바의 이름으로 최고의 학문을 유지하는 유명한 대학이다. 예쉬바를 모르고 유대인을 말할 수도 알 수도 없다. 이 예쉬바의 시작은 바로 예루살렘이 무너지는 절망 가운데서 벤 자카이 관 속에서 시작한다. 후일 베스파시우스가 왕이 되고 나서 유대 역사 최초로 야브네라고도 하는 얌니아에 예쉬바가 세워진다. 그 예쉬바는 지금도 세계 도처에 최고 명문으로 존재한다.

69년에 원로원이 베스파시우스에게 황제가 될 것을 요청하고 그가 황제에 취임하기 위해 로마로 떠나면서 그 아들 디투스에게 유대인과의 전쟁을 맡기고 간다. 결국 예루살렘은 멸망한다. 복음서에는 예언이 이루어졌다고 하나, 이 예언은 사건이 일어나고 난 다음에 기록되어졌다. 유대인들에게 있어서 예루살렘의 멸망은 통한과 감정의 문제라 그 기술이 정확치 않다. 고대의 전쟁이기는 하나 사실대로 기술 못하는 이유가 충분히 있다.

　알렉산더 대왕이 대제국을 만드는 데는 3만 2천, 가이사가 게르마니아를 정복하는데 2만 5천, 포에니 전쟁에서 한니발이 로마를 정복하는 데 5만의 군사를 동원했다. 한데 티투스가 예루살렘의 유대인을 쳐부수는 데는 8만의 군사를 동원했는데 유대인 군사는 2만 4천이었다. 그럼에도 불구하고 패할 것을 걱정하여 예루살렘 공격을 하지 않고 대군대를 전시하며 심리전으로 유대인이 항복하고 나오기를 기다리고 있었다. 그는 공격을 하지 않고 전투 장비를 갖추어서 빙빙 돌기만 하니 온천지가 먼지투성이였다. 예루살렘 성문 입구에는 청동 대포가 몇 천 대 모였다. 3일간 군대의 전시가 끝났을 때 그 쇼를 본 유대인들이 성위에서 박수갈채를 보내며 야유했다.

　티투스는 화가 나서 공격명령을 내렸다. 칼과 칼, 창과 창, 자동차 바퀴만한 돌아 날아오고, 생명과 생명이 부딪치는 치열한 전쟁이었다. 유대인은 2주간 필사적으로 싸워 로마군을 격퇴했다. 아무리 해도 할 수가 없자 로마군 사령관 티투스는 전략을 바꾸었다. 장기전으로 굶겨 죽이는 전략이었다. 밖에서 식량도 물도 한 방울도 들어가지 못하게 했다. 잡히는 유대인은 성문에서 유대인이 볼 수 있도록 참혹하게 처형했다. 하루 500명을 처형하는 날도 있어 그 시체의 냄새로 숨을 못 쉴 정도였다. 통곡소리가 하늘을 덮는 데도 1년은 버티고 예루살렘 전쟁 4년째였다.

　이동식 다리를 이용하여 성을 넘어 들어가 공격했다. 굶주리고 병든 유대인을 짐승을 죽이듯 차별 없이 살육했다. 무적 로마군단은 4년간 무시당하고 야유 받은 보복을 철저히 했다. 성전에 불을 지르고 영아들을 불속에 던지고 사제들은 학살당하고 열심당원은 성 밖으로 던져 죽였다. 산 자는 로마로 끌려가 개선행진에 참여하여 노예로 팔려 나갔다. 70년의 일이었다.

　군사의 관점에서 보면 유대인의 정복은 아주 간단한 소부대로 해결할 수 있는 작은 전쟁이었으나 그렇게 되지 않았다. 결국 로마가 승리했지만 로마군의 손실은 엄청나 승리라고 할 수 없는 전쟁이었다. 로마는 큰 승리로 포장하기 위하여 개선 프레리드, 개선문, 개선 기념주화를 만들었다. 황제 베스파시우스는 아들의 승리를 기념하여 그의 동상도 만들어 주었다.

　이에 로마는 보복 차원에서 유대인의 재산을 착취 강탈함으로 유대인은 극심한 가난에 빠졌지만 마음속에는 다시 반항 기운이 꿈틀거리기 시작했다.

39. 바 코허바의 메시야운동

유대인의 역사는 메시야의 역사이다. 아담과 하와가 타락한 이후, 시대가 어려워지면 항상 메시야 도래를 기대하고 있었다. 애굽에서 히브리들을 구출한 이후 모세 같은 메시야가 나타나기를 기대했다. 다윗 이후 다윗 같은 메시야를 기대하는 열망이 뜨거워졌다. 예루살렘 성전은 무너지고, 민중은 굶주림과 질병과 절망에 싸여 있다. 히브리들이 전세계로 흩어질 때 메시야가 나타나 민족을 다시 모으고 다윗 왕국을 건설하리라고 믿고 기대했다. 유대인의 메시야는 영적 구원이 아니라 외국의 무장 협박에서 헤어 나오는 것이다. 이 협박과 압력에서 해방시켜 주는 사람은 영적 구원자가 아니라 강력한 장군이었다. 메시야 기대는 옛날이나 지금이나 마찬가지다.

당시 예루살렘 성에는 270만의 유대인이 있었는데 그 반수가 살육당하고 십만이 포로로 잡혀가니 분노는 극에 달하여 남은 자들은 마사다로 옮겨가 끝판 항쟁을 한다. 로마군은 끈질기게 3년간 공격한 끝에 마사다를 점령하게 되자 천 명 가량의 유대인 전부는 스스로 자결한다. 이로서 유대 로마의 전쟁은 73년에 끝이 난다. 유대인의 분노는 극한 상태에 올랐다.

이때 로마 파르티아 전쟁이 일어난다. 이 전쟁은 150년간 계속되는데 로마가 패배하여 물러서는 것에 자극을 받아 유대인이 일어선 것이다. 여러 지역의 유대인들이 일제히 일어나니 로마는 파르티아와 전쟁을 잠깐 두고 유대인부터 진압하기로 했다. 로마는 3년간 엄청난 군사와 인명 피해를 당하면서 유대인을 진압한다. 유대인은 무기도 군사도 부족하여 항복한다. 113년의 일이다. 하나 로마는 이 피해로 인하여 다시 파르티아 전쟁을 계속할 수 없는 상황이 되었다. 로마는 주변국 침략 전쟁의 전략을 바꾸어야만 했다. 승리로 로마 영토를 확장하는 것 같았으나 내부로 무력해지기 시작한다. 117년 하드리아누스 황제 즉위식부터 로마 영토는 줄어들기 시작하니 유대인으로부터 얼마나 큰 피해를 받았는지 짐작할 수가 있다.

하드리아누스 황제는 유대인과의 전쟁에서 피해가 너무 커서 유대인이라면 진저리를 낼 정도였다. 그리하여 부득이 예루살렘 성전을 수리해도 좋다고 하여 유대인이 평온해지자 마음이 변하여 자기가 성전을 세우겠다고 나서면서, 여호와 신전이 아니라 주피터의 신전으로 바꾸어 버렸다. 그는 예루살렘을 아엘리아 카피톨리나로 이름을 바꾸어 로마시의 일부로 만들어 버렸다. 하드리아누스는 세 번째 반란을 일으킬 수 없다고 판단한 것이다. 그의 큰 오판이었다.

로마의 힘이 약해지는 것을 보고서 유대인은 환호하며 희망으로 차 있었다. 유대인의 전통적 신앙처럼 군인 메시야가 나타났다. 거기에다 고명한 학자가 그의 책사가 되었다. 흰 말을 탄 메시야는 시몬 벤 코허바(빛나는 별의 아들)이고 그의 책사는 아키바였다. 흰 말을 탄 메시야에 이름 높은 학자 와의 만남은 환상적 조합이었다. 유대인의 메시야관은 기독교의 메시야관과는 다르다. 유대인의 메시야는 반드시 군인 무사여야 한다. 적들에 둘려 싸여 협박과 공포에서 해방 받지 못하면 어떤 구원도 없다고 생각하기에 메시야는 무사여야 한다. 이러한 상황에서 코허바와 학자 아키바의 출현에 민족이 단결했다. 그들은 메시야의 조건에 딱 맞기 때문이다.

아키바는 40세가 될 때까지 무식한 목동이었다. 목장 주인의 마음에 들어 딸과 결혼하고 공부를 시작했다. 한편 벤 코허바의 청년 시절에 대해서도 알려진 것이 별로 없었다. 그는 극단적이고 독재적이어서 그의 말을 듣지 않으면 가차 없이 처단해 버렸다. 탈무드에서 그에 대한 말이 인용되어 있다. "하나님이여 우리를 돕지 마소서, 우리의 승리가 당신의 도움이라고 알면 안 되옵니다." 당시 산헤드린도 그의 메시야임을 긍정적으로 보지 않은 듯했지만 대학자 랍비 아키바가 그의 약점을 보완한 것 같다. "일반적으로 그의 신뢰는 약한 것 같았는데 아키바의 명성이 바 코허바를 구한 것 같았다. 랍비 아키바야말로 유대 역사에서도 높이 평가하고 있는 걸출한 학자였기 때문이다. 여하간 그 절박한 유대의 상황에서는 메시야가 필요하여 그를 환호하며 메시야로 추앙하여 오늘날까지 메시야의 효시로 본다.

40. 로마의 무차별 학살과 아키바의 죽음

우표딱지보다 작은 유대가 세계 대제국 로마를 향해 3차에 걸쳐 대항전을 벌였다. 유대의 모든 종파가 열심당에 모였다. 극단적 좌익인 사두개, 극우인 에세네는 가장 경건을 지향하는 신앙파이고, 바리새는 중도노선을 걷는 포용파였지만 로마를 향한 반대운동을 위해선 모두 열심당으로 모였다. 심지어 가장 편협한 예수파마저 모였다. 열심당은 종파가 아닌 애국당이라고 말한 바 있다. 유대의 지조를 무너뜨리기 때문이다. 이들이 로마를 향해 일전을 불사할 준비를 할 즈음 심각한 사건이 벌어졌다. 마지막 행정장관인 총독 플로루스가 새로 부임해 왔다.

유월절 예배를 모독하고 제사장의 복장을 모독하고 성전 재산인 금 17달란트, 35만 달러 상당을 몰수한 것이다. 열심당에 모인 모든 종파가 일어나 싸웠다. 유대인뿐이 아니라 이두메인, 갈릴리인 사마리아까지 합세하여 싸워 로마군단을 축출했다. 66년도 일이니 1일차 반란운동이다. 2차 반란은 예루살렘 성전이 완전 훼파되고(73년) 벤 자카이가 관 속에서 환생하는 사건이고, 3차 반란은 시몬 벤 코허바 반란(135)이다. 하드리아누스 때 유대인 성전을 새로 세워준다고 해놓고 성전이 완성되자 주피터 신상을 갖다 놓고 예루살렘을 아엘리아 카피톨리나로 이름을 바꾼 사건에 유대인이 분노하고 코허바가 앞장선 메시야 운동이다.

벤 요셉 아키바는 코허바의 멘토였다. 40세까지 무학이 그가 아내의 성화에 공부를 시작하여 최고 학자가 되었다. 한데 그가 후원하여 반란을 일으킨 코허바가 다윗의 후손으로 메시야라고 천명했다. 아키바와 코허바가 로마를 향해 반란을 일으킬 때 종파를 초월한 몇 만 명의 군중이 모여 들었다. 모든 종파가 참여했지만 예수당은 빠졌다. 메시야 코허바 대신 예수당은 자기들의 메시야를 따로 가지고 있었기 때문이다.

기원 132년에 반란이 발발하자 로마군은 과소평가하면서도 놀라워했다. 물론 몇 번의 전쟁에서 부분적으로 승리했지만 유대인은 능력이 다 소진되어 승리하지 못한다고 생각했다. 하드리아드 황제는 속으로 걱정했다. 만에 하나 로마가 다시 패하기라도 한다면 제국에 얼마나 치명적인 상처가 될 것인가. 그런 위험성을 피하기 위해 최고의 장수 세베루스를 전선에서 소환하였다. 세베루스는 3만 5천의 정예군을 이끌고 수적으로 열세인 유대군대를 맞았다. 그런데 초전에서 로마군은 면목 없이 실패했다. 세베루스는 최후의 전투방법을 택했다. 모조리 살상하고 쳐부수어 없애 버린다고 생각했다. 남자건 여자건 비전투 요원이건 뭐든 닥치는 대로 죽이는 것이다. 로마로서는 이 전쟁에서 질 수 없는 것이기에 최악의 살상 속에서 2년을 싸우고 나니 유대인 군대가 동요하기 시작했다. 135년 코하바는 항복하여 살해당했다. 로마군은 랍비 아키바를 고문하고 처형함으로써 분을 풀었다. 도망친 유대인들은 파르디아로 피신하여 그곳에서 환영을 받았다.

그후 예루살렘과 유대 땅에는 유대인 출입이 금지되었다. 전쟁에서 살아남은 자나 파르디아로 도망가고 나머지는 노예로 팔려갔다. 너무나 값비싼 희생이었다. 세 차례의 로마 유대 전쟁 가운데서 이 세 번째 전쟁이 로마에 가장 큰 타격을 주었다. 하드리아누스는 로마 원로원에 전쟁 보고를 하였는데 한 마디의 칭찬이나 격려를 듣지 못했다. 그의 자존심은 납작해졌고, 이로 인해 로마제국은 흔들리기 시작했다.

우표딱지보다 작은 유대인의 3차 반란으로 로마는 치명적 상처를 입고 전의를 상실했다. 그리하여 유대인에게 어떤 영향력도 줄 수 없는 상태가 되었다. 유대 역시 더 이상 싸울 힘을 잃어버렸다. 로마 역사가들도 이 3차 전쟁에 대해 거론하는 사람은 별로 없다. 상호간에 말없이 조용한 절망의 침묵의 시대가 되었다. 기원 212년에 로마가 모든 유대인에게 시민권을 주며 유대인을 끌어안으려 했으나 유대인은 받아들이지 않았다. 이미 유대인은 변두리 사람이 되었지만 유대인의 문화 수준이 로마인보다 높다는 자부심을 가지고 있었다. 예루살렘에서 비밀이 반출된 벤자카이의 야브네 예쉬바가 발전하여 유대인 학자를 생산해 내는 시기였기 때문이다.

41. 로마인은 무시하고 유대인은 경멸했다

그리스인이 로마인을 향하여 경멸적인 태도를 가진 것처럼 유대인은 자기들을 무시하는 로마인을 경멸했다. 로마는 그리스가 가진 과학, 철학, 문학, 예술, 윤리나 조각이 없었기에 항상 열등의식을 가지고 있었고 그리스의 문명을 로마의 것인 양 행사했다. 마찬가지로 로마는 유대인을 천민 대하듯 무시했지만 유대인은 문화 수준이 낮은 로마를 경멸했다. 유대인은 사자의 밥이 되면서도 당당하여 전혀 비굴하지 않았기에 로마인은 놀라면서도 마음속으로 경외했다.

역사를 정치적인 측면에서 보는 자들도 로마 시대 유대인들에 대해 한두 마디 할 뿐이다. 소집단 유목민, 할례와 돼지고기를 먹지 않는 광신집단이라고 적는다. 그것 외에 유대인에 대해 별 알려진 것도 아는 것도 없기 때문이다. 반면에 유대인은 그리스-로마의 조각이나 그림 같은 것을 보지 않았기 때문에 좋다 나쁘다는 말도 감동도 받지 않았다. 그리스-로마인이 유대인을 무시했다고 해서 전혀 이상한 말은 아니다. 로마인이 맨손으로 짐승을 때려잡고 산 사람을 야수에게 먹이는 것을 오락이라 하는 로마인을 유대인은 전혀 이해하지 못했다. 남색을 하고 성전에서 매춘의 열락을 하는 것을 고상한 사랑이라고 하는 로마인을 경멸했다.

하나 그리스-로마는 가장 넓은 영토에 가장 많은 황금을 쥐고 가장 장려한 나라를 세워 지상 최대의 문명을 가져 훌륭함은 추호도 의심할 여지가 없었다. 조각, 그림, 문학, 건축은 문명의 지표이다. 세계 어느 나라도 비교할 수 없는 찬란한 문명이 그리스-로마 문명에 있었는데 세계인의 삶에 원리가 되고 있는 2000년의 히브리 문학을 개화된 미개인들이 이해하고 만들 수 있을까? 그리스-로마문명은 오늘날 대학에서 교양과목으로 훈련받는 과정이지만 히브리의 문학은 전 인류의 삶의 원리가 되고 있다.

최근에 와서 헬라-히브리문명의 상호 교류에 대해 연구하고 있지만 그 당시만 해도 그리스-로마는 히브리의 존재를 사막의 미개한 방랑자로만 생각했다. 헬레니즘에 반대한 바리새파가 그리스의 습관과 도덕에 반대하면서도 그 과학과 예술과 철학은 받아들여 자기의 문학을 심도 깊게 하고, 사두개는 그리스의 습관과 도덕을 인정하면서 예술과 철학에는 반대한 사두개의 잘못된 히브리 사고와 예루살렘에 성전이 사라지자 사두개도 사라졌다. 그들은 성전에 빌붙어 권세를 누리며 산 천박한 문화주의자였기 때문이다. 사두개는 실질적 내용이 아니라 외식적 형식만 차용하며 사람의 어깨를 무겁게 만든 종교 굴레였다. 이 가운데 유대주의의 횃불을 들고 나간 사람들은 바리새였다. 이 횃불의 광명은 본래 유대적인 것이지만 횃불을 타오르게 한 것은 그리스 철학이었다. 나중에 그들의 생각을 표현하는 것은 전부 그리스 철학적이었다. 히브리들은 그들을 거부하며 경멸하면서도 그들의 철학과 과학과 문학을 숨어서 배웠다.

그리스 로마인들은 노예나 종으로 사는 히브리들의 삶에 큰 감명을 받았으나 그들은 암묵적이었다. 성(性)이 없는 초연한 신적 모습이나 상징이 마음에 들었다. 자기들의 신성은 밤을 타서 남의 신들의 여자를 범하고 훔쳐오는 야비한 짓을 하지 않는 신성을 존경한 것이다. 유대인은 자기들의 신성처럼 통음 난무의 행실을 하지 않는 품위 있는 삶도 존경했다. 그 당시 그리스 로마인이 7천만, 그 10%가 유대인이라는 것을 생각하면 영향력이 작았다고 할 수 없다.

온 세상이 그리스-로마의 문명에 감동을 받아 놀라는데 유대인은 전혀 감동도 놀라지도 않았다. 그뿐만이 아니다. 아무리 상황이 달라져도 히브리들은 잡혼이나 다처를 두지 않는다. 5세기가 가까워지자 유대인은 엄청난 재력을 가지고 있어 학문이 있어 뛰어난 지성과 근면으로 높은 사회적 지위를 갖게 되었다. 뇌물이 범람하던 시대임에도 유대인은 뇌물 바치는 예가 없었다. 5세기 후에 유대인이 고관에 오르자 그것을 질투하게 되어 유대인 관료법이 생겨났다. 학문적으로 영향을 주는 것은 말할 것도 없다. 무엇이 그리스 로마에게 영향을 주었을까? 그 속에 한 히브리 책이 있었는데 그것은 70인 역으로 된 '셉투아진트'라는 신화도 역사도 아닌 이상한 책이었다.

42. 셉투아진트

그리스어로 번역된 구약성서를 셉투아진트라 했다. 70인 역이란 것인데, 정확히 말하면 유대 12지파에 6사람을 선택하여 72명이 72일간 번역한 책인데 일반적으로 70인역이라 한다. 주전 300년에 알렉산드리아 도서관에 소장하기 위해 준비된 것으로, 그리스학의 일부가 되어 유명하게 되니 유대인보다 그리스-로마인이 더 많이 보게 되었다 한다. 이러므로 후일 바울이 그리스-로마인에게 설교했을 때 바울의 구약 실례를 그들은 다 이해하고 있었다. 이미 70인역 구약성서를 다 보았기 때문이다.

셉투아진트에 대한 설화는 많다. 72인의 번역가가 72일 동안 서로 떨어져 번역했는데도 만나서 대조해 보니 모두가 동일한 내용과 언어로 번역되었다는 것이다. 알렉산드리아, 안티옥, 다메섹, 아테네의 유대인들마저 히브리어를 거의 다 잊어버린 무지랭이가 되었는데 그리스 역 셉투아진트를 통해 경에 도달하게 됐다는 것도 유대인들의 비극이었다. 유대인은 생각했다. 어떤 언어든 간에 경에 도달하는 것만이 중요한데 유대인들이 그리스의 덕분에 경에 도달하게 된 것이다.

'일리아드 오디세이'와 그리스 고대 철학자들의 외마디 소리 몇 마디밖에 모르는데 비해 셉투아진트는 인간 삶의 미래와 운명을 바꾼 작품이다. 셉투아진트를 읽고 개종하는 자들이 생긴 것보다 더 중요한 일은 그리스-로마가 히브리문학과 유대인을 깊이 이해했다는 점이다. 그리스 철학은 대학의 교양과목에 몇 강좌 들어갈 정도이나 셉투아진트가 인류에게 준 영향과 어떻게 비교하겠는가?

유대인 가운데 필로(philo 35.40?)란 학자가 있다. 그는 히브리 성서와 그리스 철학자 플라톤의 저작을 종합하려는 노력을 했다. 그가 유대교나 기독교에 별 알려진 사람은 아니지만 그의 노력은 유대교 신학자 아키바나 바울보다도 더 중요한 역할을 했다고 본다. 그의 로고스 사상은 바울의 사상에 엄청난 영향을 주어 그의 작품

전체 속에 나타난다. 필로는 그리스 형이상학의 구조를 완전히 이해하여 유대주의 골격을 형성했기 때문에 유대주의와 기독교의 사상 기초는 그에게 힘입은 바가 크다.

필로는 문화의 도시 알렉산드리아에서 유복한 유대인 가정에서 태어났다. 명문 사학에서 배워 그리스어와 라틴어를 유창하게 구사했지만 히브리어는 변변찮았다. 플라톤의 충실한 제자인 그는 그리스의 최상의 이론과 유대교의 골격을 결합시키려고 노력했다. 당시 칼리굴라 황제를 신으로 봉하여 유대인이 숭배를 하지 않으면, 애국을 빙자하여 유대인을 보복할 수가 있었다. 이러므로 유대인은 나라의 원수로 처단할 수 있게 되었는데 이 문제를 필로가 로고스적 지혜로 능란하게 해결했다.

칼리굴라 왕은 기분 내키는 대로 몇 천 명을 학살하는 광기 어린 황제를 향해 필로가 찾아가 애원하는 것은 위험한 일이었다. 오늘날 정신과 의사가 환자를 다루듯 필로는 조심성 있게 다가갔다. 잘못하면 필로 자신이 맞아죽을지 모르는 위험을 알고 정중하게 모셨다. 황제의 신상을 만들어 성전과 궁정 안에 세우지 않아도 우리가 황제를 공경하는 훌륭한 백성이 될 수 있다고 설명하자 칼리굴라는 동의하는 듯했다. 근친상간에 지랄병 환자인 카리굴라는 얼마 후 죽었기 때문에 별 탈 없이 살아갈 수 있게 되었다.

필로는 그리스 역 구약성서밖에 모르기에 성서에 그리스의 옷을 입혀 그리스 지식인들에게 주자고 제안했다. 플라톤의 철학과 알레고리 해석방법을 차용했다. 이 방법은 오늘 교회에서 많이 사용하는 해석법이다. 성서의 신은 세상을 창조하였지만 직접 신의 손을 써서 한 것이 아니고 로고스인 말씀인 이성을 통해서 했다고 설명한다. 인간은 신으로부터 나온 것이기에 그 이성으로 신을 인식할 수 있다고 보았다. 신을 인식하는 데는 두 가지 방법론이 있다. 하나는 내면적 신비성에 의한 것이고 또 하나는 예언적 충동에 의해서 가능하다. 유대교는 인간이 신에 도달할 수 있는 방법을 아는데 토라가 그 핵심으로 신과의 해후의 길을 열어주는 것이다. 어떤 점에서 필로의 제자인 바울도 그의 우화적 로고스의 개념과 신을 만나는 내면적 신비성의 이론 위에 기독교를 세웠다.

43. 흩어짐으로 하나 되는 디아스포라

부모가 갑자기 죽으면 모든 아이들은 외가나 삼촌집으로 흩어지듯, 예루살렘 성전(70년)이 무너지자 예루살렘의 아들과 딸들은 방향 없이 세계로 흩어진다. 예루살렘은 히브리들의 어머니요 고향이다. 솔로몬이 짓고, 느헤미야가 재건하고, 헤롯이 제3차로 건설한 성전은 로마에 의해 무너진다. 벌집이 없어지면 벌들이 제각기 흩어지듯이 히브리들이 흩어지면서 그들은 흩어짐의 준비를 했다. 기원전 444년에 에스라가 토라를 편집 경전화하고 2세기경부터 미쉬나 미드라쉬를 정리하여 흩어지면서 히브리들의 가슴에 품고 가게 했다. 세계 어디를 가도 토라와 탈무드(그때는 아직 탈무드는 완성 안 됨)를 마음에 의지하고 살라는 지침을 준비한 셈이다.

모든 진리는 그 안에 침식작용이 있다. 그럼에도 토라 안에는 자정 능력이 있어 언제나 새로운 것으로 다시 태어났다. 지극히 정교한 그리스의 과학과 철학은 토라 세계의 지평을 넓히므로 토라의 새 의미를 찾게 하고 유대인의 사고를 확장시켰다. 유대인들이 삼차의 로마–유대인 전쟁으로 피폐해져 자기 땅에 살 수 없게 되어 기원 2세기에는 국적도 없이 세계의 도처로 떠난다. 그들은 인도에서 대서양에 이르는 3대륙에 걸쳐 수도 없는 다양한 나라로 소멸의 길을 떠난다. 디아스포라란 떠나 흩어진다는 뜻이다. 존속을 위한 생명 방법인가 아니면 영원히 없어지는 것인가?

이 히브리들의 이산은 언제부터인가? 제일 왕국이 무너지는 바빌론 포로 시대부터 이산은 시작됐다. 페르시아가 포로의 유대인에게 귀향을 허가했을 때 다수가 귀향했지만 돌아가지 않고 눌러 앉은 사람도 적지 않다. 유대인이 바빌론에 끌려온 것은 강제였으나 돌아오지 않고 그냥 눌러 앉은 것은 강제가 아닌 자유의지다. 추방될 신세였으나 이번에는 이산이다.

추방과 이산의 사이에는 차이가 있다. 추방 다음에는 기나긴 방황 후에 동화의 길로 간다. 유대인은 그렇지 않고 이산 다음에 새로운 문화를 싹트게 했다. 유대인의 이산의 핵심은 항상 새로운 특색을 가지고 있다. 유대인의 이산의 한가운데는 그리스 옷을 입고 때론 아랍의 옷, 때론 미국의 아이비 리그의 옷을 입었지만 그 안에는 철저한 야훼 신앙과 선민사상이 차고 넘쳤다. 아랍에서는 아랍의 복장을 입고 시인과 수학자가 되었다. 현대 유럽에서는 유럽 사람처럼 추상적 사고를 가진 과학자가 된다. 유대인은 문화나 문명이 그들의 신앙에 적합하지 않을 때는 백을 양보하더라도 구속의 신앙과 사상은 변치 않게 보존했다. 문명적으로는 화합하지만 그들의 유일신관과 선민사상은 전혀 변치 않고 2000년을 살아왔다.

이산의 유대인이 바빌론에 눌러 앉자 바빌론 이산 문화를 만들어 예루살렘에 영향을 끼쳤다. 이런 현상은 3세기까지 계속되었다. 심지어 비잔틴문명 속에까지 히브리 영향을 끼쳤다고 보는 학자도 적지 않다. 그리스가 페르시아를 정복하여 유대인이 그 아래에 들어갔을 때도 유대인의 문화가 그 속에 깊이 뿌리 내렸음을 발견했다.

그리스가 지배하게 되자 유대인의 이산의 중심지는 바뀌어졌다. 바빌론에서 알렉산더리아, 그리고 예루살렘이 거점이 되었다. 기원 2세기가 되자 황폐한 유대 땅이지만 벤 자카이의 야브네의 불빛이 이산의 유대인의 가슴에 점화되었다. 벤 자카이는 이산의 히브리들을 영원히 살릴 방법이 무엇이냐고 묻고 또 물었다. 유대인의 정체를 지키고 사는 법이 토라와 탈무드라고 생각한 벤 자카이는 야브네의 작은 등불을 생각한 것이다. 벤 자카이는 제자들과 함께 민족의 영원한 길을 토론하고 검토했다. 벤 자카이는 민족의 앞길에 놓인 위험을 알고 있었다. 유대인이 세계 노예시장에서 팔려나갈 위험, 스스로 문화 유산을 포기해 버릴 위험, 자기들의 말을 잃어버릴 위험, 지배적인 다수파에 압도되어 없어질 위험, 다른 종교에 감염되어 동화될 유일신 신앙의 위험, 선민이라는 자존심을 버릴 위험을 생각했다.

이를 위해서 어디에서 무엇을 하고 살든 수시로 할 수 있는 통신 교육제를 실시했다. 오늘날 다수가 하고 있는 교육방법으로 질의 응답식(RESPONSE)으로 교육하는 것이다. 유대인은 대단한 내부 규율에 의한 교육방법으로 현실적인 이슈를 직관으로 이해하여 실생활에 실천하는 것이다.

44. 디아스포라의 결심

결심과 신앙의 차이가 무엇일까? 2천 년이 지나감에도 변치 않고 한결같이 유지되는 유대인의 모습은 의지결심의 결과인가 아니면 신앙의 힘인가? 의지는 스스로의 마음 다짐이고, 신앙은 그 마음을 신성천(DIVINE SOURCE)에 붙들어 매는 것이다. 아무리 의지 결심의 밧줄이 강하다 해도 시간이 지나면 밧줄은 낡아 끊어진다. 하나 신앙은 의지의 한계를 넘어선 유대인의 행동과 인내는 인간의 한계가 아닌 신성천에 연결되어 있는 것이다.

이 신성천의 하수는 야웨에게서 모세의 율법으로, 모세의 율법에서 토라로, 토라가 사제와 선지자에게로, 그리고 랍비를 통해 지식인의 시대가 되었다. 이 흐름의 과정은 몇 천 명의 생명을 희생하여 얻은 값비싼 교육의 결과였다. 왜냐하면 많지 않은 히브리들이 온 천지에 흩어졌기 때문에 교육을 시킬 수 없기에 취한 부득이한 방법이다. 스스로 공부하는 것은 엄청난 자기 훈련 없이는 안 된다. 그것도 빠짐없이 2000년 동안 통신시설이 희귀한 시대에 민족을 가르친다. 유대인 둘이 모이면 회당이 서고 회당은 전 세계의 네트워크를 가지고 교신한다. 그곳에 교육을 위탁하니 기원후 얼마 되지 않아서부터 유대인들은 유럽세계의 무역 네트워크를 가지고 있었다.

유대인은 종으로 팔려나가 노예가 되는 현실에 직면한다. 노예는 성도 이름도 없이 죽여도 항의할 곳도 없는 파리 같은 인생이다. 이를 피하기 위해 생명을 걸고 회당을 짓고 회당은 형제들의 집합소이다. 한 혈통된 형제이기에 노예로 팔려간 유대인은 7년이 되면 관계된 회당에 자유의 몸으로 돌아와야 한다. 유대법에 노예는 7년 만에 풀어 해방시켜야 한다는 법이 있다. 링컨의 해방법보다 최소한 2500년보다 앞선 선진 제도이다. 의무교육이 있어 유대인은 어디에 살든 문맹이 없었다. 이 모든 것은 유대인 자체의 의지적 결정이요 신앙으로 이천년을 지켜온 약속이다.

따라서 유대인은 민족의 정체성을 잃지 않기 위해 어디에 있는 회당이든 예배의 식을 표준화하고, 불멸의 기도문과 찬송가를 만들었다. 현지의 언어 속에서도 히브리어를 유지하기 위해서는 기도와 찬송만은 히브리어로 했다. 18세기 폴란드의 가난한 하시디즘의 유대인들이 히브리어 철자를 잘 몰라 기도를 드리지 못할 때도 하시디즘의 창시자 발 셈톱은 틀린 채 그냥 기도해도 된다고 격려했다. 폴란드의 시골은 회당도 희귀하고 쉬이 찾아갈 수도 없는 어려운 처지였다. 그래서 야웨는 틀린 히브리어도 잘 알아들으시니 히브리어 스펠이 틀려도 두려움 없이 기도하라고 했다.

유대인이 디아스포라가 되어 세계에 흩어질 때 회람을 모든 회당에 돌렸다. 세상에 있는 모든 유대인이 이를 통지 받고 그대로 순응했다. 유대인 10명이 되면 미얀법으로 대중집회를 할 자격이 주어진다. 약 2km의 보행거리 안에 100명이 되면 유대인 자치 공동체를 형성할 수가 있었다. 성서나 찬송기도는 단정한 복장의 평신도 캔트(인도자)가 할 수 있었다. 자국 법에 위반이 아니더라도 유대 공동사회의 부득이한 일은 자체 재판소를 열어 심판하도록 했다. 철저한 준법정신으로 국가의 세금을 납부하고 세금 외에 유대인 공동체 유지를 위해 자체 세금도 낸다. 그리하여 동족의 어려운 일을 당하면 국가의 원조를 받지 않고 스스로 도와 문제를 해결한다.

가난하여 교육을 받지 못하면 공동체의 부담으로 교육을 시킨다. 과부의 자녀나 가난한 자와 고아는 교육비가 무료였다. 이 교육 기회는 남자에게만 해당되는 것이 아니라 여자도 균일하게 교육을 받게 한다. 직업 가운데 교사가 가장 존귀한 직업이기 때문에 교사의 급료는 고액으로 주었다. 가난한 자에게 원조를 할 때는 전혀 자존이 상하지 않도록 배려해야 한다. 오늘날 상상해도 실현 불가능한 일을 그들은 약 1700년 전에 실천한 것이다. 누구 하나 강요하는 사람은 없었지만 자치적으로 잘 운영되어왔다.

가족 문제는 따로 정하였다. 영아 유기, 살해는 엄히 금하였다. 유대인의 인구 감소를 심히 걱정했기 때문이다. 지참금이 없는 신부에게는 회당에서 지참금을 주어 결혼케 했다. 역사에 유례가 없는 민족 보존 방법으로 흑백의 우월 차별은 두지 않았으나 스스로 자신을 속박하라고 권고했다.

45. 유대인 자치법, 더 이상 전도는 하지 않는다

유대인 자치법은 현지법보다도 더 엄격하다. 세속법은 강제로 공부시키는 법은 없었지만 성전이 무너지고 유랑의 길을 떠나면서 교육을 중시했다. 배움은 하늘이 내린 사명이요 권리라고 여겨 왔다. 앞에서 언급했듯이 미국 형무소의 통계에 의하면 유대인 죄수 인규 비율은 다른 민족의 0.001%도 되지 않는다. 이 모든 것은 현실 법보다 유대 자치법이 더 엄격하기 때문이다. 이것은 성전이 무너진 후 2세기부터 자체 존립을 위해 준비한 법이다. 이 법을 실천하지 않으면 유대인의 민족성을 인정하지 않는 가열한 법이었다. 우리로서는 상상할 수 없는 자존법이다.

유대인의 자치법은 엄격했다. 그러할진대 개인의 자체통제법이 얼마나 엄격한지를 짐작할 수 있다. 바울도 자신을 쳐서 복종케 한다는 말을 했다. 누가 나를 때리는 것이 아니라 내 자신을 때려 스스로 자기 훈련을 해야 한다. 상상해 보자, 17세기 네덜란드의 유대인이 바룩 스피노자를 파문한 것이 얼마나 엄청난 것인지를 알 수 있다. 스피노자를 향한 살인 선고나 마찬가지다. 얼마나 엄격한 결정이었는지 스피노자의 목이 하루아침에 날아가 버린 파문 즉 엑스케뮤니게이션(excommunication)이다.

지금껏 우리는 유대인 내부용 자치법을 생각했는데, 이제 대외용 법을 생각한다. 왜냐하면 유대인이 자체국에서 반역죄로 몰리지 않기 위한 법이다. 첫째 유대법이라 할지라도 그 시대에 옳았는데 지금은 아닐 경우 그 법은 안 지켜도 된다. 둘째 유대인 재판소는 유대법에 맞지 않더라도 자국이 인정하면 그 법을 먼저 지켜야 한다. 셋째는 종교나 근친상간, 우상을 숭배하는 일이 아닌 한 상대국의 법을 지켜야 한다. 넷째 유대인끼리 싸우는 전쟁이라 할지라도 상대국의 전쟁에 참가해야 한다. 이는 지금 생각해도 놀라운 법령이다. 나아가서 유대인은 포교를 더 이상 하지 않는다. 왜냐하면 유대인으로 산다는 것은 너무나 많은 희생을 요구하기 때문에 이 힘든 일을 다른 사람에게 하라고 권할 수 없기 때문이다. 특히 6세기에 와서는 너무 많은 기독교인이 유대교로 개종해 옴으로 더 이상 개종하는 기독교인을 사형에 처한다는 법이 제정되었다. 더욱 놀라운 법은 유대인은 더 이상 팔레스타인에 유대국을 건설하지 않는다고 맹세했다. 2세기 이후 유대인은 평화의 민족이다. 팔레스타인은 히브리의 정신적 고향이지 더 이상 추구하는 조국이 아니다. 이렇게 하므로 더 이상 유대인은 조국회복을 위한 오해를 받지 않았다.

이렇게 하므로 유대주의의 존속과 유대인의 삶을 위한 마음이 어떤 것인지를 확실히 했다. 이럼으로써 유대인은 누구로부터도 오해를 받아 고난과 아픔을 당하는 민족이 되고 싶지 않았다. 예루살렘의 파괴와 그 후 두 차례의 민족 수난을 통해 유대인은 평화의 민족으로 다시 태어난 것이다. 이 같은 원칙은 20세기를 거쳐 오늘날까지 영향을 끼쳤다.

유대인은 기독교인과는 달라서 자기들만이 천국에 가고 다른 모든 이방인이 지옥에 간다고 말하지 않는다. 유대교는 세계의 모든 사람이 부족하더라도 선하기만 하면 천국에 간다고 한다. 로마제국이 유대인을 파멸로 몰아넣은 절망과 아픔 후 유대인은 너무나 많이 달라져 헤아릴 수 없는 감동을 주었다. 이 규칙으로 인하여 유대인은 세계 어디에 살든지 사는 그 지역의 문화를 존중하고 주체성을 상실하지 않고 평화를 유지할 수 있었다.

기원 100년 이후 얼마까지는 유대인은 혼란스러운 공포 가운데 있었다. 그후 600년까지, 모슬람이 생기기 전까지는 유대인의 전환기였다. 유대인이 이 세상의 로마제단에 피로 바쳐지는 험한 경험을 한 후에는 조용히 평화롭게 살기를 원했다. 그때에는 우세한 문화도 수퍼 강성대국도 없고 로마도 망해 가는 과정에서 얌전해졌다.

로마제국이 망해 가는 데는 두 가지 요소가 박차를 가했다. 하나는 유대의 작은 마을에서 시작된 기독교요, 저 동쪽에서 불어온 훈족, 중국의 야만족의 이동이었다. 그 후의 유대인의 역사는 기독교의 역사 형성에 깊은 관련이 있다. 로마가 기독교에 의해 어떻게 혼이 빼앗기고, 훈족에 의해 로마가 어떻게 그 육체가 짓밟혔는지를 살핀다.

제4장. 그리스 로마의 시대

인류에 단 한 번 있었던 사실
사람으로 태어나 하나님의 아들이 되신 분
인간으로 가장 처참하게 죽어
다시 삶으로
생명의 영원성을 증명한
예수의 시대가 열렸다.

유대인으로 태어나 세계인이 된
민족의 이단자, 예수
그가 만든 종교를
이단적으로 고찰한다

46. 예수 그리스도의 세계, 사해사본의 발견

유대인에게 있어서 예수는 애증이다. 17세기의 스피노자처럼 사랑했으나 미움으로 바뀌어버린 마음, 천재임을 알았기에 생활비와 장학금까지 주겠다고 했으나 마다하고 범신론의 세계로 가버려 미워할 수밖에 없는 사람이 됐다. 예수나 스피노자는 유대인으로 머물기에는 너무나 큰 사람들이었다.

때론 오해하고 그래서 때로 상처 내며 2000년의 세월, 과연 이 둘 사이에 무엇이 있었던가. 편견, 아니면 적의로, 또는 왜곡이나 인간적인 약점으로 그들은 서로를 아프게 했지만 이제 좀 더 바르게 이해하기 위해서 새로운 자료를 통해 이 두 생각들, 유대교와 예수를 살펴 볼 것이다.

유대교의 창시는 4000년 전, 히브리라고 부르던 아브라함에 의해서였다면 과연 누가 그리스도교를 창시했는가? 우리는 지금껏 기독교의 모든 것은 예수란 유대 나사렛 청년의 고안이라고 믿어 왔다. 그의 모든 것은 하늘에서 뚝 떨어진 것으로 믿어 왔다. 그러던 것이 1947년에 기원전 200년경의 것으로 보이는 문서가 발견되었다. 그 내용이 기독교의 가르침과 너무 닮은 내용을 담고 있었다. 이것이 잘 알려진 사해사본이란 것이다. 이것을 통해 원시 기독교의 근원에 대한 수수께끼를 풀 수가 있었다.

사해 사본의 발견은 고고학 역사에서 어떤 것과도 비교할 수 없는 놀라운 사건이었다. 하인리히 쉴리만의 트로이나 미키네 문명의 발견보다도 더 놀라운 것이었다. 이 발견은 어떤 학자나 계획적인 노력이 아닌 우연한 사건이었다.

1947년 이른 봄, 마호메트가 늑대라고 불리는 베두원의 청년이 밀수 양떼를 몰고 가던 중이었다. 유월절 제사를 위한 양을 팔면 큰 수지가 맞을 수 있기 때문에 서쪽 국경으로 가는 도중 쿰란 지역을 통과하게 되었다. 당시 그 지역의 관할국인 영국과 아랍의 눈을 피해 양을 몰고 가는데, 그 지역에서 태어나고 자라 길을 잘 알아 지름길을 가다가 몇 마리의 양을 잃었다. 잃은 양을 찾던 늑대 청년은 이곳저 곳을 돌다가 큰 동굴을 하나를 발견, 혹시 그 속에 양이 들어갔나 싶어 동굴 속으 로 돌을 던진다. 양의 소리는 들리지 않고 던진 돌이 어떤 금속에 맞았는지 쟁그랑 소리가 들렸다. 지역을 잘 아는 청년은 이상하다고 생각하고 친구와 함께 동굴 속 에 들어가니 보니 길쭉한 항아리가 있었다. 항아리를 발견한 청년은 그 항아리 속 에서 양피지 두루마리를 발견하여 예루살렘 뒷골목의 고서점에서 20불 정도를 받 고 팔았다. 양몰이 청년에게는 재수 좋은 날이었다.

당시 팔레스타인은 이차 대전후라 UN이 위임통치를 끝낼 무렵이었다. 오스만 터키가 패전하여 그 땅을 영국에 물려주어야만 할 사정이었다. 영국이 물러가면 아 랍 연맹이 싸워 빼앗을 참이었다. 물론 벨 포어경이 유대인에게 팔레스타인 땅을 주어 독립시킬 약속을 했지만 영국은 유대인 편이 아니라 아랍 편이었다. 이에 유 대인은 미약한 가운데서 총을 들고 아랍과 영국을 겨누며 유대를 지켜야만 했다. 팔레스타인은 일촉즉발의 화약고였다.

이러한 팔레스타인 여행은 위험한 것이었지만 늑대청년 베두인 마호메트에게는 생계가 달린 일이라 잃어버린 양을 찾다가 우연히 에세네파의 경전 창고를 발견한 것이다. 고서점에 팔린 두루마리 원고는 전문가의 손으로 넘어가고 이 원고가 놀 랍게도 아직껏 알려진 바 없는 에세네파의 구약성서의 원본임을 알았다. 더욱 놀란 것은 이 두루마리에 실려 있는 에세네파의 유대주의가 원시 그리스도교의 것과 거 울을 보듯 똑같이 동일한 것이었다. 주변을 조사한 결과 여러 개의 두루마리가 더 나왔는데 세례자 요한과 예수의 사실을 설명하는 듯한 내용이었다. 뜻밖에도 세례 자 요한과 예수가 설교했다는 지역 부근에도 유대교 에세네파의 유적과 서물이 나 왔다.

발견된 문서 중 완전한 몇 개의 단편들, 초고는 에세네 종교 요람, 예언서인 이 사야서, 하박국서, 미드라쉬, 빛의 아들과 어둠의 아들과의 전쟁, 사두개 단편들이 다. 이들 사본의 핵심은 에세네파의 신앙을 설명하고, 이것은 원시 기독교의 내용 과 기원을 설명하는 내용들이었다.

47. 쿰란 집단과 사해사본

에세네 종파의 요체는 쿰란 동굴을 중심하여 종교생활을 해 온 하시딤 집단의 일부이다. 전혀 정치 사회색이 없는 경건한 신앙 집단으로 이사야의 고난의 메시야가 세상을 짊어질 의로운 교사로 믿고 자선과 봉사의 희생의 삶을 살았다. 누구인지 모르나 의로운 교사가 그 집단을 끌고 가는 지도자로서 어둠의 세력과 싸우는 순수 신앙 집단이었지만 로마군을 악의 세력으로 규정하고 싸우다 생명까지 바쳤으나 마카비 왕조 역시 진실이 아니라 민족을 팔아먹는 악으로 규정하고 다시 사해 동굴로 은신한 것 같다. 사해 사본의 발견은 이들의 신앙 행태와 삶을 보여주는 것이다.

공정한 스승인 의로운 빛의 아들은 참회와 청빈과 빈곤을 양식 삼아 이웃에 대한 사랑을 설교하다 어둠의 아들에 잡혀 참혹하게 죽는다. 에세네가 주장하는 의로운 선생은 기원전 65년에 죽지만 모든 것은 메시야의 도래에 소망을 거는 삶이다. 공정한 스승을 믿는 자들은 새 계약의 사람으로 세례를 받고 그 모임에 가입한다. 종교 요람은 기독교의 성찬식을 묘사함에 에세네파의 그것과 너무 동일하여 두 종파의 일치점을 보여준다. 이것을 통해 우리가 알 수 있는 것은 예수 역시 에세네 출신이라고 단정 짓는 것이다.

문제는 예수가 그들의 영향을 받았는지 예수가 영향을 주었는지 하는 것인데 나사렛 예수는 연대적으로 그보다는 후일이다. 그렇다면 그런 전승을 예수가 이어 받아 만민의 종교로 보편화시키는 것인데 핵심은 자신이 그 의로운 선생이라고 하는 자의식이다. 사해 동굴에서 문서가 발견되기까지 요세푸스, 필로 그리고 로마의 학자인 포리니우스 등 몇몇 학자가 에세네 종파의 종교습관에 관해 논한 바가 있었다. 대개의 경우 에세네파를 무시하여 연구대상으로 삼지 않았다. 1864년에 영국 학자인 긴즈버그가 '에세네파 그 역사와 교리'라는 제목의 연구발표를 한 적이 있다. 그는 사해사본 같은 자료가 있음을 암시했다. 하나 학계는 그 논문은 근거도

자료도 없는 추측성 엉터리라고 일축해 버렸다.

그러나 그후 사해 사본이 발견되어 그들의 의견이 옳았음이 증명되었다. 필로나 긴즈버그도 정당한 학자였다. 다른 말로 하면 그리스도교는 예수 탄생 200년 전에 존재했다는 말이 된다. 예수는 그리스도교의 위대한 대변자일지언정 그리스도교의 창시자는 아니라는 결론이 될 수도 있다. 이 중대한 사건을 두고 유대교와 기독교 사이에 심각한 주장이 나올 줄 알았으나 아무 말 없이 침묵만 흘렀다. 기독교의 입장에서 보면 예수가 독창적 창시자가 아니고 유대교 랍비들의 추종자로 되는 것을 별로 찬성하지 않은 것이 되고, 다른 한편 기독교가 구약 정신의 핵심이라는 사실을 인정하면, 기독교야말로 진정한 유대정신이란 결론이 된다. 이런 이유로서 양쪽이 입을 다물고 십여 년을 연구도 발굴도 하지 않은 채 지냈는지 모른다.

사실 이 사건으로 인하여 유대교와 기독교는 새 사실을 인식해야 할 입장이 되었다. 유대교와 기독교가 전혀 별개의 종교가 아니란 것이다. 유대교를 향해 반란에 가까운 예수의 행동을 유대인은 예수를 처단하시오 죽이시오 한 것은 유대인들의 짧은 소견 때문이었다는 것을 인식해야 한다.

그래서 에세네파의 사해 사본은 방치되어 있다가 이름조차 알려지지 않은 학자들에 의해 이름도 없는 잡지에 몇 자락 연구발표로 등장했을 뿐이다.

발견 당시의 유명도수에 비해 너무 하찮게 소개되어 기억하는 자가 별 없었다. 그래서 유대교나 기독교 어느 쪽에서도 상처를 입지 않을 상투적 언급만 했을 뿐이다. 결과적으로 사해 사본은 별 의미가 없는 발견처럼 되어 버려 사람들의 기억에서 사라졌다.

기원 1세기 전후의 유대 상황은 로마의 학정 밑에서 신음하는 백성들을 구하기 위한 메시야 도래를 갈구했다. 수십의 종파가 각기 다른 메시야를 간구했지만 에세네 종파의 메시야 간구가 가장 간절했다. 이 에세네파 중에서도 가장 두드러진 메시야 역할을 한 사람이 예수였다.

예수 그리스도란 그리스어로 메시야 요수아, 그리스도란 하나님의 기름부음을 받은 자, 즉 썩지 않을 요수아란 뜻이다. 메시야의 출생 연월일에 대해서는 의견이 분분하나 그것은 별로 중요하다고 생각되지 않는다.

48. 메시야 그리스도의 출현

나사렛 목수의 아들 예수는 개인의 이름이고 그리스도는 하늘의 일을 맡은 직명이다. 그리스도, 영원한 생명으로 썩지 않게 인류를 보존할 사람이란 뜻이다. 나사렛 사람 예수의 탄생은 800년 전부터 고지되어 민족의 가슴에 희망으로 살아온 이름이다. 처녀가 잉태하여 아들을 낳으리니, 그 아기는 묘사요, 임마누엘, 영존한 아버지요, 평강의 왕이라. 에세네 종파의 공의의 의로운 선생님으로 믿고 기다리던 그분이다. 에세네가 기다리던 분과 이사야의 영존의 고난 받는 아버지는 같은 분이란 뜻이다.

이 메시야의 탄생에 대한 정사와 야사가 많다. 메시야의 길을 따라온 동박박사의 전언에 따라 헤롯은 유아 살인을 행했다. 헤롯대왕의 말년경, 아마 기원전 3-4년, 베들레헴에서 태어났다. 다윗 왕가 계보를 따라 태어났다고 하지만 문서마다 그 계보가 다르다. 열두 살 때쯤 부모를 따라 예루살렘에 갔다가 성전에서 토라에 관한 의론을 펴고 있는 랍비들과 격론을 한다. 모세의 경우와 마찬가지로 12살 이후 그의 청년시대는 말하지 않는다. 발견된 사해사본에 의하면 그는 청년 시절에 인도에 갔다는 등의 말은 루머이고 쿰란 공동체에서 신앙 수련을 받지 않았나 추측한다. 사해 쿰란 공동체는 신약의 예수가 청년 시절을 보냈다고 하는 그 부근이다.

그후 30살 때쯤 세례자 요한에게 세례를 받고 활동을 하는데 이 세례 의식과 예수의 가르침은 에세네 메시지다. 죄 씻음을 위하여 물세례를 받는 것은 에세네 의식이다. 반 유대적인 것도 아니고 이단적인 것도 아니다. 유대인들은 이 세례 의식을 몇 세기 동안 실천했고 기독교인들은 그때부터 지금까지 시행하고 있다. 세례자 요한은 자기가 신의 사자라고 공포하고, 이 세례를 통해 신의 나라가 오고 있다고 선포한다. 요한은 정치적인 이유나 종교적인 이유로 죽임을 당한 것이 아니고 이두메인 왕 헤롯에게 근친상간이라고 비난한 이유로 죽임을 당한다.

예수가 자기의 복음을 전한 것은 공관복음서가 1년, 요한복음이 3년으로 되어 있지만 그것은 요한복음서의 유월절 회수를 어떻게 해석하느냐에 따라 햇수가 달라진다. 예수는 복음을 전하는 사자로서 유대주의를 배척한 흔적도 찬양한 흔적도 없다. 그는 자유스런 교사로서 모든 부정에 대해 반대했다. 이 점은 예언자의 전승이다. 모세를 따르라, 용서하고 사랑하라. 그는 아주 적절한 비유를 통해 명석하게 설교했다.

로마의 폭정 하에서 신음하던 유대인들은 그의 위로에 찬 말씀에 용기와 희망을 얻어 새 삶을 찾았을 뿐 협박할 만한 내용은 없었다. 그러나 로마정부는 달랐다. 유대인 자체가 화약과 같은 존재라 낙인찍히면 그냥 체포하여 산 채로 껍질을 벗기어 거꾸로 매달아 죽였다. 그래서 예수도 로마로부터는 감시 인물로 지적을 받아, 항상 위협을 느낄 수밖에 없었다. 기원 33년경, 예루살렘은 유월절, 즉 유대인 해방절을 기념하기 위해서 세계 도처의 유대인들이 모여들었다. 유대인만 모이면 정부는 신경을 곤두세우고 진압할 준비를 한다. 또 소동이 일어날 것이란 소문 속에 나귀를 탄 인물이 나타난다. 유대의 전설이 예언하듯이 나귀를 탄 자는 예언자의 풍모이다. 총독 빌라도는 자기 첩이 있는 가이사랴에서 무엇인가 일어날 것 같아서 예루살렘으로 왔다. 그가 끌고 온 군단의 말굽 소리가 천지를 진동했다.

입에서 입으로 전해지는 메시야 출현의 기대가 군중 속에 차고 넘쳤다. 그러나 정치적인 입장에서 보면 성전 개혁과 메시야 선포를 하기에는 적절한 시간이 아니었지만 예수는 그렇다고 인정하고 시작한 일이었다. 성전 예배에 대한 개혁은 예수 이전 800년 전에 이미 시도한 선지자가 있었다. 그러나 그것이 원활히 되지 않아 어떤 메시야만이 이룰 수 있다고 믿었다. 바로 그가 예수였다. 그 상황에서도 제자들은 예수의 행태를 보고도 자기의 주님이 메시야라고 전혀 생각지 않고 메시야 선포를 할 것으로 생각지도 않았다. 그랬다면 그의 제자들이 두려워 동행하지 않았을지도 모른다.

예수시대에는 대별하여 두 개의 유대주의가 있었는데 하나는 제물주의요 하나는 회당주의다. 성전주의는 짐승을 잡아 올리는 제사 중심이요 회당 유대교는 기도와 사랑의 실천을 중시했다. 예수는 어느 쪽이었는가?

49. 메시야의 죄목

예수는 제물종교를 반대하여 회당종교를 주장했다. 가난한 자가 소와 염소를 바치는 것은 보통 짐이 아니다. 내가 바쳐야 할 죄 값을 짐승을 제물삼아 바치는 것이다. 하기야 내 생명을 드리는 것보다는 헐한 편이지만 송아지 한 마리는 가난한 집안의 전 재산에 해당된다. 있는 자는 죄를 짓고도 송아지 한 마리만 바치면 만사가 해결되니 그보다 좋은 해결법이 없었다. 그러고 또 착취하고 빼앗고 속이는 삶은 계속한다. 하기야 생각해 보면 바치는 짐승 제물을 하나님이 받아먹는 것도 아닌데 그런 미개한 짓을 그만두고 이제 도덕적 수준 있는 고급종교생활을 대중화하자는 것이다. 결국 제물종교를 벗으나 도덕적 정신 종교로 바꾸자는 것이다. 짐승을 잡아 제물로 올리는 것이 아니라 내 자신의 정성과 기도의 마음을 제물로 드리자는 것이다. 당시 제물을 위해 성전 밖에서는 양과 비둘기를 팔고사고 했다. 오늘날 사찰 앞에서 양초와 향을 파는 것과 같다.

예수가 예루살렘 성전에 도착하자 성전 뜰에서 짐승을 사고파는 사람과 돈을 환전하는 모습은 시장터 같았다. 이런 모습에 화가 난 예수는 환전 대를 뒤집고 부수며 밀쳐 내어 버렸다. 사실 이것은 성전 안이 아니기 때문에 장사를 방해한 업무방해는 될지언정 종교행위 방해는 아니었다. 환전, 짐승 매매를 누가 관장했는지는 성서는 말하지 않는다. 아마 성전권이 있는 사두개 사무원이었는지도 모른다.

한데 이 사건이 경찰 문제가 되어 유월절 제사행사에서 이런 일이 일어났다고 보고되면 어지러워진다. 그래서 유대인 사두개나 그 직원이 조용히 처리하고 싶었을 것이다. 뿐만 아니라 사두개나 그 직원들도 떳떳하지 않는 일을 하고 있음을 알고 있었기 때문이었다.

그러나 그렇게 조용히 처리되지는 않았다. 성전 안에서 무슨 소동이 일어났다는 보고가 들어오자 로마군은 긴장했다. 반란이냐 봉기냐? 긴장한 것은 유대인 측도 마찬가지였다. 얼마나 많은 수난과 박해를 받아왔던가?

유월절 행사장에서 예수가 포박되어 가는 것을 원치 않았으나 다수 대중이 이미 예수 편임을 알아차린 사두개는 어떤 조치도 취할 수가 없었다. 그 대중의 힘에 이끌려 제자들이 메시야라고 외친다. 대중이 환호하니 로마는 놀라 로마 정부를 향해 반란을 도모하는 것으로 생각하고 주모자를 찾았다. 복음서에 따르면 성전에 온 지 사흘째 날에 체포되는데 그 동안 무엇을 했는지는 잘 알려지지 않는다.

인류역사에 남을 예수의 12시간의 행적, 사복음서에서만이 그 흐름을 짐작할 수 있지만 이 기록도 행적이 일어난 후 최소한 40년 내지 70년 후에 기록이다. 어디까지가 사실인지 우리가 확인할 수 없어 상상력을 동원하여 짐작할 뿐이다. 복음서의 내용을 종합해 보면 예수가 유대 땅의 최고 재판소인 산헤드린의 명령을 따라 체포되고 거기에서 사형언도를 받았다. 이유는 종교적 모독과 타락을 시켰다는 것이다. 사형언도는 매수된 증인에 의해 위증으로 심판했다는 것이다. 더구나 본디오 빌라도가 유대인 대중을 두려워하여 사형 선고를 했다는 것이다.

1세기에 유대인의 재판 과정을 아는 사람이라면 복음서의 기술을 그대로 받아들이기는 어려운 내용이다. 유대교의 법과 관습에 따르면 야간 체포는 금지되어 있다. 또한 명절날이나 명절 저녁에 재판을 시행하는 것, 더욱이 좋은 명절에 사형언도를 하는 규정은 없다. 산헤드린 공회는 석실에서 판결하게 되는데 석실에서 판결했다는 언급이 없다. 증인이 필요하고 반대 심문도 할 수 있는데, 증인도 반대심문도 없었다. 이렇게 간단히 사형구형을 처리할 수는 없다. 하기야 예수의 입장에서 가진 것도 유명지인도 없었기에 누구 하나 도와주고 변명해 줄 사람도 없는 처지라 방치해 버렸는지 모른다. 유대법에 가난한 자, 고아 과부된 자는 공회에서 보호하고 지켜주어야 하는 빈자 보호법이 있는데 종교법으로 사형을 처리하면서 어떻게 12시간의 졸속 판결을 할 수 있겠는가? 누구의 편을 드는 것이 아니고 유대법의 공정함을 말하는 것이다. 이 공정법에서 이 세상의 어떤 법도 비교할 수 없는 위대함이 유대법에 있는 것을 다 인정하는 일이 아닌가?

50. 예수의 십자가 처형에 얽긴 이야기들

예수를 죽음으로 몰고 간 신약성경의 기술은 비유대적이다. 사복음서의 기술자 전부가 예수의 추종자이므로 예수를 변명하는 입장에서 썼기에 자연 그렇게 됐겠지만, 유대인은 동의하지 않는다. 앞에서 언급했듯이 전혀 유대관습도 법리에도 맞지 않는 내용이다. 예수가 선하듯이 예수와 한 종족인 유대인들도 기본적으로 선한데 신약은 유대인을 흉물로 묘사한다.

한데 복음서에는 제사장과 의회가 예수를 죽일 것을 결정하여 로마 병정에게 넘겨 그들이 사형에 처하길 기대한 것처럼 보인다. 그것도 역사에 실제 있고 난 후 50년 후에 예수의 추종자들이 기록했으니 유대인과 사실 파악을 정확히 하기 위해서는 성서적 상상력을 동원해야 한다.

빌라도만 하더라도 얼마나 잔인하고 비양심적인 인간이었는지 당시의 기록이 말하고 있다. 그의 잔인성과 물욕 때문에 디벨리우스 황제의 면책을 여러 번 받았다. 동족인 예수를 죽이기 위해 로마 군인에게 넘겨줄 정도로 악한 유대인은 아니다. 그런데 로마 병정은 예수를 그들에게 넘기라고 명령한다. 예수를 때리고 고문하고 가시 십자가를 씌우고 명패를 달라고 명령한 것은 로마 병정이다.

인생의 마지막 순간 예수는 하늘을 향하여 절규한다. "엘리 엘리 라마 사박다니- 아버지여, 아버지여, 어찌 하여 나를 버리시나이까?"라고 외친다, 유대 동족인 예수의 이 절규를 생각하면 가슴이 미어진다. 복음서에서 예수를 향해 슬프게 운 것은 유대인이었다고 한다. 로마인들은 예수의 옷을 누가 가져갈 것인지를 다툰다. 이것은 로마인의 잔악성을 보여주는 것이다. 유대인은 정의의 이름으로 이렇게 이웃이나 타국인도 처형한 일이 없는데 동족이야 말할 필요가 있겠는가? 유대 전 역사를 통해 유대인이 사람을 십자가에 처형한 일이 있었는가? 사도행전에서 바리새의 거두 가마리엘은 그리스도교도들을 위해 강하게 변명하는 모습이 나온다. 그리스도를 향한 유대인의 변명은 이만하자. 알 만한 사람은 이미 다 깨달았을 것이니.

　예수가 빌라도에 의해 처형되자 예수의 행적도 끝나는 것으로 생각했지만 그의 영원한 생명의 약속 덕분에 예수는 되살아났다. 대부분의 유대인은 사후 생명 부활을 믿으며, 사후 세계에 대해서도 희망을 가지고 있다. 다니엘의 부활사상에도 영향을 받았지만, 당시 바리세파와 에세네의 가르침 덕분인데, 그 근원은 사해 사본에서만이 서술한다. 이 가르침은 예수 이전 최소한 200년 전의 전승이다. 그래서 예수의 유훈을 기억했던 여자들이 사후 그의 무덤에 찾아갔을 때 부활의 흔적만 남기고 자취를 감추었다. 한 여인이 예수의 환영을 만났다. 절망에 젖어 움츠리고 있던 제자들에게 이 소문이 들어갔을 때 새 생명으로 거듭났다.

　예수 부활 후 20년, 그리스도교도는 전부 유대인이었다. 유대종교의 한 분파로서 누구도 의심하지 않았다. 전부가 다른 유대종파에서 그리스도 종파로 옮겨온 사람들이다. 그후 오래지 않아 그리스도 종파는 민족의 담을 넘게 된다. 이때까지 유대교와 그리스도교도간에 알력은 없었다. 이 분립의 계기는 진정한 기독교의 창시자라고 할 수 있는 한 청년의 구상에 의해서다. 예수와 거의 같은 연배인데 그는 극단적인 예수 반대론자로 생명을 바친 다소 사람 바울이란 바리새 학자이다. 아브라함과 야웨의 해후처럼 예수를 핍박하기 위해 가는 길목인 다메섹에서 예수와의 해후는 그의 신념을 변화시켜 새 인간으로 태어난다. 그는 한 평생 예수전도와 예수 저작으로 보냈다. 그가 쓴 책들의 절반이 신약성서를 이룬다.

　니체에 대한 평가는 여러 갈래로 갈린다. 프리드리히 니체는 바울을 향해, '그대의 미망이 그대의 교활함보다 못지않구나.' 그런가 하면 마르틴 루터는 '나의 힘의 바위여' 하면서 찬미했다. 그는 로마의 법과 그리스 철학을 배운 거만한 유대 청년이다. 그는 생명을 걸고 예수당을 몰살시키고자 전력을 다하다 그를 만나 사고는 완전히 바뀐다. 그 이전 예루살렘에 예수가 수난을 당할 때 바울도 있었지만 만나지는 못했다. 예루살렘에서 바울은 필로의 로고스 사상에 매료되었고 일생 그 사상 위에 기독교를 세웠을 정도로 필로의 신세를 졌다. 문자 그대로 그는 기독교의 산파였다.

51. 기독교의 산파 다소 청년 바울

모세가 애굽 왕궁의 생활을 버리고 극적으로 사막의 노예가 된 삶으로 변하듯 예수를 핍박하고 예수를 따르던 무리들을 잡아들이기 위해 살기등등했던 바울이 변했다. 완전히 변했다. 바리새 출신으로 가마리엘 문하에서 공부한 자부심을 가진 건방진 학자 바울은 필로의 로고스 사상을 그의 그리스도론의 기초로 삼았다. 모순의 일생을 산 바울은 모순적으로 그의 사생활에 대해 잘 알려지지 않아 죄의식에 잡혀 무슨 병을 앓았는지, 결혼을 하여 가정이 있었는지, 어떤 심리적 고뇌를 가졌는지 잘 말하지 않는다.

바울은 일생 어떤 죄의식에 사로잡혀 헤어 나오지 못해 누가 이 사망의 곤고함에서 해방시켜 주랴고 절규한다. 아마 예수를 핍박하고 스데반의 죽음에 가담한 것으로 보인다. 그래서 그는 인간 본질의 문제를 심히 깊이 고민한다. 과연 인간의 본성은 무엇인가? 인간의 성격과 생각은 원죄에 사로잡혀 있다. 인간의 모든 악한 행위는 악한 본성에서 나오는데 그 본성이 원죄이다. 어디서 누구에게서 원죄 사상을 배웠는가? 가마리엘이나 다소대학에서 그의 원죄 사상을 배웠을까? 그의 원죄 사상은 독창적 개념이 아니고 아담 하와의 범죄 사실에 대한 성서 해석학의 문제이다.

이 범죄 사실이 전 인류의 심성이라고 보는 바울의 해석학적 관점이다. 예레미야와 에스겔은 '아비가 쓴 것을 먹는데 왜 아들의 이가 시리냐?' 물론 이 사상은 당시 범죄한 이스라엘의 거듭난 새 이스라엘을 위한 전초로 한 말이지만 혁명적 사고인 것만은 사실이다. 아비는 아비의 죄로 죽고 아들은 아들의 죄로 죽는다는 개인 책임을 강조했는데 바울은 이 진리를 몰랐을까? 바울은 아담의 죄성이 파급되어 인류 죄악의 뿌리요 악성의 근원이라고 보는 것이다. 그것이 원죄이다. 아담의 범죄가 전 인류에게 전염 파급됐다기보다는 흙덩이란 관점에서 모든 인류는 아담이다. 그것을 말하고 싶은 바울이 모든 인류는 아담의 후손으로 같은 원죄를 지녔기에 이 원죄를 해결하기 위해 예수의 십자가를 통한 속죄를 불러들인다. 바울은 예수를 불러들이기 위한 방편으로 인류의 범죄 본성을 거론한다. 아직껏 바울의 원죄 사상에 이의를 제기한 학자는 없다. 바울의 원죄 사상도 예레미야 에스겔의 개혁적 사상을 후퇴시키는 모순이다. 나는 아담의 범죄에 대한 책임을 질 이유는 없지만 같은 흙덩이 아담으로 동일 범죄는 가능하다는 점에는 이의가 없다.

어떤 이유에서인지 바울은 여러 질병을 가지고 있었는데 눈병이 있어 글을 잘 쓸 수가 없었고, 말라리아의 열 발작으로 간질증세가 있었고, 무릎의 바깥쪽으로 굽은 기형으로 아주 추한 형체였다. 그래서 스스로 추하다고 고백할 정도였다. 자신이 독신이어서 그런지 독신을 주장하다가 욕정을 통제하지 못하는 것보다는 결혼하는 것이 낫다고 했다.

스데반은 예수가 그리스도 메시야임을 최초로 공언 설교한 사람으로 그 당시에는 최고의 신의 모독이요 유대인의 분노를 촉발하는 내용이었다. 사도행전에 의하면 바울은 살기등등하여 그리스도인을 죽이고자 위협했다. 그리하여 예수를 그리스도로 믿는 사람들은 남녀 구별 없이 잡아 예루살렘으로 끌고 올 작정이었다. 다메섹으로 가는 도중 그는 예수의 환상을 만났다. '누구시니이까?' '네가 핍박한 예수니라.' 이 사건은 아브라함이 야웨를 만나는 사건을 연상케 한다. 아브라함이 야웨를 만남으로 아브라함 종교가 형성된 것처럼 바울의 예수 해후는 바울 기독교를 만드는 계기가 된다.

너무나 강렬한 그리스도의 빛에 눈이 부시어 시력을 잃고 사람들의 손에 이끌려 가서 아나니아가 안수하여 눈을 뜨게 하고 세례를 주어 그리스도인이 되게 한다. 이렇게 하여 바울은 새로운 세계에서 다시 태어나는데, 아브라함처럼 과연 예수를 만난 것일까? 아니면 그의 심리 속에 있는 착각이 환상으로 나타난 것일까? 이에 대해 정신심리학자 프로이드는 아무 말도 하지 않는다. 착각이든 환상이든 사실이든 이 사건은 바울의 개인 인생에 대변혁이요 세계 역사에 큰 에폭이 된다. 그로 인하여 죽었던 예수당이 죽음에서 다시 살아나 예수교를 형성하게 된다. 그의 노력과 한 행동이 예수가 의도한 방향인지 아닌지는 잘 모른다.

52. 바울의 일생 사역

바울의 다메섹 도상에서의 예수와의 해후, 그로 인하여 바울은 완전히 다른 인생으로 바뀌지만 시력을 잃어 앞을 보지 못하게 되자 아나니아가 안수하여 고쳐주고 세례를 받고 기독교인이 되고 3년 혹 14년간(갈라디아서) 바울의 흔적은 없다. 바울은 성격이 고약한 사람 같다. 많은 사람에게 쓰임을 받기에는 적절한 인격이 아니었다. 무엇인가 인격교화를 위한 수련이 필요한 사람으로 아라비아 사막에서 3년 혹 14년간 영성수련을 한 것으로 보인다. 우리는 영성 수련이라고 하면 성령운동으로 착각하나 영성 수련은 전혀 성령운동과는 다른 것이다. 성령운동은 불가항력적 하늘의 힘에 굴복하여 생각의 변화를 일으키는 사건이지만 영성 수련은 신적 성품을 나의 인격 속에 품는 성격변화의 훈련이다. 그러므로 모난 인격 수련이 필요하여 바울은 그것을 다듬기 위하여 아라비아 사막의 삶을 택한 듯하다.

45년 바나바가 바울에게 선교여행을 권유할 때까지 바울의 사적은 나타나지 않는다. 바나바와 함께 선교여행을 떠남으로 그의 선교는 시작되고 그의 능력은 그의 스승인 바나바를 능가하게 된다. 최초의 선교여행에서 돌아온 바울은 유대인과 결별하는 대 혁신적 결단을 한다. 바울은 공회를 방문하여 자기를 사도로 인정하라고 두 번이나 요청하나 두 번 다 거절당한다. 이교도의 개종문제로 예수의 친동생 야고보와 크게 다투게 된다. 당시 이교도가 그리스도인이 되기 위해서는 먼저 유대인이 되는 절차를 필하고 난 다음에 그리스도인이 되는 절차를 밟아야 하는데 바울은 그런 절차가 필요 없다는 파격적인 선언을 한다.

바울의 전력 때문에 바울은 그리스도교의 입문을 인정받지 못하고 예수의 친동생 야고보와의 다툼에서도 패하자 그는 세 가지 결단을 한다. 이 결론이 그리스도교가 완전히 유대교의 모습을 벗어 버림으로 그리스도교회가 전혀 다른 새 종교로 태어나는 것이다. 두 번째 결단은 유대법의 할례와 식사법, 코샤법을 폐지한 것이다. 세 번째 결단은 유대교의 율법을 예수로 대체한 것이다. 유대교와의 결정적 차이를 선언한 것이다.

유대교의 주장은 하나님과의 교통은 율법이 가르치는 명령을 준수함으로만 가능하다. 바울은 하나님과의 관계는 예수를 통해서만 가능하다고 주장한다. 여기에서 유대교와 기독교의 분열은 피할 수 없게 된 것이다. 이전에 누구도 이런 착상을 하지 못했다.

야고보와 다툼 뒤 바울은 사도들의 교회를 떠나 그 유명한 선교의 여행길을 떠난다. 이때 그동안 사용하던 히브리어의 이름 사울을 버리고 바울이 된다. 그는 선교여행을 떠날 때 마가를 데리고 갈 것인지를 바나바와 격론하다가 실라와 데모데 중 한 사람을 데리고 떠난다. 기원 50년에서 62년 사이에 그는 바울서신으로 알려진 그의 서신들을 쓴다. 이 서신은 누구도 하지 못한 기독교에 관련된 첫 논문이다. 복음서의 경우 첫 기록이 70년, 마지막 것이 120년이니 바울의 저작물이 그것보다 앞서니, 복음서는 바울의 영향을 받는 것이 분명하다. 이것은 학계의 정설이다.

복음서에 비해 바울의 서신들을 보면 그 독자의 대상이 유대를 뛰어 넘는 글로벌적 세계인들이다. 특히 세계의 중심인 로마 사람에게 보낸 편지는 그의 사상의 중심이고 오늘날 기독교사상의 핵심이 된다. 사도행전에서 그의 선교행적은 아주 도전적이다. 한마디를 잘못하면 사자 밥이 되는 위험 속에서도 그의 선교 투쟁은 계속되는데 헤롯의 손자 아그립파와의 논쟁은 누가 감히 저렇게 도전을 할 수 있을까 하고 놀란다. 또 놀랄 일은 그토록 비난하는 유대교가 회당을 바울의 선교방편으로 사용케 하는 관용을 유대교가 보여준 것이다. 그럼에도 바울은 유대교에 대해 비판적이었다. 누구든지 여러분이 이미 받은 복음 외에 다른 것을 전하는 자가 있다면 저주를 받아야 마땅하다고 말할 정도로 그는 유대교를 정죄했다. 그럼에도 불구하고 바울은 사자의 아가리라 해도 과언이 아닌 로마를 향한다. 로마 법정이 무죄라고 선언함에도 그는 로마에 가서 가이사를 만나야 한다고 주장한다. 아마 그는 로마에서 62년 참형을 당하지 않았는지 짐작한다.

53. 그리스도교의 승리

박해, 살육, 그리고 사자의 밥이 되는 질곡 가운데서 300년을 기독교는 견디었을 뿐만 아니라 승리했다는 것은 기적이란 말로도 설명이 안 된다. 내적으로 사상적 정리가 안 된 분열과 대립, 밖에서는 목숨을 노리는 로마의 박해 가운데 기독교는 이렇게 끝이 나는가 하고 생각하기도 했다. 그러나 인간의 예상은 완전히 빗나갔다.

초기 300년간 그리스도 교회는 밖에서 협박 살인이 기다리고, 교회 안에서는 교리적 논쟁으로 바람 잘 날이 없었다. 그러니 유대교를 향해서 어떤 반응을 보일 여유가 없었다. 그리스도의 신성 문제, 그리스도와 교회의 문제, 그리스도와 하나님과의 관계문제가 당시 논쟁의 주제였다. 논쟁을 정리한 사람은 바울이었다. 예수 그리스도에 대한 일관된 교리가 나오지 못했기에 당시 교리는 전부 바울의 사상이라고 해도 과언이 아니었다.

그리스도 교회에선 예수는 인간이었으나 부활 후 신성을 얻었다고 주장했다. 다른 견해를 가진 바울은 예수는 탄생 이전부터 신이었다고 주장한다. 예수는 본질적으로 신의 아들이었다. 바울에 의하면 예수는 하나님과 동격이고 본질적으로 동일하다. 바울의 초기 사상인 구세주 개념은 속죄의 그리스도로 이해했다. 전술했듯이 바울 사상에서 제일 핵심개념은 그의 원죄사상인데, 모든 인류는 아담의 죄악을 인하여 더럽혀졌다는 주장이다. 이 죄에서 구원을 위해서 속죄자 예수를 믿어야 한다는 것이다.

그리스도의 죽음은 그 자신이 속죄의 양이 되어 인간의 죄를 속죄함으로 인간이 자유를 얻게 된다. 바울이 선교를 시작한 지 5년, 바울의 교설이 감동을 주어 유대파보다 이교도파가 훨씬 많은 수를 이루었다. 유대인 그리스도파는 숫자가 줄고 이교도 그리스도파가 늘어남으로 자연 유대인 그리스도파를 잊어버리게 되었다. 기독교의 초기 골격은 전부 그의 사고에서 나와 교회의 신앙을 정리해 나갔다는데 그의 사상이 어디서 나왔는지 알 길이 없다. 물론 그리스도의 인성과 신성의 문제는 그대로 남은 채로 로마 당국의 눈초리는 매섭기만 해 갔다. 바울은 모세의 가르침을 완전 격파하여 새롭게 단장하므로 더 이상 민족 종교가 아닌 세계적인 종교모습을 띠었다. 로마도 바울의 그리스도교를 유대교로 보지 않고 이상히 보기 시작했다. 유대교에서 완전 분리가 되자 로마당국은 기독교를 사회혁명을 일으키는 정치불온 집단으로 보기 시작하자 가혹한 박해 속에 휘말린다.

로마의 원형극장에서 숱한 그리스도인이 사자의 밥이 되어 가고, 이 살인극을 로마인들은 재미로 보는 구경거리로 생각했다. 반사회적 불온 집단인 그리스도교에 대한 이런 가혹한 대책을 고안해낸 사람은 네로였다. 네로 황제의 야수적인 방법은 3세기 동안 계속됨으로 신도의 수가 줄어들 수밖에 없었다. 그리스도교도가 법정에 끌려나오면 아니라고 한 마디만 하면 사형을 피할 수가 있었다. 생사가 신앙의 고백에 의해 결정되었다. 더러 신앙의 전향을 발표하는 수도 있었지만 그렇게 흔한 일은 아니었다. 그렇다면 그 가혹한 박해 속에서도 그리스도교가 위축되지 않고 수가 늘어난 이유가 무엇이었을까. 독일의 법 철학자 루돌프 좀이 그의 「교회사 대요」에서 말한 바 교회의 승리는 복음의 힘이었다.

이 문제는 설명하기 난해한 면이 있다. 그리스도 교회의 문제라기보다 로마 사회가 가지고 있는 속사정이었다. 당시 로마 사회는 지극히 부패하고 비도덕적이었다. 특별히 성적 쾌락을 위해 고위사회는 혼음에 가까운 불결한 남녀관계가 허다했다. 아버지가 데리고 놀던 여자가 아들의 부인이 되어 며느리로 들어온다. 있을 수 없는 일들이 일어나니 정숙한 며느리를 찾았다. 거기에 그리스도교도의 정숙한 여인이 화제가 된다. 고위층 종들이 병들어 쓸모가 없어 다리 밑에 갖다 버린다. 밤중에 그리스도인들이 나가서 주위와 간호하여 재생하게 되니 그들의 생명은 교회에 바쳐진 것이 된다. 그러한 소문이 로마사회의 밑바닥에 널리 퍼진다. 정숙한 그리스도인 여인이 고위층 며느리가 되어 자식을 낳아 어머니의 무릎에서 바르게 자라났다. 이런 소문이 말없이 퍼져 나갔다. 박해와 멸시를 당하면 당할수록 그리스도인들은 더욱 겸손하고 온유하며 굳게 뭉쳤다.

54. 왜 로마는 그리스도인을 모질게 박해했는가?

로마 흥망사를 가장 정확히 기록한 영국의 역사학자 에드워드 기본(1737-1794)은 로마제국의 흥망사에 가장 정확한 정보를 준다. 로마의 태동에서부터 어거스턴 황제 네로황제, 비잔틴의 멸망까지 소상이 설명하면서 네로가 그리스도인을 어떻게 살육하고 그 후임인 트라야누스황제가 그리스도인을 어떻게 처리했는지를 밝힌다.

네로의 비인도적 살육은 다 말하지 못한다. 모든 정적과 친족을 죽이고 로마시 내에 불을 지른다. 기름 창고의 화재란 설도 있으나 민심이 흉흉하자 그 화재의 범인으로 기독교인을 지목한다. 로마의 14구역 중 10구역에 방화를 했다. 쿼바디스 도미네의 영화에서 로마의 방화로 인하여 로마를 탈출하는 모습이 줄을 이루고, 심지어 베드로의 일행도 도망가는 모습도 있다. 로마의 신들을 부정하고 예배하지 않은 이유로는 산 사람들을 찢어 죽이고 여자들의 유방을 자르고 산 사람의 목을 잘라 간다. 감옥이 너무 협소하여 서 있을 수도 없어 질식사하면 그 시체는 사자의 밥으로 던져 주었다. 네로의 최종적인 목적은 그리스도인을 멸종시키는 일이었다. 그리스도인들은 감옥소에서 물고기와 비둘기를 그리다 죽어갔다.

무차별적으로 그리스도인을 죽이고 불 속으로 집어 던지고, 그 위에 그리스도인의 지역에 집중적으로 방화를 한다. 그리스도인을 몰살시키기 위해서다. 54년의 폭정으로 어머니를 죽이고 그의 선생 세네카까지 자살을 명령하여 죽인다. 네로의 박해는 10차례 계속되는 동안 엄청난 숫자가 살해당한다. 그의 살상 행위가 극에 달하고 패역의 짓을 할 때 비로소 네로를 향해 원로원의 결정이 반국가 죄로 선포되고 체포조가 추격하자 도망가다 그의 종의 집에 들어가 자살한다.

네로의 후임 트라야누스 시대는 극히 짧은 평화가 있었으나 그 후임은 더욱 심하게 박해를 가해, 모든 중요 요직에 있는 그리스도인을 숙청하였다. 뿐만 아니라 사회의 중요 요직의 인물들도 전부 다 제거해 버렸다. 이 같은 박해에서 그리스도인들이 할 수 있는 일은 아무것도 없었다. 죽이면 죽고 끌고 가면 끌려갔다. 짐승도 그렇게 죽이지 않는 야만적인 방법으로 그리스도인을 죽였다. 이런 상황에서 박해를 당해도 어쩔 길이 없었다. 이와 같은 박해 살인 행위를 3세기에 걸쳐 행했다고 상상해 보라. 얼마나 지극한 신앙이 아니고서는 인내할 수 없는 지경에서도 그리스도인들은 관용과 진실로 로마를 대했다. 박애의 도수가 강하면 인내와 관용과 사랑의 도수도 강해지고 그리스도인은 하나로 결속되어 갔다. 이 같은 박해 사실이 네로의 박해 연대기에 기록되어 있다.

　앞에서 잠깐 말한바 로마가 그리스도인들을 박해한 사실만 말할 것이 아니라 왜 그리스도인들이 그렇게 미움을 받고 박해를 당했는지에 대해서 말해 보자. 먼저 로마인들의 종교관을 알아보는 것이 중요하다. 에드워드 기본에 의하면 로마인들의 종교관은 이렇다, 모든 종교는 한결같이 진리요 한결같이 허위요, 한결같이 기만이라고 생각한다. 종교는 정치에 무색무취의 중립적 태도인데 그리스도교는 그렇지 않다. 기독교는 로마 정부를 향해 항상 반항적이고 정치적이었다.

　로마인이 왜 그리스도인을 박해하고 죽였는지에 대해 관심을 가진 사람은 많지 않다. 기본이 로마 흥망사를 위대하게 기술했지만 유대인에 대한 이해는 정확하지 않지만 그리스도인에 대해서는 정확하게 묘사했다. 로마인이 왜 그리스도인을 미워하고 박해 살인했는지에 대한 이유는 이것이다. 유대인은 하나의 민족으로 그들의 민족 종교를 신앙하는 것은 하나도 이상하지 않다. 한데 그리스도 종교의 경우는 다르다. 그리스도교는 하나의 이념 집단이고 종파로서 국가에게 여러 반역적 이념을 주고 있다. 유대인이나 다른 나라의 출신들은 로마를 지키기 위해 로마의 군대에 가고 세금을 착실히 낸다. 한데 그리스도인들은 군대에도 안 가고 납세도 등한히 한다. 그리스도인들은 애초부터 국가에 충성하지 않고 반항하는 집단으로 그 시작에서부터 나라에 비협조적인 범죄 집단이다. 이것이 로마가 그리스도인을 향해 가진 기본 태도이다. 하나 3세기에 걸친 그 무서운 살인극도 끝이 났다.

55. 콘스탄틴 대제의 그리스도교 승인

극단적 반대는 찬성이라는 역설원리가 있다. 3세기가 넘도록 그 잔악한 박해와 살인을 행한 로마 당국이 그리스도교를 허용하고 국교로 승인하는 사건을 어떻게 해석해야 하나? 상상도 할 수 없는 일, 이것이 신앙 차원의 결정인가 아니면 정치적 결정인가? 인간사의 대부분의 결정은 자신의 이해득실로 결정된다. 콘스탄틴 대제는 왜 이 같은 결정을 했을까? 한 마디로 답할 수 없다. 기독교의 승리라기보다 복음의 승리였다.

그 부정절의 로마사회에서 대제의 어머니는 순결한 여인으로 대제의 아버지와 결혼한 듯하다. 대제의 어머니는 아들을 그리스도의 신심으로 키웠다. 당시 로마의 남녀 윤리는 화류계 수준이라 알 만한 사람은 전부 크리스천 규수와 결혼했다 하니 아마 대제의 아버지도 그러했다고 보인다. 부정하고 살상하면서도 크리스천의 사람됨을 로마 지도급은 파악하고 있었다.

그리스도교가 로마제국에서 승인받게 된 경위에 대해선 여러 설이 있지만 내용은 분명하다. 기원후 324년에 그 같은 선포를 한다. 4세기 초만 해도 그리스도교는 수적으로 소수였지만 로마 인구의 20%가 그리스도교 교인이었다. 당시 이미 로마는 끝장의 조짐이 있어 나라를 떠받칠 하나의 강렬한 정치적인 힘을 찾고 있었다. 속담에 거꾸러뜨릴 수가 없다면 친구가 되는 편이 낫다는 말이 있다. 이미 그리스도교는 강렬한 지하 조직과 세력을 가지고 있어 나라 통치에 주류세력이 된다고 믿었다.

그리스도교회가 합법적인 종교가 되고도 교회는 안팎으로 평온한 날이 없었다. 예수의 사람됨과 하나님 됨의 문제가 정리되지 않아 교회가 붕괴될 것처럼 보였다. 그래서 정권이 앞장서서 교리 문제를 정리하는 니케아회의를 소집하여 니케아신조를 채택한다. 모든 교회는 이 교리에 따라야 하고 따르지 않으면 이단으로 규정받아 반 사회인이 된다. 여기에 초기 기독교의 정교분립이 혼란을 일으키는 사건이 된다. 어제까지 신앙생활이 제재를 받는 교회가 이제는 교리신조의 문제를 정권의 통제 아래 두게 된 것이다. 지금껏 교회는 대화를 통해 통합된 결론으로 갔는데 이제는 창칼로 강제적으로 견해 일치케 했다. 박해 때나 신앙 자유 이후에도 방향이 다를 뿐 압박을 받는 것은 동일했다. 일설에 의하면 교회가 인정받고 난 후 100년 동안에 죽인 숫자가 박해 시에 죽인 숫자보다 많다고 한다. 전에는 믿는다고 죽였고 이제는 정권이 시키는 대로 믿지 않는다고 죽였다.

통일된 믿음과 교회와 신도도 주요했지만 통일된 성서도 문제가 되어 로마정권이 개입한다. 복음서만 해도 여러 버전이 있어 저마다 자기 것이 옳다고 우겼다. 이런 혼란이 생기어 오다가 170년경부터인데 정리하자는 시도가 있어 왔다. 이것이 뮤라토리 경전으로 170-180년에 편집된 신약성서이다. 이태리 도서관에 근무하던 사서 뮤라토리(1672-1750)란 사람이 우연히 발견한 경전이다. 395년에 와서 경전으로 인정된 버전이다. 여기에 인정된 성경 외의 것을 소지한 자는 금서소지 법에 의해 처단되었다.

따라서 신약성서가 결정적 경전화 작업이 끝난 것이 로마 제국이 동서로 분리된 시기와 일치한다. 395년 데오도시우스 대제가 죽고 그의 두 아들이 동서 로마를 나누어 통치한 때와 같이 한다. 국경은 변함없었지만 제국의 힘은 줄어들어 유대인과 야만인이 설치는 통에 제국은 침식될 대로 침식되어 다음 세기에 붕괴될 준비가 되어 가고 있었다.

로마와 유대인의 3차의 대전쟁 후 그 관계에 대해 이야기한 바 있지만 이제는 그 관계가 많이 달라져 있었다. 이 세 차례의 전쟁을 지켜본 여러 속국들은 생각했다. 우리도 기회를 보아 로마에 대항해야지, 로마의 힘이 약해지자 국경에서부터 반란의 조짐이 일어나고 있었다. 국경지방의 경비를 위해 세금이 오르고 병력이 증강되자 나라의 재원이 줄어들어 나라가 원활히 돌아가지 않았다. 로마의 가장 큰 국력의 충격은 유대인과의 전쟁이었다. 사실인즉 로마의 국력 쇠퇴는 유대와의 전쟁 이후부터이다.

그토록 강력하던 로마가 쇠퇴한다는 것은 상상할 수 없는 일이지만 현실로 다가왔다. 로마가 망하고 있었다. 그 원인이 무엇이었을까?

56. 로마 제국의 붕괴

로마는 영원하다. 모든 길은 로마를 통한다. 로마의 국력은 끝이 없이 팽창했다. 그리하여 동로마와 서로마가 데오도시우스대제의 두 아들 아르카디우스가 동로마를 콘스탄티노플을 수도로 정하고, 다른 아들 호노리우스가 서 로마에서 로마제국을 통치하게 되는데 그것이 로마 망조의 시작이다. 그러면 로마를 멸망으로 이끈 문제가 무엇이었던가?

로마 멸망의 원인은 로마 스스로가 만든 문제도 있고 밖에서 온 문제도 있다. 로마 멸망의 원인을 학자들의 종합된 의견을 모아 요약한다. 로마 사람들은 노동은 노예들만이 하는 천한 것으로 생각하여 노동을 멀리함으로 생산이 저하되었는데도 국력유지를 위한 과도한 조세를 했다. 두 번째 원인은 성도덕의 문란으로 가족 질서가 파괴되었다. 세 번째 원인은 기독교 때문이다. 기독교는 임박한 종말을 강조함으로 실생활에 충실하지 못했다. 종말을 촉구하므로 부부관계 없는 금욕적 생활을 중시하다 보니 인구 감소가 영향을 끼쳤다. 당시 교회의 추세는 내세만을 강조하므로 현실성 없는 신앙의 강조로 공민으로서의 의무는 등한시했다.

1세기에서 4세기에 이르기까지 이 같은 비현실적 정황이 제국에 만연해 있는 상태에 상상치 못할 외부문제가 발생했다. 훈족의 침입이다. 어떻게 보면 제국의 멸망에 가장 직접적인 원인이 됐다고 볼 수 있다. 이 야만적인 훈족의 침입은 5세기보다 훨씬 전의 일이다. 사람으로서 할 수 없는 인면수심의 무지막지한 만행을 저지르는 놈들이었다.

세기 초부터 중국에 떠돌던 야만족이 있었다. 중국의 황제들은 불량한 야만 오랑캐들을 외국으로 쫓아내어 버리는 것이 최선이라 생각하고 국경 밖으로 추방했다. 농민으로 정주하여 일도 않고 유린하면서 착취와 살인을 일삼는 놈들이다. 중국황제는 이놈들을 국경 밖으로 추방하면 이쪽으로 오고, 이쪽에서 추방하면 저 쪽으로 와 국경 저쪽 아주 먼 서방으로 쫓아버렸다. 이 야만스런 종족들이 민족의 대이동을 만드는 요인이 되었다.

이들은 살 곳을 찾아 북인도, 남러시아 그리고 발칸 반도까지 유랑하면서 온갖 행패를 부렸다. 그들이 가는 곳마다 이미 그곳은 정주한 주민이 있었다. 그러면 쟁탈전이 벌어지고, 결국 야만족에 밀려 민족 대이동을 하는 것이다. 중국에서 밀려나온 이 유랑민들은 동서를 차지하면 그곳의 사람들은 독일, 불란서, 이태리, 스페인으로 흩어졌다. 서 코오트족이 몰려오고 골 사람들이 로마로 들어와 약탈로 살아가니 나라는 완전 케이스가 된다. 어쩌면 이것이 로마 멸망의 가장 직접적인 원인이 됐을 것이다.

기마병의 힘으로 파미르공원을 넘어온 이들은 말의 안장과 말 잔등 사이에 날고기를 싣고 다니면서 양식을 삼고 보이는 대로 부수며 불란서로 들어간다. 훈족의 기마병이 한번 스치고 지나가면 풀도 남지 않는다는 말이 나올 정도였다. 훈족의 두목 아틸라의 죽음으로 유럽 전부를 전율케 한 참극은 벗어났으나 훈족을 인하여 국경은 무너지고 나라는 혼란 속에 빠져들었다. 이러므로 로마의 동쪽 절반이 무너졌다. 이 틈을 타 동쪽의 속국들이 들고 일어나 독립을 선언하고 새로운 국가들이 탄생했다. 무지한 속국들이 수십이나 일어나 작은 새 국가를 만들어 갈라져 나갔다. 로마는 그들을 막을 기력이 없었다. 이제 지난날의 로마의 영광도 사라지고 유럽은 중세 봉건시대로 진입한다.

만족이 유럽을 휩쓸고 다닐 때 교회는 과감히 싸웠다. 교회는 총칼 같은 무기가 없었으므로 교회로 받아들여 믿음으로 동화시키려 애썼다. 너무나 많은 만족을 짧은 시간에 받아들여 개종시킴으로 교회 자체가 교리적 혼란 문제로 비틀거렸다. 애매한 교리로 무지막지한 그들을 설득시키지도 적용시키지 못했기 때문이다. 서양의 공산주의가 동양에 와서 곡해 변질되었듯이 예루살렘의 예수가 동양의 야만족의 예수가 되기에는 토착적 문제가 발생하여 교회의 본질이 변질하는 듯했다.

6세기가 되자 교황제도가 확립되어 교리적 신학적 확실한 중심을 잡아 체제를 정립했다. 이전에 있던 이단 종파는 정리되고 동로마의 이교도들도 전부 개종하여 교회는 한시름 놓게 되었다.

57. 로마 제국 하에서 유대교와 기독교의 관계

그토록 잔인하고 모진 세월 3세기를 보내고, 그리스도 교회는 이제 지상에서 천상에 오르는 영광의 무지개를 탔다. 로마 시내 중심가를 성경 찬송을 끼고 콧노래 부르며 걸어도 누구 하나 말할 자가 없게 되었다. 긴 고난의 박해는 아팠지만 지나고 보니 아득한 옛날, 가야 할 길은 영광의 금빛 길, 어디를 가도 행복한 교회, 하나 그리스도교회는 로마 제국의 등에 업히어 응석을 부리는 버릇없는 아기가 되어 가고 있다. 아무리 응석을 부려 귀염을 받고 있지만 등에 업힌 아기는 자기가 가고 싶은 곳은 갈 수가 없다. 업고 있는 로마 제국의 엄마가 가는 곳으로만 갈 수 있다. 엄마 등에서 내려 자기가 갈 수 있는 곳을 가지 못한다. 이것이 그리스도교회의 형편이다. 자기의 생각대로 자기 스스로 갈 수가 없다. 이러한 상황 하에 그리스도교회와 유대교의 관계는 어떠했는가?

324년 콘스탄티누스가 그리스도교회를 합법적인 종교로 인정하기 전까지 그리스도 교회는 살기에 바빠서 유대인에 대해 생각할 여유가 없었다. 콘스탄틴이 죽고 난 후 300년 동안은 이단적인 교리와 싸우고 신을 두려워할 줄 모르는 야만족과 대적하는 일에 급급하여 유대인을 만날 시간이 없었다. 유럽 전체가 교황의 품속에 들어오는 친화의 계절에도 유독 한 민족만은 품을 수 없는 유일한 집단이 있었다. 교회의 힘이 대해처럼 도도히 흐르고 기독교가 유럽의 안방 주인이 됐음에도 동화되지 않은 유대인을 어떻게 할 것인지 스스로 묻는다.

다른 민족에게 한 것처럼 필요하면 창칼로 강제적으로라도 세례를 주어야 할까? 테베레 강으로 끌고가 강제로 머리를 강에 집어넣고 세례를 주어도 개종하지 않으면 다른 민족에게 한 것처럼 죽여 버릴까? 교회는 딜레마이고 유대인에게는 큰 고민거리였다. 초기 6세기까지의 피를 흘리지 않았을 뿐 유대인에게 있어서는 박해의 연속이었다. 기독교가 잔악한 박해를 받고 있을 즈음 유대인은 로마와 3차 대전을 하고 난 후라 죽은 듯이 조용히 살았다. 당시 유대인은 사람이 아니었다. 콘스탄틴 해방선언 이후 유대인은 모든 직업을 빼앗겨 어디 가서도 일할 곳이 없었다. 600년이란 긴 세월 동안 유대인은 조용한 차별을 받아도 항의 한 마디 못하고 살았다.

기원 212년 카라칼라 황제는 로마제국에 사는 유대인에게 평등권과 공민권도 주었다. 그리스도교회에 합법성을 준 콘스탄틴은 유대인에게 몇 가지 주권은 빼앗아도 공민권은 허락했다. 그리스도인들이 배교자라 부른 율리아누스는 361년에 즉위하자 기독교를 버리고 예배를 금지함으로 종교의 상태를 옛날의 상태로 돌리려 했다. 율리아누스는 예루살렘 성전을 재건한 유대인을 회복시키고 자신도 유대교로 개종하려고 했다. 그가 2년 후 죽고 마니 유대인의 희망은 사라지고 그리스도인은 불안에 싸인다.

그리스도인이 단절된 유대인과 관계를 한 번도 화합한 일은 없었다. 유대교를 부정하고 분립되어 나온 그리스도교가 독립을 선언했지만 교리적인 분쟁은 계속했다. 유대인은 아니지만 야웨 하나님의 존재를 아는 스페인 사람들은 예수 그리스도가 누구인가 하는 질문을 하게 된다. 그렇다면 예수는 이교도의 신이나 로마의 신상의 한 신과 같은 존재인가? 이런 질문 앞에서 그리스도교회는 예수의 신성을 말할 수 있는 근거를 찾지 못했다.

그리스-로마 사람들이 알고 있는 구약이 말하는 신의 존재와 연결시키지 않은 한 기독교회가 말하는 예수는 이교도의 작은 신에 불과하게 된다. 이교도의 축제의식의 중심 신인 아티스, 오시리즈, 아도니스 같은 신과 예수는 동질의 신이 되어 버린다. 구약성서 속에 그리스도의 도래와 그의 신성을 말하는 곳이 많기 때문에 구약성서를 인정하지 않을 수 없었고, 구약이 말하는 신과 예수를 연결시킴으로 그리스도 교회의 딜레마를 교묘히 빠져나갔다. 그럼으로써 구약의 진정한 계승자는 예수란 결론으로 가게 된다.

한편 합법적인 종교로 인정받은 그리스도교회가 로마 제국이 그리스도교회에 가했던 잔악한 행동을 유대인에게 하는 미련한 짓을 했다. 모든 종족이 교회의 품안에 들어오는데 유독 유대인만 동화되지 않는다는 이유 때문이었다.

58. 기독교 치하에서 겨우 살아남은 유대인

마틴 부버의 소책자, 「두 형태의 신앙(two types of faith)」에서 구약의 신앙과 신약의 신앙을 비교한다. 모세에서 시작한 구약의 신앙은 율법의 실천으로 인하여 성취되는 구원인데, 신약의 구원은 하나님의 성육신이 예수 속에서 이루어져 그를 통한 인류 구원이 성취되는 신앙을 부버는 이해할 수 없다고 한다. 같은 뿌리에서 시작된 두 다른 신앙의 오해와 마찰은 로마 제국의 시대나 지금이나 다르지 않다.

성경의 진정한 계승자는 그리스도인이란 고집으로 자기들은 축복받은 자녀지만 유대인은 저주받아 버려진 족속이 되었다고 공언한다. 유대인은 모세, 아론, 다윗, 사무엘, 이사야, 예레미야의 말씀을 따르는 자들이 아니요 발락, 아합, 아마샤 같은 반역자의 길을 가는 족속이 유대인이라고 저주했다. 이같이 편협한 기독교 광신자들의 신앙이 오해와 증오의 벽을 만들어 그처럼 많은 죄없는 자의 피를 흘리게 했다.

개괄적으로 살펴보면 300년에서 600년 사이에 유대인의 차별법이 네 번 발표되었다. 이것은 신앙의 오해에서 기독교인이 유대인에게 가하는 차별 박해법이다. 콘스탄틴 법령(315)은 기독교인 우선 정책, 우대정책 법안이다. 콘스탄틴의 두 번 째 법령(399)은 유대인과 기독교인의 결혼금지 법안이다. 데오도시우스 법안은 정부 고위 관료 금지법이다. 네 번째 법안(531)은 유대인이 기독교인의 증인이 될 수 없는 것이다. 이 법안은 유대인에게만 적용된 것은 아니고 마니교도, 사마리아인. 이단자, 이교도에게 적용되었다. 요점은 유대인은 하나님의 저주를 받은 이단자요 야만족으로 취급하라는 것이다.

실상 이 법은 종교법이라기보다 내셔널리즘의 국가주의의 문제였다. 종교를 출세의 수단으로 이용하는 것이다. 오늘날 가톨릭 국가인 스페인에서 개신교 신자는 공직이 허락되지 않는다. 그런가 하면 루터교회 국가인 핀란드에서 가톨릭교도는 대통령이 될 수 없는 것과 같은 것이다. 이 같은 종교 상황 속에서 유대인은 살기 위해서 포교는 금지했다. 한편 기독교인이 그리스도 신앙을 포기하면 사형에 처해졌다. 무지막지한 시대였다.

그럼에도 유대인 청년은 신랑감으로 매력적이었다. 그들은 자상하고 아내를 깊이 사랑하고 자녀 교육에 특별히 관심을 쏟기 때문이다. 그래서 콘스탄틴 법령은 유대인과의 결혼을 금지했다. 유대인은 노예생활 7년째 해방을 주는 노예 해방법이 있기 때문이다. 유대인들은 속으로 이 같은 잡혼 금지법을 좋아했다. 왜냐하면 유대인은 잡혼을 좋아하지 않았기 때문이다.

개종을 통해 기독교인이 된 사람들, 반달족, 서코오트족, 동코오트족, 골인, 훈족들은 유대인을 당해낼 수가 없었다. 유대인은 이미 그리스의 과학, 문학, 철학, 천문학의 교육과정을 마친 유대인들을 필적할 수가 없었다. 이로써 유대인은 거의 모든 요직을 차지하고 있었는데 야만족 출신의 관료나 황제는 유대인의 앞길을 막았다. 자연 필요에 따라 유대인의 능력을 야만족 출신이 따를 수 없었기 때문이다. 법령으로 하원의원을 금지했으나 영국에서 수상이 된 디즈레이의 경우와 같다. 기독교 제국에서 재판관 행정장관, 학자나 지도자는 유대인이 차지하고 있었다. 문제는 능력이었다.

3세기에서 6세기까지 숱한 박해와 차별이 있었다. 부당한 과세, 부당한 해고, 부당한 감금과 살상이 있었다. 이 3세기 동안 기독교인과 유대인 사이의 살육의 경쟁에서 유대인이 죽지 않고 버티어 온 것은 기적에 가깝다. 방금 개종하여 신분이 바뀐 야만인 반달족도 그 자리에서 유대인을 학대했다.

이런 격동기에 유대인은 살아남았다. 이 격동기를 견디어 살아남은 유대인이 6세기를 맞았다. 6세기는 완전히 다른 문명이 기다리고 있었다. 비잔틴과 이슬람 문명이다. 알려진 것과는 달리 이슬람 세계에서의 유대인은 교사로 존경받은 찬란한 지적 성취를 이루었다. 봉건 시대의 유대인은 슬픔 속에서 인고의 위대함을 보여주었다. 여기서 묻고픈 말은 이슬람은 왜 유대인을 호감을 갖고 잘 대해 주었는가? 그리고 거기에서 어떻게 살아남았는가?

제5장. 지혜의 삶, 탈무드의 세계

히브리어를 잊어버려
유대인이 토라의 의미를 깨닫지 못하여
번역 해석을 하지 않고서는 이해하지 못하자
통역가와 해석자가 필요했다.
이것이 미드라쉬이다

이 미드라쉬 작업으로 탈무드의 길을 열었다
유대인은 탈무드를 만들고
탈무드는 유대인을 새롭게 만들어
이 세상에 우뚝 높이 섰다.

과연 이 탈무드가 어떻게 생겼으며
무엇을 가르치는가
탈무드는 바빌론 탈무드와
팔레스타인 탈무드로 되어 있다

탈무드의 내용은 하라카라는 법률과
하가다라는 윤리를 위한 설화로 되어 있다

탈무드는 경직된 토라의 길을 새롭게 열어
험난한 세상에서 유연한 처세를 하게 만들어
언제 어디를 가도 살아갈 수 있는 길을 열어 주었다.

59. 유대인 학문의 산실 ; 예쉬바

유대 왕국이 망하고 유력 지도자급 만 명 가까운 유대인이 포로로 끌려가 바빌론에서 70년의 노예생활을 하다가 고향으로 귀국한다. 597년에 고레스의 해방 선포로 여러 차례 나누어 귀향한다. 바빌론의 포로 정책은 어느 정도 관용정책이라 비교적 자유스런 생활을 했다. 바빌론이 망하고 사산제국이 나라를 인수받아 포로들을 통치할 때도 그들은 퍽이나 관용한 정치를 했다. 그후 두뇌 명석한 유대인들이 여러 정부 요직과 존귀한 자리에도 오르고, 많은 학자를 배출했다.

이들은 유복했고 사회적 좋은 지위를 가지고 있었기에 고레스 자유선포 이후에도 많은 포로들이 고향으로 가지 않고 바빌론에 그냥 눌러 앉아 살았다. 미국에 살던 유대인이 이스라엘 독립 선포를 한 1948년 이후에도 다른 나라에 살던 유대인보다는 적은 숫자가 이스라엘로 돌아간 것과 같은 상황이다. 그만큼 미국의 생활이 안정되고 부유하고 버릴 수 없는 지위에 있었기 때문이다. 마찬가지로 바빌론 유대인은 고향으로 돌아가지 않고 고위직에서 일을 했다.

사산제국, 즉 파사왕국 깊숙이 수라, 폼베디아, 네하르디아 등 세 곳에 예쉬바라는 학문 연구소가 있었다. 4세기에서 12세기까지의 일이다. 이 지역은 파르디아왕국, 셀레우코스왕국, 페르시아와 바빌론 왕국의 속령으로 있던 지역이다. 이 예쉬바는 미국의 아이비 리그의 수준으로 최고의 학문 장소였다. 예쉬바는 전 전장에서 살펴 본 벤 자카이의 관속에서 태동한 학교이다. 벤 자카이는 이스라엘이 영원할 수 있는 토라를 연구하는 지혜의 삶이라고 믿었다. 예쉬바는 그런 정신으로 세워진 민족학교이다. 지금도 유대인이 사는 지역이면 예쉬바 명문대학이 존재한다.

예쉬바에 얽힌 에피소드는 많다. 돈 많은 부자들이 좋은 사위를 얻기 위해 예쉬바 부근에 사는 사람과 친분을 만들어 좋은 예쉬바 학생을 소개해 달라고 부탁했다 한다. 학문 연구소가 거의 없었던 시절에 예쉬바는 학문 전당의 모델이 되었다. 물론 예쉬바의 연구 주제는 토라뿐이 아니라 탈무드, 천문, 의학, 과학, 수학 등을 다루는 종합대학 수준이었다. 12세기에 비로소 유럽에 대학이 들어서는데 세기 초에 이미 대학을 가진 유대 민족의 학문 사랑을 본다. 여기에서 그들의 명석과 세계를 지도하는 능력이 나왔다고 본다.

모든 발생은 우연한 기회에 어떤 필요에 의해서 가능하다. 앞에서 말한 고레스 자유 선포 후 유대인은 고향으로 귀향한다. 귀양과 더불어 그들은 유대민족의 정신적 뿌리인 토라를 회복해야 했다. 기원전 5세기에 에스라 느헤미야 두 지도자가 유대인에게 토라를 가르치는데 70년간 고향을 떠나 있었는지라 토라를 못 알아듣는 것이다. 그때만 해도 유대인이 히브리어에 대한 각인된 필요성을 갖지 못한 터라 거의 다 잊어버렸다. 토라 오경은 야웨와 모세와의 대화의 내용인데 어떤 것도 가감하지 못하게 되었다. 아무리 엄중한 규율이 있다 할지라도 민중이 못 알아들으니 어쩔 수가 없어 주석을 할 수밖에 없었다. 일부러 인위적으로 만든 것이 아니라 부득이한 필요에 의해서 토라의 설명 주석을 하는 과정에서 미드라쉬가 생기고 미드라쉬가 탈무드의 시작이 되었다. 미드라쉬는 토라의 주석이다.

여호수아는 우주를 도는 태양을 멈추었지만 에스라-느헤미야는 부단히 돌고 도는 유대인의 생활은 정지시키지 못했다. 생활의 양상은 변하고, 변화는 필요를 찾기에 민중의 필요를 에스라-느헤미야가 공급해야만 했다. 멍청한 아브라함의 자손들은 달라진 시대에 낡은 모세의 율법을 버려야 하는가? 왜냐하면 모세법은 현실에 맞지 않는 구닥다리였기 때문에 버리기보다는 달리 해석하는 융통성을 찾자는 것이다. 이전에 허락될 수 없었던 토라의 첨가물 즉 해석이 생김으로 그것이 체계를 이루어 탈무드를 이루었다.

유대주의의 사상은 탈무드(배우고 가르치는 학문의 길)라는 이름하에 집대성되어졌다. 탈무드는 2000년을 살아온 유대인의 삶의 방향 설정이요 나침반이다. 탈무드는 토라의 가르침을 인간이 이 땅을 살고 영원을 추구하는 모든 지혜를 다 가지고 있었다.

60. 삶의 지혜 탈무드의 길

탈무드는 하루아침에 이루어진 것이 아니다. 누가 탈무드를 만들자고 해서 만든 것도 아니다. 주전 4세기 에스라가 모세오경 토라를 편집 완성한다. 토라의 경전화이다. 하나님과 모세의 대화에 인간이 개입하지 못한다는 성문율에 따라 어떤 말도 삽입하지 못했다. 당시 페르시아를 떠나 고향으로 향하던 중 백성들의 토라 말씀 훈련을 밟았다. 문제는 고향 떠난 지 70년, 고향의 언어 히브리어를 잊어버리고 못 알아듣는 사람을 어쩌랴. 토라를 해석하여 주소서. 그때만 해도 유대인들이 히브리어를 두뇌에 각인시켜야 한다는 절실한 애국심이 없었다. 처음에 몇 마디 설명했으나 못 알아듣는 빈도가 심해지니 통역이 오고 번역 설명이 따라야 했다. 이것이 미드라쉬, 즉 주석이다. 이 우연한 사건이 탈무드의 길이 될 줄은 몰랐다.

탈무드의 시작은 우연한 사건이었지만 탈무드가 하루아침에 성취되지는 않았다. 유대인의 지혜요 인류의 생명 길의 안내자인 탈무드는 장구한 시간을 필요로 했다. 주전 4세기에 발아한 탈무드는 주후 2세기 유다 하나시(JUDAH HANASI)에 이르러 겨우 윤곽의 코드만 만들어졌다. 하나시가 급하게 탈무드 코드를 완성하지 않으면 안될 상황이었다. 첫째 성문율을 헐어버려 토라가 상처를 입게 되고 두 번째 유대인이 디아스포라가 되어 세계로 흩어지기 전에 유대인 전부의 가슴에 토라를 심어주고 싶었다(하나시에 대해서는 후장에서 논한다). 하나시는 그 당시 키엘케골 같은 신앙과 학문의 선구자였다. 탈무드가 무르익어 완성되기까지는 한 300년이 더 필요했다. 그리고 보면 탈무드의 완성은 약 천 년이 걸린 대작이다.

사산왕조에 시작하여 이슬람 문화의 언저리에 와서 겨우 마무리됐으나 「백 만인의 탈무드」를 만든 카로(1488-1575)의 시대까지 포함하면 그 편집 저작의 과정은 더 장구하다. 그리고 보면 탈무드의 저작 편집과정은 1500년도 더 되어 완성된 것이다. 근동에서 시작한 유대 탈무드 작업이 서양의 한가운데까지 간 것이다. 성격상 탈무드의 한쪽은 율법인 성문이 있고 다른 한쪽은 구전율법으로 된 것이다. 레스폰사(Responsa)라는 도보군이 이 두 개의 성격으로 된 탈무드를 짊어지고 전달했다. 사실 레스폰사는 랍비나 마찬가지요 기독교의 바울과 같은 존재이다. 바울이 그랬듯 레스폰사는 유대인들이 있는 곳이면 어디든지 가서 새롭게 개발된 탈무드를 전함으로 세계의 랍비들이 신작 탈무드를 항상 전달받게 된다.

상론하면 탈무드는 팔레스타인 탈무드와 바빌론 탈무드가 있는데 팔레스타인 탈무드에 비해 바빌론 탈무드는 방대하여 2000여 명의 학자가 동원되어 연구했다. 이 가운데 가장 뛰어난 학자는 아리카와 사무엘인데 둘 다 하나시의 제자였다. 5세기 초에 랍비 아씨는 위대한 학자요 아모라임(해석자요 번역가)으로 탈무드 편집자이다. 6세기 초에 가서 바빌론 탈무드는 거의 완성 단계가 되고 위대한 탈무드 학자가 무더기로 쏟아져 나온다. 미쉬나, 미드라쉬, 게마라, 토세프트 등으로 불리다가 이 모두를 통합함으로 탈무드라고 불리게 됐다. 탈무드학 혹은 탈무드주의는 크게 말해 유대인에게 세 가지 기능을 가르쳐 주었다. 탈무드는 하나님의 성격을 다시 이해하고 유대인의 성격을 바꾸었다. 세 번째의 기능은 유대인의 사회 이해와 정치사상을 바꾸었다. 이 세 가지는 바꾸었다기보다 이전의 폭을 더 넓게 확장한 것이다. 다른 말로 하면 탈무드를 통해 새로운 유대인이 됐다는 뜻이다.

탈무드 이전에 유대인의 신앙과 성격을 바꾸고자 한 지도자가 있었다. 성서의 선지자로 불리는 지도자들은 월급을 받지 않은 프리랜서로 유대의 곳곳을 돌며 새 종교를 계몽 지도했다. 이 선지자는 제물종교의 야웨를 정의와 도덕의 신으로 이해하여 신은 공정과 자비라고 강조했다. 이에 한 발 더 나아가 탈무드 학자는 정의와 도덕의 신을 인간 삶의 현장에 도입하여 우리의 삶이 신의 속성을 드러내는 것으로 변화시켰다.

토라는 유대인을 종교적인 인간을 만들었지만 탈무드는 유대인을 실생활로 인도하여 과학적 합리적 사고로 변화시켰다. 토라는 유대인을 민족주의적 신앙인으로 만들었지만 탈무드는 유대인을 세계인으로 만들었다.

61. 경전은 수정될 수 없는가?

모세가 준 경전 토라는 야웨가 준 것이기에 점 하나 가감할 수가 없다. 경전은 경전이기 때문에 사람의 생각을 첨가할 수 없다. 신이 준 경전을 누가 수정하는가? 그것은 불경이다. 한데 그의 자손들이 나라를 잃고 남의 나라의 노예가 되고 또 풀려나자, 생각지도 않은 변화된 환경에 접한다. 그러니 신이 준 모세의 토라가 태생 후 몇 백 년이 지났기에 새 환경에 전혀 맞지가 않았다. 적용될 수가 없는 모세의 토라, 폐기할 것인가? 아니면 유대인의 삶을 포기할 것인가를 고민하다 예상하지 않는 해결점이 나왔다. 토라도 살고 유대인도 사는 길을 찾아 결정한다. 그것이 탈무드다. 이 같은 사건은 기독교에서도 같은 현상이다. 예수가 죽고 난 후 예수 추종자들은 신약이란 예수경전을 로마 정권에 의해 395년에 케논으로 결정한다.

사해사본이 가장 강하게 고대하는 인물은 의롭고 공정한 선생님의 도래이다. 의롭고 공정한 스승을 예수로 제한하기 위해 신약성경을 경전화해야 했다. 그렇게 하므로 예수만이 의롭고 공정한 선생이 된다. 신약성경을 경전화했다는 것은 더 이상 추가를 금지하는 점에서 유대교가 걸어온 길을 답습한 것이 된다. 모세의 토라를 경전화했다는 것은 모세 외의 어떤 다른 토라를 인정하지 않는다는 것이다. 그래서 포로 후 유대인은 모세법을 살리기 위해서 고안한 것이 탈무드의 발상이다. 기독교도 신약성경을 경전화 함으로써 천년 이상 폐쇄 기독교 공동체를 만들었다. 융통성 있는 개방사회가 되지 않고 폐쇄함정에 빠져 비과학적 비합리 사회가 되어 버렸다.

기독교가 오해한 가장 심각한 주제는 메시야 문제이다. 공정하고 의로운 선생님을 한 존재로 제한한다. 이 말은 예수 한 사람만이 메시야란 뜻이다. 유대교에서는 삼손, 사무엘, 다윗, 에스라, 스룹바빌 등을 전부 메시야로 생각한다. 이사야는 어린 아기로 오신 메시야는 모사, 영존의 아버지, 위력 있는 왕이지만 후기에 가서는 마광의 화살이 메시야요 고레스가 메시야로 등장한다. 이 점에 대해서 기독교는 대답하지 못한다. 다양한 시대에 인류는 다양한 메시야를 필요로 하고, 우리 모두가 메시야가 되어 인류를 보살펴야 한다는 보편 원리를 잊어버렸다. 예수 하나에게 고정시켜버렸기 때문이다. 이스라엘의 기부츠의 노동자들은 모두가 메시야 의식을 가지고 버려진 사막 엔게디를 옥토로 만든다. 한 사람의 유대인이 한 사람의 유대인을 향해 메시야가 되어야 한다. 기독교의 메시야는 예수 한 사람에게 제한하지 않으면 이단으로 규정하는 제한성이 기독교를 폐쇄화시켜 버렸다.

탈무드를 만듦으로 모세의 토라도 버리지 않고 그들의 생활도 버리지 않고 새로운 미래의 문을 열었다. 다가온 현실과 미래의 문제에 대처하기 위해 모세율법을 대체하기도 하고 보완하기도 하고 다시 해석하기도 했다. 낡은 율법의 규범에 새로운 현실에 억지로 꿰어 맞추려고 하지 않고 새로운 규범, 즉 하라카(법규로서 탈무드의 반 이상을 점유한다)를 만들어 융통성 있는 미래를 만들었다.

모세의 토라를 변경 내지 재해석함으로써 융통성의 길을 연 것을 자기들도 인식하지 못한 채 시작되었다. 유대인이 당면한 현실이 변화를 가져 올 수밖에 없었다. 앞에서 언급했듯이 모세 토라를 목이 터지도록 외쳐도 유대인의 새 세대가 못 알아들으니 통역, 번역, 해석을 하다 보니 이것이 미드라쉬가 되었다. 당시 실제로 제기된 문제들은 개혁자들이 예상한 것이 아니었다. 개혁자들은 무조건 모세 토라로 회복만 하자는 것이었는데 백성이 못 알아들어 그들이 알아듣도록 하는 과정에서 변화가 온 것이다. 변하자고 변한 것이 아니다. 살기 위해서 방법을 찾다가 일어난 일이다.

모세 토라를 잘 안다고 우쭐해진 토라 학자들이 더 이상 용도가 없어졌다. 그 대신 토라 통역관의 인기가 높아졌다. 이 통역 번역 해석자가 실제로 필요에 의해 인기가 있어 그리스 시대에 철학자같이 높은 대우를 받았다. 그들은 모세의 토라가 쓸 모 없는 것이라고 말하지 않고 토라를 쓸모 있게 해석을 해주어야 한다고 말했다. 나아가서 성서를 이해하기 위한 지성이 필요하다고 강조한다. 탈무드는 모세 토라의 지성적 설명이다. 그것도 아주 세련되게 희랍화한 토라의 해석이었다.

62. 탈무드는 토라의 지성적 해석이다

바빌론과 페르시아 문화 그리고 그리스-로마 문화의 세례를 받은 유대인은 이전의 유대인이 아니다. 이 선진적 문화와 지성적인 산해진미에 익숙하여진 유대인은 토라를 토라로만 받아들이기에 너무나 영리해졌다.

바빌론 페르시아의 유대인이 어떤 생활을 했는지 소상하지 않다. 하나 분명한 것은 바빌론 페르시아의 선진문명에 매료된 것만은 확실하다. 바빌론화, 페르시아화의 과정에서 히브리어를 잊을 정도로 현실화되어 그곳의 학문계와 정계에 진출하여 요직을 차지했다. 유대인들의 명석한 두뇌로 굉장히 빠른 속도로 현실적응을 하여 심지어 임금의 술 맡은 자리에까지 나아가서 수상직에까지 진출할 정도로 빼어난 민족이 되었다. 문자 그대로 유대인을 위한 강제유학이라고 말할 정도로 유대인은 새 문명을 보고 우물 안 개구리 신세 같은 자기들을 한탄했다. 바빌론 페르시아는 극도로 발전한 문명이어서 유대인은 신에 사로잡힌 무지렁이 신세를 느꼈다. 이런 선진 교육을 받은 유대인들이 포로 해방 후 토라를 보고 무엇을 느꼈을까? 어리석은 비현실적 미련한 것들이라고 느꼈을 것이다. 쇼렘 아레이렘의 극작 「a fiddler on the roof」에서 주인공 테비야가 말한다. 나는 하나님 때문에 가난뱅이가 됐다고 말했듯 유대인은 하나님 때문에 무식하게 됐다고 말하는 것과 같다.

그런 점에서 에스라가 토라 교육을 할 때 '수준 좀 올리세요'라고 했을 것이다. 그래서 당시 성서주석이라는 미드라쉬는 헬라화된 지성적 해석학이었다. 당시 아람어와 히브리어를 아는 레스폰스(성서해석자)들이 경쟁적으로 자기 실력을 자랑했을 것이다. 이런 과정에서 해석학이란 새 학문 분야가 생성한 것이다.

특히 페르시아 시대 유대인들은 평온하고도 고급스런 생활을 했다. 유대인은 페르시아 정권이 항구하기를 바랐지만 4세기 말엽 그리스의 제패로 페르시아 유대인의 꿈은 사라졌다. 그리스의 헬레니즘의 문화 충격은 유대인이 비명을 지를 수준이었다. 특히 헬레니즘의 영향을 받은 유대인들은 좋은 표현으로 모세 토라는 너무 소박하다고 생각했다. 그렇다고 해서 어른을 존경하는 유대 젊은이들이 말은 하지 않고 이런 미련한 가르침을 누가 받아들이겠냐고 속으로 항의했다. 그러면서 또 물었다. 과연 이 모세 토라가 우리 인생의 문제를 풀어줄 것인가?

유대인은 페르시아를 향해서는 감사한 마음으로 파사 문화를 배우고 받아들이고, 그리스를 향해서는 통렬히 비난하면서 그리스의 모든 학문을 깊이 배우고 있었다. 플라톤의 사상, 아리스토텔레스의 논리, 유클리스의 수학과 과학을 배운 유대인 젊은이가 토라를 어떤 마음으로 받아들였을까? 이때부터 유대인은 자기들의 신앙을 신학화하기 시작했다.

신학이란 무엇인가? 신적 계시를 인간의 이성으로 해석하고 인간의 이성을 신적 의미로 승화시키는 것이다. 그렇다면 신학의 무게가 이성 쪽으로 기울면 자유주의요 계시 쪽으로 더 기울면 보수주의라고 하는데 유대인의 경우 신학이 발전한 수준은 아니고 계시를 설명하는 방편 정도였다. 미드라쉬학(해석학)이 경쟁적으로 발전하면서 유대인의 신학이 태동한다. 이 신학의 작업 가운데 하나가 미쉬나이다. 미쉬나란 되풀이한다는 뜻의 유대 구전 작품이다. 유대 성문 토라가 있기 때문에 구전 성문은 기록하지 않은 채 입에서 입으로 몇 천 년을 전해 오다 미드라쉬학 덕분에 기록하자는 합의가 이루어졌다. 미쉬나의 역사는 모세 토라와 같은 것으로 모세 토라의 존귀성을 유지하기 위해 기록하지 못하게 했다. 그러나 미드라쉬학의 덕분에 기원 2세기에 유다 하나시가 최초로 기록 정리하게 됐다. 후일 미쉬나도 토라의 일부로 포함된다. 다시 말하면 토라도 해석 없이 기억하지 못하는 형편에 구전 토라를 어찌 기억하랴. 그래서 기록 못하게 금지된 미쉬나도 기록 정리하게 허락이 된다. 앞에서 말한 대로 둑이 하나 무너지기 시작하니 둑 전체가 무너지듯 미드라쉬학이 생기니 감히 손도 댈 수 없는 미쉬나도 기록할 수 있게 되었다.

유대 전승에 의하면 성문 모세 토라 외에는 기록하지 못하고 구전하게만 되었는데 이 기록을 바리새는 환영하고 사두개는 극렬 반대했다.

63. 미쉬나의 발전

신의 말씀은 토라에 명백히 계시되어 있는데 구전을 왜 기록해야 하는가. 이런 질문 속에서 미쉬나를 종합정리 편집했다는 사실은 엄청난 사건이다. 왜냐하면 하나님의 계시 진리는 모세의 토라만이 성문할 수 있는데 성문 아닌 구전이 성문화하는 것은 절대 허락하지 않는다. 유대전승법이기 때문이다. 보수파 사두개는 극렬 반대하고 현대파인 바리새는 찬성했다. 토라는 사제들에게만 주어진 것이 아니고 모든 인간에게 주어졌기에 구문도 책으로 만들어 만백성이 다 읽을 수 있어야 한다고 주장했다.

구전이 주어진 경위가 이렇다. 야웨가 성문 토라를 주실 때 성문의 세목 그러니 구전 없이 토라를 완벽히 이해할 수가 없었다. 그러나 말씀 받은 자만이 구문을 받을 수 있고, 해석할 수가 있는데 그것을 성문화해 버리면 토라의 가치가 떨어지고 구문을 보관한 사람의 권위도 떨어진다. 전승에서 보면 성문과 구문은 같이 주어진 것이다.

이제 시대가 달라졌다. 성문이든 구문이든 특권층만 토라를 가지는 시대가 아니다. 사제란 성전에서 예배집전을 위해 대표로 뽑은 것이지 특권이 아니라고 바리새가 주장한다. 거기에다 바리새의 수가 월등하여 계시의 보편화를 주장한다. 그리하여 현자가 가난한 사람, 부유한 사람, 지식 있는 자, 농부 가운데서도 생산되었다. 유대인들은 이 지식의 기교에 감탄하여 미쉬나 역시 신의 지혜를 현시하는 것으로 받아들였다. 신은 아브라함, 모세시대에 이미 도래할 미래의 지식 보편시대를 알고 계셨다고 보았다. 이 모두가 바빌론 페르시아 그리스의 선진 문명의 맛을 본 유대인의 지식과 경험 때문이었다.

미쉬나에 관심이 집중되자 랍비들은 불안했다. 토라를 버리고 미쉬나의 신비나 잡설에 빠지면 원전의 본질을 잊어버릴까를 염려했다. 미쉬나가 주는 실제적인 비밀 같은 것이 신비하기 때문에 모두의 흥미거리가 된다. 기원전 35년경 미드라쉬 미쉬 나를 연구하는 두 학파가 있었다. 힐렐학파와 이 두 학파는 둘 다 큰 영향력을 가졌 으나 서로의 주장에 큰 차이를 가지고 있었다. 샴마이 학파는 재산권을 중시하며 보 수적인 입장이고 힐렐학파는 인권에 중심을 둔 보편적 자유적인 입장을 취했다.

벤자카이를 지키려는 야브네 학파는 구승율법을 보편화하자는 입장이었다. 예루 살렘 붕괴 후 유대의 정신을 지키려는 입장에서 볼 때 야브네 학원의 노력은 중요 했다. 나라는 망하여 없어졌지만 바빌론과 알렉산드리아의 유대인들은 미래의 생 존을 위해 성문 구문 율법 모두를 중시하여 지키려 했다. 구전 율법을 알고 있는 제사장이나 학자들이 죽어 없어져 버리면 모두가 다 사라지는 것을 염려했기에 기 록하여 보존하자는 것이었다.

3번의 로마를 대항하여 파괴될 대로 망가진 유대의 현실, 지식의 세계도 폐허가 되어 버렸다. 135년 바 코허바 전쟁 후 유대인 지식층은 전부 팔레스타인을 버리 고 바빌론으로 이주해 버렸다. 하드리아누스 황제의 폭정을 견딜 수가 없었기 때문 이다. 이 학자들은 그 지역의 학문을 살찌게 했다. 이로써 팔레스타인은 19세기 시 온주의가 발동하기까지 약 2천 년간 말없는 휴면으로 들어간다. 이 휴면으로 들어 가기 전 한 위인이 나타나니, 앞에서 약간 언급한 바 있는 유다 하나시였다. 2세기 후반에 살았던 하나시는 로마황제 아우렐리우스의 학우였고, 미쉬나에 대한 대중 의 관심이 높아지자 미쉬나에 대한 두려움을 느꼈다. 신의 계시를 인간의 합리성이 나 도덕 논리로서 판단하고 재단해 버려서는 안 된다. 그래서 구전 율법을 더 이상 공개하고 발전시키는 것을 막을 요량으로 그 동안까지 공개된 미쉬나를 편집하고 코드화하여 더 이상 미쉬나를 공개할 필요성이 없다고 확증지어 버렸다. 그는 앞문 은 꽁꽁 잠갔는데 뒷문을 열어 놓은 격이 되었다. 오히려 그 것이 미쉬나에 대한 더 큰 관심을 갖게 했다.

학문 연구소가 바빌론에 본격적으로 시작하게 된 시기인 3세기 초반이었다. 로 마의 수탈을 피해 바빌론으로 도망친 유대인 가운데 유다 하나시의 열렬한 제자였 던 두 학자가 각각 학원을 열었다. 그들은 아리카와 사무엘인데 한 분은 하나시의 직제자이고 에스겔은 문하생이다.

64. 탈무드의 형성

유다 하나시가 미쉬나의 문을 더 이상 열지 말도록 그 동안의 미쉬나를 정리 코드화 하면서 앞문을 잠그고 나가 버렸다. 한데 그의 제자들이 잠근 앞문을 피해 뒷문으로 들어가서 미쉬나의 문을 열었다. 토라의 설명인 미쉬나는 구전인데 토라의 권위를 해치기 때문에 성문화하지 않는 것이 원칙이다. 미쉬나를 보충 설명하는 것이 게마라인데 사실 게마라는 미쉬나의 재탕, 즉 같은 것이다. 열성적인 미쉬나 옹호자들이 토라와 미쉬나를 같은 반열에 올려놓았다. 상상 못할 일이었다.

기원전 2세기에 보수적인 유대인은 미쉬나가 토라를 모독했다고 항의했지만, 미쉬나를 옹호하는 사람들은 게마라가 미쉬나를 모독했다고 항의했다. 아무 소용이 없었다. 리스폰사라는 도보꾼들은 유대인이 살고 있는 모든 곳을 방문하여 전달했다. 게마라도 양이 자꾸 불어나 미드라쉬와 미쉬나와 어깨를 함께 했다.

유대인 사회는 학문의 길을 닦는 사람을 존경하고 신망을 얻었다. 유대인의 전설에 영웅은 검으로 괴수를 죽이지만 현자는 무지몽매한 용맹을 지혜로 죽인다고 했다. 문맹은 수치여서 무지한 자는 부자건 가난한 자건 멸시를 받았다. 학식 있는 사생아가 무식한 귀족보다 존경받는다. 유대사회에 학문이 귀하다는 이야기는 수없이 많아 모든 부모들이 하는 이야기다.

기원 300년에서 600년까지 바빌론의 학문연구소는 어떤 방해도 받지 않고 자유로웠다. 유대인의 생존의 문제가 걸려 있는 국제적 위험이 닥쳐왔다. 조로아스트교(불의 숭상)는 기원전 8세기에 창시된 사산인의 종교였다. 이 종교는 유대교, 그리고 후일에 그리스도교에 영향을 끼쳤다. 이 종파에 속한 열렬분자가 종교분쟁을 일으킴으로 사회가 혼란해져 관용의 시대가 끝나니 유대인의 자유도 사라졌다.

사산왕국뿐만이 아니라 로마에도 불안한 공기가 감돌았다. 이 혼란한 시대, 만족의 이동이 있고 그로 인해 다른 민족도 이동했다. 과거의 규범은 무너지고 신흥 세력과 질서가 생겨났다. 여러 국가가 없어지고 폭력이 사회의 법인 것처럼 무법 천지가 되었다. 그러니 속히 서둘러 미쉬나를 편집하여 떠나가는 유대인들이 휴대 하게 했다. 이런 급박한 상황에서 옳고 그름을 따질 경황이 없어졌다. 랍비들은 격 동하는 이 시기에 유대인의 학문이 완전히 상실되어지지 않을까 염려했다. 무지 몽 매한 사라센인과 반달족이 칼을 휘둘러 유대인 학자의 목 하나를 베어버리면 미쉬 나―게마라 오십 만 단어가 사장된다고 했다. 이런 상황에서 할 수 있는 대로 미쉬 나나 게마라를 기록하여 남겨야 했다. 그것을 알고 있는 어른들이 죽으면 모두가 사라지기 때문이다. 미드라쉬, 미쉬나, 게마라를 합쳐서 편찬한 것이 탈무드이다.

이 편찬 작업에 300년 가까이 소비되었다. 6세기였다. 구승 율법을 몰래 기록해 두지 않았다면 이 같은 작품이 완성될 수가 없다. 2000여 명의 흩어진 학자들이 제각기 공개적으로 또는 몰래 연구하고 번역하고 기록해 놓지 않았다면 이 작품이 완성될 수가 없다. 신의 길은 신비하여 이 같은 위반된 방법으로 기록해 둔 것도 거룩한 성업에 도움이 되었다. 모든 학자들이 모든 논제에 추가로 기록해 놓은 것 은 개인의 것이지만 그들의 창의적인 노력이 게마라에 들어갔다. 4세기에 시작한 미드라쉬가 미쉬나 게마라를 거쳐 탈무드에 오는 데 천년이 걸렸지만 완성된 것은 아니었다.

탈무드에는 유대주의의 두 사상의 흐름이 관통한다. 이 탈무드 35권 일만 오천 페이지에 크게 두 흐름이 흐르는데 하나는 하라카라는 흐름이 있고 또 하나의 흐름 은 하가다이다. 할라카는 엄격한 민법과 형사법이 주류이고 하가다는 윤리 도덕 행 동, 신앙의 설화인데 하가다에 가장 중요한 것은 유월절 하가다이다. 유월절 하가 다는 모세가 자기 백성을 애굽에서 인도하여 자유에로 탈출시키는 해방의 이야기 로 유대 어린이들은 모두 암송하고 있다. 예수가 전한 복음서의 내용은 탈무드 하 가다에 속한다. 대부분이 설화로 엮어져 있다. 이것은 사실 하가다에 속하는 평이 한 이야기들로 현인들의 말씀이다. 이 미드라쉬는 예컨대 창세기 출애굽기 레위기 미드라쉬 같은 주석들이 있다.

65. 탈무드 육법전서

모세의 가르침인 토라를 탈무드로 만들어 6법으로 분류했다. 토라는 역사적인 사건을 통해서 나타난 것이지만 그것을 해석한 것이 탈무드인데 탈무드는 여섯의 카테고리로 조직 전문화했다. 바빌론 탈무드와 팔레스틴 탈무드(예루살렘 탈무드라고도 함)중 바빌론 탈무드가 그 내용에서 충실하고 분량도 많다. 바빌론 탈무드는 20권, 팔레스타인 탈무드는 15권이다. 물론 출판 년도와 출판사에 따라 더 큰 분량의 버전도 있다.

모세의 가르침을 육법으로 분류했다는 것이 무슨 뜻인가? 창세기. 출애굽기처럼 책의 분류로 해석한 것이 아니고, 성문과 구문의 모세 가르침을 육법으로 분류한다. 육법은 농사. 거룩한 절기, 여자를 중심한 가정과, 윤리경제민법, 성결법, 정결건강법이다. 성경을 거룩한 성경으로만 보지 않고 인간의 실제 삶의 법으로 편찬해서 실생활에 적용케 했다.

탈무드의 내용인 하가다와 하라카는 법의 질서, 그리고 윤리와 도덕은 인간의 생활과 관련되어 있는 것이므로 탈무드는 의학, 위생학, 천문학, 경제학, 정치 분야의 제반사항을 포함한다. 탈무드의 다양한 내용은 유대인의 지식의 범위를 넓히고 낡은 지식을 버리고 새로운 혜안을 갖게 했다. 따라서 탈무드를 따라가면 유대인 율법학자를 만들 뿐만 아니라 의사, 수학자, 천문학자, 철학자, 시인과 실업자가 되는 시야를 열어준다. 일반 교양교육을 받고 난 후 보통 10년, 혹 15년을 탈무드를 연구하여 과학적이고 이성적 합리주의 인간이 된다. 여기에서 유대인의 천재의 길. 세계인의 폭 넓은 분야를 보여 큰 인물이 될 수 있게 했다.

이러므로 모세의 율법이 탈무드에 의해서 윤리적 체계로 전문화되어 수준 높은 인간 삶을 만들어 주었다. 유대인의 관습중 비유대인을 당황케 한 것이 코사라고 하는 청정 음식법이 있다. 일반적으로 유대인의 청정 음식법이란 돼지고기를 안 먹는 것 정도로만 안다. 이 청정법은 모세의 세 가지 율법에 기초를 둔다. (1) 새끼 양을 어미의 젖으로 삶지 마라, 썩은 고기를 먹지 마라. (2) 반추동물이 아닌 우제류 짐승의 고기를 먹지 마라, (3) 지느러미와 비늘이 없는 고기를 먹지 마라. 이상에서 보아 알 듯이 돼지란 말이 청정 음식법에 나오지 않는다. 하나 돼지가 유제류 동물에 속하지 않지만 반추동물이 아니기 때문에 돼지는 불합격이다. 그럼에도 돼지고기는 맛이 있기 때문에 오늘날 유대인은 햄을 즐겨 먹는다.

탈무드는 젖 떼지 않은 새끼와 어미를 함께 짐을 지우지 않는다. 우유나 버터로 쇠고기를 요리하지 마라. 하나 이 법이 생긴 지 3000년을 지나 그 뜻을 충분히 알았으니 버터로 요리한 햄버거를 먹어도 괜찮다고 생각하는 사람이 많다. 썩은 고기를 먹지 마라. 그러면 썩은 고기가 무엇이냐고 묻는다. 이런 문제를 유추한 결과가 도살법이다. 결국 정교한 위생 도살법으로 짐승에게 고통을 짧게 주어 죽이라는 결론으로 가게 된다.

그러면 지금의 생활 법으로 돌아가 레스폰사가 어떻게 해석하는가를 보자. 미국의 도시가 인구 팽창으로 부유한 유대인은 교외로 이사한다. 교외에서 시내 시나고그까지는 몇 십 마일이 된다. 모세 율법에 안식일에 걸어서 갈 수 있는 거리는 2KM 미만이다. 회당에 가기 위해 안식일 법을 위반할 것인가? 아니면 안식일 법을 지킴으로 회당을 텅텅 비게 하는 것이 하나님의 뜻일까? 유대인 법정에서 이 문제를 어떻게 판단할 것인가?

하나님은 자기의 회당이 텅텅 비는 것을 원치 않는다. 그러면 연로한 노인이 회당에 가기 위해 뙤약볕에 걸어가다가 열사병으로 쓰러지기도 원치 않는다. 하나님의 회당에 가기 위해 운전을 하는 것은 일하는 것이 아니라 기쁨이다. 이 모세의 법은 자동차도 없고 시내와 교외도 없는 시절에 정해진 법이다. 요구하지도 않은 짐을 지고 진땀을 빼는 것은 어리석은 짓이라고 랍비가 말했다. 성경을 문자로 편협하게 풀어 필요 없는 고생을 하는 것은 어리석은 짓이라고 판단한다. 그래서 예쉬바 법정은 모세법의 원래 뜻이 상처 나지 않고 현실의 필요에 맞게 유연하게 풀이한다. 미드라쉬, 미쉬나, 게마라를 종합 편집하여 탈무드를 만들어 6세기를 살고 나서 7-8세기는 아랍 문명 속에서 희망과 눈부신 존엄의 유대시대가 된다.

66. 탈무드, 탈무드주의란 무엇인가?

탈무드를 공부하면 두뇌가 좋아져 천재도 되고 부자도 되는 길이 보인다고 했다. 유대인은 모두 탈무드를 공부하여 세상에서 가장 우뚝 높은 자리에 설 수 있다고 말한다. 과연 그럴까? 맞는 말이기도 하고 맞지 않는 말이기도 하다. 과연 탈무드가 인류에게 주는 영향이 무엇일까? 탈무드가 생긴 원인과 그 과정을 살펴보면 알 수 있다.

몇 번 한 말이지만 중요하기에 반복한다. 70년간 원수의 나라에서 포로 생활을 하다가 귀향길의 준비로 모세의 토라를 듣는데 히브리어를 잊어버려 이해하지를 못한다. 통역을 통해 모르는 히브리어는 해석하는데 듣고 보니 자기들의 현실생활에 전혀 맞지 않아 사용할 수가 없게 되었다. 모세의 토라를 버릴 것인가? 아니면 조상들이 믿고 따라온 하나님을 버릴 것인가를 고민하다 모세의 법을 합리적으로 이성적 해석을 한다.

유대인은 이미 세계 최고 문명국 바빌론과 페르시아의 교육을 받은 후였다. 성경을 무식하게 문자로만으로 이해하지 않고 문화적 배경을 이해하는 수준 높은 민족이 되었다. 유대인이 포로에서 풀려나올 때는 모세의 토라가 내려진 지 800년 후이다. 모든 살아 있는 것은 생명의 회전이 있다. 법의 생명 연한은 얼마나 될까? 한국의 법의 생명은 십 년마다 개정 헌법을 가지는데 800년을 경과한 모세법을 어떻게 받아들였을까? 그래서 모세 법에 이성적 합리의 바람을 집어넣어 새롭게 풀이한다. 이 법이 주어질 때 본래의 의도를 살려 현실에 맞게 적용한다. 앞장에서 설명한 바가 있다.

서론의 질문으로 돌아간다. 탈무드를 공부하면 천재가 되고 부자도 될 수 있는가? 그러나 그것은 정답이 아니다. 탈무드를 전문적으로 공부하는데 10년 내지 15년이 걸린다. 유대인 전부가 그런 탈무드를 공부할 수 있는 것은 아니니 공부를 통해 천재와 부자가 된다는 말은 맞지가 않다.

앞서 말한 바 토라의 본질을 살려 현실에 맞게 푼 것이 탈무드이다. 여기서 탈무드가 준 몇 가지 영향력을 생각해야 한다. 탈무드가 유대인에게 천재성을 준 것보다 더 중요한 것은 모세의 일신교 신앙이요, 실로 그보다 더 중요한 것은 모세법의 유연한 적용이다. 글자에 글로 푸는 문자주의가 아니라 모세의 원칙을 벗어나지 않는 한 유연한 적용과 풀이로 유대인은 어디에 가더라도 살 수 있는 유연성을 주었다. 모세법의 파괴가 아니라 살기 위해 그 법의 합리적 절충을 한다, 법의 flexibility를 살린 것이다.

물론 탈무드가 형성되기 전의 이야기지만 에스더가 적국의 왕비가 된다. 가령 일제 치하에서 내 여동생이 일왕의 왕비가 되었다면 한국사에서는 어떻게 평가할까? 다니엘은 적국의 수상이 된다. 그후 중세시대 영국의 수상 디즈레이, 이태리의 수상 손노라, 스페인의 수상 루자티, 불란서의 수상 레옹 뷸륨을 어떻게 해석할까? 재무장관 국방장관의 수도 적지 않은데 갚아야 할 원수의 나라의 최고 관리가 되는 것을 우리는 어떻게 이해해야 할 것인가? 그럼에도 유대인들은 본질에 상처 가지 않는 어떤 일도 유연하게 처리한다. 이것이 탈무드주의의 정신이다.

유대인을 몰살시키려는 시도는 구약에서부터 현대에 이르기까지 끊임없이 연속되어 왔다. 흑사병이 왔을 때는 흑사병을 만든 주동자가 유대인이요, 유월절 빵을 위하여 어린 아이를 죽여 그 피를 사용한 것도 유대인이요, 마을에 살인이 일어나도 전부가 유대인이라 하여 유대인을 몰살시키려 했으나 죽이고 돌아서면 그들은 다시 살아났다. 유대인을 모두 고위 관리에서 축출하고 나면 나라의 경제가 엉망이요 국방이 완전히 쓰러져 다시 수상으로, 재무장관으로 불러 모셔 들인다. 그럼에도 유대인은 원망하지 않고 그 자리에서 없었던 것처럼 태연히 자기 일을 한다. 그렇게 살아온 그들은 몰살당하지 않고 어디를 가든 고관의 자리를 유지하며 살아 왔다.

유대인을 이렇게 유연하면서도 강하게 지켜온 힘이 어디서 났을까? 탈무드의 정신이다. 해저의 바닥 물은 변함없이 자기 갈 길을 가면서 표면의 물은 태풍도 만나고 홍수가 오면 물결은 바람 따라 출렁인다. 탈무드, 탈무드주의는 승리만을 얻기 위해서는 유연하고 그리고 강성하게 세상 어디에서도 적응하면서 살아 왔다. 아마 이것이 천재의 길일 것이다.

67. 2400년을 흘러온 탈무드주의

탈무드주의는 2400년을 흘러온 유대인의 정신이요 신앙이요 사상이다. 탈무드
주의는 유대인의 지성이다. 탈무드주의는 유대인을 무식하게 내 버려두지 않는다.
유대인은 탈무드를 끌어안고 끝임 없이 배우고 부단히 노력하는 구르는 돌 같은 민
족이다. 어떤 상황에서도 배우기를 그치지 않는 독종들이다. 그러니 누가 감당할
수 있겠는가? 하루 이틀, 일 년, 이 년은 할 수 있다. 천년 2천년을 한결같이 그렇
게 하는 것은 아무나 할 수 있는 것이 아니다. 그러나 이들은 그렇게 하며 살았다.

탈무드주의는 기원전 5세기에 발아하여 최소한 19세기까지 2400년 동안 유대
인은 탈무드 속에 성장하며 살아 왔다. 물론 반탈운동이 여러 차례 있었으나 이들
은 탈무드 운동을 떠나지 않았다(반탈에 대해서는 후장에서 논한다). 탈무드주의는 페르
시아의 토양에서 발아하여 그리스 로마 이슬람 중세의 봉건 시대, 르네상스와 종교
개혁과 과학과 산업화를 거치면서 성장하면서 유대인을 키워 왔다.

탈무드주의는 유대인을 결속된 종교집단과 최고의 지성적 민족을 만들었다. 뿐
만 아니라 탈무드주의는 어떤 상황 속에서 어디에서라도 유대인이 살아갈 수 있는
길을 열어 주었다. 그러니 탈무드주의를 종교적 결속이라고만 말할 것이 아니라 최
고의 지혜를 생산하는 우물이었다. 그러기에 탈무드를 비유대인도 삶의 지혜로 받
아들이는 것이다. 이런 지혜는 지금 어떤 상황 속에서도 살 길을 여는 것임과 동시
에 미래에 어떤 상황을 당하더라도 유대인은 풀무 굴속에서도 살아가는 지혜를 찾
는다. 다니엘의 이야기가 유대인의 생명력을 보여주는 알레고리일 뿐만 아니라 현
실이었다.

어떻게 보면 유대인이 기회주의자로 변질했다고 말할 수 있다. 그러나 유대인은
본질의 변화 없이 사는 것만이 주요하다고 한다. 죽고 나면 아무것도 찾을 것이 없
다고 한다. 벤 자카이가 그런 치욕적이고도 기만적 방법으로 성 밖으로 나가 총사

령관 베스파니우스를 만나는 것도 살기 위한 방편이었다. 동양에서 흔히 볼 수 있는 자결 같은 것은 탈무드 사회에서는 볼 수 없다. 하나밖에 없는 생명을 끊는 것은 탈무드적 사고가 아니다.

유대인의 생존방법인 탈무드 정신은 유대인의 생존 방법인데 실제적 삶의 모습은 자치운동이다. 유대인의 생명운동으로 자치를 끊어 버리면 그것은 죽음과 같은 것이다. 파문, 즉 엑스커뮤니케이션은 유대인의 연결고리를 끊는 것은 죽음 같은 것이다. 잘 알려진 스피노자가 공동체의 뜻을 받지 않았을 때 그는 민족 공동체에서 끊어졌다. 우리가 잘 아는 게토란 것은 이태리에서 제일 먼저 생겼는데 한 곳에 몰아넣어 죽기를 기다렸는데 오히려 그곳에서 활기차게 더 잘 살게 되어 유대인을 부흥시킨 결과가 되었다. 게토 안에서 유대인의 삶은 이상적 천국 생활 같았다. 함께 공부하고 함께 삶으로 유럽에서 최고 가는 교육 공동체를 만들었다. 함께 모여 삶으로 함께 배우는 공동체 삶을 통해 더 큰 유대인으로 교육할 수가 있었다.

탈무드가 유대인에게 준 선물은 많았다. 유대인은 독립을 상실했으나 자유를 얻었다. 국토를 잃었으나 민족성을 찾고 황폐했으나 정신적 나라는 침해받지 않았다. 전쟁으로 민족이 진멸했지만 어떤 시대 어떤 지역에서의 유대인은 임금이나 술탄이나 칼리프처럼 존귀하게 대접받았다. 술탄이나 칼리프는 중동의 임금과 같이 존귀한 분들이었다. 어느 시대 어느 지역에서도 유대인이 무식하다는 평가를 받은 적이 없이 세상에 우뚝 높이 섰다. 이 모두는 신적 지시와 인도로 이루어진 것이다. 탈무드를 만든 일만 해도 유대인이 탈무드를 만들고자 스스로 노력한 적 없이 만들지 않으면 안 될 상황이 되어 버린 것도 신비였다.

유대인이 바빌론에 포로로 가서 얼마 되지 않아 그 사회에서 우뚝 선 인물이 된다. 페르시아에서는 유대인의 학식과 지성에 탄복하여 그 사회에서 최고 높은 관직에 오른다. 알렉산더의 후계자인 셀리코우스도 유대인의 학식과 유대인의 자치 사회에 탄복했다. 로마같이 강압적 정치 체제하에서도 유대인은 자치 왕을 가지고 있었다. 탈무드가 유대인을 지성적 인간으로 만들었기 때문이다. 이제 유대인의 자치제를 살펴보자.

68. 유대인의 자치제

아무리 그리스-로마 제국이 강력하여 항거할 나라가 없다고 했지만 유대인은 어쩔 수 없었다. 얼마나 강하게 항거하는지 그리스 로마제국도 어쩔 수 없이 자치제를 허락한다. 어쩔 수 없으니 너희들끼리 잘해 보아라. 그러나 대들지 말고 세금이나 잘 내어라. 당시 어떤 속국도 고분고분 잘 따라 오는데 유대인은 생명 걸고 자기들 맘대로 살아가니 할 수 없이 내버려 두었다. 그것이 유대인 자치제였다

앞장에서 언급한 대로 유대인의 여러 특성 가운데 하나가 자치제였다. 유대인 열이 모이면 열 개의 회당이 필요하다. 이 말은 그만큼 유대인의 주장이 강하다는 뜻이다. 그럼에도 경험한바 우리는 대장을 선출하여 힘을 모와 살지 않으면 다 죽는다는 결론에 감으로 자치제가 생겼다. 유대인의 자치제는 신의 통치하에 있는 천국사회의 모델에서 나왔다.

유대인의 두 번째 반란 후 성전이 무너지고, 그때까지 행하던 로마 행정관 제도를 없애고 유대인 자치제도를 허락한다. 이것을 족장제도 즉 파트리아크(patriarch)을 허락한다. 당시 족장 사회의 대표는 대제사장인 랍비 힐렐의 혈통을 받았다. 힐렐은 스스로 주장하기를 다윗의 후계라 한다. 힐렐의 족보는 예수가 다윗의 후손 가계보다 더 복잡한 것이었다. 당시 파트리아크를 나시 즉 왕자라 불렀다. 나시 왕자는 나라를 대표하는 국가 대표로서 왕의 행사를 하게 된다. 기원 85년에서 425년까지 힐렐 자치 왕자가 계속됐는데 더 이상 후손이 없으므로 나시 제도가 없어지게 되었다.

유대인들은 로마를 향해 대반란을 세 번 일으켰다. 마지막 반항이 코하바의 메시야 운동인데 로마의 심장을 찌르는 반항으로 이로 인해 로마는 비실거리기 시작한다. 이 같은 반항을 했음에도 불구하고 로마는 유대인을 향해 관대했다. 일반적으로 그 정도로 반항하면 유대인을 몰살시킬 것인데도 유대인 유화정책을 실시했

다. 하드리아누스 황제는 화가 나 유대인을 전부 추방하나 그 후임인 안토니우스 피우스(138-161)는 다시 유대인을 향한 자유 출입을 허락하고 좋아했을 뿐만 아니라 존경까지 하게 된다. 그래서 로마 치하에서도 유대인은 높은 지위를 갖게 된다.

탈무드라는 나무는 여러 문명 하에서 성장한다. 주전 5세기에 발아하여 주후 5세기까지니 천년이란 시간 동안 성장하고 숙성했다. 탈무드는 모세의 토라에 기초하지만 유대인의 2천 년 이상의 삶의 경험과 숱한 지식이 포함되어 편집됐다. 그러므로 탈무드는 나라 없이도 보편 국가민족을 유지하고 살 수 있는 지혜를 주었다. 그것이 유대인은 어디를 가더라도 자치를 유지하며 생존하는 길의 비밀을 알게 해 주었다.

지나간 역사를 잠깐 상고하면 포로 해방 후 유대인은 고향으로 돌아와 대제사장 중심의 자치 정부를 가진다. 페르시아제국, 그 후계자인 사산왕조는 신사적이어서 유대인들에게 관용과 자유를 준다. 사산왕조 안에 유대인 왕조를 허락한다. 대제사장이 왕자나 교황 같은 역할을 하는 것이다. 이때 유대인은 아주 평안한 자유생활을 하는데 이때에 통치한 대제사장을 엑시라크(exilarch)라 불렀다. 디아스포라 유대사회의 국가 원수 격으로 최고의 영화를 누렸다. 엑시라크는 법정을 가지며 세금을 거둘 수 있는 권한이 있어 사산 왕을 언제든지 만날 수 있었다. 그후 중세 시대는 가온(대사)이라고 부르는 왕자가 유대인을 다스렸다. 대왕국 속의 작은 왕국이 유대인 자치 왕국이다. 어느 속국도 가질 수 없는 자치 왕국을 인정받아 자치 정부를 가졌다. 그럼에도 불구하고 유대인의 정신적 지도자는 바빌로니아 학문연구소 즉 예쉬바였다. 정치적으로는 대제국을 따르고 행정적으로는 자치 정부를 따랐지만 실제의 삶에서는 바빌로니아 예쉬바의 랍비들을 따랐다. 패트리아크, 에스시라크, 가온으로 이름이 바뀌어 가면서 수장이 되어 유대를 자치 통치했다.

유대인의 삶은 7-8세기에 가서는 완전히 바뀐다. 로마세력이 비잔틴으로 바뀌고 이제 아랍제국이 중동과 유럽 전체를 뒤흔드는 세상이 되어 유대인은 아랍 제국의 멘토가 되어 상상하지 못할 특권을 누린다. 아랍제국의 모든 멘토는 유대인이었다.

69. 아랍제국 하에서 유대인의 생활

아랍제국은 마호메트가 세운 회교 제국이다. 6세기 후반에 일어난 마호메트제국이 30여년 지난 7세기에 가서는 중동 전체를 지배하는 대제국이 되어 가고 있었다. 이 아랍제국은 중동은 말할 것도 없이 로마-비잔틴 제국과 사산제국을 갉아 먹어 누구도 덤빌 수 없는 권력국이 되었다. 이 제국은 유대교나 기독교가 가까이할 수 없는 이질적인 종교를 가진 다신종교의 나라였다.

유럽의 그리스도교는 유대인이 왜 그리스도교로 개종하지 않는 이유를 모른다고 했는데 이제 그리스도교인을 향해 너희는 왜 모슬람으로 개종하지 않는 이유가 무엇이냐고 묻는다. 이제야 모슬람교로 개종하지 않은 그리스도인이 미덕으로 생각하는 시대에서야 유대인이 그리스도교로 개종하지 않은 것도 이해하면서 미덕이었다고 생각했다. 유대인의 과오나 실수를 그리스도인의 행복이라고 생각했는데 이제 그 입장이 그리스도교의 입장이 되었다. 뿐만 아니라 유대인은 이류 시민이라고 생각했는데 그리스도교인이 이류인생이 되었다.

이제 그리스도교인을 향해 아랍제국은 증오를 품고, 유대인은 호감을 얻는 민족이 되어 평화를 누린다. 가온(유대자치 최고 지도자)이 유대를 자치 통치를 하게 되고 바빌로니아 예쉬바의 학장은 유대의 교황 내지 추기경의 역할을 하게 된다. 정말 있을 수 없는 일이 있는 이상한 상황으로 바뀌는 것이 역사이다. 10세기에 바그다드를 방문하여 유대인의 삶과 가온의 모습을 본 여행자가 고백한다. 유대인 가온은 황제가 받는 존경과 사랑을 받는 존재였다고 다음과 같이 적어 놓았다

목요일 오후 가온이 카리프(아랍의 왕)에게 주말 인사를 하러 갈 때면 현지인과 유대인 호위 병사가 그를 옹위하여 간다. 행렬 선두의 호위자는 외친다. "다윗의 자손인 우리의 주님이 가신다. 길을 비켜라!"라고. 아랍어로도 외친다. 높은 가마에 탄 가온은 동양에서 온 비단옷을 입고 머리에는 큰 터번을 두르고 엄숙히 걸어

간다. 그 터번에는 마호메트의 번쩍이는 휘장이 길게 달려 있었다. 그가 카리프 (황제) 앞에 나가 그 손에 입 맞추면 카리프가 그를 옥좌에 앉힌다. 그 옥좌는 그를 위해 만든 거룩한 의자이다. 그때 궁정에 있는 모두가 일어서 인사하고 좌정한다. 그만큼 가온은 제국과 유대인 사회에서 존경을 받았다.

탈무드가 여호와를 세계인의 보편 하나님으로 변하게 하고, 유대주의 정치 이념도 보편정치로 바뀐다. 이제는 유대인만의 법은 없어지고 세계인을 위한 보편 법으로 탈무드는 변한다. 탈무드는 유대인이 유대인으로서 삶과 동시에 이제 세계인으로서 사는 길, 여러 나라에 흩어져 사는 유대인이 어디서도 살 수 있는 인간이 되도록 훈련한다. 보편 세계인으로 사는 이 길은 인류가 한 형제가 되는 이사야의 꿈을 구체화한 것이다.

아랍제국이 6세기 말에 태동하여 12세기에 왕성이 한풀 꺾기는 시간까지 유대인은 이런 보편 세계인의 사상을 가지고 평화를 누린다. 12세기가 지나고 아랍제국이 내리막길로 굴러 떨어지면서 유대인의 사상과 생활도 급속히 변해 갔다. 그때 유대인들도 삶의 자리가 동에서 서로 옮겨지기 시작한다. 12세기에 이동을 시작한 유대인들이 바다 물결처럼 서로 서로 옮겨 15세기경에는 유대인들이 거의 다 이동을 끝을 내고 그곳에 예쉬바를 설립한다. 15세기는 아랍제국의 몰락의 시기이기 때문이다.

유럽에 설립된 예쉬바에는 동에서 이동해온 유명한 랍비들이 모여 명성 높은 학문을 만드니 당시 탈무드 연구는 두 갈래로 나누어진다. 이태리와 독일의 예쉬바는 보수적 학교가 되고 스페인의 학원은 진보적 미래 지향의 학교가 된다. 말했듯이 탈무드는 완성을 행해 계속 편집하고 보충하니 이태리, 독일 예쉬바는 몇몇 학자를 생산하지만 후계자가 없어 영향력이 사라지지만 스페인 예쉬바는 마이모니데스와 스피노자 같은 철학자를 생산하니 그 영향력도 후일에까지 끼친다. 이리하여 그 찬란했던 아랍의 탈무드학은 아랍의 멸망으로 사라지고 독일, 이태리, 스페인 예쉬바로 옮겨와 스스로 쇠약해지고 불란서 예쉬바는 라쉬라는 걸출한 인물이 빛을 발휘한다.

70. 불란서의 탈무드 학자, 라쉬

불란서는 기독교와 유대인의 관점에서는 후진국이다. 자유인간의 혁명을 생산한 불란서가 어찌 유대교와 기독교의 이해에서는 후진국이었는지 잘 모른다. 아마 불란서를 지배한 가톨릭 때문일 것이다. 한데 11세기 불란서가 탈무드학에서 최고의 위치였는데 그것은 가온이 된 라쉬라는 인물 때문이다. 좀 과장스런 표현이지만 라쉬가 없었더라면 탈무드가 깡그리 잊혔을 것이라고도 한다. 라쉬의 아름다운 삶 때문에 라쉬는 죽고 난 후 받을 명예를 살아 있을 동안에 다 누렸다고 한다.

라쉬(1040-1105)는 불란서 북부의 트로아에서 태어났다. 방랑 학생이 된 그는 독일이 탈무드가 왕성할 때 그곳에서 공부를 마치고 고향 불란서로 돌아가 그곳에 예쉬바를 설립한다. 학문을 사랑하는 유대인은 좋은 학교가 설립되면 모두 그곳으로 모여든다. 트로아는 일만 명의 아주 작은 마을에 100세대 정도의 유대인이 살고 있는 이곳에 예쉬바가 있었다. 세계에 있는 유대인 학자와 학생들이 모여들었다. 그들은 전부 그리스도교인들 집에 하숙을 한다. 일반적으로 중세기의 유대인과 기독교는 증오의 관계라 하나 불란서에서 긴밀한 관계를 가지고 있었다. 라쉬는 독일에서 공부할 때부터 기독교의 문학과 음악에 관심을 가지고 배웠다. 그는 그리스도 교회의 찬송가를 배우고 목사에게 히브리어 노래와 자장가를 히브리어로 가르쳤다.

유대인이 가진 신념 가운데 이런 것이 있다. 유대인의 삶에 필요한 인물은 하나님께서 반드시 그 시간에 보내주신다는 것이다. 라쉬는 그 시대 유대인에게 필요한 그 인물이었다. 11세기의 불란서의 삶은 전혀 탈무드에 맞지 않는 생활이었다. 성서 해석자 리스폰사가 사라지니 탈무드를 이해하지 못했다. 라쉬는 이 점을 깊이 고민하고 해결하려고 마음먹었다. 이것은 불란서만의 문제가 아니라 유럽 전체의 문제였다. 그는 어려운 탈무드를 그 시대 사람들이 쉬이 읽어 이해할 수 있는 평서

문으로 바꾸었다. 그의 불란서어는 아름답고 쉬웠다. 라쉬의 불란서어는 아름다웠
지만 그의 히브리는 더 아름다웠다. 거기에다 그는 완전한 독일어에 아람어까지
능숙했다. 히브리로 이해가 부족할 때는 그는 아름다운 불란서어로 풀이까지 했다.
라쉬가 사용한 불란서어 3만 단어는 현대 불란서에서 찾을 수가 없어 그의 저작물
들은 지금도 귀히 여김을 받아 불란서어 연구 자료로 쓰인다.

　모세오경의 전문가인 그는 누구보다 쉬운 주석 설명을 했다. 모든 유대학자가
그의 탁월한 오경 주석을 읽었다. 라쉬의 성서해석은 그리스도교 학자들에게도 큰
영향을 주었다. 목사들이 크게 영감을 받아 그의 저서는 기독교계에도 널리 읽혀졌
다. 라쉬의 신학은 마르틴 루터에게도 큰 영향을 주었다고 한다. 라쉬의 삶에는 아
름다운 에피소드가 많다.

　라쉬의 아버지가 귀한 돌을 하나 주웠다. 보석이었다. 교회에서 비싸게 사려는
제안을 했다. 돈이 많이 들어오면 가정이 무너질 것 같아서 그 돌보석을 바다에 갖
다 버렸다. 그래서 얻은 아들이 라쉬였다. 위인의 자녀들은 좀처럼 부모의 길을 가
지 않는다. 하지만 라쉬의 자녀들은 전부 아버지의 길을 따라 탈무드학자가 된다.
1105년에 라쉬가 죽은 후에 그 자식들이 그 길을 따라 라쉬의 가르침을 토사포트
(tosaphot) 즉 추가 탈무드를 만든다. 이 추가 탈무드가 완성이라고 보고 다시는
추가를 만들지 않는다.

　기원 3세기 하나시가 염려하여 미쉬나를 완결판으로 내고 다시는 미쉬나를 만
들지 말라고 요청한 것이 라쉬에 의해 12세기에 완성된 것이다. 이로써 사람들이
진리의 원천인 모세 토라보다 탈무드 쪽에 더 관심을 갖는다. 원저보다 주석을 더
중히 여겼다는 것이다. 이때 랍비들은 탈무드의 석의의 문을 꽁꽁 잠가 누구도 추
가하지 못하게 했다. 이리하여 탈무드의 법전화가 시작된 것이다.

　12세기에서 15세기는 유대인에게 있어서 불길한 시대였다. 물론 아랍 제국과
유럽에도 불행한 시대였다. 8차에 걸친 십자군의 원정, 그리고 이슬람제국의 멸망
이 있던 시기였다. 르네상스의 새 바람이 불었지만 유대인의 삶에는 별 영향을 미
치지 못했다. 예쉬바의 문도 탈무드의 법전도 입을 다물었다.

71. 유대사에 가장 위대한 철학자, 마이모니데스

일반적으로 탈무드가 6세기 초에 완성됐다고 하지만 11세기에도 탈무드는 조직적 정리가 완성도 법제화도 되지 않았다. 공부하고자 하는 사람들이 어디서부터 공부해야 할지를 몰라 방황했다. 말했듯이 유대사는 꼭 필요한 인물이 꼭 필요한 시간과 장소에 하나님께서 내보내신다는 것이다. 하나님이 보낸 그 사람이 나타났다.

75세의 모르코의 유대인 알파시가 11세기 후반기에 복잡한 탈무드를 법전화하기 시작했다. 그는 부잣집 막내처럼 자기 맘에 드는 것만 남기고 나머지는 전부 쓰레기장에 버렸다. 미쉬나의 랍비적 주석인 게마라의 요점만 남기고 다 없애 버렸다. 알파시의 시도는 훌륭한 것이었지만 너무 많은 양을 쓰레기장에 버린 꼴이 되고 말았다. 그리고 조직적 체계가 서지 않아 별 유용한 책이 되지 못했다. 간략하게 분류되고 쉽게 활용할 수 있는 탈무드와 인물이 필요했다. 그때 나타난 사람이 모세스 벤 마이몬(Moses ben Maimon1135-1204)이다. 그리스도교도들 사이에서는 마이모니데스라고 알려진 탁월한 의사요 철학자로 유대사의 최고의 학자이다. 파문을 당한 스피노자는 세계적 인물이지만 마이모니데스는 유대적 인물이다.

마이모니데스는 세 문명 속에서 항상 교통하는 폭 넓은 학자였다. 이슬람과 기독교와 유대교 문명 속에서 항상 교통한 사람이었다. 스페인의 코르도바에서 태어나 그곳 예쉬바에서 학문을 했다. 그의 가문은 명문이어서 판사 재정가 학자들이 배출되었다. 광신적 가톨릭과 스페인이 침략해 와 야만족 속에서 피해 가면서 살았다. 그러다 할 수 없이 스페인을 떠난다. 야만족들을 도저히 감당하기가 어려워 북아프리카 패즈로 피신하여 그곳에서 의학을 공부한다. 만족의 세력이 아프리카까지 넘자 마이모니데스는 애굽의 카이로로 이사하여 의사 개업을 한 그는 그곳 카리프의 주치의가 된다. 그의 명성을 들은 영국의 리차드왕이 왕실 궁의가 되어 달라고 요청하나 봉건 노예제도하의 영국보다는 아랍제국이 낫다고 생각해서 애굽에

머문다.

마이모니데스는 「미쉬네 토라」를 썼다. 14권으로 된 가장 정밀하고도 체계화된 탈무드 교본이다. 사람들은 제2의 토라라 불릴 정도로 모세의 토라의 원뜻에 가까우면서도 인간의 실제 삶을 인도하는 책으로 일체의 계율과 율법의 가르침이 다 수록돼 있다. 그는 미신을 멀리하고 비난하면서 기적을 합리적으로 해석한다. 그래서 마이모니데스는 탈무드 토라와 동일하게 생각했다. 모든 유대적 가르침은 모세의 토라를 강조하면서 미래를 내다보는 현실주의자였다. 마이모니데스의 역할은 예언자적 유대주의를 생명으로 알고 부활시킨 그 당시의 선지자였다.

마이모니데스는 유대인에게는 미쉬네 토라의 저작자로 유대 선생이지만 일반적으로 그는 철학자로 알려져 있다. 모슬람과 기독교에 정통한 그는 유대인들의 눈을 열어 세계를 보게 했다. 그리스 철학의 영향을 많이 받았기 때문에 그는 유대적 사고 방법이 그리스적인 것과 동일하다고 생각했다. 그의 유대 저작물들은 아리스토텔레스의 시야가 들어 있어 두 세계가 교류하고 있다. 그의 저서 「길 잃은 자들을 위한 길잡이」는 지극히 합리적인 유대사고가 들어 있다. 그의 폭 넓은 세계관과 관용정신은 합리적이어서 유대인의 사고를 깊고 넓게 하는 경이로 차 있다. 마이모니데스는 유대인을 위한 르네상스의 선구자로서 그의 저작물들은 기독교와 회교도들의 연구대상이 되었다. 그 시대밖에 모르는 폭 좁은 유대인들은 그를 욕하면서 그의 저작물을 불사르기까지 했다. 이것이 1232년의 일인데 12년 후에 있을 유대인 분서갱유를 사전에 보는 듯했다.

마이모니데스는 오만한 학자여서 최고 수준의 글을 써놓고 아무도 자기를 이해하지 못한다고 불평하기도 했다. 하나 그의 글은 수준이 있고 아름다운 문장으로 모두 읽어야 할 책들이었다. 아무리 어려운 이론과 문장도 그의 손에 들어가면 간단명료한 이론으로 바뀌었다. 그의 철학 서적들은 지나친 합리적이고 그리스적이라고 외면 받았지만 그의 탈무드 토라 책들은 환영받았다. 그의 시대가 가고 15-16세기에는 르네상스와 게토가 기다리고 있었다.

72. 카로의 백만인의 탈무드

아무리 시대가 바뀌어 신천지가 왔다 해도 유대인의 삶에 광명 천지가 쉬이 온다고 기대하지 않았다. 이것이 선민의 운명이다. 모슬람시대는 그래도 유대인에게 있어서는 우호적이고 관용의 시대라 학문과 신앙에 자유를 누렸다. 모슬람은 유대인을 배우며 존경하고, 유대인은 선생 노릇을 약 천 년 간 하던 것도 끝이 나고 게토를 향해 16세기를 맞이한다.

15-16세기에 이르러 그리스도교가 점점 확대되어지고 유대주의는 축소되고 탈무드의 나무도 시들해지기 시작했다. 유대주의가 왕성하면 기독교는 축소되고 기독교가 왕성해지면 유대교가 시들해지는 현상이었다. 유대교와 기독교와의 관계는 항상 그러했다. 유대교도 좋고 기독교도 좋은 시대는 없었다. 이제 탈무드도 동맥경화를 맞이하여 인기가 시들어진다. 예쉬바의 시대는 끝이 나고 15세기경의 예쉬바는 유대인을 문맹에서 건지는 정도였다. 유대교도가 좋은 시절은 기독교가 오류를 범하여 휘청거리는 시대뿐이었다.

유대인은 살기 위해 토라 탈무드에 의존하여 새롭게 태어나는 길을 찾았다. 그 시도를 제일 먼저 시작한 사람이 북아프리카에서 태어난 알파시였는데 그는 법전화를 엉망으로 하여, 마이모니데스가 전문적으로 법제화를 하였다. 마이모니데스는 11세기 후 한참 동안 유대인의 어둠을 밝히는 큰 등대였으나 그도 가버리고 몇백 년 동안 유대인은 그의 가르침으로 겨우 살았다. 그때 누구나가 손쉽게 탈무드를 가질 문고판 탈무드가 필요했다.

그때 나타난 랍비가 요셉 카로(1488-1575 Joseph Caro)였다. 모험심이 많고 지혜로운 학자가 나타났으니, 그는 오랫동안 유대인의 정황을 살펴본바 누구나 다 항상 휴대할 수 있는 탈무드를 생각했으니 그가 고안한 것이 「백만인의 탈무드」였다. 이 막중한 탈무드 법제화를 세 번째 실천한 명석한 학자였다.

그는 스페인의 토래도에서 출생하여 1492년 추방의 물결에 휩싸여 이제 비잔틴으로 이주한다. 당시 터키는 유대인에게 우호적이며 팔레스타인 이주를 허락했기 때문에 1525년에 예루살렘 북쪽으로 이주한다.

그곳에서 카로는 「백만인을 위한 탈무드(everymans′ Talmud 1565)」를 발간하는데, 그 내용에 맞게 준비된 식탁이라 했다. 이 책은 바쁜 생활인을 위한 만능법전으로 어떤 삶의 문제라도 대답해 주는 탈무드로서 하나의 혁명이었다. 카로의 이 책을 읽은 사람은 어떤 학자와도 논쟁할 수 있는 명확한 질문과 대답이 준비되어진다. 이 책으로 인하여 유대인은 어디로 가서도 살 수 있게 하여 게토에도 갈 수 있는 준비도 된 셈이다.

이것은 준비된 식탁이니 더 이상 연구할 필요가 없어졌다. 이것이 탈무드의 동맥경화로 발전한다. 그런 점에서 카로의 노력은 유대인의 삶에 복이 되기도 하고 화가 되기도 했다. 백과사전이 좋은 점도 있지만 나쁜 점도 있다는 것은 명확한 답변도 주지만 그 이상의 추상적 사고를 할 수 없게 만든다. 그러니 생각의 경화가 와서 더 이상 발전의 길을 막는 것이다.

16세기 초 유대인이 게토에 들어갈 때 「백만인의 탈무드」는 삶의 명확한 길잡이가 된 것은 확실했지만, 백만인의 탈무드의 테두리를 벗어나지 못했다. 그러니 유대인의 사고가 정해진 타성 속에 젖어 그곳에만 살게 함으로 발전 있는 몸부림을 할 수 없게 되어 게토의 유대인들을 메말라 가게 하였다. 자유스런 유대인의 사고를 속박함으로 발전 없는 상례로 가게 되었다. 소년 시절부터 라쉬의 인도주의, 마이모니데스의 합리적 사고를 배우다가 카로에 와서 백만인의 탈무드 속에 갇혀 버린 것이다

이런 한계를 가진 카로의 탈무드를 배운 유대인들이 게토의 자유화가 왔을 때 밖에서 찾아온 광명에 눈이 부셔 눈을 뜨지 못하여 바깥 상황을 분간하지 못했다. 갇혀 있는 게토에서 나온 유대인들은 탈무드에서 배운 이상주의 때문에 이론과학자나 수학자가 되고, 어떤 사람은 탈무드는 시대에 뒤떨어진 무미건조한 것이라고 생각하여 기독교로 개종하는 자도 있게 되었다. 탈무드의 유연성을 잊은 카로의 백만인의 탈무드가 준 것은 복과 화의 길이었을 것이다.

제6장. 메카에서 역사가 시작되다

낙타를 탄 한 사람의 방랑자가 알라라는 신을 만나
사막의 주인공이 된다
30년도 안 되는 짧은 시간에
중동의 모든 나라를 정복하고
제국을 세워 천년 왕국을 이룬다

이 사막 제국의 주인은 누구인가
그는 무엇으로 제국을 통치했는가

알라의 이름으로 세운 사막의 제국에서
철학자와 과학자가 되어
아랍제국의 선생이 되어
유대인은 창조의 황금시대를 열어
최고의 영광을 누린다.

하나 그 찬란한 제국도 회교의 기울어짐으로
그 제국은 흐려지고
그리스도의 십자가 모습이 드러나면서
이제 세상은 암흑으로 다가가고 있었다

73. 사막의 바람, 마호메트의 등장

6세기말, 7세기 초에 불쑥 바람처럼 나타난 마호메트를 실증주의 역사가 랑게는 어떻게 해석할까? 실증주의는 사실을 가장 정확이 조사하여 사실을 밝히는 것이라면 랑게는 모래사막 위의 이 현상을 어떻게 실증적으로 묘사할까? 당연히 있어야할 사실이 나타난 것인가? 아니면 신의 장난일까? 그들이 신인 알라의 기적인가?

그들은 몇 천 년간 낙타의 똥을 연료 삼아 식생활을 해결하며 근근히 살아온 사막의 유랑인들이다. 마호메트가 제국을 세워 중동을 지배했다고 해서 그들에게 달라진 것이 아무것도 없다. 마호메트가 나타나 천지를 진동시켜도 그들은 소똥 불을 피워 밀 빵을 구워 먹고 약한 자를 등쳐먹는 강도짓은 여전했다. 그렇다면 이 사막을 변화시킨 마호메트의 힘이 무엇이었을까? 알라의 초능력인가? 아니면 한 위인의 영향일까? 위인설이란 바꾸어 말하면 한 사람의 능력이나 기지로 인간을 바꾸고 역사를 변화시키는 메시야 사관이다. 회교, 모슬람, 마호메트교라고도 하는 이 아랍제국은 마호메트 한 위인의 의지로 이루어진 제국을 어떻게 설명해야 할 것인가? 슈펭글러나 토인비가 이스라엘을 하찮은 소국으로 간주하여 각주로 내려 보내듯 이 마호메트 제국도 그렇게 할 수 있을까? 비천한 무지렁이가 아무런 정치 배경도 없이 이룬 제국은 역사의 불가사의다.

메시야로서 마호메트는 유대인의 전승을 따라 비천한 신분의 출신이란 규정 속에 있다. 유대 전승에서 메시야는 천박한 출신에 천한 직업에 창녀 같은 부정한 여인과 함께 살아 천시를 받는다. 우리가 알기로 아브라함도 천한 양치기였고 궁정출신 모세도 사막의 양치기로 살고 예수도 천한 목수 출신이다. 마찬가지로 마호메트도 낙타를 부리는 천한 일을 하며 천한 여인들과 함께 살았다. 메시야로서 자격을 충분히 갖춘 천한 사람이었다.

역사에 드러난 마호메트의 경력은 전부가 조작된 것 같은 이야기다. 그는 유대주의에 큰 영향을 받아 그 신앙을 배워, 유대인을 책의 민족이라 하여 존경했다. 그는 스스로 아브라함의 자손으로 유대인을 형제처럼 아주 가깝게 여겼다. 유대인이든 그리스도인이든 알라의 이름하에 한 형제라고 선포한다. 그는 사막의 야생인으로 이성을 멀리하며 자기 환상에 의지하여 산 사람이다. 놀랍게도 백년도 안 된 짧은 동안에 그 당시 이해한 세계관에서 절반도 넘는 대륙을 장악했다. 그리스도교가 선교에 실패한 야만족들을 마호메트는 전부 선교하는데 성공하여 세계를 지배하게 된다.

마호메트가 세운 이슬람 제국은 마호메트를 종주로 한 아랍인들의 제국으로 632년 지중해에서 오스만 터키까지 연결하면 1923년까지 역사는 연장된다. 물론 수없이 많은 왕조가 바뀌고 나라와 수도도 옮겨지지만 알라종교라는 관점에서 하나의 제국이다. 세계사에 가장 큰 영향을 끼친 가장 장구한 제국이다. 여러 종파로 분리되지만 이슬람제국이란 관점에서 보면 지금도 현재 진행형으로 도무지 이성적으로 상상할 수도 없는 신비제국이다.

역사에 가장 불가사의하고 경이로운 제국은 지중해에서 시작하여 애굽, 팔레스타인을 거쳐 북으로 터키에, 홍해와 아라비아해와 페르시아 만을 포함한 대반도이거나 대부분이 쓸모없는 사막이다. 거기에 태고 적부터 크라이쉬 아랍족이 살고 있었다. 문명은 뒤졌지만 다산인 이들은 셈족의 아랍인을 생산하여 바빌론과 사산에 보내 문명의 야성을 불어 넣었다. 아주 야성적이고 강인하여 그 사막에서 죽지 않고 번성하여 나라를 이루고 사는데 지금도 문명의 도시 뒤뜰에는 야만의 옛 생활을 그대로 유지하며 살고 있다.

알라를 만나기 전에 아랍인의 신앙은 잡신 자연 숭배자들이었다. 그들은 하늘에 있는 것이나 땅에 있는 것이나 무엇에든 절하며 섬기는 신앙의 대상으로 삼았다. 지금도 메카에 보관하고 있는 흑석 운석마저 그들의 신앙의 대상이 된다. 하늘의 알라가 보내준 선물이니 섬기며 경배하는 것이 마땅하다는 것이다. 그들은 심히 종교적 인물이어서 사막을 지켜주는 보호신이라고 믿고 섬겼다. 베두윈 아랍인과 쿠라이쉬 아랍인이 중동의 주인이라 하지만 실제로 중동 전체의 주인은 베두윈이고 쿠라이쉬 아랍인은 주로 해안가에서 대상을 상대로 장사와 농업을 하면서 살았다.

74. 마호메트의 탄생

아라비아반도는 어떤 희망도 미래도 없는 버려진 절망의 땅이었다. 있는 것이라고는 모래, 그리고 모래 위에 굴러다니는 낙타의 똥, 그리고 사막 위에 있는 신기루뿐이었다. 농사라고는 해변과 강가 몇 군데뿐, 할 수 있는 일이라고는 사막의 대상의 물건을 빼앗고 어떤 상대든 죽이는 일에 잔인했다. 기원 1세기말 유대인이 고향으로 돌아옴으로 상업과 공업이 발전하나 그 다음 세대부터 유대인이 디아스포라가 되어 세계로 흩어지면서 아라비아로 몰려간다. 사산왕조와 동로마인 비잔틴제국과의 싸움이 끝도 없이 진행되자 그마저도 살지 못하고 동쪽으로 도망쳤다.

애굽을 장악한 프톨레미왕조와 셀레우코스 왕조가 팔레스타인을 먹기 위해 싸우는 것처럼 사산왕조와 비잔틴이 싸우나 승부가 나지 않아 상호평화조약을 한다. 이에 긴 안목을 지닌 자들은 전쟁이 없는 동쪽으로 피신했다. 동쪽으로 피신한 유대인들은 아라비아 남쪽 강변으로 나가 금속과 수공업을 발전시키고 야자대추를 심는 법을 개발했다. 그들은 그곳에 메딘나라는 도시를 만들어 오늘까지 그 대추 농사를 하고 있다.

쿠라이쉬 아랍인들도 협조하여 신도시와 농사일에 발전을 기하며 그들도 그 일들을 배웠다. 유대인의 인구도 많았지만 2500년 동안 쌓아온 유대인의 기술로 메카를 도시화하는데 주력한다. 실은 모슬람의 메카는 유대인의 작품으로 아랍인들은 항상 감사했다.

때에 그리스도교가 약탈을 위해 아랍을 침략하여 들어오는데 유대인은 앞장서서 그리스도교 군대를 물리친다. 이에 아랍은 그리스도교는 배척하지만 유대인은 환영을 받는다. 물론 신앙이 다르지만 아랍인은 유대인을 존경하고 사랑했다. 첫째로 금욕적 유일신 신앙과 유대인의 가정생활과 교육열에 감동받았다. 그래서 아랍인은 유대인을 책의 백성, 성서의 백성이라 부르며 형제처럼 가까이 지냈다.

　바울이 이교도 선교를 할 때 어디 가서 누구에게 선교를 해도 그들은 구약성경의 내용을 알고 있어서 대화가 편리했다. 왜냐하면 250여 년 전에 이미 70인 역이라는 구약성서가 번역이 되어 있어 그것을 읽었으므로 내용을 이미 알고 있었다. 마찬가지로 아랍인들도 유대인의 성서를 읽어 예비지식을 가지고 있어서 대화가 쉬웠다. 사실인즉 이슬람의 출발 역시 유대교의 성경 위에서 시작된 것도 서로 가까워질 수 있는 이유이다. 다른 말로 표현하면 모슬람의 무대장치 위의 주인공은 마호메트요, 신앙은 이슬람이요 그 원동력이 된 사상은 유대교였다.

　예언자란 아마 100년쯤은 지나고 나서 평가해야 할 것이다. 그 정도의 시간은 지나야 인간적인 속성과 신성도 드러날 수 있기 때문이다. 이 말을 하는 이유는 마호메트의 예언자로서의 권위도 신성도 나타내기에는 너무 이른 시간에 이미 그를 신으로 추앙하게 되었다. 그 만큼 아랍인들은 신의 속성을 분간하는 영성이 없었던 것 같다.

　마호메트(569-632)는 채 여섯 살도 되기 전에 부모를 여의고 처음에는 할아버지 손에, 그리고 나중에는 삼촌의 손에 맡겨졌다. 그의 할아버지도 삼촌도 글을 몰랐는지 글을 가르치지 않아서 마호메트는 무학이었다. 아주 후일에 동굴에서 기도하는 중에 일시에 글을 깨우치게 되었다 한다. 아브라함이나 모세와 예수의 유년시절에 대해 잘 알려지지 않았던 것처럼 마호메트의 유년시절에 대해서도 아는 것이 별로 없다. 예수처럼 12살이 되어 대상을 따라 시리아로 가서 유대교와 기독교를 접하여 새 인생의 혜안을 갖게 되었다. 그때 그의 경험으로 성서의 백성에게 존경심을 가지고 사랑하게 되었다. 그의 생각은 평생 변하지 않았다. 특히 그때 만난 장로에 대한 존경심은 그의 코란에 기록될 정도였다. 그는 25세가 되어 유복한 미망인을 만나 결혼하여 25년간 그 여자만을 보고 살았다. 51세에 아내를 잃고 나서 두 명의 아내와 10명의 후궁을 가졌는데 이것이 모슬람이 다처를 가진 모델이 된 것 같다. 아랍제국, 살 길도 희망도 보이지 않는 척박한 모래바람, 절박한 종교가 생성할 수밖에 없는 상황이었다.

75. 마호메트의 침략 포교

인류 역사에서 볼 수 없는 포교 방법, 침략과 살육의 방법으로 천하를 포교하는 종교, 이슬람교는 지금도 침략과 살육의 방법으로 세계포교에 나서고 있다. 자기들 나라에서는 어떤 이교의 포교를 허락하지 않으면서 전세계에 마호메트교를 전달하고 있다. 이 방법은 대단히 효과가 있어 종교 창시를 하고 백년도 안 되어, 그 당시 세계의 절반을 지배하게 된다. 그러니 죽지 않으려고 벌벌 떨면서 살려달라고 애원하면서 개종을 한다. 한번 가입을 하면 그곳을 떠나지 못한다. 사랑을 말하면서 포교하다 순응하지 않으면 무자비하게 처단한다. 그래서 한 손에 그들의 코란, 다른 한손에 칼을 들고 포교한다는 말까지 있다.

이 종교를 만든 마호메트의 태생은 전혀 주목할 것이라고 없는 가난하고도 불우한 현상뿐이었다. 키도 크지 않은 중간 정도의 신장으로 풍성한 수염에 긴 머리를 했다. 이발소에 갈 형편이 안 된 듯 머리를 한 번도 손질하지 않았다. 웃는 일은 드물었지만 위엄을 유지하면서 유머감각은 날카로워 그 다음날까지 웃게 만들 정도였다. 마호메트는 아랍인의 전통을 자랑스럽게 생각하면서도 유치한 다신교적 미신신앙을 부끄럽게 생각했다. 그는 싸움밖에 모르는 싸움꾼으로 힘으로 모든 부족을 규합하여 민족을 통일시키는데 공통된 종교를 가져야 한다고 믿고 실천했다. 이런 야심적 꿈을 실현하기 위해 행동으로 예언자가 되고자 했다.

마호메트는 신과의 대면을 위해 어느 동굴을 찾았다. 나이 40이 된 마호메트가 동족을 구할 방법을 위해 신 내림을 받고자 했다. 이 동굴에서 신 내림을 체험하는데 모세나 예수가 신 내림을 받은 경험과 비슷했다. 마호메트에게 내린 신 내림은 천사 가브리엘이었다. 마호메트가 기록한 코란에 의하면 천사 가브리엘이 글자판을 보이며 읽으라고 명하자 일자무식의 마호메트가 즉석에서 읽게 되어 글을 해독하게 된다. 그 글자판에 쓰인 거룩한 문자는 이렇게 씌어졌다. 참된 신 알라가 마호메트 너를 이 세상의 구원의 사자로 보낸다. 이때부터 그는 알라의 사자로 자처하며 포교에 나선다.

그의 새로운 종교의 진리를 그의 아내에게 가르친다. 그리고 그의 혈족들에게, 나중에는 그 대상을 넓혀 세상으로 나간다. 잘 나가던 포교가 벽에 부딪친다. 예수의 포교가 처음 가난하고 병든 자와 노예들에게 사랑과 자유의 손길을 보내 급속한 신도 평창이 되는데, 마호메트도 이 방법을 따랐다. 마호메트가 노예들에게 포교하며 자유를 선포하자 아랍의 귀족인 쿠라이쉬가 반항한다. 배두원과 쿠라이쉬 아랍인은 아랍의 두 주류 세력이다. 가장 손쉬운 전도 대상이 노예들이었는데 쿠라이쉬 아랍인이 못 마땅히 생각했다.

예수가 전도를 할 때 제일 먼저 택한 사람들이 가난한 자, 병든 자, 그리고 노예들이었다. 누구의 손길도 받지 못한 사람들에게 사랑과 보살핌을 주자 기하급수적으로 신도의 수가 늘어났듯이 마호메트도 노예들을 대상으로 전도하자 기득 세력인 쿠라이쉬 아랍인 반대하니 십여 년을 싸우다 할 수 없이 메카를 떠나 메디나로 도망간다. 메디나는 유대인이 세운 유대인의 도시였다. 인구의 대다수가 유대인이었다.

마호메트교의 바탕은 유대교다. 아브라함, 모세, 예수를 따르는 후계자가 마호메트이니 유대인들이 자기를 후원해 줄 것으로 기대하며 메디나로 갔는데 그의 기대는 무너진다. 유대인들이 냉랭하게 대하니 한 가지 생각을 한다. 배운 것이 없는 무지렁이지만 사물을 보는 지혜는 대단했다. 메디나의 재산을 쥐고 있는 유대인의 재산을 탈취하면 쿠라이쉬 아랍인의 환영을 받을 것으로 생각한다. 유대인의 재산을 탈취한 마호메트는 그것을 쿠라이쉬 아랍인들에게 나누어 주지 않고 자기가 취하고, 그 힘으로 만 명의 군대를 무장하여 메카를 공격한다. 유대인의 재산을 탈취한 마호메트 편을 들지 않은 쿠라이쉬 아랍인은 칼 앞에서 후퇴하며 굴복한다.

2년 안에 아랍의 대부분의 전토가 마호메트의 수중에 들어온다. 마호메트의 새로운 종교는 마침내 기반을 잡고 메카에 둥지를 틀고 중동을 지배한다. 이 새로운 종교가 이슬람이다. 마호메트는 632년에 세상을 떠났는데 이것을 그들은 예루살렘에서 승천했다고 한다.

76. 마호메트의 확장

칼을 들고 포교하며 받아들이지 않으면 산 사람을 작살내는 종교를 어떻게 평가해야 할까? 이 같은 종교가 우리 인류에게 필요할까? 아니면 아랍의 세계에서는 이런 잔인한 종교가 왜 필요했을까?

그 내용을 떠나 영향력으로 그 위대함을 평가한다면 그는 강력한 인물임에 분명하다. 그 영향력에서 몽고의 징키스칸을 능가할 수는 없지만 마호메트는 종교의 이름으로 미래 세계까지 살아남아 그의 영향력을 능가한다. 마호메트가 알라의 계시로 아랍을 통일했다면 그의 후계자 아브 바크로는 칼로써 정복했다. 아브 바크로는 코란과 초승달형의 칼을 들고 전 아랍을 휩쓸었다. 역사의 정의로운 신이 있다면 이것이 신의 뜻으로 인정했을까? 물론 이슬람에게 묻는다면 다른 대답이 나올 것이다. 유사 이래 어떤 사람도 어떤 사상도 아랍을 이렇게 존엄하게 단결시키고, 아랍을 보호하며 살 길을 연 실례가 없다고 할 것이다. 그렇다면 마호메트가 창시한 이슬람이 가르치는 핵심 진리가 무엇인지를 말해야 한다.

모든 종교가 말하는 종교의 신비교리는 우리 인생에게 도움이 안 된다. 쿠란이 말하는 진리의 기둥이 다섯이든 일곱이든 그것은 우리 실생활에 아무런 의미가 없다. 영원한 미래 세계 같은 것도 어느 종교에서도 말하는 밀의로서 관심거리가 안 된다. 실제적으로 우리 삶에 어떤 의미를 주느냐가 중요하다. 모슬람은 인간의 평등과 평화만이 중요하다고 가르친다. 그것을 위해서는 침략과 살육도 정당하다고 가르친다. 여기에서 오늘날 테러의 뿌리가 보인다. 모세 다윗 예수의 가르침은 위대하다고 인정한다. 모세, 다윗, 예수의 가르침 어디에 그 같은 잔인한 살상의 교훈이 있는가?

버림받은 중동이 한 종족으로 통일한 집합적 권세만이 모슬람 가르침의 주요한 핵심 같다. 초승달 형의 칼을 들고 중동을 휩쓴 아랍인들, 6세기에 그들은 천대받는 유목민이었다. 7세기에는 파죽지세로 밀어붙이는 정복자, 8세기에는 지중해와 아라비아반도의 대제국의 주인이 된다. 9세기에는 예술, 문화, 천문학, 건축, 과학에 찬란한 문명을 만드는 선진국이 된다. 이때 유럽은 아랍의 칼끝에서 벌벌 떤다. 무식하며 인간 계수에도 없던 아랍 유목민이 세계를 단칼로 박살내어 버린다. 누가 대항하랴.

아랍인이 지나가는 길목은 전부 함락되어 속국 내지 아랍의 일부가 된다. 635년에 다마스쿠스, 638년에 팔레스타인, 640년에 시리아, 641년에는 애굽이 정복당한다. 도저히 당해낼 수 없는 사막의 폭풍이었다. 그중에 사산왕조의 패배는 처참했다. 그 찬란한 사산왕조가 636년에 정복당한다.

도저히 적수가 안 되는 아랍군이 우세한 사산왕조를 향해 공격을 퍼붓는 날 사막의 모래 폭풍은 눈을 뜰 수 없게 만들었다. 두 번째 공격을 시도한 사산왕조는 병력 15만으로 보복하려 했지만 3만의 아랍군대에 비참하게 패배를 당하여 그 찬란했던 사산왕조는 종말을 고한다. 이들의 힘은 어디서 왔는가? 그들은 말한다. 알라의 손이 아랍과 함께 했다고. 과연 그랬을까? 그랬다면 마호메트가 알라를 만나기 전에는 알라는 어디에서 뭘 하고 있었을까?

기원 700년에 그 찬란한 동로마 비잔틴제국의 동부와 애굽이 마호메트의 손아귀에 들어간다. 노예 출신인 타리크 장군이 이끌고 있는 부대가 711년에 스페인을 점령한다. 715년에는 불란서와 스페인의 국경을 이루는 피레네산맥을 넘어간다. 누구도 넘지 못할 이 산맥을 넘음으로써 아무도 그 앞길을 막지 못했다.

그 강력한 야만인 훈족을 막아내듯 632년 불란서는 마호메트의 침략을 막아낸다. 이 전투에서 불란서가 막아내기는 하였지만 아무 힘도 쓰지 못했다. 그리하여 비잔틴의 동부와 아프리카 지역의 선교는 마호메트에게 넘겨주는 상황이 된다. 마호메트의 교세는 하늘을 찔러 그 유명한 나폴레옹의 침략도 마호메트에게 비교가 안 될 정도였다. 이후 마호메트교는 두 파로 나뉘어 개방파인 수니파와 근본파인 시아파로 나뉘어 중동과 아프리카를 통치한다. 이두 세력은 지금도 건재하여 서로 투쟁 중에 있다.

77. 마호메트왕국 흥망사

마호메트왕국은 나라이기도 하지만 종교집단이다. 바꾸어 말하면 마호메트제국은 신정국가이다. 신정국가는 대통령이 정치 체제와 종교 수장의 역할을 맡아 종교의 교리에 따라 나라를 통치한다. 종교의 가르침이 정치에 그대로 적용하는데, 마호메트가 속국으로 만든 나라를 통치함에 두 가지 형태로 적용했다. 과학과 학문을 중시하는 정치형태와 이에 무관심한 보수적인 교리를 적용하는 정치 형태인데 유대인, 그리스인과 페르시아인은 전자이고 중국인, 터키인, 그리스도인은 후자에 속한다. 과학과 개방적 정치 형태를 수니파가 행하고 보수 엄격주의는 시아파인데, 시아파는 마호메트의 혈통적이지 않은 사람들을 경멸했다.

그리스도인들은 숫자는 많지만 아랍제국에서는 별 중요하게 주목받지 못했다. 그리스도인들은 그들의 것이라고 말할 특징도 문화도 없을 뿐더러 아랍국에 공헌한 것이 전혀 없었다. 한편 유대인들은 아랍인들과 잘 화합하면서 그 나라에 공헌을 하여 의학, 천문학, 수학, 언어학에 걸출한 인물을 배출한다. 십계명의 제2계명의 탓으로 미술과 조각 분야는 유대인이 어디를 가더라도 신경을 쓰지 않는 분야이다.

아랍제국은 유대인을 향한 감정이 있었다. 마호메트가 메디나를 칠 때 유대인의 협력을 기대했는데 유대인들이 돕지 않아 유대인 재산을 착취한 일이 있었다. 이 일로 마호메트는 유대인을 향한 감정이 있어 차별법이 있었다. 하나 마호메트가 죽자 그 차별법은 없어지고 유대인을 향한 호의를 갖게 되었다. 마호메트는 종교문제에 관한한 로마인보다 더 관대하고 너그러웠다.

이에 관련하여 아랍제국은 오마르법안(637)을 선포한다. 오마르가 내놓은 법령으로 그리스도인들이 지배한 시리아와 팔레스타인을 아랍제국이 통치하게 되자 그 지역을 향한 법령이었다. 사실 이것은 그리스도인을 향한 차별법이었다. 말하기 어렵지만 그리스도인들은 어디를 가도 그리스도인이라는 티를 내면 화합하지 못하는 처신을 하여 미움을 받았다. 오마르법은 이렇게 강조한다. 교회나 그리스도인의 집에 그리스도인이란 표시를 하면 안 된다. 종교적 심벌이나 표시를 몸에 지녀서도 안 된다. 장례 행렬에서 그 종교를 표시하는 노래를 크게 불러도 안 된다. 그리스도인이라는 상징을 나타내는 옷을 입어도 안 된다. 회교도를 구타하면 안 된다. 회교로 개종하려는 사람을 방해하면 안 된다. 앞 머리카락을 자르면 안 된다. 교회가 정탐꾼을 보내면 안 된다. 이웃의 회교도의 집보다 높게 지으면 안 된다. 이 법은 그리스도인에게 적용되었지만 유대인에게는 자유로웠다.

그리스도인들은 아랍제국의 법에 비협조적이고 인두세나 군대에도 잘 가지 않았다. 그러니 아랍제국의 미움을 받았지만 유대인은 솔선하여 협조함으로 군대에서도 높은 지위에 올랐다. 정부 기관에서도 최고의 지위에 오르기도 하고 수상의 직에 오르는가 하면 왕후가 된 사람도 있었다.

마호메트 문명권 안에서 유대인의 황금시대가 열렸다. 모든 면에서 뛰어난 능력을 보였는데 말했듯이 조각에서만은 예외였다. 모든 영광을 그들과 함께했다. 이슬람 제국이 무너지자 유대인의 영화도 함께 사라졌다. 이슬람 제국의 멸망도 로마의 멸망처럼 상당한 시간이 걸렸다. 1100년경부터 기울기 시작하여 1500년까지 연장되는 과정을 간단히 말할 수가 없다.

국력이 약해지면서 통일이 무너지자 제국은 만족의 침략을 받는다. 13세기에 동북쪽에서 온 징기스칸의 침략은 참혹했다. 소가죽으로 만든 옷을 입은 징기스칸의 군대는 야만적인 모습은 다 말하지 못할 정도로 닥치는 대로 죽이고 먹을 것은 소나 돼지나 고양이든 무엇이든 산 채로 피와 함께 먹어 치웠다. 이슬람의 40만 군대도 몽고군 앞에서는 맥없이 주저앉았다. 바그다드가 함락될 때는 80만이 살육되어 시체가 산을 이루고 방화하고, 재물은 약탈하고 여인은 강간당했다. 이렇게 의기탱천하여 서진하는 중 뜻하지 않은 곳에서 징기스칸이 타격을 받았다. 1303년에 다마스코스에서 애굽 군대에 제지당했다. 하나 그 파괴의 참상이 하도 심각하여 지금도 회복되지 않은 상태로 있다.

78. 마호메트문화 속에서의 유대 르네상스

카멜레온을 제외하고 자기 변화를 가장 잘하는 천재 동물이 무엇일까? 유대인의 탈무드는 생명 보존을 위해 가장 천재적으로 변할 수 있는 재주를 가르치는 책이다. 카멜레온처럼 본질은 변하지 않고 보호색으로 변하는 천재는 유대인이다. 적국에 들어가 생존을 넘어서 그 나라의 장관도 하고 수상도 하고 황후도 되는 재주 있는 사람들이 유대인이다.

오늘날의 관점에서 아랍제국과 유대인의 관계를 생각해서는 안 된다. 중동과 유대인의 긴장 관계는 오늘날의 현상이다. 그러므로 오늘날의 관점에서 9세기의 아랍에서의 유대인을 생각하면 안 된다. 아랍에서의 유대인은 지금 뉴욕 시내의 유대인같이 당시 최고의 문명과 부유를 소유한 사람들이다. 9세기 아랍의 유대인은 첨단의 과학과 문화를 향유한 신사들이어서 성서와 탈무드만을 아는 종교인들이 아니다. 그들은 당대의 최고의 학자, 과학자, 쾌락주의자, 호색가, 철학자, 세속적 시인 작가였다.

아랍 세계에서의 유대 르네상스는 이태리의 르네상스보다 1세기 전인 9세기에 왔다. 그것은 아랍세계의 풍요 극치, 문화의 극치의 시대가 9세기에서 10세기였기 때문이다. 당시 르네상스의 유대인은 탈무드적 유대인이 아니라 헬레니즘적 유대인이었다. 유대인들이 알렉산드하에서 배운 그리스 헬레니즘 삶의 스타일을 시도해 볼 장소였다고 생각했다. 그리스 - 로마시대에 반대하며 싸우고 배척한 헬레니즘, 에피큐로스의 향락철학에 반대하여 싸우던 그 유대인이 아랍 땅에서는 사치와 향락의 풍조를 받아들이고 합리주의를 찬양하는 종족이 되었다. 인생은 이렇게 변할 수가 있는 것이다. 이전에 유대인이 상상도 못할 직업에 종사하고 있다. 천문학자, 수학자, 번역가, 건축가, 심지어 재무장관에 오르기까지 했다. 실업 면에서 유대인은 본사를 바그다드에 두고 지사를 카이로와 코르도바에 두고 일했다.

토라 탈무드를 연구하는 것이 인간의 사랑의 길이요 진리의 삶이라고 생각하지 않았다. 맛있는 포도주를 아름다운 여인의 입술에 바치고 마시는 것이 최고의 인생이라고 생각하며 노래를 불렀다. 유대인은 달라지고 달라져 완전히 다른 세계의 사람이 되어 가고 있었다. 아랍세계를 향한 출세의 문이 환히 열려 있어 환영한다고 환호를 하는데도 마지막 남은 문을 열고 나가지는 않았다. 아브라함과 이삭과 야곱의 아버지를 버리지는 않았다.

생명 걸고 그리스 로마의 헬레니즘을 싫어하여 도망치고 쾌락주의 에피큐로스 철학을 증오했는데 지금 아랍의 유대인이 그 속에 묻혀 있는 이유가 무엇인가? 이유는 간단하다. 아랍인들이 헬레니즘 속에 인생이 있고 지혜가 있고 과학과 철학이 있음을 눈치 채고, 헬라어에 능통한 유대인들에게 최고의 존경을 표시하며 가르쳐 달라고 아부하는 것이었다.

그리스도인은 자기주장이 강하여 그런 일에 참여하지 않았다. 헬라가 인생에 무슨 유익이냐? 그것은 악이라고 생각하여 저 멀리서 구경만 하고 있었다. 야만족들은 아예 문자나 학문에는 관심도 재주도 없었다.

부유한 유대인의 서재에 몇 권 있는 헬라의 철학과 문학, 과학 서적을 호가를 주며 번역해 달라고 졸랐다. 유대인은 번역가요 과학 선생이 된 셈이다. 불행인지 다행인지 강제로 배운 헬라어, 그리스어, 시리아어, 라틴어가 이렇게 값비싸게 팔리리라고는 생각지도 않았다. 이리하여 유대인은 헬라문화의 중개인이 되고 그 한가운데 있게 되었다. 헬라문화의 한가운데 있는 유대인은 헬라 문명 속에 젖어들 수밖에 없었다. 좋아했든 말든 싫어할 수 없던 것이 유대인의 현실이었다.

모세스 하다스는 말했다. 아랍이 헬라로 가는 길은 유대인이었다. 유대인은 문화의 중심이었다. 유대 기독교의 토양에서 태생한 마호메트교의 사람들은 히브리 문학에 환호했다. 이로 인해 유대인의 언어에 대한 공로를 인정하여 유럽세계에서까지 교수 초빙이 들어왔다. 당시 라틴어는 유럽의 학문언어였다. 그리스 라틴어에 능통한 유대인은 문화의 전령자가 되어 아랍세계에 우뚝 서게 되었다. 유대인은 아브라함 아버지의 품안과 아랍의 사랑 사이에서 위험한 줄타기를 했다.

79. 인류의 선생으로 우뚝 선 유대인

　지금 이스라엘의 대부분의 유대인은 영어를 모국어처럼 자유자재로 한다. 2400
여 년 전에 나라 없이 외국 땅에 살면서도 모국어 히브리어를 잃지 않고 살기 위해
서 외국어 한두 개는 반드시 해야 한다고 생각했다. 특히 지금의 세상에서 외국어
는 생명이다. 언어의 구사가 원활하다는 것은 두뇌활동의 수준을 말한다. 언어는
모든 사고와 논리의 툴이다. 이 우주를 로고스 즉 언어로써 창조했으니 언어의 힘
이 얼마나 가공한지를 알고 있었다. 그 당시 대제국들의 언어를 자유자재로 할 수
있는 종족은 유대인뿐이었다. 앗시리아, 그리스-헬라, 로마의 속국을 거치면서 그
나라들의 언어를 마스터했다. 억지로 강요당해 배운 언어가 이렇게 쓰일 줄은 몰랐
다.
　이 같은 유대인의 언어의 능력을 유럽 정치가들이 알았다. 개명한 유럽 왕들이
유대인을 초청한다. 대학의 교수로 초빙했다. 고전을 번역하고 강의를 해달라는 것
이다. 그 당시 라틴어는 최고급 학문언어였다. 라틴어에 완전 정통한 유대인을 불
러 번역 강의하게 했다. 물론 히브리문학을 라틴 그리스어로 번역함으로써 히브리
문학이 보편 교양언어가 되었다. 이상하게도 자기들의 철학과 과학을 유대인을 통
해 번역하고 배우는 현상이 일어난다. 1212년 신성 로마제국의 황제가 된 프리드
리히 2세는 유대인 학자를 초청하여 나폴리대학의 교수가 되게 했다.
　유럽 왕들에게 초청받아 초창기의 유대인 지식인 가운데 가장 유명한 사람은 이
브 다우드(Ibn Daud)였다. 그는 그리스어를 히브리어로 번역하고 아랍으로 된 서적
을 라틴어로 번역했을 뿐 아니라 아라비아 수학, 특히 '영'의 개념을 유럽에 소개한
다. 한편 그리스의 유클리트의 수학과 기하학의 원론까지 소개한다. 이브 다우드는
그리스철학에 정통하여 여러 편의 논문을 집필하고, 유대의 신비주의 철학 「카발
라」와 바빌론의 탈무드, 특히 대학자 사디아 가온(유대인의 추기경에 해당되는 자치 책임

자)의 히브리 문학을 헬라철학에 소개하고 라틴어로 번역한다. 유대인들은 회당에서 그리스도인과 회교도가 함께 플라톤의 철학과 아랍의 천문학과 수학을 함께 배우며 토론했다.

이러한 두 학문 사이를 왔다 갔다 하던 유대인에게는 어떤 영향이 왔는가? 이러한 일들을 통해 유대인들은 그리스인과 같이 되어 버렸다. 알렉산더 대왕이 통일한 세계를 헬라화했을 때 죽지 않기 위해 순응하는 척하면서 극렬히 반항하던 유대인들이 천년이 지난 유대인은 그것을 통역하고 가르치고 있다. 성서의 백성 유대인들, 그들의 진리는 성서가 말하는 야웨의 가르침뿐인데 이교도의 진리를 인정하지 않는다. 그 외의 다른 진리는 없다. 헬라철학이 수학이나 논리로서 아무리 설득해도 유대인은 듣지 않았다. 헬라인과 유대인은 상종할 수 없는 대적관계였다. 이러한 반항적 상황에서 이성과 신앙이 투쟁을 하면 신앙이 이길 길이 없다는 것을 깨닫고 신앙을 증명하기 위해서 유대인은 철학과 논리학을 배우기로 결심한다.

신앙을 증명하기 위해서 철학과 논리학을 배우는 이성적인 유대인이 되기로 결심한다. 정말 재미있는 현상이었다. 이럼으로써 이성과 신앙의 사상전에서 자신이 없던 유대인들이 철학과 논리학을 배우므로 신앙이 이성을 이길 수 있다는 확신이 들었다. 시간이 지나면서 그리스인은 사라지고 그리스철학을 배운 유대인은 살아 그 철학을 가르치는 교수가 되었다. 유대인들은 어떤 일도 참고 견딜 수가 있지만 지식에의 욕망은 견디지 못했다. 그래서 쾌락주의적인 그리스철학은 그냥 두지 못하고 굴복하여 그리스철학을 배워, 그리스인들보다도 더 탁월한 그리스철학자가 되었다. 참 우스운 일이었다.

유대인들이 이처럼 헬라철학에 대학자가 되어서 아랍을 가르치고 그 철학의 주인공인 그리스를 가르치면서도 유대인들은 결단코 헬라화 되지 않았다. 그래서 신앙적 유대인이 맹신적 신앙을 버리고 합리적인 사고의 옷을 입었을 뿐이었다. 이러한 혼돈의 상황 속의 유대인들이 평안했겠는가? 합리적 사고를 극렬히 반대한 보수파와 철학적 신앙을 지지하는 진보적 개방파가 심하게 다투었다. 이러한 긴장의 투쟁 속에서 유대의 과학과 철학이 탄생한다. 이것도 참 우스운 일이었다.

80. 시성 할레비의 활동

유대의 역사는 희한하다. 너무나 희한하여 역사비평을 할 수가 없다. 왜냐하면 유대의 역사는 역사의 도식에 들어갈 수 없는 기괴한 형태이기 때문이다. 그래서 유대역사를 주목한 역사가는 별로 없었다. 역사 주기설을 강조한 슈펭글러도 그의 역사 교과서에서 유대 역사를 별 의미 없는 것으로 규정하여 풋 노트로 밀어버렸다. 역사 의지설을 주장한 토인비도 그의 역사서에서 유대역사를 한 줄로 정리해 버렸다.

헬레니즘을 원수 대하듯 경멸한 유대인들이 항거하면서 배운 헬라철학과 과학을 유대 성서와 탈무드 이해에 사용하고 유대철학을 탄생시켰을 뿐만 아니라 천년 이후에 유럽의 중심에서 헬라철학과 논리학을 가르치는 교사가 되었다. 미국 사람이 한국 사람에게 홍길동전을 강론하는 것과 같은 것이다. 이런 활동을 하는 유대인에게 이것이 어떤 영향을 끼쳤을까?

유대인의 저작이라면 성서와 관련된 것이었지만 이제 유대인의 세계와 생각의 차원이 달라졌다. 남의 것을 보고 자기의 것을 더 새롭게 한 셈이다. 헬라어와 라틴어를 가르치면서 히브리어에 새 생명을 불어넣고 새로운 사전을 만들고 어휘를 확대하여 힘찬 문학을 하게 되었다. 그중에 시문학의 발전이 유대인의 사고를 요약하고 그것이 노래가 되고 기도가 되었다.

유대인의 삶이란 계시된 미래를 자신의 운명으로 삼는 종족이기에 역사는 신이 인도하는 노정이다. 문학이 그러하거니와 특히 시인은 상징과 이미지를 빌려 유대인의 삶의 모습을 표현하고 미래를 보았다. '쫓겨나 방황하는 유대인'이란 시적인 메타포가 생긴 것도 이때인데 그것이 그리스도인들의 경외가 되었다. 쫓겨난 유대인이란 국력이 약해져서 생긴 인위적인 것이 아니라 신이 내린 죄의 벌로써 내려진 것으로 유대인은 그 죄 값을 다 지불하기까지 이산의 삶은 계속되어진다고 생각했다. 그 후에야 고향으로 돌려보내리라. 이것은 시인들의 자각이었다.

이 같은 시인들의 강박관념은 유대인의 일반 의식이 되어 돌아가리라. 돌아가리라. 19세기 시온주의는 우연히 생긴 것이 아니고 2천 년이 넘게 잠재의식 속에서 잠자다 살아난 묵은 정신이다. 고향을 빼앗기고 방황하면서 2천 년 동안 그런 정치의식이 없는 채 살았다. 한데 시인들의 영감으로 이 잠재의식이 봄날 개구리가 얼음을 깨고 나오듯 깨어 나왔다.

유대교를 생기 있게 살려가는 데는 시인의 날카로운 시적 영감이 필요했다. 차가운 시성이 유대교 안에서 얼어붙은 신, 철학과 기계적 신을 버리고 인간적인 시적 신을 찾게 되었다. 그동안 유대인은 헬라의 합리적 이성주의의 세례를 받고 그 속에서 황홀한 세월에 500년 이상 취해 있었다. 그 이성주의의 공중누각이 영원할 줄 알았지만 마호메트제국이 무너지면서 그 철학의 누각도 무너진 것이다. 그동안 이성주의로 영화를 누렸던 유대인들이 합리주의의 나무에 자결을 해야 할 판이었다. 이렇게 되어 유대인의 신앙으로 다시 돌아오게 되었다. 시가 그들의 신앙을 자극한 것이다.

유다 할레비(Halevi1085-1142)란 시인은 벌써부터 합리이성주의의 죽음을 바라보고 로맨티시즘으로 옮겨와 있었다. 유다 할레비는 유대인의 신앙이 이렇게 철학에서 죽을 수 없다고 몸부림친 선각자였다. 할레비는 1075년 스페인 토리도에서 부유한 부모 밑에서 자랐다. 해석학, 천문학, 철학과 시를 배워, 스페인 남부에 있는 예쉬바로 가서 탈무드 교육을 받았다. 그는 탈무드 교육 전문가로서 또한 유명한 의사로서 명문 가정의 딸과 결혼하여 명성이 자자했다. 할레비에게는 없는 것이 없었다. 부, 명성, 학문에 덕까지 고루 갖추었지만 시적 정열과 막연한 조국애에 사무쳤다. 부족함이 없는 할레비는 모두를 버리고 정처 없이 떠난다. 아마 그는 자신과 조국을 찾기 위해서 다 버리고 떠난 것이다.

할레비의 가슴을 채우지 못한 것은 자신을 표현코자 하는 시적 정열 그리고 조국애의 열정, 그 속에는 자신이 누구인가 하는 강한 질문이 있었다. 화가 고갱이 은행가로서 만족하지 못하고 그림에 대한 열정 때문에 타히티 섬으로 가 그림 작업을 시작했듯 할레비는 명문도 아내도 버리고 떠나 방랑시인이 된다.

81. 할레비의 애국 시와 사회계약

유대인은 영국이 셰익스피어(1587-1616)를 사랑하고 자랑하는 것보다 더 할레비를 사랑하고 자랑한다. 할레비는 셰익스피어보다 최소한 400년 이전의 사람인 점을 감안하면 할레비의 시적 감각이 얼마나 앞섰는지를 알 수 있다. 할레비의 시의 열정은 자기 자신의 정체성과 자기가 무엇을 해야 하는지에 대한 자기 물음이 있었다. 자기 속에 끓어오르는 자기 열정을 시로 표현하고 싶어서 모든 명예를 포기하고 유랑의 길을 떠났는데 그 열정은 시온을 향한 사랑이었다. 내가 누구인가? 그러면 나는 무엇을 위해 살아야 하는가의 질문이다. 이 질문에 답하기 위해 정처 없이 길을 떠난 것이다.

스페인의 남부 향락도시 코르도바에 가서 자기 자신을 시험한다. 도덕이 문란한 향락의 도시에 자기를 던져 자신의 미망과 지성을 시험한다. 그래서 마시고 노는 환락에 마음과 영혼을 맡겨 보았지만 거기서 어떤 위로도 얻지 못하였다. 관능적인 희열에 곧 싫증을 느꼈다. 그래서 연애시를 만지작거리는 할레비는 완전히 다른 사랑의 시로 옮겨간다. 그의 의식은 시나 연애의 문제보다 훨씬 더 높은 곳을 향해 있었다. 그는 유대교와 유대인의 역할이 무엇인지를 묻는 것으로 옮겨 갔다. 그래서 그는 이런 외침을 했다.

그리하여 그리스의 지혜에 속지 말아라

그것은 열매를 맺을 수 없고, 있는 건 그저 꽃망울뿐인데

12세기 유대인은 그리스의 철학에 만취되어 그리스인보다 더 그리스적으로 생각하고 행동하는 유대인에게 돌아가라. 돌아가라, 너의 뿌리인 아브라함의 품으로 돌아가라. 그의 유명한 서사시 '하 쿠자리'는 욥기의 형식을 빌려 유대인의 경이적인 지난 역사를 노래한다. 그의 서사시가 민족의 발자취의 확증이 없었다면 그의 시는 허구였을 것이다. 지난 민족사를 통해서 위대한 너희들의 조상을 기억하고 돌

아가라는 것이다. 할레비의 방황은 결단코 의미 없는 방황이 아니었다. 민족의 위
대성과 자존심을 높이 살려준 문학의 길이었다.

그의 시 '하 쿠자리'는 740년경 볼가와 돈강의 사이에 있는 카자르 왕국에 관한
이야기다. 이들은 그리스어를 사용하며 이교와 그리스도교를 반반씩 믿는 사람들
이 유대교로 개종하는 과정에서 유대인의 이야기를 전하는 것이다. 왕국을 개종시
키기 위해 위대한 유대의 역사를 설명하는 것이 그의 시의 주제였다. 그리스도교나
마호메트교의 모태가 유대교이다. 유대인 학자는 증언한다. 어느 한 사람에게 내린
신의 계시가 아니라 60만이나 되는 장정들 앞에 야훼가 생명길인 토라를 주었다.
이 토라가 인간의 살 길인데 이것을 유대인에게 맡겼는데, 개인에게 준 계시가 그
리스도교요 마호메트교이다. 60만의 민족이 그 신을 만난 경이적인 사건이 토라
종교요 지금도 그 경험 속으로 초대받아 경이적인 삶을 계속하는 것이다. 그 신은
어디에나 계시고 모든 사람이 경험할 수 있는 시간인데 이 신의 자리는 예루살렘이
다. 그 뿌리 가르침의 진짜 원조가 유대교이다. 이렇게 개종의 과정을 성공시키고
할레비는 예루살렘으로 떠난다. 다메섹을 지나 예루살렘으로 입경하는 과정으로
그의 일생은 종적을 찾을 수가 없었다. 할레비의 삶의 모습이 유대인의 일생을 알
레고리로 보여준 셈이다. 유대인은 할레비처럼 다메섹에서 홀연히 사라진 것일까.
아니면 예루살렘에 도달한 것일까?

할레비가 유대인에게 남긴 또 하나의 탁견은 신과의 사회계약이다. 신과 인간의
관계는 계약이라는 조상들의 신앙을 살려 사회 계약으로 발전시킨다. 신과의 계약
속에 있는 인간들의 관계도 계약이라는 것이다. 계약이란 상호존중으로 지켜야만
보존되는 것이다. 할레비가 만든 개념이 아니라 조상들과 신과 관계 설정을 새로이
착상한 것이다.

인류역사에 혁명적 사관을 일깨워 준 루소(1712-1778)의 사회계약은 할레비에
비교하면 최소 600년을 앞서 비교가 안 되는 천재성이 보인다. 신과 인간의 관계
를 할레비의 상상력으로, 사회 계약으로 발전시켜 이 꿈은 예루살렘에서 성취된다
고 말함으로 시온주의 정신을 일깨워 주었다. 이것이 할레비가 준 새로운 유대사관
으로 오늘날 이스라엘 회복에 동기를 불러일으켰다

82. 피폐한 시대의 유대 신앙사

  험악한 시대를 산 유대인들의 신앙상황을 살피기 위해 다시 7세기로 돌아간다. 135년 코허바가 일으킨 로마 항쟁은 코허바와 지도자 아키바의 작살로 종료된다. 콘스탄틴 대제의 기독교 해방 선포로 유대 땅은 기독교의 성지처럼 되고 유대인은 예루살렘 출입이 금지되어 부득이 흩어지는 과정을 걷는다. 망한 파사가 전쟁을 일으켜 유리하게 될 때 유대인이 협조한 덕분에 629년 잠깐의 자유를 얻는다. 그러나 636년 마호메트교의 세력이 왕성해지자 유대는 아랍의 장중에 들어가고 유대인은 로마를 중심하여 아랍제국으로 삶의 터전을 옮긴다. 그러니 유대인의 정신사와 신앙은 희망을 잃은 상태가 된다. 달콤한 아랍의 유혹으로 자기를 잃은 유대인 일부 지식층의 높은 지위를 얻으나 정신적으로는 황폐한 상태가 된다.

  이슬람 시대, 유대교는 신앙의 분열로 산산조각이 났다. 가톨릭교회와 개신교가 분열하는 것과 같은 형국이었다. 비록 흩어져 살면서도 유대인은 세계가 하나로 연합된 교통 속에 있어 유대인의 상황을 서로 잘 알고 있었다. 헬라의 합리적 정신과 탈무드주의가 부부처럼 가까웠다. 거기에다 아랍의 관용 정책 속에서 유대인은 문학과 시와 과학을 전달하는 창구로서 유대인 번영의 시대를 만든 것이다. 이런 유식한 랍비들을 항거하여 카라이트 운동이 일어났다. 8세기에 대두하여 15세기까지 연장되었다. 가톨릭교회를 향하여 항거한 기독교가 꼭 유대교의 카라이트 같았다. 탈무드가 위대하다고 해서 모든 유대인이 탈무드의 제자는 아니었다. 카라이트는 유식주의 헬라주의의 탈무드를 반항하는 운동이다. 어둠속에 빛이 필요하듯 지식의 광명이 너무 밝아 눈이 부셔 다른 빛 카라이트를 찾은 것이다.

  유대인의 역사는 메시야의 역사이다. 수없는 메시야가 성서에 나타나 백성을 구원했다. 기독교 메시야관과 달라 유대교는 아론, 모세, 여호수아, 사무엘, 다윗 같은 지도자를 메시야라고 믿는다. 그런가 하면 유사 메시야와 가짜 메시야도 수없이 나타났다. 중세초 두 차례(710, 740)에 걸쳐 유사 메시야를 잔혹히 처형하는 일이 있었다. 후스의 분형(1415)과 사보나롤라의 분형(1498)이 개신교의 종교개혁의 속도를 재촉했듯이 잔혹한 처형이 새로운 신앙의 바람을 불게 했다. 카라이트는 탈무드를 향한 반탈저항 운동이다. 그 성격이 마치 가톨릭을 향한 루터의 저항과 너무나 닮아 있었다.

유대인 모두가 탈무드를 좋아한 것은 아니다. 탈무드는 순수한 토라적 신앙을 말하지 않고 엄청난 헬라적 지식을 요구하는 궤변이다.바빌론과 파사의 지식에 물이 든 유대인을 위해 가공된 음식이다. 유대인 전부가 바빌론과 파사의 경험을 한 것도 아닌데 억지로 파사요리를 먹이는 것과 같았다. 사막의 촌놈인 유대인이 바빌론 헬라 음식을 거부한 것과 같은 것이다. 이에 대한 반항으로 일어난 것이 카라이즘, 이를 따르는 자들을 카라이트라 했다. 아나 벤 다윗(Anan ben David)이 첫 깃발을 들었다.

가톨릭이 종교개혁이 일어나자 즉시 조치를 취하여 반종교개혁을 했더라면 수습이 좀 빨랐을 것이다. 이에 비해 탈무드주의자인 랍비들은 신속하게 조치했다. 유대교의 분열을 피하기 위해 랍비들은 지성주의를 누구나 함께 할 수 있는 유대교를 만들고자 했다. 카라이트들은 주장한다. 탈무드를 주장하는 랍비들의 유대교는 모세의 토라 종교가 아니라는 것이다. 바빌론, 페르시아, 헬라화의 양념으로 토라의 맛을 잃었다는 것이다. 그래서 민첩하게 성서 중심으로 회복하여 교활하게 그런 게 있었느냐고 천연덕스런 능청을 떠니, 그 싸움이 700년이나 걸려 1500년까지 간 것이다.

카라이트의 '카라'는 히브리어에서 파생된 것으로 '읽자', 성서를 읽자는 것이다. 합리적 지성을 앞세우는 헬라파 랍비주의의 반대운동이다. 탈무드주의는 지식주의다. 이 같은 탈무드를 반대하는 반 탈무드, 즉 반탈운동이다. 이들은 주로 시골 농부로서 쉽게 말해 히브리어도 제대로 깨우치지 못한 무식한 사람들이다. 도시 유대인의 야망인 높은 자리를 얻기 위한 지식이 필요한 사람들이 아닌 이들은 성서를 읽는 것으로 족한 순수한 농촌 유대인들이다. 유대 역사에 이런 반 지식운동이 몇 번 일어났다.

83. 카라이즘의 수난사

유대인의 역사는 탈무드 역사이다. 그렇다고 유대인 전부가 탈무드주의자는 아니기에 많은 반탈주의자(반 탈무드주의자)가 나타났으니 일천 년을 버티며 경쟁 관계 속에 있었다. 말했듯이 유대사는 메시야 역사인데, 메시야라고 외친 사람 가운데 숱한 가짜 메시야가 있었는데, 카라이트와 카발라 가운데 가장 많이 나왔다. 어려운 시절에 메시야가 나타나는 법, 카라이즘과 카발라 역사는 또한 가짜 메시야 역사이다. 기독교에서 말하는 유일 메시야 사상과 유대교의 메시야 사상은 다르다는 것을 유념해야 한다.

카라이즘의 종주가 나타나기까지 몇 사람의 유사 내지 가짜 메시야가 나타났다. 워낙 백성들의 삶이 어려웠기에 제마다 메시야라고 주장하며 나타났다 사라졌는데 700년경부터 카리이즘의 시작이다. 우리가 알고 있는 그런 메시야가 아니고 무지몽매한 유대인이 탈무드와 코란에서 해방 받는 것이었다. 아랍인과 유대인은 단결하여 유사 메시야 체포 조를 만들어 잡아들였다. 아랍인이 체포하고 유대인이 이단으로 선언하고 양측이 동석한 법정에서 사형을 선고하면 유대인판 후스가 되는 것이다

그후 30년 뒤 아랍에 새로운 메시야가 나타난다. 아브 이사(Abu Isa)라는 양복 재단사로서 아주 겸손한 사람이었다. 구변이 좋고 통솔력이 있어 군대를 원활히 다루어 눈 깜짝할 사이에 만 명 이상을 모집하여 아랍을 향해 선전포고를 했다. 그는 탈무드와 랍비의 역할을 부정하며 토라를 읽어 단순 명료한 뜻을 통해 하나님께로 가자는 외침이었다. 대중이 우리의 메시야요 구원자요 예언자라고 외치며 그를 따라 나갔다. 아랍을 향한 그의 선전포고는 실수였다. 신이 도와주면 승리한다고 믿은 것은 모든 가짜 메시야의 선동방법이었다. 이로써 유대판 사보나롤라는 끝장이 났다. 끝까지 유대인의 신앙을 고백하고 아브라함, 이삭, 야곱의 아버지를 부르면

서 갔다.

이와 같이 두 사람은 실패로 끝나고 세 번째 유사 메시야는 성공의 길로 가는 듯했다. 앞에서 언급한 아난 벤 다윗(Anan ben David 740-800)은 성공했다. 그는 유대인에게 있어서 루터 같은 존재였다. 가나안 출신이라는 조건은 메시야 조건에 부합하지 않지만 다윗 왕가의 출신이라는 훌륭한 자격은 있었다. 그래서 그는 가온(유대 자치정부의 수장)이 될 수 있었기에 누구도 반대할 이유가 없었다. 그의 경력에 대해서는 별로 알려진 것이 없다.

아난은 재주가 넘쳐, 쉽게 말해 자격 과잉 상태라 좀 멍청한 자기 동생을 가온으로 임명했다. 랍비들이 염려한 그대로 반탈 발언과 이단적인 발언을 서슴지 않았다. 뿐만 아니라 반 아랍적 발언으로 유대인과 아랍인을 자극했다. 마치 가온이 되지 못한 복수심을 그냥 드러내는 것 같았다. 이리하여 아랍과 유대인 사이를 이간하고 유대인의 신앙을 교란했다. 이리하여 그는 체포되어 아랍 왕 앞에서 사형언도를 받았다. 사형을 앞둔 그가 감옥소에서 사형수들의 살 길을 알아내었다. 법무대신에게 머리를 조아리고 뇌물을 바치고 카리프(회교국의 종교수장)에게 충성을 맹세하면 살 길이 있다는 것을 알았다. 그러면서 동생의 신앙과는 다른 신앙 입장을 말하면 아랍 사람들은 유대인의 신앙에는 개입을 원치 않는다는 조언도 들었다.

그날 밤 그는 꿈에서 환상을 보는데 엘리야가 지시하기를 탈무드를 공개적으로 반대하지 말고 토라의 중요성만 이야기하라고 했다. 작전은 성공하여 석방되고 카라이즘도 살고 아난 벤 다윗도 살아나게 되었다. 그를 지지하는 카라이트들은 신의 기적으로 우리의 메시야가 살아났다고 야단을 피웠다.

카라이트들은 그는 경건하며 하나님을 경외하는 공정한 사람인데 그 같은 악한 방법으로 살아날 리가 없다고 항변한다. 그는 유대의 경건한 사람으로 가온으로 선출되었고 가온으로서 유대의 토라의 권위를 되찾으려고 야웨가 보낸 위인이라고 했다. 랍비들은 토라를 사랑하여 해석 없이 토라를 낭독하는 이 남자를 두려워했다. 랍비들이 예수를 죽이고자 의논 합세한 것처럼 랍비들이 합세하여 카리프 앞에서 아난을 비방했다. 그는 어떤 길이 최상의 길일까를 깊이 생각한다.

84. 탈무드주의와 카라이즘의 분쟁

유대교의 탈무드주의와 카라이트주의의 분쟁은 장구했다. 7세기에 시작한 분쟁이 카라이트의 열기가 수그러들 때인 12세기까지 계속됐다. 둘 다 같은 유대교이면서 의견을 달리한 것뿐이다. 어느 것이 옳고 그름을 말할 수 없다. 주장하는 사람에게 물으면 자기의 주장이 옳다고 할 뿐, 판단 내리기가 힘들다. 카라이트가 토라를 가감 없이 순수하게 읽는 것도 중요하고 토라의 해석을 합리적인 이성의 방법을 적용하는 것도 나쁘지 않다.

감옥서 죽다 살아난 아난이 얼마나 당당하고 조리 있게 말했으면 카리프가 메시야라고 감동받을 정도였다. 그러나 랍비들은 누구도 그의 말을 듣지 않았고, 노골적으로 경멸하며 원수로 대하는 태도를 눈치 챈 카리프는 그를 어떻게 하는 것이 현명한 처신인지를 고민했다. 그는 가온의 자리를 내려놓고, 카리프의 허락을 받아 예루살렘으로 가는 조건으로 석방됐다. 그는 성지에서 토라의 위대성을 역설하는 집회를 하면서 갔다.

랍비들은 아난의 카라이즘을 세차게 비난함에도 아난은 점잖게 응수함으로 가톨릭이 루터를 비난하는 천박함 같은 것이었다. 이런 우아한 아난의 모습이 어디서 나왔을까? 감옥서 경험한 거룩한 체험 때문일까. 아니면 어떤 계시를 받고 그렇게 됐을까? 어느 쪽이든 카라이즘은 700년이 넘게 흩어진 유대인의 신앙을 지배하며 각계각층으로 스며들었다.

예수의 제자들이 그의 선생님의 가르침을 적어 보관하듯 아난의 가르침도 그의 제자들에 의해 간직되어 내려왔다. 제자들의 기록에 의하면 그의 가르침은 간결하고 명석하여 누구나 다 이해하고 전달할 수 있는 방법으로 했다. 토라에서 하나님의 왕국의 도래가 임하여 순진하고 진실한 마음에 함께한다는 메시야 선언을 담대히 했다. 원시 기독교 시대에 바울이 유대교가 강조한 할례법과 코샤법을 전부 물리치듯 탈무드주의자들의 의식을 전부 폐지해 버렸다. 기도할 때 사용한 티프링과 말씀을 넣은 양피지 주머니도 폐지해 버렸다. 본질이 아니라는 것이다. 카라이트들은 의학을 인정하지 않았다. 의사에게 요청하지 않고 성서로 돌아갔다. 성서에서 내가 너를 고쳐 주리라고 말한 그대로 믿었다.

카라이트가 8세기에 탈무드가 규정한 법들을 과감히 물리친 것은 대단한 결단이었다. 하나 주전 12세기에 토라에 있는 말을 문자 그대로 지키고 따른다는 것은 곤란한 가르침이었다. 카라이트들은 태고의 가르침을 분별없이 현재에 적용하는 실수를 저지른 것이었다. 미쉬나 교사들은 구승율법을 현실적이며 문명적으로 해석한 것을 조금이라도 받아들였다면 좋았을 것이다. 문제는 카라이트는 어떤 원칙, 요즘 말로 하면 신학이 없기 때문에 지도자마다 제각기 자기 생각과 판단으로 갈팡질팡했다. 그의 후계자인 베냐민 나하벤디(Benjaminn Nahavendi 9세기?)는 그의 스승의 방법을 수정하여 체계를 갖추어 새로운 카라이트 운동으로 나아갔다.

랍비들은 이 방법을 무시해 버리면 카라이트가 사라질 것으로 생각하여 묵살해 버렸다. 무시하면 무시할수록 확산되는 카라이즘의 운동을 보고 놀라 경계하기 시작했다. 그리하여 카라이즘을 이단으로 경계하고 투쟁을 벌여 나갔지만 이 이단 사상은 널리 널리 퍼져 갔다. 가톨릭과 기독교는 싸웠지만 랍비주의와 카라이즘은 같은 동족으로 싸울 수 있는 관계가 아니었다. 팔레스타인에 유대왕국이 세워져 함께 살았다면 이 두 종파가 이렇게 싸웠을까? 유대사의 과거의 분쟁들, 그리스 시대에 친 그리스파와 반 그리스파. 하스몬 왕조시대에 바리새파와 사두개의 대립, 로마시대의 열심당과 평화파의 대립을 생각하면, 그 당시는 유대군대가 없었으므로 분쟁으로 끝났지만 탈무드주의와 카라이트의 싸움은 도가 넘친 것만은 확실했다.

지금 우리의 입장에서 보면 양측이 절충했더라면 더 좋은 길이 나왔을 것인데 그때는 그런 지혜가 없었던 것이 아쉽다. 탈무드주의는 도시의 유식자의 신앙 방법이고, 카라이트는 시골 무식한 사람들의 순박한 신앙이었다.

85. 카라이트운동이 가르친 것이 무엇인가?

현실에 맞든 안 맞든 성서 본문을 그대로 읽는 것은 그것대로 강렬한 힘이 있었다. 본문의 호소는 누구도 항거하지 못했다. 거기에다 마르틴 루터의 외침 "오직 성서만으로"라는 구호가 뒷받침하니 더 큰 힘이 전달되었다. 카라이트가 가진 부적절함이 있음에도 불구하고 성서 자체가 유대인의 영혼에 감동을 준 것이다. 그것도 700년 이상의 긴 세월 동안 어둠에 헤맨 유대인을 인도한 것이다. 이성과 과학의 교활함으로 도배된 탈무드가 영혼의 깊은 곳으로 찾아가기에는 너무나 시간이 걸렸기 때문이다.

아난 벤 다윗은 성지로 유랑처럼 떠나 그곳에서 토라의 위대성과 다이나믹스를 전함으로 많은 영혼에 생기를 주었다. 그의 후계자 나하 벤디가 체계를 세워 성서를 전파하고 사디아의 가온에 취임한다. 말한 대로 가온은 유대인의 자치장으로 엄청난 힘을 가진 지도자였다. 랍비파와 카라이트파의 격렬한 논쟁이 있을 때 성자의 풍채와 마키아벨리의 엄격함을 갖춘 가온의 등장으로 랍비파에 유리하게 전개되었다. 가온은 아리스토텔레스적 헬라주의자였다. 882년에 애굽에서 태어난 가온은 가장 탁월한 예쉬바의 책임자로서 합리주의 지성인이었다. 거기에다 천성적으로 호전적 성격을 지닌지라 전투적으로, 그리고 정치적으로 해결했다. 카라이트파의 뛰어난 점이 많다는 것을 알면서도 카라이트파를 강제적으로 약화시켰다.

카라이트파의 순수 단순성을 충분히 알아 존경하면서도 유대사회의 평화를 위해 부득이한 결정을 한 것이다. 그가 제일 먼저 한 일은 성서를 아랍어로 번역하는 일이었다. 히브리어를 모르는 신식 유대인도 성경을 읽어 알게 할 심산이었다. 아랍어 성경이라면 랍비의 도움 없이도 성서의 소리를 들을 수 있게 한 것이다. 마치 루터가 16세기에 히브리 성서를 독일어로 번역함으로 모든 대중이 성경을 읽게 한 것과 같은 것이다. 가온은 카라이트의 좋은 점을 탈무드에 추가시켰다. 카라이트파를 기쁘게 한 조치였다. 그리고 나서 카라이트를 맹렬히 공격함으로 아주 건설적인 토론이 되었다. 결과적으로는 카라이트의 승리가 된 셈이다

가온의 양자 절충법을 보고서 가라이트파는 가온의 공격방법을 자기들도 사용했다. 카라이트파는 자기들의 결점을 찾아 개혁을 하고 히브리어를 과학적으로 연구하여 누구나 히브리어를 읽을 수 있게 했다. 순수한 성서 운동이었다. 바울이 그리스도교의 입문의 길을 넓게 하여 누구나 그리스도인이 되게 한 것처럼 카라이트도 입문의 길을 활짝 열었다. 이렇게 흘러가니 랍비파의 공격이 아무 효능이 없자 공격을 포기한다. 한편 랍비파도 히브리어를 연구하고 일반에 보급하여 히브리어 성서를 보급하니 대중이 호응하게 된다. 카라이트파는 이렇게 하여 힘을 잃고 쇠잔하여 얼마 되지 않는 소수의 추종자만 남게 된다

이렇게 카라이트파는 쇠잔하여 사라지는데, 가라이트운동은 결코 무용한 것이 아니었다. 탈무드운동도 나이가 듦으로 나태하여지는 순간 카라이트의 등장으로 랍비 탈무드주의가 자극을 받아 새 힘을 얻게 되었다. 탈무드주의는 자신의 완벽하고 정교한 헬라 합리주의에 취해 자신을 바로 보지 못한 것이다. 카라이트의 경험은 탈무드 랍비주의자들에게 있어서 값진 경험이었다. 폐쇄적인 탈무드 주의자들의 유대교는 편협성을 버리고 자신을 수정하는 기회로 삼게 되었다. 이로 인하여 유대교는 두 가지 교훈을 얻는다. 완벽은 또 다른 결점이요 전적인 찬성은 모두가 죽는 길임을 깨달았다. 이로써 이슬람 제국에서의 유대인 이야기는 마감한다.

86. 700년간의 아랍 속의 유대인의 평화

마호메트가 죽은 7세기 이후 아랍 공화국이 중동과 유럽의 동부를 장악하니 자연 유대도 아랍제국의 속국이 되므로 아랍이 유대인 중심이 된다. 그곳에서 메디나 시를 개발하고 활발한 지식의 지도자로 자리를 잡는다. 싸움을 빼고는 모든 분야에서 유대인이 아랍인의 멘토와 지도자가 된다.

이런 상황에서 유대인과 아랍인은 형제처럼 700년간 평화스럽게 가르치며 도우며 좋은 관계를 유지한다. 헬라철학과 과학, 천문학, 의학 등 모든 학문 분야의 선생으로 유대인은 존경을 받는다. 더욱이 종교에서도 같은 뿌리임을 인식하고 아랍인은 유대인을 맏형처럼 대접했다.

운명에 의해 맺어진 두 민족 간의 이야기는 장려한 성장을 이루고 지성과 우정으로 배양되었다. 이처럼 긴 시간을 사랑과 우정으로 지속해 온 시대는 이전에도 이후에도 없었다. 역사의 흥망성쇠의 운명으로 맺어진 두 민족의 관계는 역사의 운명으로 매장되었다. 12세기부터 기울기 시작한 아랍제국이 15세기에 기력을 찾을 수 없게 되자 유대인들이 서방으로 옮기기 시작했다. 유대인이 서방으로 옮긴 사실은 게토의 서막이기도 했다.

로마제국이 6세기에 붕괴되고, 동로마인 비잔틴 제국마저 비실거리며 헐떡이는데 사막의 모래바람을 맞으며 찬란하게 빛난 제국은 유대인에게 관용했고 존경하며 정답게 지내온 세월이 경이롭다. 이 찬란한 아랍문명을 700년이 넘게 지탱해온 지성의 심지는 과연 누구였을까? 싸움을 뺀 모든 분야에서 선생 노릇을 한 유대인을 빼고는 아랍제국을 말할 수 없다. 더욱이 놀라운 것은 형님과 선생처럼 존경하며 지내 온 700년의 세월에도 유대인의 정체성을 인정하고 지켜온 우정이 경이롭다. 그냥 동화되었다면 그보다 더한 행복은 없었을 터인데 유대인은 그 길을 가지 않았다.

마호메트제국은 멸망했다. 그것을 이룩한 두 민족의 흔적은 아직도 남아 있다. 그 시작의 개국 때를 제외하면 아랍문명은 다른 나라를 침략하고 약탈 위에 세워진 문명이 아니다. 다른 민족을 밟아 뭉개고 그 위에 건설한 것도 아니다. 그들의 능력과 창조의 샘에서 흘러나온 문명으로 이룩한 700년의 빛나는 역사이다. 700년의 우정과 존경은 이 세상에서 찾기 힘들다.

그렇게 아름다운 우정의 민족이었는데 오늘날 아랍세계에 사는 유대인의 삶은 지극히 비참하다. 정직하게 말해서 그것은 아랍인들의 의도한 결과는 아니다. 세계의 대제국들의 욕망이 만든 것이다. 더 직접적인 원인은 1948년 신생 국가 이스라엘의 탄생 때문이다. 바빌론에 포로로 잡혀갈 때부터 시온을 그리는 인간 본능의 향수가 2500년의 세월 속에서 숙성되면서 나온 결과이다. 이것 또한 누구를 탓할 수 있는 문제는 아니다. 자기 땅을 찾아 한 맺힌 2500년의 향수를 성취하는 것이 죄란 말인가. 그렇다고 해서 2500년 동안 그 땅을 자기 것으로 알고 살아온 거주자의 잘못도 아니다. 이미 벌어진 과거의 운명으로 현재의 사람들의 평화를 깨어서는 안 된다. 그 땅을 고향으로 알고 돌아온 사람이나 그 땅에 몇 천 년을 살아온 사람들이 이사야의 예언대로 형제로 살아가는 길밖에 다른 방법이 없다.

지금 아랍세계는 잠에서 깨어나고 있다. 아랍 나라가 자기들을 지키기 위해 돌팔매질을 한다 해도 누구도 욕할 수 없는 입장이다. 이천 년을 방황한 유대인이 자기의 옛 땅이 아니고서는 생명을 보존할 곳이 없다는 것도 이해 해주기를 바랄 뿐이다. 아랍과 유대는 본래 종교의 문제가 아닌 소소한 정치문제로 시작된 싸움인데, 평화로 공존하는 길을 찾아야 한다고 본다.

제7장. 황색 별표의 치욕

이유도 모른 채 인노센트 13세는 모든 유대인은 가슴에 황색
배지를 달도록 명령한다. 개종이라는 작은 몸짓 하나면
그들은 게토에 가지도 않고 영화를 누리면서 살 수 있는
처지였는데도.그들은 치욕의 노랑 배지를 택하고 게토로
갔다.
무엇이 그들이 그 길로 가게 했던가?

저 암흑과 죽음의 시대에
게토에서 기상을 잃지 않고
진취적인 미래를 만드는 학문의 횃불을 끄지 않았다

세상이 아무리 요동하고 바뀐다 할지라도
그들은 흔들리지 않고 항상 붙잡고
귀히 여긴 단 하나
야웨의 택함을 받은 선민이라는 사실
그들은 이것 하나를 위해 생명도 갖다 바치는
높은 기상 속에서 살아 왔다.

87. 중세 유럽의 유대인

대체로 중세는 로마제국의 멸망인 476년부터 종교개혁이 시작되기 전인 16세기까지로 본다. 암흑의 시대라고 하는 이 세월 동안 고생하지 않은 민족이 없으랴만 유대인의 아픔은 그 몇 곱이 될 것이다. 좋든 싫든 만민은 자기의 나라가 있었으나 땅도 나라도 없는 무국적의 유대인은 살기 위해 부평초처럼 여기저기로 떠다녔다.

중세를 특징짓는 하나의 성격은 봉건체재라는 갖가지 무늬 속에 얽혀 식별할 수 없는 한 가닥의 실타래에 불과했다. 유대사를 연구하는 학자에게 이 실타래의 어느 부분이 유대사의 색깔인지 분간하지를 못한다. 역사의 전체상을 이해하지 못하면 유대사는 무의미한 사건의 나열, 의미도 동기도 없는 하찮은 박해의 연속에 불과하다. 중세의 유대사는 성격상으로 그리스도교의 그것과는 정반대의 경향이 나타난다. 그리스도교가 상승 길이면 유대교는 내리막길, 그리스도교가 운이 트이면 유대교는 불운의 길이었다.

유대인에게 중세는 세 가지 시대로 구분하여 다가왔다. 476년 로마가 멸망하고부터 6세기까지, 11세기에 이르는 중세는 찬란한 방황의 시대, 종교개혁이 시작되는 16세기 말에서 18세기까지는 유대인 게토시대이다. 이 세 시대에서 유대교대 그리스도교의 역사적 배경을 삼고 이 세 시대의 성격을 살펴보고자 한다.

폼페이우스가 유대를 정복하고 가이사가 유대를 통치한 후 로마와 유대인의 관계는 끊을 수 없게 됐다. 흰 독수리의 깃발을 쳐든 로마군이 지나가면 그 뒤를 따라 유대인의 경제가 함께했다. 로마는 정복을 위하여 칼을 들고 나갔고 유대인은 살기 위해 경제를 가지고 따라갔다. 로마가 유대를 정복할 때 유대인은 이미 로마에 가 있었다. 그때가 기원전 2세기였다. 기원전 1세기에는 불란서에, 그로부터 100년 후에 스페인에 가 있었다. 기원 3세기에는 북쪽으로 독일의 쾰른까지 진출했다. 중국의 야만족들이 침입해 왔을 때 유대인은 이미 그곳에 있었다. 6세기에 이르자 오스트로고트, 뷔시코트, 반달, 프랑코, 부르군드 같은 개발되지 않은 종족들의 파괴적인 행동도 수그러들고 있었다. 하지만 유럽 전체의 인권은 간 데 없고 싸움과 빈곤과 질병이 차고 넘쳤다. 8세기가 되자 오늘날의 불란서, 이태리, 스페인, 독일 같은 나라는 희미하게 윤곽이 잡혀가고 있었다. 이 네 나라에 영국까지 합쳐 유럽의 중추 역할을 하게 된다. 이때 영국에도 그리스도교가 전파되어 유럽 전체가 그리스도교 신봉국이 된다.

반달족은 불란서인과 부르군드족과 합쳐 프랑코 왕국을 세우고 5세기 말에는 크로비스 왕제가 그리스도교로 개종했다. 독일에는 훈족, 스라브인, 아라마니안, 색슨인들이 뒤섞어서 살았다. 남부독일은 대체로 600년경에 그리스도교로 개종했으나 700년경에는 옛날로 돌아갔다가 800년경에는 재세례를 받았다. 이때에 그 유명한 칼 대제가 등장한다.

이 미개한 시대에 유럽을 하나로 바라보는 황제 칼 샤르만 대제(740-816)가 등장한다. 이 사람만큼 각 나라에서 다른 발음으로 불린 사람도 없다. 불란서에서는 샤를마뉴, 독일에선 칼, 이태리에서는 카를로, 라틴에서는 카로루스로 불렀다. 육척 거구의 사나이, 라틴어를 쓰지는 못했지만 유창하게 구사하며 그리스에 능통하고 예술과 과학을 장려하는 새로운 황제의 시대를 열었다. 유대인을 향해 깊은 이해와 동정과 격려를 한 이 진보적인 황제는 불란서를 중심한 거의 전 유럽을 통일하여 신성 로마제국을 세워 옛날의 로마제국의 영광스런 나라를 세우고자 동로마에 맞서는 서로마 제국이라 불렀다. 800년 크리스마스 날에 붉은 얼굴에 긴 수염을 한 칼 대제가 황제 임관식을 하는데 교황이 그 앞에서 무릎을 꿇고 최고의 경의를 표했다. 칼 대제가 구축한 신성로마 제국은 오만하고 허영심에 찬 아들들의 실책으로 무너졌지만, 칼 대제의 신성로마 제국은 유럽이 통일된 하나의 제국이 될 수 있다는 것을 보여주었다.

88. 험악한 세월, 중세의 유대인

어느 시대라 해서 조용하고 평화스런 세월이 있었을까마는 중세는 사람이 살 수 있는 환경이 아니었다. 먹을 것도 입을 것도 없는데 전쟁은 끝임이 없고 수탈과 질병이 겹치는데 돌보아줄 천사는 없었다. 걱정 없이 사는 사람은 황제 가족과 영주나 공백작 정도였다. 8세기에서 11세기의 세상은 문자 그대로 한 점의 빛도 없는 암흑 세상인데 다른 재앙이 찾아왔다.

정체불명의 만족이 찾아온 것이다. 동방 중국에서 온 것이 아니라 북방 스칸디나비아에서 안개를 헤치고 기괴한 갑옷을 입고 맹수와 같은 배를 타고 정처 없이 들이닥친 것이다. 노 젓는 사람은 바이킹으로 약탈과 살인밖에 몰랐다. 살인을 위해 사나운 무기를 들고, 인종과 민족, 남녀 유아를 가리지 않고 마구 죽이고 교회와 사원을 파괴했다. 때론 수도사 복장을 하고 교회의 기물을 그냥 가져가 버리면 흔적도 찾지 못했다.

그리스도교가 남 서유럽에 전파되다가 북동부로 이동했다. 10세기 초에는 폴란드, 보헤미아, 불가리아, 러시아 지역까지 그리스도교가 뿌리를 내렸다. 10세기 말에는 북부 독일, 덴마크, 스웨덴, 노르웨이, 그리고 아이슬란드까지 확대되었다. 그리스도교가 유럽에 마지막으로 전파된 곳은 핀란드와 리투아니아였다. 핀란드를 개종시키기 위해 1세기 동안 선교사를 파송했으나 소득 없이 끝나자 역사는 핀란드를 강제로 피하야르비 호수에 던져 버렸다. 나라는 한없는 수난을 받았지만 개종을 하여 영혼은 구원을 받지만 개종과 동시에 핀란드는 스웨덴의 노예가 되어 버린다. 이리하여 유럽은 하나둘 그리스도교로 개종하여 전 유럽이 그리스도교 국가가 되어 버린다.

10세기에는 그리스도교로 개종이 대세가 되어 유럽인종 대부분을 차지하지만 유럽은 암흑의 밑바닥이었다. 12세기까지 유럽에는 대학이라고는 하나도 없고 백성은 무지몽매했다. 인권이니 해방 같은 말은 국가를 향한 범죄 행위같이 들렸다. 빈곤은 극도에 달해 살고 죽는 문제가 다반사였다. 상황이 이렇게 되니 영혼 구원만이 관심이었다. 기원 1000년은 유대인이나 비 유대인에게나 불운의 시기였다.

얼마나 비참한 인간의 삶이었는지 100만의 로마 도시가 야만족의 침입 이후 5만의 소읍 규모가 되어 버린다. 이 모습이 그 야만족들이 얼마나 잔인하며 얼마나 많은 사람을 살육했는지를 알 수 있다. 이런 상황에서도 이태리의 데오도리크 대왕(454-526)은 유대인에 대해 호감을 가지고 유대인을 불렀다. 로마, 나폴리, 밀라노, 그리고 신생도시 라벤나로 불러들였다. 유럽 전체가 무지렁이 천지였다. 학교도 없고 배울 형편도 안 되는 상황이라 짐승처럼 살아왔는데 유대인은 달랐다. 어디를 가든 유대인은 항상 공부를 하여 무지렁이가 없어서 그들은 금융인, 상인, 재판관, 보석상, 농부들이었다. 그 공부의 시작은 토라에서 시작하여, 모든 인생 공부를 함으로 공부하는 것이 삶의 목적이요 습관이 되었다. 이태리에 거주하는 유대인 가운데 아브라함의 자손만이 아니었다. 1/3의 이태리 유대인은 아브라함의 후손이 아니고 로마의 후예들이다. 기원 100년경에 유대교로 개종한 이교도가 그들의 선조일 것이다.

독일과 불란서도 사정은 비슷하여 칼 대제는 유대인들을 장려하기 위해 제국으로 불렀다. 칼 대제가 유대인을 향한 동정과 격려를 보내주면서 신성 로마제국 안에서 산업과 도시가 번성키를 바랐다. 대제는 유대인의 특기인 자치제를 허락하였다. 많은 유대인들이 궁정 고관직과 외교 분야와 금융 분야의 책임자가 되어 눈부신 활약을 했다. 칼 대제는 왜 유대인에게 동정과 호의를 베풀었는가? 어떤 역사가는 이렇게 간단히 정리한다. 봉건제도하에서 사회는 세 계층밖에 없었다. 전쟁을 하는 귀족과 기도를 드리는 사제와 일하는 농노뿐이었는데, 시민이나 상업을 하는 중간 계층은 없었다. 이 중간 계층의 역할을 교육받은 유대인이 해 주기를 바랐다

봉건시대의 그리스도교인은 농노로 폐쇄된 무식한 자들이었지만 유대인은 달랐다. 그 사회를 위해 이용할 가치가 있는 교육받은 존재였기 때문에 자유를 허락한 것이다.

89. 중세 봉건제도하의 유대인들

봉건제도는 중세를 지배한 사회 제도이다. 황제가 광활한 전국을 혼자 관활하기 힘들기 때문에 토지를 동서남북의 지도자에게 나누어 준다. 그들을 영주, 또는 봉주라 했다. 이들에게 작위를 주어 임금의 세력을 행사케 하여 나라를 통치한다. 영주 아래는 일하는 기계인 노예나 소작인밖에 없었다. 유럽과 중국, 일본에서 5-6세기부터 18세기까지 시행한 통치 제도이다. 왕 아래 분봉왕이 있듯이 왕의 토지를 봉토로 받아 땅을 지키며 나라의 국방까지 책임지는 지도자이다.

중세의 봉건제도하의 황제, 그를 돕는 영주는 아주 소수이고 국민의 대다수는 일하는 농노였다. 농노는 일하는 기계 기능 외에는 어떤 자유도 없었다. 그러나 중개역할을 하는 자유인이 없었기에 이 일을 유대인이 맡았으니 중개인, 정보유통인, 물품 거래인, 상업 등의 일을 보았다. 이 일을 위해서는 상당한 지식이 필요했다. 각 지역의 특산물, 소비자의 필요물을 파악하여 유통시켜야 함으로 학식이 깊은 유대인만이 할 수가 있었다. 유대인은 상당한 지식을 소유하고 있었을 뿐만 아니라 회당을 중심한 유대인의 네트워크는 세계적이었기 때문에 모든 물품의 유통을 잘 알고 있었다. 이와 같은 필요에 의해서 유대인들은 노예로 전락하지 않고 중산층이 된 셈이다.

그 당시는 무역도 상업도 중산층이 없는지라 유대인만이 할 수 있는 업종을 개발한 셈이다. 중세는 이미 그리스도교회의 시대가 된지라 교회의 관심은 개종이었다. 모든 종족이 개종을 했는데 유대인만은 불가능했다. 교회가 국가인 세계인지라 교회는 국가의 이름으로 유대인을 죽이는 것은 간단했다. 문제는 교회의 구세주인 예수의 한 혈통이며 한 형제인 유대인을 어떻게 죽이겠는가? 유대인을 죽이는 것은 우리 구세주의 형제를 죽이는 것이므로 불가능하니 후하게 잘 대해 주어야 한다고 주장한다. 유대인의 능력과 구세주 예수의 형제란 이유로 특별대우를 받게 된 것이다.

스페인의 경우도 마찬가지였다. 레카레드왕은 칼의 힘을 빌려서라도 강렬하게 유대인을 개종시키라고 했다. 회교도가 스페인을 정복했을 때도 그렇게 강제로 유대인을 개종시키지 않았다. 개종한 유대인은 어떻게 보면 숨은 개종 유대인인데 이들은 상당한 지위에 올라 고관이 되어 궁정에 출입하며, 여자들은 고관의 부인도 되어 황제도 맘대로 만나는 관계까지 발전한다. 이 문제는 15세기에 가서 다른 박해를 받는 원인이 된다. 다른 이교도는 강제로 개종하지 않으면 살해를 당할 수밖에 없었는데 왜 유대인은 예외가 되었던가? 왜 그리스도 교인들은 유대인을 특별 보호를 했을까?

중세의 문화는 그리스도교를 중심한 기독교문화였기 때문에 예수가 모든 나라와 문화의 주가 됨을 고백해야 한다. 한데 유대인들이 그것을 부정했다. 이를 위해 처음에는 회유책을 썼다. 어떤 회유를 해도 유대인은 꼼짝도 않으니 교회는 당황했다. 유대인이 예수를 부정하면 예수가 보편적인 진리도 아니고 하나님이 안 되는 것이다. 기독교 세계인 유럽에서 유대인의 존재는 이렇게 미묘한 존재였다. 이리하여 중세는 유대인을 봉건사회의 밖에 내어 놓는 결과로 발전한다. 유대인을 예외에 둠으로 그 문제를 피하고 싶었지만 그것이 후일에 다른 문제로 발전하게 된다.

유대인의 개종 문제가 맘대로 안 되자 콘스탄틴과 데오도스우스 황제는 성질 급하게 죽이라고 명령을 하거나 추방하라고 명령한다. 봉건사회 초기에는 아직 중산계급이나 상인 계급의 필요성을 느끼지 않았으나 후일 유대인이 나라에 필요한 존재란 것을 인식하여 다시 유대인을 불러들인다. 앞서 말했듯이 봉건사회는 왕과 귀족과 노예들뿐인 사회로서 유대인의 직능이 필요하여 유대인을 추방했다가 다시 불러들였다. 그래서 그레고리 1세는 유대인을 강제로 개종시키지 말라는 법령(591)을 발표한다. 이때부터 유대인은 비교적 평화스런 삶을 하다가 1215년에 라테란 공회에서 교황 인노센트 3세가 모든 유대인은 황색 배지를 달게 함으로 유대인의 운명은 수렁에 떨어진다. 그 이후 유대인은 운명적으로 노랑 배지를 다는 민족이 된 것이다. 홀로코스트의 전조임에도 누구도 그것을 감지하지 못한 채 죽음을 향해 달려가고 있었다.

90. 십자군 운동의 광란

유대인은 1215년 교황 인노센트 3세가 모든 유대인은 가슴에 노란 배지를 달아야 한다는 법을 제정하기까지는 비교적 평화스러웠다. 유대인의 명석함과 유식으로 인하여 특별 대접도 적지 않게 받아 좋은 지위도 누렸다. 11세기까지는 유대인이 고집 피운 것을 반성할 것으로 기대하고 관용으로 기다려 주었다. 그러나 유대인은 고집스럽게 개종을 하지 않고 유대교 신앙을 지켰다. 교회의 힘은 절대적이어서 군주도 민중도 교회의 법에 순종했지만 유독 유대인만은 달랐다.

11세기 이후에는 뜻하지 않은 사건이 줄줄이 일어나면서 유대인의 삶은 달라지기 시작했다. 유대인들이 입어야 하는 굴욕적인 복장이 있었고 피를 뽑아 성찬식에 사용하며 성찬 빵을 모독했다는 소문이 퍼졌다. 백인들이 만든 근거 없는 모함이었다. 이 같은 모함은 십자군과 르네상스와 종교개혁이 가지고 온 부산물이었다. 십자군은 극렬한 신앙의 동기에서 시작하여 약탈과 살인으로 끝난 무서운 광란이었다.

중세기는 그리스도교를 향한 개종과 구원의 시기였는데, 중세기 말에는 구원보다 더 큰 구원을 찾았는데 그것이 십자군 운동으로 나타난다. 십자군은 10세기의 종교심과 정치 및 사회적인 구조에 깊이 관계되어 있다. 십자군은 그 시작에서부터 유대인과는 깊이 관계있는 성격을 가지고 있었다. 왜냐하면 십자군의 목표가 예루살렘이었기 때문이다.

십자군 병사는 대부분 경건한 그리스도인 청년들이었다. 그들은 이교도의 손에서 예루살렘을 빼앗아 기독교의 성지로 삼아야 한다는 신앙으로 차 있었다. 1차-4차까지는 그런대로 순수했으나 그 이후는 성격이 달라졌다. 약탈과 살육과 상업적 목적으로 가담한 자들이 많아 비신앙적 태도가 수많은 민폐를 끼쳤다. 농노의 신분을 벗어나기 위한 징병에 참여하고 범죄자나 노예들이 자유를 허락받기 위해 참여한 자도 적지 않았다. 항상 그랬듯 가장 손쉬운 대상이 유대인이라 유대인 마을은 그냥 지나간 적이 없었다. 무슨 짓을 해도 누구 하나 나무라는 사람이 없는지라 유대인 마을을 쑥대밭으로 만들었다. 기사도는 없어지고 빼앗고 죽이는 것이 보통이었다.

여러 인센티브를 약속받고 참여한 터라 규율도 기사정신도 없어서 다루기 힘든 폭도들이었다. 예루살렘을 회교도의 손에서 회복하는 것이 목적인데 횟수를 거듭할수록 신심은 사라지고 폭력과 약탈만 남는 상황에 중도에 양식이 떨어지니 마을 습격으로 연명했다. 시간이 흐를수록 그리스도교인과 교회까지 약탈하여 대중이 짜증을 내기에 이르렀다. 이교도의 장중에 있는 성지를 탈환하겠다던 목표가 비잔티움 약탈로 변모하자 적은 회교도가 아니라 그리스도 정교회와 그리스도교회가 되었다. 그러니 유대교 회당을 약탈하는 것은 거론할 필요조차 없었다.

1183년 제3차 십자군 때의 일이다. 그리스인과 이태리인들은 과거사에서부터 사이가 좋지 않았다. 그리스인이 비잔틴에 있는 이태리인을 모조리 죽여 버렸다. 제4차 십자군 전쟁에서 유례가 없는 그리스인 대학살 사건을 일으켜 대복수를 하게 된다. 야수와 같은 십자군의 대 학살극을 증오하는 교황과 왕족 일반인의 아우성에도 그 학살극을 막지는 못했다.

서로마제국의 찬란한 비잔틴은 해부당한 시체처럼 갈기갈기 찢어지고 노획한 물건들은 십자군을 후원한 이태리 도시들로 보내졌다. 50년 뒤 그리스가 다시 비잔틴을 정복했을 때는 도시는 황폐하여져 살아날 길이 없는 형편이었다. 1453년 터키가 제국을 침략하다 붕괴되자 동부의 그리스도교의 본거지는 상실되고 십자군은 그리스도교의 멸망을 재촉하였다.

그 후 5차 십자군은 별 성과도 올리지 못했고 5차 6차에는 정열이 식어졌고 8차 이후는 완전히 꺼져버렸다. 십자군 전쟁이 종식되자 가장 기뻐한 사람들은 그리스도인들이었다. 놀랍게도 십자군으로 신앙의 단결보다는 신앙의 동요가 일어났고 회교국 문화를 본 농노들은 돌아가지 않고 그냥 그곳에 살기를 원했다. 유럽국가들보다 회교국이 오히려 더 발전되어 있었기 때문이다.

91. 르네상스의 영향

십자가 군병들은 아랍제국의 문화와 생활을 보고 놀랐다. 이 세상에서 유럽 기독교문화가 최고라고 생각했는데 아랍문화를 본 십자가 군병들인 유럽의 농토로 돌아가지 않고 아랍에 그냥 살겠다고 한다. 사라센(아랍인의 명칭) 문화와 생활이 더 발전되고 좋다고 느꼈기 때문이다. 아랍제국은 미개하고 비천한 가난뿐이라고 생각했는데 전혀 아니었다. 오히려 유럽 문명보다 앞선 것을 보고는 십자군 군병은 배신감을 느꼈다. 마치 북한이 가난하고 먹지 못하는 남조선을 해방시켜야 된다고 하다가 남조선의 실상을 보고 북한에 대해 배신감을 느낀 것과 같은 심정일 것이다.

이러한 소문이 유럽에 퍼지자 유럽은 불안과 후회의 심정이었다. 도대체 우리의 문명은 무엇이며 우리가 한 짓이 무엇이었냐고 묻는다. 누가 누구를 해방시켜야 하는지를 물었다. 우물 안 개구리같이 속 좁은 생각을 한 그리스도교는 이래도 반성도 하지 않았다. 이 같은 상황에서 유럽의 반응이 두 개의 방향으로 나타났다.

르네상스라는 문화적 분출구요 또 다른 하나는 종교개혁이라는 정신적 반항이었다. 문예부흥이란 르네상스는 유대인들도 적극적으로 가세하여 눈부신 성과를 만들었다. 종교개혁에 관해서는 남의 집 일에 개입하지 않으려고 버티었으나 유대인들이 말려들고 말았다. 유럽 전체가 르네상스를 기다리는 찰나에 제일 먼저 눈을 돌린 나라는 이태리였다. 이태리는 그것이 무엇인지도 모르는 상황에서도 미래를 내다볼 수 있는 혜안을 지닌 천재들이 있었다. 1320에서 1520년까지인 200년간 과거를 반성하고 미래를 찾는 것이다. 단테, 페트라르카, 보카치오는 인문주의 천재들이고, 체르니, 티치안, 미켈란젤로 등은 예술가이고, 다빈치, 프라 필리포, 벨리네 같은 이는 문예부흥의 종결을 짓는다.

그렇다면 르네상스란 무엇인가? 왜 이 같은 운동이 일어났는가? 세계의 선진이라고 자부한 십자군이 사라센 문명을 보고 놀라 우리가 뭘 했는가 묻는다. 천년이 넘게 기독교의 문명에 눈이 가려 인생과 세상을 바로 보지 못하고 문맹에 사로잡혔다. 그리스도교 문명이 최고라고 외쳤는데 아랍을 보고 아닌 것도 알았으니 그 해결방법으로 헬라의 고전 정신으로 돌아가자, 그곳에 인문과학이 있으니 그 정신으로 돌아가 인간의 가치와 진로를 새롭게 찾자는 것이었다.

르네상스는 그 주안점이 개인의 자유와 인간 가치를 추구함에 종교적인 문제에서 자유하자는 것이다. 약 백년 후에 북유럽에서 르네상스 바람이 불었다. 유대 역사가가 르네상스에 공헌하지 않았다 했으나 요한 로이힐린(Reuchlin1455-1522)은 예외였다. 물론 요한 로이힐린은 유대인이 아니지만 유대인의 정신사와 그 가치를 일깨워 준 대학자였다.

로이힐린의 인문주의 철학은 히브라이즘이었다. 히브리의 정신과 히브리 문학의 가치를 일깨워 유럽에 주입한다. 그는 라틴어로 교육받은 그리스도인이었지만 히브리어를 유창히 구사하며 히브리문학에 조예가 깊었다. 히브리 신비주의인 카발라에 조예가 깊어 헬라 형이상학과 히브리 형이상학을 비교 화합케 했다. 로이힐리의 덕분에 히브리사상이 독일 기독교에 영향을 크게 끼쳤다. 독일 기독교 학자 가운데 종교개혁가 마르틴 루터가 있었는데, 이 문예부흥의 정신이 독일 종교 개혁에 자극을 주었다고 주장한다.

그리스 학문과 형이상학 정신이 르네상스의 핵심이라는 데는 모든 학자가 동의한다. 르네상스가 크게 부흥한 나포리, 밀라노, 베네치아, 제노바가 장방형의 사각을 이루는데 흥미롭게도 그 도시의 학문적 주체는 유대인들이었다. 르네상스가 일어났던 곳은 영국도 독일도, 불란서도 아니었다. 유대인들이 히브리 그리스, 아랍어 고전을 번역하여 학문의 기초를 이룬 지역이었다. 그것과 르네상스의 발흥과 전혀 관계가 없다고 말할 수는 없는 일이다. 프리드릭 2세가 유대인을 불러들여 번역작업을 시작한 것에서 문예운동이 일어났다는 것은 그 밑거름 역할을 한 것으로 봐도 무방할 것이다.

92. 르네상스에 대한 잘못된 신앙의 판단

르네상스는 고상하고 아름답다고 교황과 황제가 극찬했다. 다투어 그 정신을 나라 안으로 초청하고자 했다. 교황과 황제가 무식했기 때문에 르네상스가 무엇인지 잘 모르고 내린 판단이다. 그후 이것이 신앙에 얼마나 해악을 끼치는 것임을 알고 르네상스가 나라 안에 들어오지 못하도록 문을 잠그려 했을 때는 이미 때가 늦었다. 르네상스가 인간을 해방시키고, 생각의 담을 헐어버리는 것을 몰랐다. 르네상스는 기존 질서나 법제를 의혹의 눈으로 바라보며 과학세계의 문을 열어 환영했다. 이 사실을 모르고 르네상스의 문을 연 교황과 황제가 뚜껑을 덮으려 할 때는 이미 때가 늦었다.

스페인만이 이 일에 성공했다. 스페인은 르네상스가 들어와 발을 붙이기 전에 문을 닫아 들어오지 못하게 했다. 스페인의 신앙을 순결히 지키기 위해서였다. 1305년에 스페인은 모든 과학연구를 금지시킨다. 과학연구는 이단자 취급을 했는데 첫 희생자는 유대인이 아니라 그리스도인 갈릴레이였는데 그는 과학의 진실보다는 생명을 택했다. 이태리의 종교 재판에 끌려나왔을 때 그는 전향했지만 몰래 과학 연구를 계속했다. 그러나 스페인은 과학을 억제하는 수법이 철저했기 때문에 오늘날에도 스페인의 과학발전은 나타나지 않는다.

르네상스는 교회에 위험하다는 판단을 하니 이단 종파의 활동으로 나타났다. 과학의 발달은 하나님의 세계를 대항하는 것이니 종말을 가져온다고 선전했다. 이것이 12,3세기에 일어난 알비죠운동이다. 무슨 일에서든지 잘못이 있으면 그 책임은 유대인의 몫이다. 여기서 종교 재판이 열리고 아무 죄 없는 유대인이 종교재판에 걸려 유대인 추방 운동의 시발이 된다.

알비죠 이단은 철저한 이원론으로 물질은 악이며 이 세상의 모든 것도 악이다. 이 세상과 물질은 악마가 창조했다. 그러므로 영적 창조 세계만이 선하기 때문에 교회와 교황도 세례요한과 예수도 악이다. 예수는 악을 행하였으므로 사형을 당하였는데 막달라 마리아와 간음하고 동거한 악인이다. 그러므로 영적인 세계를 추구해야 한다고 선전하여 남부 불란서 알비아 마을에서 시작하여 전 유럽에 확산되었다. 이에 교황 인노센트 3세가 알비죠 타파를 위해 십자군 책임자 시몬에게 요청, 알비죠 십자군을 만들어 전 유럽에 있는 알비죠 뿌리를 뽑고자 했으나 이 타파운동이 200년이나 걸렸다.

이런 이단임에도 불구하고 대중의 호응은 대단했다. 대중은 이 세상에 살아가야 할 희망도 믿음도 없기 때문에 세상을 버리고 영적 세계만을 추구하니 알비죠 운동이 전 유럽으로 퍼진 것이다. 이단 척결은 수지가 맞는 사업이었다. 불란서에서 2만 명의 알비죠를 처결하니 그 재산은 고스란히 교회의 수입이 되었다. 교황은 이 유혈사태를 막기 위해 이단자 사냥을 해서는 안 된다. 이단인지 아닌지 심사숙고하는 조사 위원회를 만들어 조사하게 했다. 종교재판이 시작한 지 1년에 새 법이 나오니 회교도나 비그리스도인을 심판할 권한은 없고 오직 그리스도인만 조사하라는 명령이었다. 이단은 그리스도인 가운데서 나오기 때문이다.

그리스도교회는 피 흘리는 것을 싫어하기 때문에 유죄로 판명되면 화형에 처했다. 신앙의 문제로 사람을 죽인다는 것은 도저히 사리에 맞지 않는 일이라 하겠지만 성경에 이단자는 죽여도 좋다는 가르침이 있다. "하나님 여호와의 눈에 거슬리는 일을 하면, 여자든 남자든 성 밖으로 끌어내어 돌로 쳐 죽이라"(신명기 17;2-5). 이렇게 그리스도인끼리 이단논쟁을 하면 유대인은 비교적 안전했다. 안전했으나 추방이 다가왔다.

알비죠 운동이 불란서에서 독일, 그리고 동유럽으로 퍼져나갔다. 스페인이 불안에 싸여 이 이단을 걱정한 이유가 있었다. 스페인에는 그리스도교로 개종한 사람들이 많이 있었다. 스페인 사람은 그런 유대인을 개종자, 즉 '컨버르소'라 하고 '마라노' 즉 돼지라 불렀다. 유대인이 제일 싫어하는 동물은 돼지다. 유대인을 버리고 개종하여 다른 종교를 택한 자를 제일 싫어하는 짐승이 돼지이듯 여호와를 버린 자는 돼지라 했다. 르네상스에 대한 잘못된 신앙이 갖다 준 결과는 문예부흥의 심판이 아니고 이단과 마라노 문제에 불이 붙고 그 다음은 유대인의 살인이었다.

93. 마라노의 문제

유대인이 제일 싫어하는 짐승이 돼지다. 유대인이 싫어한 것이 아니고 하나님이 싫어한 짐승이 돼지다. 하나님이 부정하다 하여 제사에 오릴 수도 먹을 수도 없다. 돼지고기를 먹지 못하게 한 이유는 많다. 굽은 갈라졌으나 되새김질을 하지 않은 이유로 불합격한 점도 있지만, 사막의 날씨는 사정없이 덥기 때문에 돼지고기는 즉시 상하여 선민의 건강을 위해 금지했다는 설도 있고, 고기가 너무 맛이 있어 하나님이 질투하시어 못 먹게 했다는 웃기는 설도 있다. 여하간 돼지는 가장 미움을 받는 동물이다. 유대인이 가장 혐오한 헤롯대왕을 돼지라고 불렀듯, 선민의 신분을 버리고 이방 종교로 개종하는 유대인을 돼지, 마라노라 불렀다.

교회는 불안한 표정으로 스페인의 마라노를 바라보다가 알비죠 이단을 한꺼번에 처단할 수 있는 길이 열린다고 믿었다. 그래서 1432년에 최초로 종교 재판소를 설립했다. 마라노를 중심해서 이단의 성격을 가진 자를 색출하는 기관이다. 종교재판소의 책임자 토쿠마다는 최고의 악질로서 유대인을 괴롭히기 위한 직책이었다. 실제로 토쿠마다가 의도한 것은 마라노의 처단보다 그리스도인을 보호하는 것이 그의 목적이었는데 유대인은 제외되었다. 종교재판의 대상은 유대교를 배신한 마라노였다. 잘 살려고 개종을 한 것이 오히려 문제가 되어 다가왔다. 후회해 보았자 이미 때는 늦은 것이다.

토쿠마다가 마라노를 처단함에 또 다른 한 가지 문제가 있었다. 마라노는 본래 유대인이었기 때문에 학문이 높고 세련된 생활로 권세 있는 지위에 있었다. 그들은 스페인 귀족들과 거물들과의 인연이 깊어 대공이 되거나 왕족의 친척이 된 자들이 많았을 뿐만 아니라 사제 대사제 판사와 재벌이 된 사람도 많았다. 문제는 이런 사람들을 함부로 하지 못하기 때문에 처리하는데 곤란을 겪었다. 마라노들이 고관의 자리를 차지했으므로 그리스도인들이 자리를 얻지 못하여 불평한 것도 문제였다.

한편 정통 유대인은 마라노 때문에 정통 유대교가 모멸을 당하고 있다고 불평한다. 그럼에도 마이모니데스와 라쉬는 마라노 유대인을 함부로 하지 말라고 권고했다.

스페인이 모슬람에게서 나라를 다시 찾았을 때 십자군 병사가 유대인과 아랍인을 나누려 했을 때 구별하지 못했다. 아랍인은 아랍 땅으로 돌려보내고 유대인과 마라노들을 스페인에 머물기를 권유했다. 왜냐하면 유대인이 교육과 무역에서 누구도 당할 수 없는 능력이 있어서 나라를 융성하게 하고 자녀 교육에서 출중하여 스페인 사람이 흠모하는 대상이었기 때문이다. 그러나 스페인에 유익한 유대인을 존경하고 높은 자리에 오르니 스페인 안에서 문제가 된 것이다. 시대가 아이러니하게 변하여 그처럼 유익한 유대인이 해악이 되는 존재가 되어 억압하기에 이른다. 당시 스페인의 여왕 이사벨라에게 토쿠마다가 추방 결정을 하지 말라고 요청한다. 여왕은 스페인 마라노의 중매로 페르디난드왕과 결혼한 사람이었다.

이런 저런 형편으로 여왕은 유대인을 추방하지 않아야 할 입장이었다.

아브라바넬은 재정가요 랍비요 무게 있는 학자였다. 랍비가 추방하지 말 것을 요청하며 거금을 왕실에 헌납하겠다고 말하는 순간 토쿠마다가 들어왔다. 토쿠마다는 큰소리로 외친다. 유다가 은화 삼십에 주님을 팔아넘긴 것을 본받으실 작정이오? 다된 일이 여기서 무너진다. 겁에 질린 여왕이 추방 명령에 서명한다. 콜럼버스가 아메리카를 발견한 성과를 가지고 온 그해(1492) 그 달이었다.

모세가 자기 백성을 이끌고 애굽을 탈출하듯 아브라바넬도 스페인에서 자기 백성을 끌고 나왔다. 15만 명의 유대인중 5만 명은 천년 이상 스페인에 살았던 터라 고향을 등지기가 싫어 대가를 지불하고 그대로 남았다. 10만 명의 유대인이 탈출하는 도중에 만 명 가량이 죽고, 4만 오천 명은 터키로 이주하고 일만 오천 명은 북아프리카로, 일만 명은 남부 불란서로 갔다. 아브라바넬은 이태리로 이주하여 나폴리 왕의 재정 담당자로 살다 베네치아 총독 고문으로 일했다.

북아프리카와 오스만 제국의 사람들은 유대인을 호의적으로 대해 수세기 동안 아무 탈 없이 자유스럽게 잘 살았다.

94. 열두 번의 탈무드 분서갱유

중국의 역사에만 분서갱유가 있는 것이 아니라 유대사의 분서갱유는 대살인 사건으로 가는 방향계였다. 엄청난 모함을 위한 방편으로 책의 민족을 어떤 죄목으로 걸어 놓고 분서갱유를 시작한 것이다. 책을 사랑하는 민족에게서 책을 빼앗아 불살라 없애 버린다는 것은 혼을 빼앗아 식물인간을 만드는 것과 마찬가지다.

중세의 유대인 정치사와 그리스도의 그것과는 역 비례하는 재미있는 현상을 보았거니와 이런 경향은 경제사에서도 있었다. 그리스도교도의 경제가 호전되면 유대인의 경제는 악화되었다. 단순히 서로가 대치되는 입장이기 때문에 경쟁자가 잘 못되면 내가 잘되는 것과 같은 것이다. 봉건체제 내부에서 항상 보아 왔듯 유대인의 삶은 중세의 표본이 되었다. 교육이나 자녀 양육이나 삶의 방식에서 유대인은 항상 탁월하여 그리스도인들이 배워 갔다. 그리스도인들은 경쟁 상대인 유대인을 없애 버려야 직장과 상업에서 승리한다고 믿었다.

그리스도인들은 유대교 이단자가 출현하는 것을 기뻐했다. 이단자를 제거하면 그 사회는 경쟁자가 없어져 평화스런 사회가 된다고 믿었으나 이단자가 자꾸만 늘어났다. 마라노 유대인을 만나면 체면과 자존심이 상한다고 생각했다. 고전 연구를 위해 그리스 라틴어를 배우고 특히 히브리어를 배우기 위해 유대인을 만나지 않을 수가 없었다. 어떤 방법으로든 유대인을 감당할 수가 없으니 격리시키는 것이 최상이라는 결론이 나왔다.

교회의 불안은 1215년의 제4차 라테란 공의회에서 세 가지 주제가 나왔다. 알비죠 이단의 완전한 해결, 개종하지 않은 유대인의 위험, 유대인을 격리시킬 처벌법 등이었다. 여기에 유대인은 유대인임을 표시하는 배지를 가슴에 달아야 한다. 이리하여 유대인은 새로운 시대를 맞이하고 점점 더 어려운 궁지로 몰렸다. 유대인에 대한 증오는 가을 낙엽처럼 쌓여만 갔다. 최초로 탈무드가 분서되었다. 유대인 예배를 위해 살인을 한다는 중상까지 나돌게 했다. 애초에 교회는 상황을 그렇게 몰고 갈 생각은 없었으나 그렇게 된 이상 어쩔 수가 없었다. 별의별 중상이 난무했다. 영국 교회가 가장 험악한 중상을 만들었다. 제의 살인 ; 예배를 위해 사람을 잡아 피를 뽑아간다는 것이고, 성찬 빵을 더럽혔다는 이유로 영국은 역사상 첫 번째로 유대인(1290)을 추방한다. 불란서에서는 14세기, 스페인이 1492년도, 포르투갈이 1497년도에 유대인을 추방한다. 유대인이 영국으로 초청을 받은 것은 1066년 윌리암 1세에 의해 영국의 경제 부흥을 위해 초청을 받고 유대인이 강성해지자 그리스도인은 피해를 보게 됐다. 유대인이 할 수 있는 직업도 제한하여 금융업에는 종사하지 못하게 했다. 영국이 유대인을 추방하게 된 이유는 유대인이 없어도 영국은 잘 될 수 있다고 믿었기 때문이다.

못난 놈의 본성은 남이 하면 비로소 용기를 얻어 행하듯이 영국이 추방을 하니 스페인, 포르투갈, 불란서가 따라 추방에 나섰다. 같은 세기인 15세기에 독일이 유대인을 추방한다. 이렇게 유대인 추방이 유럽 전체에 열병처럼 번져 모든 나라가 유대인을 추방한다. 1569년도에는 모든 교황의 나라에서 유대인을 추방한다. 16세기 중엽에는 유대인의 중심지라 부르는 서유럽에서도 유대인의 흔적을 찾을 수가 없었다. 이들이 어디로 갔을까? 그들은 동쪽으로 이동한다. 척박한 동부가 유대인을 환영했다. 폴란드, 남미, 동부 독일, 오스트리아, 리투아니아의 왕들의 초청을 받아 간다. 초청받은 이유는 7세기에 초청받아 간 것과 마찬가지다. 유대인이 나라에 들어오면 경제가 돌면서 상업이 부흥되기 때문이다. 폴란드의 샤르망 대제라 불린 카시미르 대제(1333-137)는 토지와 학교를 허락하며 마을을 만들어 살게 했다. 그는 유대인이 살 수 있는 조건을 다 제공해 주었다. 그리하여 폴란드는 유대인 중심지가 되어 신들러의 이야기가 여기서 시작된다.

이태리는 유대인이 필요하니 추방하지 않고 어떻게 할 방법을 연구했다. 추방을 교묘히 피하는 방법이 게토 제도이다. 역사에 최초로 이태리가 유태인을 게토 속에 가두어 버린다. 강변 쓰레기장 혹 총포창 옆에 게토가 설치된다(게토의 이야기는 후장에서 계속된다)

95. 종교 개혁

　교회의 도덕적 개혁을 요구하는 소리에 귀를 닫고 있던 교회가 바른 소리를 외치는 자들을 죽이고 부관참시까지 감행했다. 위크립, 틴델, 후스, 사보나로라 등의 외침이 지나고 드디어 루터에 의해 정면 도전이 시작된 종교개혁은 독일의 북구에서 불이 붙어 세상으로 전달되었다. 종교개혁은 유대인 사회의 구조뿐만 아니라 서구의 경제 정치구조를 바꾸어 놓았다.

　그리스도교의 개혁이지만 유대사에 중요한 변화를 가져다주었다. 그 의미를 바로 이해하기 위해 종교개혁의 성격을 검토해 보지 않을 수가 없다.

　종교개혁이 풀밭에서 개구리가 튀어나오듯 돌연 불쑥 뛰어나온 것은 아니다. 개혁의 징조는 개혁 이전 1세기 전부터 나타났다. 1415년에 개혁가 후스, 사보나롤라를 화형에 처했다. 잠깐 그 불길을 잡는 듯했으나 완전히 끌 수는 없었다. 유대교처럼 신앙과 이성을 합금 처리할 수 있는 그리스도교 탈무드 학자는 없었다. 16세기 초 대륙에서 독일의 루터, 스위스의 츠빙글리, 불란서의 칼뱅, 스코틀랜드의 낙스 같은 지도자가 나왔다.

　가톨릭교회는 각국에서 프로테스탄트를 억압하려고 애썼지만 허사였다. 스칸디나비아, 영국, 스코틀랜드, 북독일, 그리고 폴란드, 네덜란드가 신교국이 되었다. 불란서로 건너간 불길은 타지 못하고 잠자는 사이에 불란서는 신교도 3만 명을 학살했다. 이로 인해 30년 전쟁의 도화선이 된다. 신교국과 가톨릭 국가가 생명 건 전쟁을 30년이나 한다. 최고의 종교전쟁으로 나폴레옹 사건과 세계대전과 함께 유럽인들의 삶을 변화시켰다. 서로의 신앙이 다르다고 해서 서로를 죽이는 전쟁, 유대인이 몇 천 년 동안 당했던 살육을 맛보는 것이다. 조롱하기 위해 하는 말이 아니라 이 같은 바보행진을 해온 서구에 반성을 촉구하는 것이다. 함께 대화하면 얼마든지 해결될 수 있는 것을 생사를 걸고 다투다니, 이 얼마나 바보 같은 행진인가?

30년 전쟁에서 일진일퇴를 하는 바보행진, 이긴다면 어떻게 할 터인가. 모조리 지중해에 빠뜨려 수장을 할 것인가? 이 전쟁을 통해 양 진영은 유대인을 바라보기 시작했다. 유대인의 학문과 이상주의적 윤리관 속에서 쫓아내면 쫓겨 가고 들어오라면 들어오고 죽이면 죽었던 유대인의 인고를 높이 평가하기 시작했다. 가톨릭이나 프로테스탄트의 틈바구니에서 유대인이 할 수 있는 일은 없었다. 유대인이 루터 편에 서 줄 것을 요청했다. 유대인은 그럴 입장이 되지 못했다. 유대인은 가톨릭국가와 프로테스탄트국가의 양진영에 살고 있는데 어떻게 한쪽 편을 들 수 있겠는가? 신앙과 이성의 문제로 토론합의를 하자면 그것은 별도의 문제이다.

루터는 그의 논문에서 이렇게 말한다.

"우리의 구세주 예수는 유대인으로 태어났다. 가톨릭교도들은 유대인을 숫제 개처럼 취급해 왔다. 그들이 해 온 것이라고는 죽이고 그 재산을 빼앗아간 것뿐이었다. 나는 여러분들에게 다정하게 대하고 성서에 관하여 가르쳐줄 것을 부탁한다. 그러면 여러분들은 우리의 곁으로 다가올 수 있다. 그들을 따듯하게 맞아들이고, 살아갈 양식을 위하여 정당하게 경쟁하는 것도 허용해야 한다. 아직도 고집 부라는 자가 있다 해도 그것은 괘념할 문제가 아니다. 모든 그리스도인이 다 착한 사람은 아니기 때문이다."

루터의 성실한 제안을 유대인이 거절한 이유는 잘 모른다. 루터 자신도 전혀 예상치 못한 일이었다. 이로서 루터는 가차 없이 반유대주의로 돌아서 버렸다. 그때 루터는 친한 친구에게서 배신을 당한 터라 유대인의 거절은 큰 상처였을 것이다. 유대인을 적대시했을 뿐만 아니라 프로테스탄트를 통해 자유인이 되고자 한 독일의 농노들마저 적대시하게 되었다. 그를 이용하여 이득을 취하려는 경제가와 정치가들만이 그의 곁에 있었다.

가톨릭과 프로테스탄트 사이의 커다란 결투는 30년 전쟁(1618-1648)이란 전대미문의 유혈극이었지만 유럽의 종교형태를 변화시키고, 정치와 경제의 윤곽도 바꾸어 놓았다. 유럽의 북반부는 거의가 다 프로테스탄트로 산업지역이고 불란서를 비롯한 남반부 가톨릭지역은 농사를 했다. 프로테스탄트 지역은 봉건제도가 없어지고 새로운 산업과 상업계급이 탄생했다.

96. 종교개혁과 산업사회의 개막

봉건제도와 가톨릭 사회는 그 구조에서 성격상 동일한 것이다. 서로가 명령 독재체제이다. 자유도 평화도 있을 수 없는 억압 체제이다. 그래서 천년을 공생하면서 잘 살아왔다. 신 앞에 홀로 서는 인간은 그 앞에서 자유이므로 무엇이든 천직으로 신과 인간에게 봉사하는 왕된 모습으로 새롭게 태어난다. 따라서 종교개혁은 교회 안에서 일어난 사건으로 1500년의 가톨릭 사회의 모습을 변모시키는 대변혁이었다. 그런 점에서 르네상스와 종교개혁은 괘를 함께하며 인류를 자유 현대로 인도한다. 이런 인간 자유화를 하는데 4천년의 축적된 세월이 필요했던가?

당시의 유대인의 삶의 상황과 전개되는 미래를 이해하기 위해 종교개혁을 둘러싼 사회적 상황을 살펴보아야 한다. 언급했듯 핵심은 봉건제도와 가톨릭교회 간의 기묘한 관계에 있다. 봉건제도와 가톨릭교회는 한 울타리 안에서 함께 성장했다. 교회가 봉건제도를 보호하고 봉건제도는 교회를 지켰다. 교황은 교회의 수장이요 황제는 봉건제도의 수장이다. 이 둘의 긴장관계는 제도를 둘러싼 문제가 아니라 누가 더 큰 권력을 가지느냐의 문제였다. 양자가 서로를 적으로 생각하고 없애 버려야 한다는 생각은 없었다. 누구든 하나가 없어지면 자신도 없어진다는 것을 알고 있었기 때문이다.

중세사회의 두 축인 가톨릭교회와 봉건체제는 십자군과 르네상스에 의해 심한 동요를 받았다. 앞장에서 본대로 십자군은 농노와 장원 제도를 부수고 르네상스는 굳은 가톨릭 교리와 스콜라철학의 굴레를 끊어버렸다. 해방된 농노들은 장원에 가서 더 이상 노예생활을 하지 않고 길거리의 일을 찾았다. 장원에서 생산하는 물건을 시장으로 가져가 파는 장사를 했다. 예전에 유대인들이 하던 일을 노예들이 하게 되었다. 부를 축적했다. 이런 직업의 변화로 인하여 봉건제도는 막을 내리고 자본의 유통, 즉 자본주의의 길이 열린 것이다. 좋은 물건에는 소비자가 늘어나고 나

뿐 물건은 스스로 자취를 감춘다. 단순한 원리지만 자본주의 출발의 기본이 됐다. 이제는 봉건군주나 교회의 규율이 아니라 시장의 원리가 그 사회를 지배하게 됐다.

상인들은 보다 질 좋은, 좋은 상품을 생산하기 위해서는 노동력이 필요했다. 봉건제도의 원리 같은 억압 체제가 아니라 자유 시장 원리가 사회를 지배하니 영주들은 할 일이 없어 봉건 농지는 스스로 무너진다. 영주나 봉건 군주가 나빠서가 아니라 그 사회에서는 그렇게 자기를 유지할 수밖에 없었고, 이제는 완전히 달라진 가치사회가 등장한 것이다. 누가 하라고 명령해서가 아니라 자연 자본주의 이익 원리가 지배하는 사회가 되었다.

상업이 번창하여 상인들이 중산계급이 되어 부를 소유하면 그 세력도 자연히 커진다. 이 중산 계급이 부를 축적하여 대대적으로 봉건 군주에게 대항할 수준이 되었다. 교회는 봉건군주의 보호하에 유지되었으므로 자연 봉건 군주 편에 서게 되니 대중과 교회간의 항쟁이 일어나게 된 것이다.

가톨릭교회의 변혁은 명백해져 교회 안에서 일어난 반종교개혁이 교회 자체의 구습을 타파해야 한다고 주장한 것을 보아도 알 수 있다. 개신교 운동은 그 시작에서부터 개인의 신앙을 바로 세우고자 한 순수한 개혁이었다. 그 사회적 의미가 경제 산업에까지 연결된 것을 보고 놀랐다. 개신교는 상업을 하든 농업을 하든 모든 일은 신이 내린 성직으로 자부심을 가지고 봉직케 했다. 영주나 공작 백작이 아니어도 모든 직업은 신이 내린 천직으로 자부심을 가지고 일하게 됐다. 이전에 듣지도 보지도 못한 소리였다.

1521년 웜스의 국회에서 루터가 교황에게 도전장을 던진 때부터 1648년 가톨릭과 개신교가 유럽의 한가운데를 달리는 동서간의 선을 휴전선으로 웨스트팔리아 조약을 체결하기까지 이 종교개혁은 사회개혁으로 바꾸어지기 시작했다. 유럽의 생산 양식과 직업에 대한 변화가 생기기 시작하자 자기들이 하는 일을 합법화하고, 자기들의 직업을 성화했다. 모든 직업은 신이 내린 천직으로서 자부심을 가지니 서민들의 생각이 달라지고 사회의 모습도 달라지기 시작했다. 개신교 신앙에서 자본주의가 싹을 틔웠다. 이리하여 자본주의 사회가 되고, 개신교 교회와 자본주의는 신랑 신부처럼 사이좋은 관계가 되었다.

97. 셰익스피어와 베니스의 상인

11세기에서 17세기까지, 십자군 원정에서 종교개혁까지의 유대인의 삶을 연대기 순으로 정리하면 추방당했다가 다시 불림을 받는 삶의 연속이었다. 이 같은 추방과 입국의 방황은 유대인 자신의 문제 때문이 아니라 비유대인 세계의 변화 때문에 일어난 일이다. 십자군 운동 시 수탈, 추방을 당했다가 영국이 산업사회가 되면서 다시 입국한다. 가톨릭이며 봉건사회인 불란서는 1400년과 1500사이에 유대인을 추방했다가 1600년대에 불란서가 산업국가가 되면서 다시 유대인을 불러들인다. 독일도 마찬가지다. 16-17세기에 이태리 스페인에서 추방당하지만 유대인은 다시 입국하지 못한다. 상업 국가가 된 개신교 국가들은 모두 유대인들을 불러들인다.

동유럽 제국은 가톨릭이지만, 유대인을 추방하였다가 다시 입국시켰다. 추방 당시 유대인은 중상층의 재정을 담당했지만 유대인이 빠지고 나니 그 공백으로 인하여 사회가 마비되어 다시 유대인을 불러들인 것이다. 유대인이 상업을 통해 경제 유통을 담당했는데 유대인이 없어지니 경제가 마비됐다는 뜻이다. 그래서 경제를 살리기 위해 유대인을 수입한 것이다. 농노 출신이나 그리스도인들은 유대인이 맡았던 경제 유통을 몰랐기 때문이다. 유대인은 상업을 하고 싶어 한 것이 아니라 할 수 있는 사람이 없었다.

16-18세기의 유대인 차별법은 그런 관점에서 보면 이해가 간다. 필요하면 사용하고 필요가 없으면 쫓아내버리면 그만이다. 이러한 과정을 통해 유대인은 차별을 받아 억압된 생활로 갔다. 그리스도인과 길을 가다가 맞부딪치면 유대인은 길 뒤로 물러서서 그리스도인이 지나갈 때까지는 꼼짝 않고 기다려야 한다. 시나고그를 세워서도 안 되고 그리스도인과 친교를 맺을 수도 없다. 유대인이 할 수 있는 직업도 제한되어 있었다. 그리스도인들은 유대인의 풍부한 학식과 넓은 관용을 몰랐다. 유

대인이라면 캐프턴이라고 하는 길고 검은 코트를 입고 귀밑머리에 치욕스런 노랑 별을 달고, 웃기는 차양 달린 모자를 쓴 부끄럼을 모르는 바보 정도로 생각했다.

이런 엄격한 법규로 유대인은 코너로 몰리어 그 운명의 끝장이 왔다. 그리스도인이 바보스럽게 놀리며 바라본다 할지라도 유대인은 오히려 그들을 경멸스런 눈으로 바라보았다. 집단으로 볼 때도 유대인은 유럽에서 최고의 교육수준을 가진 그룹이요 의무 교육제도를 가진 유일한 민족이었다. 짐승처럼 게토에 몰아넣었지만 유대인은 토라와 탈무드의 빛을 받는 지성과 신앙을 가진 찬란한 민족이었다.

유럽인은 유대인을 향해 가장 추악한 이름으로 조롱하며 종처럼 부려먹고 바보 취급을 하면서도 그들이 경제적인 문제가 터지면 조용히 찾아와 도움을 청했다. 유대인을 마구 중상하며 죽이다가도 국가적 대사가 있으면 찾아와 상담을 요청했다. 그 같은 무지막지한 조롱과 치욕 속에서도 간단한 몸짓 하나, 세례를 받겠노라는 한 마디면 모든 조롱은 끝이 난다. 개종을 하는 순간 유대인의 모든 악은 선이 되고 모멸은 영광이 되고, 악의는 선의가 되고 더러운 개는 아름다운 강아지로 변한다. 시인 하이네는 유대인의 세례는 유럽으로 들어가는 여권이라 했다. 이 여권을 얻을 수 있는 길은 항상 열려 있었지만 유대인들은 그 여권을 얻지 않았다. 유대인들은 비방하는 자보다 자기들이 우수하고 위대하다는 확신에 차 있었기 때문이다.

셰익스피어는 교묘한 방법으로 유대인을 조롱했다. 「베니스의 상인」에서 유대인과 그리스도인의 관계를 정확이 비유한다. 바샤니오도는 샤일록을 갖은 욕설로 비방하면서도 샤일록을 저녁 만찬에 초대한다. 이 우정 있는 만찬을 거절하는 것은 샤일록이다. 바샤니오도가 요구하는 것은 피 없이 살 조각을 떼어내는 것이다. 피가 한 방울이라도 나오는 실수를 할 경우 죽는 운명이다. 아니면 그리스도인이 되는 것이다. 그것만이 샤일록의 살 길이다. 그럼에도 샤일록은 거절하고 당당히 법정 밖으로 걸어간다.

셰익스피어의 이 소설이 그 당시 유대인과 그리스도인과의 관계에 대한 설명이다. 과연 셰익스피어가 묘사한 유대인이 진짜 유대인이었을까? 돈을 빌려주어 편리를 보아준 사람을 악인으로 만들고 돈을 갚지 않고 약속을 위반한 사람이 유대인이 아님은 말하지 않는다.

98. 폭력과 살인극의 서곡

종교개혁이 시작되는 16세기부터 유대인을 향한 폭력과 살인극의 서곡이 시작된다. 모든 인간사에 자유와 해방의 서광이 비치는 종교개혁이 시작할 때 유대인은 짐승처럼 우리에 가두어 꼼짝 못하게 하는 삶의 시작이라니 너무나 희한한 조화가 아닌가? 유대인의 삶이 어디까지 몰려가야 이 인류가 희열을 느낄 것인가? 유대인은 언제 어디서든 어떤 민족을 향해서도 먼저 침략하며 박해한 적이 없거늘 유대인의 역사는 폭력과 살인의 연속이었다. 3000여 년을 당해온 유대인이 16세기에 들어오면서 폭력과 살인극의 마지막 단계에 들어선 것을 모르고 유대인들은 루터가 종교개혁을 시작한 해에 게토에 들어간다.

중세의 그리스도교의 시대만큼 유대인한테 개종을 극렬히 요구한 때도 없었다. 개종을 거부하면 박해가 준비되어 있었다. 바빌론, 앗시리아, 페르시아에서도 착하게 살고 세금만 잘 내면 아무 탈 없었고, 그리스 로마시대에는 존경의 표시로 발밑에 약간의 기름만 부어주면 아무 탈 없었는데 그리스도교 시대는 달랐다. 유대인의 죄목은 수백이 있지만 한 가지 죄목에 집중한다. 점보다도 작은 히브리들의 개종에 왜 이토록 관심이 많은가?

알라를 믿는 사람들은 자기들의 신이 예수나 야웨보다 더 위대하다고 생각하여 유대인이나 그리스도인을 멸시했는지 모른다. 그러나 그들은 유대인 신앙과 생활에 간섭하지 않았다. 두 민족 사이가 혹독한 상황 속에서도 개종을 강요하지도 않았다. 한데 그리스도인은 유대인의 신앙과 생활에 일일이 간섭했다. 개종을 강요하다가 실패하면 폭력으로 발전하여 유대인을 몰살시키려는 유대인의 대적 하만의 흉계처럼 다가오고 있었다. 유대인을 향한 폭력은 분명히 제3악장으로 짜여 있었다. 제1악장은 엄숙한 종교적 아다지오, 제2악장은 경제적 압박의 알레그로, 제3악장은 등골이 오싹한 살인의 안단테였다.

　제1악장 종교 아다지오가 가장 흥미롭다. 인간의 생명을 앗아가기 위해 정의란 이름을 사용한다. 중세기가 아무리 무지몽매하다 해도 20세기만큼 인간 생명을 그토록 경시하지는 않았다. 정당한 이유 없이 일말의 가책도 없이 사람을 죽이지는 않았다. 11세기 이후는 유대인에 대한 박해가 종교적 명분으로 행해졌다. 그동안 여러 곳에서 행해졌던 것이 총체적으로 나타나는데 대체로 네 개의 이유를 만들었다. 짐승제사를 지내는 유대인 관습에 따라 피를 얻기 위해 살인을 한다는 것이다. 성찬식에 사용하는 떡을 유대인이 모욕하고 더럽혔다는 것이다. 세 번째로 탈무드의 분서였고, 네 번째가 종교적인 논쟁과 분란을 일으킨다는 것이다. 이 외에도 다른 이유를 만들면 범법이 되는 것이다.

　유대인이 제단에 피를 뿌리기 위해 살인한다는 루머는 여러 번 써 먹던 방법이었다. 피를 얻기 위해 크리스천 아이를 잡아 죽인다는 것이다. 중세 사람들의 마음을 선동하기 좋은 죄목이었다. 성서를 잘 모르는 중세의 크리스천이지만 애굽을 탈출할 때 문설주에 피를 발라 고난을 피하게 되는데 그것을 위해 아이를 잡아갔다는 것이다. 아브라함 시대에 이미 사람 제물을 금지시켰는데도 그 짓을 유대인이 지금도 한다는 것이다. 영국과 독일의 원시종교 드루이드교에서 시행하는 의식인데 유대인도 그 의식을 행한다고 주장하면서 아무 증거도 없이 너희들이 어린아이를 잡아가서 죽여 피를 뽑아 갔다고 주장했다.

　1144년에 영국의 시골 마을에서 어린아이가 행방불명이 된 그 죄를 유대인에게 덮어씌운 것이다. 마을 전체에 소동이 났는데 그 아이가 아무 상처 없이 발견됐는데도 아이의 피를 뽑아갔다고 욱여댔다. 이 같은 사건이 백 년 전에도 있었는데 또 다시 발생했는데 여전히 유대인의 소행이라고 했다. 프리드릭 2세 황제도 그 같은 모함은 하지 말라고 경고하고 교황도 같은 칙령을 내렸다. 그러나 그 같은 일은 계속 일어나 이번에는 유대인이 교회의 성찬 빵을 훔쳐갔다고 모함했다. 황제의 명령으로 조사한즉 거짓임이 드러나 다시는 그 같은 일이 없으리라고 다짐하고 끝났으나 그렇게 끝날 일인가?

99. 탈무드의 수난

유대인 말살 계획 중 피의 사건, 그리고 성찬 빵의 사건, 이제 탈무드의 분서갱유에 왔다. 유대인만큼 책을 귀히 여기고 사랑하는 민족은 없을 것이다. 집이 불타는 경황에서도 모든 것을 다 버리더라도 책만큼은 들고 나온다. 유대인 가정에서 책을 밟는다든지 던지는 짓은 있을 수가 없는 일이다. 책을 읽을 때도 책장을 접지도 꾸기지도 않는다. 그만큼 책을 소중히 보관한다. 이 사실을 잘 아는 그리스천들은 유대인이 보는 가운데서 책을 불사른다는 것은 혼을 불태우는 것과 같은 일이다. 그것도 유대인이 가장 귀히 여기는 성서나 탈무드를 불태우는 것은 있을 수가 없는 일이다.

유대 역사에서 최초의 분서갱유는 1244년 파리와 로마에서였다. 14세기에 와서 불란서에서 네 번의 분서갱유가 있었다. 탈무드의 분서가 가장 심했던 것은1553년과 1554에 이태리 제국에서 12번 있었다. 그 후1558년과 1559에 로마에 각각 한번 있었다. 동유럽에서는 탈무드가 1757년에 단 한번 불살라졌다. 그리고 보면 도합 22번의 분서갱유가 있었는데 기록되지 않은 사실을 합치면 몇 번이 될지 모른다. 밤중에 시나고그에 원인 모를 화재로 토라가 타버린 사실은 다 세지를 못한다.

앞에 말한 피와 성찬, 그리고 탈무드 분서갱유의 사건은 거의 전부 그리스도교로 개종한 유대인들이 조작한 사건이고 보면 흥미롭다. 얼마 전까지만 해도 같은 시나고그서 예배드렸던 형제였는데 이렇게까지 극악하게 대적한 이유를 찾는 것은 재미있는 일이다. 어쩌면 동료 그리스도 교인들에게 자기들의 실력을 과시하고 싶고 자기가 개종하므로 그리스도 교인들에게서 사랑받고 존귀를 받는 것을 보이므로 다른 유대인들도 개종하기를 선동하는 방법이었던 것인지도 모른다.

그 다음 유대인들을 곤혹케 한 일은 신학 논쟁이다. 그리스도인들이 제시한 신앙과 신학적 질문을 유대교 신학자가 대답을 바르게 못하면 유대교 신학자는 개종을 해야만 했다. 개종으로 끝날 수도 있고 심하면 생명을 빼앗기는 모험도 해야 한다. 문제는 유대교 신학자가 이겨도 탈 져도 탈이었다. 지혜롭게 상대인 그리스도 신학자에게 승리를 안겨 주면서도 자기주장이 정당함을 증명하는 것이다. 그러니 져도 이기는 승부사 기질로서 임해야만 생명을 보존할 수 있는 것이다.

때로는 교황이나 황제가 심판관으로 참석한 자리에서 유대신학을 공격하는데 유대인의 담대하고도 교묘한 논설에 망연자실하게 한다. 유대인의 경우 심오한 논설로 상대방을 굴복시키지 않으면 생명을 잃는 모험이기 때문에 신명을 다해 논쟁했다. 상대방이 구약성서를 부정하지 않으면 안 될 지경까지 가게 했는데 가령 구약을 부정하는 경우 이단으로 전락하기 때문에 그리스도교회로서도 대단한 모험이었다. 결국 신학 논쟁도 유대인을 궁지로 몰아 그들을 죽이기 위해 꾸민 일이었다.

루터가 가톨릭교와 공개 논쟁을 할 때도 유대인 신학자들이 사용하던 방법을 사용했다. 가톨릭 신부 마이어 본 에크가 성서를 인정하지 않으면 결국 성서를 부정하는 가톨릭이라고 말 할 수 있게 된 것이다. 그 다음 가톨릭의 도전은 그렇다면 당신은 어떤 성인의 교설과 권위를 최고의 권위로 삼을 것인가? 루터는 당당히 대답한다. 성 바울이오. 이 말에 누구도 저항하지 못하고 종결하게 되었다. 이만큼 유대교 신학자들이 완벽하고도 모범적으로 자기 논리를 정리했다는 뜻이다.

물론 논쟁에서 그리스도교가 승리를 했지만 내용에서는 유대교가 승리함으로써 그리스도교회가 화가 나서 탈무드 분서갱유로 화풀이를 했다. 이렇게 되니 도저히 교회 신학자가 감당할 수 없게 되자 이번에는 개종한 유대인을 내세웠다. 불란서의 황태후와 대주교가 심판으로 앉아 있는데, 모두가 랍비의 패배라고 선언했지만 심판이 속이는 것을 눈치 채고 최종 심판은 몇 달을 미루었다. 제일 유명한 논쟁은 1263년에 있었던 제임스 왕 앞에서 벌어진 논쟁이다. 본래 유대인이었던 파울과 벤 나흐만과의 논쟁이었다. 메시야의 도래에 관한 논쟁인데 교회 쪽이 승리를 했다. 그 후에 왕은 그토록 당당하게 논쟁을 논리적으로 잘한 사람을 본 적이 없다고 술회했다.

100. 살육의 서곡, 경제 혼란

유대의 역사를 보며 항상 느끼는 것은 왜 유대인을 생명 걸고 죽이려고 했는지 알 수가 없다. 너무 똑똑해서 그런가 아니면 유일신 신앙을 고집했기 때문인가? 너무나 강한 정체성 때문인가? 그렇다 치더라도 누구에게도 해를 끼친 민족이 아닌데 왜 이들을 죽이려 했는지 알 수가 없다.

15세기 어느 교황은 유대인의 집단 개종을 위해 설교를 한다. 유대인의 신앙은 전부 허위고 구세주를 죽인 유대민족은 예수 그리스도를 통해 사죄를 받아야 하니 유대인을 포기하고 그리스도인이 되라고 강요를 했다. 듣는 태도가 부실하든지 설교 도중에 조는 자는 무례를 범했다고 가차 없이 사형에 처했다. 한 시도 마음 놓고 살 수 없는 유대인은 공포에 떨며 설교를 듣고 강당을 나오면서 다 잊어버렸다. 이런 설교 집회는 18세기까지 계속되었지만 전혀 효과는 나타나지 않았다. 개종 설교를 하는 신부들은 불쌍한 유대인 앞에서 으스대며 설교하고 오만스럽게 행동했다고 적고 있다.

이런 참혹한 시기에 흑사병이 발생(1348-1349)했다. 공작, 백작, 영주를 구별하지 않고 유럽 인구의 1/3을 몰살하는 대재앙이 들이닥쳤다. 가톨릭교회는 또 때가 왔다고 속으로 쾌재를 불렀다. 흑사병이 몇 년 전에 몽고족과 마호메트 교도를 휩쓴 적이 있었다. 가톨릭교회는 유대인의 짓이라고 소문을 퍼뜨린다. 유대인이 흑사병을 퍼뜨렸다. 사실 이 흑사병은 훈족에게서 시작한 질병인데 유대인이 우물에 독약을 넣어 흑사병이 발생했다고 선전했다. 독일에서는 이것은 과학적이지도 않고, 의학적이지도 않다고 발표했는데도 가톨릭교회는 여전히 유대인 짓이라고 고집을 피웠다. 선한 독일인은 이렇게 외쳤다. 유대인도 흑사병에 걸려 다 죽어가는 데도 그 병든 유대인을 끌고 처형장으로 끌고 갔다고 고발했다.

1200에서 1600년까지는 유대인에게나 유럽인 전체에 힘든 시기였다. 고통을 주는 자나 고통을 받는 자 모두가 고통스러웠다. 유대인을 모함하는 피의 사건, 성찬의 사건, 분서갱유, 그리고 경제 제재의 밑바닥에는 한 가지 목적, 유대인 몰살이 있었다. 유대인을 산 채로 불태우는 화형장에서 절규한다. 성당에서는 그 일을 잘한다고 할렐루야로 찬양하는 소리를 하늘에서 하나님이 들으시고 도대체 너희들은 지금 뭘 하고 있느냐고 물으시는 데도 신부들은 아무 대답이 없었다. 인간의 잔악이 어디까지 가야 스스로 잘못과 수치를 느끼게 될 것인가?

중세의 폭력협주곡의 제2장은 경제 알레그로 1악장이 끝나기도 전에 다가왔다. 루터의 종교개혁이 종교문제를 넘어 경제 사회문제로 확장되었다. 경제 사회문제라면 유대인의 삶과 직접적 관계가 있다. 16세기 말 동유럽의 유대인이 추방당하면서 동으로 옮겨갔다. 종교문제와 정치문제로 억압하고 경제문제로 수탈하면 그 이상 남는 것이 무엇일까? 혼을 빼고 정신을 빼고 경제를 가져가면 남는 것은 허수아비 인생뿐이 아니겠는가?

이런 저런 법조문으로 수탈하고 추방해 버리면 그 부동산 동산은 전부 국가의 재산이 된다. 추방의 이유는 종교 및 정치일 수 있으나 핵심은 경제이다. 인간에게 경제를 빼앗아 가면 아무 것도 남는 것이 없어진다.

유대인은 라인랜드에서 약탈을 일삼는 십자군의 손아귀를 피하여 독일을 떠나 1100경에 폴란드로 이동했다. 폴란드에서 유대인은 폴란드의 샤르망대제라 할 수 있는 카시므로 대왕의 후원 하에서 국가에 봉사하며 번영을 누린다. 폴란드가 유대인을 초청할 때 왕과 귀족은 쌍수를 들어 환영했다. 이유는 설명할 수 없으나 유대인들이 들어와 사는 지역이 번영하므로 그런 경제 카리스마를 원했던 것이다.

존경받는 폴란드의 볼레스라보 왕(1264)은 유대인의 자치제를 허락하고 학교를 허락하여 유대인의 활동을 완전히 자유롭게 했다. 유대인은 도시를 건설하고 공업과 상업을 부흥케 하여 폴란드가 유럽과 어깨를 겨눌 수 있는 수준이 된 것을 왕은 아주 기뻐했다. 유대인은 귀족처럼 재산을 소유하고 도시와 농촌에서 자유스럽게 살았다. 폴란드의 카시미르 3세 대왕은 나라 발전을 위해 유대인을 초청하고 대학을 세워 교육을 자유화하며 후원했다.

101. 유대인의 천국 폴란드의 황폐화

폴란드는 유대인의 천국이었다. 카시미르(카시미애시) 대왕(1333-1370)과 그의 아들들은 유대인을 환영하며 살 수 있는 모든 조건들의 편리를 다 봐 주었다. 그 보답으로 유대인들은 폴란드를 유럽 나라들과 같은 수준의 산업과 상업수준으로 발전시켜 놓았다. 유대인의 천국처럼 느껴져 유럽의 유대인들이 모두 다 모여 들었다. 그러나 유대인이 평안할 수 있도록 그냥 놓아줄 나라가 어디 있었던가?

1400년대에 유대인을 괴롭힌 악덕 소문이 폴란드에 건너온 것이다. 신부들의 입방아가 서에서 동으로 건너와 유대인은 백인 어린이의 피로 제사를 드리고 성찬 빵을 만들어 예배에 사용한다고 소문을 내었다. 항상 쓰던 수법이었다. 카시미르 4세 왕은 그 소문을 잠재우려고 노력했지만 발 없는 소문은 천지에 차고 넘쳤다. 이 이단적인 살인 소문이 퍼지자 이 모든 악행을 유대인과 결부시켜 버렸다. 유대인뿐이 아니라 개신교도들도 그 일에 합세했다고 뒤집어 씌워버렸다. 홀로코스트와는 다른 대량학살(pogram)이 조직적으로 일어나게 된 것은 1500년경이었다. 홀로코스트와 포그램은 다르다. 포그램은 동부유럽과 소련에서 일어난 살해 행위다.

가톨릭신부들의 악담과 협박에도 요동치 않은 강한 왕들이 나와 소문을 덮는 일도 일시적인 것이었다. 지그문트왕 1세와 2세는 불같이 화를 내며 그 같은 거짓 미신 같은 소리를 하지 말라고 야단을 쳤다. 특히 지그문트 2세는 유대인이 피로 제사를 드리는 것을 본 적도 없고, 피를 넣은 성찬 빵을 먹어본 적이 없다고 호통을 쳤으나 가톨릭신부는 집요했다.

15세기의 폴란드는 위대했지만 16세기는 달랐다. 강력한 귀족들이 유약한 왕들을 꼼짝 못하게 하여 나라는 혼란스러워졌다. 거기에다 광신적 가톨릭사제는 여론을 휘둘러 왕들의 생각을 바꾸게 했다. 농민들은 귀족의 압제에 종노릇하고 독일의 세력에 꼼짝 못하고, 폴란드 귀족의 하청을 받는 유대 세리들은 거둬들인 세금을 빼앗겨도 호소할 곳이 없었다. 전부가 한 통속이기 때문이다. 봉건제에 의해 권세를 위임받은 신부들은 사랑을 말하면서 착취를 일삼았다. 왕족, 귀족, 신부들, 무역상인들, 네 종류의 악인들의 착취를 견디지 못하여 반동의 폭발이 일어난 것이다. 1648년이었다.

폴란드와 터키 국경에 살고 있던 코작족은 오늘날 카자흐스탄 사람으로 알려져 있는데 이들이 폴란드 귀족을 향해 모반을 일으킨 것이다. 그들은 그리스 정교도로서 잔인하기로 말을 할 수 없는 지경이었다. 그의 일당은 폴란드 귀족을 잡아 산 채로 가죽을 벗길 정도였다. 폴란드는 이 황야의 무법자 같은 야만인을 잠재울 길이 없었다. 왕족, 신부, 상인들 전부가 살육을 당하여 쓰레기처럼 쓰러졌다. 폴란드 농민들은 복수의 기회가 온 것으로 알고 코작들의 만행에 가담했다.

코작의 잔악성은 끝이 없었다. 코작의 적은 귀족, 로마 가톨릭사제, 독일의 무역상, 그리고 유대인 상인들이었다. 어찌하여 유대인이 코작의 원수가 된단 말인가. 유대인은 가톨릭신자도 희랍 정교회 신자도 아닌데 왜 유대인이 그들의 적이 되었는가? 유대인은 그들의 삶을 훼방한 일도 없고 손해를 끼친 일도 없는데 코작은 왜 유대인을 원수 삼아 잔인하게 굴었는가?

유대인은 그들의 적과 함께 했다는 이유로 그들의 적이 된 것이다. 코작은 적들을 마구 잡아 살점을 도려내고, 산 채로 가죽을 벗기고, 약한 불에 천천히 태워 죽였다. 배를 갈라 그 배속에 살아 있는 고양이를 집어넣었다. 목을 매달아 죽일 때도 두 가지 방법을 사용했다. 독일 상인과 가톨릭사제와 폴란드 귀족을 한 조로 만들어 죽이고 다른 방법은 유대인과 사제와 개를 한 조로 묶어 죽였다. 인류사에 몽고족, 훈족 그리고 이 코작이 제일 잔인했다고 기록될 정도였다

폴란드의 기병대가 소련의 군대 앞에서 힘 한번 쓰지 못하고 쓰러진 것처럼 기병대는 입고 있는 옷마저 다 빼앗기고 발가벗긴 채로 살해당했다. 16세기 유대인의 천국이었던 폴란드를 지옥으로 만든 잔악한 코작의 이야기는 계속된다.

102. 폴란드에서 러시아로 이주하는 유대인

폴란드에서 유대인은 일등 시민으로 존경을 받았다. 폴란드에서 유대인의 역할은 나라를 새로이 세운 역할을 함으로 어느 분야에서든 사랑을 받았다. 유대인의 관계는 위로 왕과 왕족, 귀족 그리고 독일 무역상을 비롯해 모든 자본가들이었다. 폴란드에서 유대인은 보배 같은 존재였다.

시간이 흘러 그 존귀한 유대인의 위상은 다 망가지고 생명을 보존하기 힘든 상황에까지 왔다. 도깨비 떼처럼 도시에 들어온 코작들은 도시의 유대인을 찾아가며 학살했다. 코작들은 유대인을 내어주면 폴란드인을 죽이지 않겠다고 했다. 그러자 폴란드인은 자기가 살겠다고 유대인을 색출해 주었다. 유대인을 찾아주면 유대인을 죽이고 또 폴란드인도 죽였다. 그러니 코작을 방어할 길이 없었다.

그 짧은 기간 동안에 10만 명의 유대인이 참살 당했다. 폴란드인도 유대인 숫자만큼 죽었다는 보고도 있다. 일설에 의하면 100만 명이 넘었다는 소문도 있었다. 폴란드의 들판에 고문당하고 학살당하여 팔다리가 잘리어 나뒹군 시체가 산을 이루었다고 한다. 10년간 이 같은 무지막지한 살인 소동을 일으켜 나라 전체가 도살장같이 되자 코작도 피곤하여져서 평화의 조짐을 보이기 시작했다.

그러나 처참하게도 그것으로 코작의 잔악한 살인극이 끝난 것이 아니었다. 17세기 후반에 또 다시 코작의 봉기가 일어났다. 그 처참함은 처음의 그것과는 비교가 안 될 정도였다. 18세기가 되어서도 폴란드에는 평화가 오지 않았다. 연이어 러시아의 침략을 받고 내란이 일어나 나라는 갈기갈기 찢어지고, 러시아와 오스트리아와 페르시아와 성스러운 동맹을 맺었으나 전혀 성스럽지 않았고 오히려 폴란드의 찬란했던 역사 흔적을 찾을 수가 없었다. 폴란드의 유대인은 죽음을 피해 러시아와 독일과 오스트리아로 흩어졌다. 그 아름다운 우정과 발전된 폴란드의 모습은 온데간데 없어져 버렸다. 코작은 그 잔악한 자신들의 지나간 모습을 기억하는지 모를 일이다.

지금이나 옛날이나 유대인과 러시아의 관계는 비극이다. 지금도 20여 만의 유대인이 러시아에서 죽음 같은 생활을 하고 있다. 유대인 자치주라 하지만 버려진 혹한의 땅에서 죽지 못하여 사는 상황이다. 지금이나 옛날의 러시아는 미개하고 가난했다. 유대인이 러시아로 가고 싶지 않았으나 폴란드에서의 죽음을 피하여 떠나 갈 수밖에 없었다. 오지 말라고 길을 막으면 막을수록 더 많은 유대인이 몰려 왔다.

오늘날 우리가 알고 있는 러시아는 1700년 전까지는 존재하지 않았다. 피트대제가 나타난 것이 우리가 알고 있는 유대인과의 관계의 시작이다. 그 이전의 러시아는 여러 공국으로 흩어져 광대한 지역에 코작족, 타타르족, 슬라브족들이 누가 어디에 사는지도 모른 채 살고 있었다. 유대인들은 자치구를 만들어 그곳에 살았다. 그곳까지 오게 된 동기는 복잡하지만 폴란드에서 쫓겨난 사람들이 주류이다. 그곳에서 1600년까지 평화스럽게 살았지만 모스크바에서 경종이 울렸다

리투아니아의 두 유대인이 그리스정교의 두 사제를 개종시켰다. 이 두 개종자는 유대교를 진지하게 받아 성 바울이 선교한 것처럼 활발히 선교했다. 그러자 이상하게도 많은 러시아인이 유대교에 가입하게 된다. 유대인은 모스크바 궁전에까지 인기가 있어 모스크바 대공의 며느리가 되기도 했다. 러시아 정교회는 이 사실에 놀라 알비죠 이단을 처형하듯, 유대교가 더 이상 전파되기 전에 유대인을 다 죽여야 한다고 주장했다. 먼저 개종한 러시아인을 죽이고 그 다음이 유대인이었다. 포로츠카강에 300명의 유대인을 집단으로 빠뜨려 죽이고 나머지는 추방했다.

유대인은 다시 돌아오지 않을 작정이었지만 러시아의 필요에 따라 다시 소련으로 돌아오게 되었다. 러시아가 탈취한 폴란드의 땅 리투아니아를 합병할 때 그곳에 유대인의 다수가 러시아 땅에 속하게 되었다. 스웨덴 영토를 러시아 땅으로 탈취할 때도 다수의 유대인이 흡수된 것이 소련 땅에 유대인이 거주하게 된 동기가 된다. 원하여 그렇게 된 것이 아니고 1721년 니스타트조약 때문이다.

103. 소련과 독일에서의 유대인들

유대인들이 소련에 거주하게 된 것은 자의가 아니고 살고 있던 땅이 소련이 탈취하므로 합병된 이유에서이다. 폴란드에서 탈취한 리투아니아와 스웨덴의 합병으로 그곳에 살던 유대인이 자연 소련의 거주자가 된 것이다. 아무리 살 곳이 없는 유랑인이라 할지라도 스스로 소련 땅으로 갈 유대인이 어디에 있겠는가? 살던 땅이 소련의 영토가 되었기 때문이다.

소련의 황제들도 유대인을 다 추방하고 싶었으나 그 지역의 상업과 경제적인 문제로 추방을 체념했다. 러시아의 농민들은 무식하고 순진하여 무슨 결정이 내려져도 저항하지 않았다. 유대인이 폴란드, 리투아니아, 우크라이나 지역 어디를 여행해도 자유였는데, 러시아에서는 자유로이 여행할 수가 없었다.

1700-1800년까지 러시아의 학문계는 암흑이었지만 유대인은 달라 빌라 '가온'(유대 자치제도의 수장)과 몇몇 학자들의 학문 연구는 계속된다. 이에 비해 소련의 지식활동은 1900년이 돼서야 비로소 시작한다. 소련의 역사는 무지와 암흑이었다.

독일의 입장은 사뭇 달랐다. 2세기경 로마통치 시대에 로마군대의 군병들이 유대인이었는데 독일지역에 배치되어 있었다는 증거가 있다. 그 후예들이 상당한 인구를 형성하여 독일에 분포하니 그것이 독일 유대인 집단촌을 형성하여 살았다. 그래서 유대인은 독일을 잘 알고 있었다. 로마는 생각했다. 독일인은 인간에 가까울 뿐 100% 인간이 아니기 때문에 독일을 정복해야 할 필요성을 느끼지 않았다. 미개한 족속을 훈련시키는 것은 골치 아픈 일이라고 생각했기 때문이다. 그런 점에서 유대인은 독일 역사에 나타난 최초의 문명인이었다.

그후 웜스, 아우구스부룩 같은 대도시에도 살고 있었는데 이 같은 유대인은 자치정부를 형성하여 살았다. 십자군 운동으로 유대인의 활동은 움츠러들다가 본격적으로 유대인을 추방하기 시작한 것은 13세기이다. 이때 프리드릭 1세가 신성 로마제국의 이름을 처음 만들어 선포하고 200년 후 1512년에 신성 로마제국이 성립된다. 정식 이름은 '독일 민족의 신성로마 제국'이라 불렸는데 실제로 그렇게 불려지지는 않았다. 신성로마 제국 안에는 여러 공국들이 있었다. 신성 로마제국은 800년에 프랑크 왕국을 만든 칼 샤르만 대제가 유럽을 처음으로 통일하고 로마의 옛 영광을 다시 찾으려 했던 것을 700년이 지나 독일 중심으로 일어난 독일 민족의 신성 로마제국을 선포한다.

사실 프리드릭이 신성 로마제국이란 말을 하기 전인, 13세기까지는 신성로마 제국이란 용어는 없었다. 이 제국의 주 멤버는 독일, 보헤미아, 부루쿤트, 이태리 왕국으로 되어 있고, 수백의 공국과 도시국가가 포함되었다. 왕은 선제후 가운데 선택을 하는데 로마제국의 왕위 계승권을 갖는 것으로 그 권위를 자랑했다. 이것은 프랑코 왕국을 향한 도전이었다. 또한 이것은 독일인의 열등의식의 전환이다. 우월의식으로 자기의 약점을 감추려는 것이다. 이 신성로마제국의 선포로 유대인의 운명은 달라진다. 제국 안에서 한 공국이 유대인을 추방하면 다른 공국도 따라서 유대인을 추방하니 전염병처럼 유대인 추방을 하게 됐다. 이리하여 천년 이상을 쌓아온 유대인 사회는 처참하게 무너졌다.

유대인을 박해하는 데 독일인은 천재적이었다. 독일은 야만 종족을 길러내는 배양소 같은 나라. 중세시대에 반 유대적 야수적 행위를 제국의 모든 왕국과 공국에 전파한다. 이전에 있었던 피의 제물사건, 피로 만든 빵 사건, 흑사병의 전염과 재앙을 전부 유대인의 탈이니 독일 제국에 이 같은 족속을 두어서는 안 된다고 선동했다. 유대인은 돈밖에 모르는 물욕의 귀신이니 추방해야 한다고 사디스트적 광기를 선동했다. 이 선동군의 선두주자는 가죽 완장을 두르고 무차별 살인을 저지른다. 이것은 독일인의 정신 질환의 표현이었다. 무차별로 유대인을 추방하면 그 재산은 전부 그들의 것이 되었다. 결국 그것이 독일의 목적이었음이 드러난 것이다.

104. 살상 제3악장, 독일의 만행

인류 최악의 살인전쟁, 유대인 약 600백만 기독교인 700만의 나치의 홀로코스는 우연히 시작한 일이 아니다. 그 잔인한 살상 비극이 일어나기 천 년 전부터 유대인과의 관계는 원만하지 못했다. 로마 장병으로 나간 유대인은 독일인을 짐승보다 조금 나은 인간, 잔악에서는 사자같이 무자비한 동물인간으로 표현했다. 인간 가운데서 가장 무식하고 야만적인 종자라고 표현했다. 독일이 힘을 받아 강성해지자 독일은 유대인을 무시했고 유대인은 독일인을 경멸했다. 유대인에게 물으면 인류가 사용하는 어떤 언어로도 독일인의 잔악한 살상성을 다 표현하지 못한다고 했다.

독일인은 유대인을 사기 치는 데도 완벽했다. 독일의 귀족과 선제후들은 유대인들을 초청했다. 무엇이든 자유롭게 활동할 수 있도록 보호해 줄 터이니 오라, 자유의 칙허 장을 주면서 십자가 위에 손을 얹어 약속하면서까지 안심시켰다. 그리고 유대인들에게 사업 허가장을 주면서 사업이 잘 되기를 바란다고 축복까지 해주었다. 사업이 잘되면 보호료를 내어 놓으라, 법을 어겼다 하면서 폭력단처럼 달려들어 재산을 빼앗고 추방했다. 이런 상황에도 불구하고 유대인의 성실한 삶은 변함이 없어 유대인들의 문화 정신은 면면히 지속되고 있었다. 사회계약론을 쓴 루소는 이렇게 평가했다.

"오로지 탈무드와 제의법을 지켜 가장 멋있는 인생으로 산 민족, 추방에 의해 뿔뿔이 흩어져 외견상으로는 파멸당한 것같이 보이던 이 위대한 민족, 법을 지킴으로써 오늘날까지 자신을 보존해 온 것이다. 그 법과 제의는 소멸되지 않고 존속한다. 그 정신은 세상이 끝날 때까지 이어질 것이다."

16세기 독일에서 아주 이색적인 논쟁이 벌어졌다. 탈무드에 대한 비평이었다. 요하난 페퍼코른이라는 유대인 배교자가 탈무드를 중상하는데 인문학자 요한 로이힐린이 옹호하는 자리였다. 페퍼코른은 유대인의 수준에서는 멍청인데 독일인에게는 탈무드의 대학자였다. 결국 로이힐린은 정치적인 판단에서 패했다. 심판관들이 전부 독일인이니 감당할 길이 없었기 때문이다. 그러나 대중들은 로이힐린이 이긴 것으로 다 알고 있었다. 후일에 페퍼코른의 논술이 전부 가짜임이 판명되었다. 뿐만 아니라 파리 대학이나 쾰른대학의 세속적 교수들이 페퍼코른의 편을 들어 주었다. 하지만 종교가 어떻게 정치를 이길 수 있겠는가?

이런 토론에서도 유대인과 탈무드를 무효화시키는 일에 성공을 하지 못하자 사악한 사디즘의 방법을 사용했다. 최초의 사디스트는 제빵 장사인 빈센트란 사람이 폭력단을 만들어 프랑크푸르트의 유대인 마을을 습격한다.

폭력단의 숫자가 유대인 숫자보다 많았으므로 유대인의 여자 남자 아이를 구분 없이 마구 죽였다. 2년 동안 이런 난동을 부리다가 황제의 명령으로 체포되었다. 독일은 무법천지였는데 겨우 일시적 안정이 찾아왔다.

유대인을 향한 폭력 협주곡은 제1장이 강요된 개종, 제2장은 경제 압력, 최종 악장 3막은 살상 안단테였다. 안단테는 기다림이 없는 속결 살상을 시행하는 것이다. 17세기에 시작하여 20세기까지 전격적으로 전국적으로 시행되었다(이 살인극은 후장에서 논한다). 이렇게 되니 유대인은 서유럽으로 도망칠 수밖에 없었다. 그리하여 1593년에 칼뱅의 개신교국인 네덜란드로 모여들었다. 1665년에는 개신교 국가로 변한 영국의 크롬웰의 정부 초청으로 영국으로, 1548년에는 불란서로 이주한다. 불란서의 경우 30년 전쟁을 종식시킨 후 웨스트팔리아조약에 의해 알사스 지방이 병합할 때 그곳에 살던 유대인이 불란서 영으로 속하게 되었다.

반셈주의 감정은 구약시대까지 소급되는 일이지만 현대 반셈주의의 시작은 중세에서 시작됐다. 산업혁명 후 경제 발전에 의해 부의 편중이 유대인 쪽으로 가게 되자 개인적인 편견으로 인하여 유대인을 싫어하게 되었다. 이것은 개인적인 반셈주의라 할 수 있을 것이다.

이 3악장 중 살인심리 안단테는 가장 심각한 악영향을 유대인에게 주었다. 유대인뿐만이 아니라 문명의 살인이 되어 20세기의 1300만 명 이상을 죽인 결과를 만들었다.

105. 세파르딕과 아슈케나직 유대인

유대인이라고 하면 모두가 아브라함, 야곱의 12자식의 후손이라고 하지만 이스라엘의 멸망으로 10지파가 없어짐으로 12지파로 분류하는 것은 의미가 없다. 역사가 진행되면서 이방인이 개종하여 유대인이 된다. 그런 점에서 어떤 이는 유대인 DNA를 주장하지만 그것은 허언이다. 본래 유대인은 셈족 계통의 아람인인데 유대인뿐이 아닌 중동의 대중이 같은 DNA이다.

예루살렘 성전이 무너지면서 유대인은 세상으로 흩어져 지파 개념은 없어지고 지역에 따른 분류를 한다. 중세기 문화가 두 개의 유대인을 생산한다. 이 두 가지는 유대인은 각각 특유한 생활형식과 철학을 가졌지만 믿는 신은 동일했다. 기원 600-1500년 사이에 왕성했고 다른 하나는 1500년 이후부터 강성해졌다. 세파르딕은 스페인에 살던 유대인이고 후자는 독일을 중심으로 군거한 유대인으로 아슈케나즈라고 부른다.

양자중 세파르딕 유대인은 역사도 깊고 오래 되어 세련되고 학문도 깊었다. 이들은 토라와 탈무드에 깊고, 아리스토텔레스의 형이상학과 과학, 종교문학을 활용하여 토라를 해석하며 그 가르침에 따라 생활함으로 고도의 문화인이었다. 그 문화는 바빌론, 그리스, 페르시아, 로마, 아랍문화 속에서 성장한 복합 유대 문화였다. 천년이 넘는 긴 문화의 세례를 받고 자랐기 때문에 생각과 복장, 예의와 학문의 다른 패턴으로 성장하여 왔다.

16세기부터 새롭게 성장해온 독일과 그 인근에 살던 유대인들은 세파르딕과는 다른 문화 양식을 키우면서 살아왔다. 역사의 압력으로 유대인은 동서로 옮기면서 독일까지 온 것이다. 독일에 오면서 독일의 영향을 받으면서 유대인 문화를 만든다. 스페인, 유대인, 세파르딕은 시를 쓰며 노래를 부르는 여유가 있는 생활을 했다. 이에 비해 독일 유대인, 아슈케나직은 과학도 시도 필요 없이 생활에 쫓기어 돈 버는 일에만 전념하여 믿음의 길에만 매진했다.

탈무드주의는 낡은 세목에 관심이 없이 삶의 원칙과 원리를 가르침으로 지혜 있는 유대인을 만들어주었다. 세파르딕 유대인은 기본상 스페인어를 쓰고 불란서와 이태리어를 사용함으로 넓은 시야를 가졌다. 아슈케나직은 토라와 탈무드를 지키며 축소된 세계만을 알고 살았다. 밀려오는 가톨릭의 압력을 거절하느라고 전심을 바쳤다. 그러므로 아슈케나직은 보수적이고 진실하여 좁은 길을 가는 문화를 만들어 왔다.

아슈케나직은 독일 중심 유대인이지만 폴란드, 우크라이나, 하자르 투르계 지역까지 포함한 족속으로 10세기 전까지는 미개한 야만인의 생활을 벗어나지 못했다. 독일이 사람 구실을 하며 살게 된 것이 13세기 이후, 독일 민족의 신성 로마제국이 설립되고 난 이후부터이다. 그 외 세계 도처에 유대인이 흩어져 있어, 미즈라임 유대인은 중동과 아프리카 유대인이다. 에티오피아 유대인은 스바 여왕이 솔로몬에게 낳은 후손이라 하는데 최근까지 에티오피아 유대인을 인정하느냐 마느냐를 가지고 논란을 하다가 결국은 받아주기로 하여 이스라엘에 입국했다. 인도 중심의 유대인을 베네 유대인, 예멘지역에 있는 아랍계 유대인을 테인마님, 소련의 유대인을 예브레이 또는 비로비잔이라 부른다. 뉴욕의 유대인 사회에서 유대인끼리 격의 없는 것으로 생각했으나 사람 사는 곳이라 그곳에서도 차별은 있었다. 뉴욕 시장이나 국무총리를 지낸 사람이 어느 유대인이라고 구별하기도 한다.

역사를 거슬러 올라가면 16세기부터 독일의 국력이 강해지자 아슈케나직 유대인이 스페인 세파르딕을 흡수해 버린다. 나라의 힘이 없어지면 그곳에 사는 사람의 위상도 달라진다. 스페인 유대인 세파르딕은 유대인을 스페인에서 추방을 하던 13세기까지고, 그 이후부터는 국력과 함께 유대인의 모습도 약해진다. 독일 중심의 아스케나지는 15세기부터 국력이 강성해지면서 그곳에 살던 유대인의 모습도 많이 달라져 독일 유대인 아슈케나직이 스페인 유대인 세파르딕을 흡수하여 아슈케나직 유대인은 그 위상이 독일의 강성과 보조를 함께했다. 그런 점에서 유대인 역사는 16세기 이후부터 라인 강변으로 이동했다. 그 후일이 어떻게 될지는 누구도 모른 채 시간이 흘러갔다.

106. 중세의 아슈케나직의 생활상

그리스도교의 중세 생활은 말한 대로 지옥과 별다를 바가 없는 철창의 생활이었다. 철창에 갇혀 있는 농민은 전 인구의 95%, 제3계급이었다. 제1계급은 왕과 왕족, 그 다음은 귀족과 승려들이었다. 철창 밖에 있으면서도 갇혀 있는 것과 같은 노예계급이 농노들이었다. 그런데 희한하게도 제4계급인 유대인은 감옥살이도 않고 매여 있지도 않은 자유인이었다. 어떻게 보면 어디에도 소속이 안 되는 등외품 같았다.

봉건제 아래의 농민이란 노예로서 태어나서 죽을 때까지 영주에 매여 있어 이곳에서 저곳으로 자유롭게 옮길 수가 없다. 신부가 되거나 특별 재능이 있어 그 재주를 써먹기 위한 목적이 아니면 옮기지 못한다. 특수한 농노라 해도 법적으로 자유인이지만 자기 사유재산은 가질 수 없고 영주가 농장을 매각하면 농노도 함께 매각 당해 팔려 나갔다. 농민이 농사를 해서 제분을 하든지 정미를 할 때도 영주의 방앗간에서 해야 하고 빵을 구을 때도 영주의 빵틀에서 빵을 구워야 했다. 그 대가는 노동으로 갚아야 했다. 부엌에는 나무 접시만 소유할 수 있고 가족의 다수를 막론하고 스푼은 단 하나만 가질 수 있었다. 매매행위는 영주의 허락 하에 가능해도 옷 가지의 숫자도 정해져 있었다. 영주는 농노의 소유물을 언제든지 점검할 수 있어 19세기 미국의 흑인과 같은 신분이었다. 농노나 영주가 가진 공통점 세 가지가 있었는데 공통적으로 문맹하고, 무지하고, 항상 미신에 빠져 살았다.

귀족들도 그들의 법도가 따로 있어 그 법규에 매여 있었다. 신분에 맞은 복장을 입어야 하고 기사도로서 싸움에 나가 생명을 건 결투도 해야 하고 신분이 맞는 사람과 결혼을 해야 했다. 관습을 깨뜨리고 품위를 지키지 못하면 파문을 당하고 심하면 화형을 당하기도 했다. 이상하게도 특권도 아닌 특권이 유대인들에게 주어졌다. 유대인은 이동도 결혼도 물품 매매도 자유로웠다. 봉건제를 만든 사람들이 생각하지 못한 것이었다. 봉건제 속에 의사, 변호사, 상인, 기술자들을 어떤 위치에 두어야 하는지에 대해 규정을 만들지 않았다. 성직자는 일하지 않아도 됐지만 농노는 어떤 다른 직업을 가질 수 없게 되어 있었다. 유대인은 부르주아 계급의 직업을 가질 수 있고 상업과 무역 같은 일을 자유롭게 할 수 있어 봉건 사회의 윤활유 역할을 했다. 이 특권은 교황과 황제가 허락한 자유였기에 무슨 일을 하든 관여하는 사람이 없었다.

일반적으로 생각하기를 유대인이 중세에 죽을 고생을 한 것으로 알고 있지만 15세기후반까지는 그렇지 않았다. 유대인의 고생스런 생활은 16세기에서 18세기에 본격적인 수난의 세월인데 게토만 해도 16세기 중반부터 18세기까지에 있었던 일이었다. 중세 후기의 유대인이 시골에 살면 유대인 구역으로 정해지지만 도시에서는 강제 구역인 게토로 들어가야만 했다. 한쪽은 자유였지만 한쪽은 유폐를 의미했다.

유대인들이 처음에는 그리스도인과 마을에서 함께 살았다. 도시화가 됨에 따라 모두 도시로 모여들자 유대인들도 도시로 들어왔다. 유대인들은 스스로의 자유의지로 유대인 집단촌을 만들어 함께 살았다. 그들이 사는 지역을 위해서 왕이나 도시 책임자의 허락을 받아 자치구역을 만들어 사는 것을 자랑으로 생각했다. 귀족이나 수준 높은 시민들이 유대인 구역에 함께 살기를 원했다. 오늘날 유대인 지역에 수준 높은 사람들이 살기를 원하는 것과 같았다. 1555년에 타이버 강 왼쪽에 유대인 마을을 만들 때도 유대인을 격리시키기 위한 조치가 아니었다. 교황의 의도는 유대인을 격리하는 것이 아니라 유대인 지역에서 그리스도인을 쫓아내는 것이었다. 그러면 그리스도인들은 유대인 어린이와 자기 아이가 함께 살고 놀 수 있도록 시청에 여러 번 청원을 했다. 로마의 경우 유대인 거주 지역이 유대인만의 거주지가 되는 데는 100년이 걸렸다고 한다.

1500년까지 독일, 오스트리아, 프라하, 보헤미아의 유대인 지역은 자유가 있었다. 미국의 건국 아버지들이 그 자손을 위해 마을에 종을 달고 공지사항을 알리듯 유대인의 아버지들도 그러했다. 유텐 슈타트의 시 공화관은 공지사항을 알리고 그 반응을 일부러 들으러 올 정도였다.

107. 중세 유대인들의 직업

그 혼란한 시대에 유대인들은 무엇을 하며 살았을까? 스페인에서 유대인이 추방 당하는 15세기까지는 유대인의 삶은 평균 중세인의 상류층이었다. 중세기의 대부 분의 유대인들의 직업과 일상생활이 어떤 것이었든 유대인의 경우 정신적 흐름은 거의 같은 방향으로 흐르고 있었다.

이태리인은 유대인을 교육 있는 민족으로 보고 자기들의 일의 뒷바라지를 위해 유대인을 몰아넣었다. 그리하여 유대인은 다양한 분야에 종사했다. 유대인은 농사 를 제외한 모든 직업에 종사했다. 의사, 시인, 학자, 천문학자, 약제사, 재무대신, 궁정대신, 금은세공가, 과학가구 설계사도 있었다. 뿐만 아니라 사자 조련사, 마술 사, 노세장수, 군인, 제화공, 양복공, 뱃사람, 행상인, 견직물 상인, 전당포, 향신 료장사 수출입 무역상, 대장장이도 있었다. 18세기에는 머리가 오싹할 정도의 직 업도 있었다. 르네상스 때는 음악가, 무용가, 배우, 화가, 조각가도 나왔다. 유대인 가운데 비발디나 코렐리나 같은 음악가는 없었지만 합성음악의 작곡가는 많았다.

여성의 활동도 다양하여 의사, 은행가, 여배우, 가수가 된 사람도 있었다. 유대 인은 막대한 재력을 가지고 있었기에 왕이나 귀족과 같이 예술의 후원자가 되어 중 앙 무대에서 활동했다. 우수한 건축가를 고용하여 유대인의 주택이나 회당을 짓는 데 르네상스의 찬란함을 보이기도 했다. 유대 젊은이들은 탈무드와 이태리의 향락 문화 사이를 왔다 갔다 했다. 정통파 유대인들은 젊은이들이 마땅찮아 끝없는 비난 을 퍼부었지만 젊은이들은 아랑곳하지 않고 놀이터를 헤매고 다녔다.

세실 로스의 저서인 「르네상스의 유대인」에서 연로한 랍비의 입을 빌려 이렇게 말하고 있다. 대부분의 아가씨들은 임신한 채 결혼식장으로 갔다. 유대인과 그리스 도인의 거주 지역에 매음굴이 많아서 여기서 남녀가 사귀는 것이다. 신분이 좋은 유대인은 유대인 거주 지역에 정숙한 아내를 두고 도시에 아름다운 첩을 두고, 동

성애 부부도 있어 가십거리가 되었다. 그럼에도 유대인들이 다른 종족들과 겨룰 수
없는 문제가 있었다. 유대인은 폭력이나 칼부림 같은 것으로 살인을 저지르는 일은
없었고, 사디스틱한 가학성 범죄도 없었다. 유대인 역사에서 이만큼 향락에 빠져
본 시대가 없었다.

　문학에서 유대인을 멸시 풍자하는 일은 있었지만 유대인이 바보라고 한 작품은
없었다. 탈무드가 분서갱유 당했을 때도 풍자의 소문은 많았다. 이제 탈무드가 가
버리고 없으니 유대인들도 데카메론의 스타일의 생활을 할 수 있다고 말할 정도였
다. 유대인들이 얼마나 방탕한 삶을 했으면 그 같은 농담이 나왔겠는가?

　이태리의 르네상스의 절정기였을 때 유대인의 삶에 벼락이 떨어졌다. 13세기에
영국에서 추방령이 떨어진다. 그 추방의 바람이 불란서로 가 14세기에 그곳에서
추방당한다. 15세기에 스페인에서 추방당하고 16세기에는 이태리에서 추방당한
다. 유럽에서는 더 이상 발붙일 곳이 없을 정도였다. 왜 이런 유대인의 추방령이
전염병처럼 유럽 천지에 맹위를 떨쳤는가? 누구도 대답하지 못한다.

　르네상스의 인간 바람이 잠들 무렵 16세기 독일에서 종교개혁 바람이 불었다.
가톨릭교는 다가올 루터의 종교개혁을 준비해야 했는데 준비는커녕 칼로써 다스릴
무용을 떨쳤다. 세기의 생명을 건 도박이었지만 유대인은 장기판에서 졸에 불과했
다. 졸이 무슨 능력으로 시대의 흐름을 바꿀 수 있겠는가? 모든 추방의 원인은 가
톨릭으로 개종하지 않은 탓이었다. 그 외의 다른 이유는 없었다. 개종만이 유대인
의 신분과 생명을 살려줄 수 있는 방법이었다. 유대인을 치외법권적으로 돌보아주
던 시대는 지나갔다. 한나라에서 일어난 사건이 아니라 유럽 전체에 일어난 소동이
었다. 지금부터 전에는 보지 못하고 경험하지 못한 종교전쟁이 시작된다.

　독일을 중심해서 아슈케나직의 새로운 문화와 정신적 삶이 형성되고 있었다. 하
나 무력하고 지각없는 아슈케나직의 치욕, 유대인 전체의 치욕이 되고 있었다. 다
음 세대에 무엇이 올 것인지도 모르고 사는 지각없는 아둔함이었다.

108. 유대인의 치욕 게토의 시작

유대인의 역사에는 처음 보는 희한한 일들이 많다. 토라, 쿰란 공동체. 마사다, 메시야의 탄생, 탈무드, 관속에 든 벤 자카이, 노벨상, 아인슈타인, 2000년만의 나라 회복, 이런 일들은 역사에 단 한번 나타날 수 있는 사건들이다. 여기에 또 하나 희한한 사건은 게토이다. 게토란 무엇이며 언제 왜 생겼는가? 유대인의 삶에 나타난 게토를 어떻게 해석해야 할까?

게토법이 처음 제정된 것은 베니스에서 1516년 유대인은 제한된 지역에서만 살수 있다고 결정했다. 이런 법안은 제3차 라테란 공의회에서 유대인 지역법을 공포해 유대인은 지정된 지역에서 살아야 한다고 했으나 시행되지 않았다. 1276년에 영국 런던에서도 유대인 주거법을 선포했다. 그후 1555년에 티베 강가를 지적하여 살게 한 것이 본격적인 게토의 시작이다. 이 게토법은 1870년까지 로마에 존재했고, 독일, 폴란드의 경우 1943년 4월까지 존재해 히틀러의 살인극에 이용당하고서 역사에서 사라진다. 그러니 400년 동안 유대인을 그 좁은 밀집지역에 넣어 죽기를 기다렸다.

쉽게 말해 유대인을 왜 게토에 밀집시켰는가? 일신교를 주장하며 그리스도교로 개종을 하지 않는 이유로 게토를 만들어 집어넣었다. 게토 속에 집어넣은 또 다른 이유는 그 속에서 죽으라는 것이다. 그 외 여러 가지 이유를 만들어 유대인을 게토 속에 집어넣었지만 분명한 이유는 개종하지 않은 것이고, 그 다음은 유대인의 경제의 손발을 자르는 것이다.

게토란 말은 이태리어를 그 기원으로 보지만 그 유래는 아직 분명히 밝혀지지 않았다. 히브리어의 분리get을 라틴화한 것이란 설이 있고, 또는 소구역이란 라틴어 borghette에서 나온 말이라고 하나, 가장 일반적인 통설은 대포조란 라틴어의 ghetap서 나왔다는 설이 있다. 이태리의 첫 게토가 주조소 근처에 세워져서 주조소로 부르다가 그것이 게토가 됐다는 설이다. 원래 유대인은 그리스도교인과 분리해서 사는 것이 유대인 거주원칙이었다. 유대인은 시나고그, 공동묘지, 학교 근처로 옮겨 집단촌을 만들어 살았다. 그러자 유대인을 흩어지게 하지 않게 한 곳에 모으자, 그래야 통치가 쉬워진다고 생각했다. 비로소 유대인은 집단촌을 만들고 그리스도교인으로부터 격리한 삶을 살게 되었다.

　독일, 오스트리아, 보헤미아에서의 게토는 한 줄의 도로 양쪽으로 형성되고 그 끝에 시나고그가 있었다. 유대인 게토의 인구는 보통 100명에서 500명 정도였는데 1000명이 된 경우도 있었다. 전체는 성벽처럼 둘러싸여 있고 들어가는 문은 하나였다. 이것이 유대인에게 내려진 가혹한 행위라고 생각하지만 중세의 모든 거주지는 성벽으로 둘러싸여 있었기에 대단한 것은 아니었다. 1700년까지 유대인은 그것을 불평하지 않았다. 그 이유는 1700년이 되어서 그리스도인들의 거주지 성은 다 제거했는데 유대인의 게토의 성벽은 그대로 있었기 때문이다.

　게토의 생활이 슬럼처럼 빈민굴이 되는 것은 시간 문제였다. 그러나 게토는 그렇지 않았다. 선경지명과 꿈을 가진 랍비의 지도하에서 게토는 빈민굴이 되지 않았다. 미국 흑인들의 슬럼의 실제 소유주는 거의 전부 백인이듯이 게토의 실제 소유주도 백인이었다. 이 백인 소유주가 유대인을 함부로 하여 전세를 마음대로 올릴 수가 없었다. 유대인의 품위 있는 항의가 있었기 때문에 주인이라 해도 백인이 함부로 할 수가 없었다. 랍비는 집주인이 집세를 올릴 경우 동포가 살던 집을 더 비싼 돈을 주고 입주하지 않았다. 집 소유주가 집을 비워놓고 새 전세인을 찾으나 어떤 누구도 들어가지 않는다. 그러는 동안 그곳에 살던 사람은 랍비나 형제 집에서 거하면서 새 집이 나오기를 기다렸다. 집 주인은 세상 끝날 때까지 빈 집을 가진 상태이다. 그러니 집 주인이 돈을 많이 받기 위한 장난을 칠 수가 없었다.

　좁은 게토를 유대인은 청결하게 보존하며 항상 새롭게 건축했다. 게토지역이 좁기 때문에 머리를 써서 고층건물을 세워 유럽 건축사의 모범이 되었다. 죽으라고 집어넣은 밀집 게토가 살기 좋은 삶의 공간이 되어 그곳에 집어넣은 사람이 부러워하여 자기들도 들어가 살기를 원할 정도였다.

109. 유대인 배움의 산실, 게토와 슈테틀

유대인을 죽이기 위해 집어넣은 게토가 오히려 유대인 삶의 황금 보금자리가 되고 배움의 산실이 되었다. 가난한 유대인은 여러 지역에 산재했다. 흩어진 어린이들을 불러 모으는 것은 어려운 일이었지만 밀집 지역에 함께 삶으로 공부시키기에 너무나 좋았고 멀리 흩어져 있지 않고 함께 삶으로 유대 어린이의 배움의 산실이 되었다. 게토는 배움의 공동체로서는 일류지역이었다. 이 게토에서 유대인은 그리스 철학, 언어, 천문학, 수학, 지리학, 항해학을 배워, 후일 유럽을 인도하는 지도자가 되었다. 바빌론 포로가 세계를 배우는 강제 유학이 됐듯, 게토가 배움의 예쉬바가 되고 미래 지도자 양성소가 되었다. 그 당시 세속의 대학에서도 배우자 못한 최고급 지식을 게토에서 익힘으로 어둠 속에서 새 길을 여는 여명이 되었다.

독일 경제학자 베르너 좀바르트(1911)는 게토가 자본주의의 산실이라고 했다(후장에서 논한다). 많은 논란을 낳은 학자의 주장이지만 일리 있는 면이 적지 않다. 게토의 유대인은 일몰 전에 게토로 들어와야 한다. 일몰 후 게토 유대인은 때려 죽여도 죄가 되지 않았다. 열심히 일하여 돈을 벌고 생활은 공동적이라 모든 물건을 도매로 구입하여 의식주를 해결하기에 거의 원가로 제공된다. 바깥 활동이 제한되기 때문에 돈을 쓸 곳이 없다. 번 돈은 전부 회당 회계담당이 은행 역할을 한다. 앞에서 언급했듯 게토 유대인의 직업은 송장처리 같은 끔찍한 것도 있었다. 장의사에서 죽은 자의 피를 닦고 정리하는 일, 하수구 소제 같은 일을 했다. 그런 일은 일반인이 하지도 않으니 임금도 높았기에 유대인의 직업으로는 안성맞춤이었다.

낮에 일을 할 때는 영주나 왕의 신하들이 큰소리치며 학대했으나 밤이 되면 몰래 돈을 빌리러 올 때는 완전 다른 태도로 왕족들과 귀족들이 찾아왔다. 귀족들의 돈의 용처는 많았다. 귀족들의 품위를 지키기 위해서는 많은 돈이 필요했는데 비밀이 보장되는 유대인에게 빌리는 것이 가장 안전했다. 유대인은 고가의 이자를 받고 돈을 빌려준다. 돈 거래의 규모가 커지니 이제 고리대가 아니라 금융업이 되었다. 돈이 필요한 귀족들은 전부 유대인 창구를 이용했다. 이러한 점에서 좀 발트는 자본주의가 게토 유대인에게서 시작했다고 말했다. 이것이 발전하자 영주의 사무실이나 궁전 안에 유대인 재정 책임자가 사무실을 갖게 된다. 이것이 후일에 궁전 유대인이라 부르고, 왕실과 영주의 사무실에 이 궁전 유대인이 없는 곳이 없었다. 이 궁전 유대인은 후일에 재무장관이나 은행의 총재가 되었다. 유대인의 재벌들은 전부 궁전 유대인 출신이어서 그 유명한 은행 재벌 로스차일드도 마지막 궁전 유대인이었다.

폴란드의 대도시와 독일어권의 도시에는 거의 다 유대인 게토가 있었다. 시골에는 유대인의 게토보다는 슈테틀이라는 공동체 마을이 있었다. 시골에서 유대인이 공동체를 형성하면서 살았다. 비유대인과 마찬가지로 소나 닭이나 양들을 기르며 살았는데 돼지는 기르지 않았다. 비유대인만 돼지를 길렀는데 돼지는 유대인이 버린 쓰레기를 좋아하여 어미 돼지가 새끼돼지를 데리고 와서 안식일에 쓰레기를 다 주워 먹고 가는 것을 흔히 볼 수가 있었다. 비유대인은 자기 돼지가 유대인 집에 가도 전혀 걱정할 염려는 없었다. 유대인이 돼지를 잡아 고기를 먹지 않는 이유를 알기 때문에 전혀 안심했다. 이처럼 유대인의 시골 생활은 아주 평화스러웠다

이스라엘 아브라함즈는 그의 저서 「중세의 유대인」이란 책에서 유대인의 삶을 그리면서 당시 프라하의 유대인의 직업 60여 개를 열거했다. 의사, 금세공업자. 인쇄업, 서점, 작가, 건축업자. 음악가, 가수가 있긴 하지만 주류는 농기구 제작 수리공, 농사, 양복재단사, 구두제작자와 수선공, 모피상, 푸줏간, 마차 제작자, 이발소, 장례 시체 관리사 등이었다. 게토의 법이 정해질 때인 1700년경에는 유대인은 점잖은 직업에서 밀려나서 유대인이 할 수 있는 일들이 줄어들었다. 1800년경에는 유대인의 일자리는 더 줄어들고 품위 없는 하층 직업에 종사하여 막노동이나 행상, 소매상이 유대인의 주된 직업이었다. 심지어 랍비들도 생계를 위해 나무를 해다 파는 나무꾼도 있었다. 어떤 유대인도 나무꾼 랍비를 경원하지 않았다.

110. 게토와 슈터텔의 이후스를 찾아서

사람은 짐승과 다름없이 생리적 현상으로 태어난다. 그 모습 그대로 먹고 마시면 짐승의 수준에서 살다가 짐승처럼 가 버린다. 그러나 인간은 짐승과 달리 교육으로 다시 태어나 인간이 된다. 교육은 사람이 되게 하는 기적 같은 비법이다. 교육 없는 인간은 사람이 아니다. 교육이 인간을 사람되게 하고 존귀한 왕 같은 존재로 만든다. 인간은 똑같은 인간으로 태어나 교육에 의해서 장관도 되고 귀족도 되고 학자로서 신분을 얻는다. 교육이 인간을 다르게 만든다.

이것을 히브리 문학에서는 이후스(yichus)라 했다. 번역하기 어려운 용어인데 신망, 존귀, 여자에게는 매력과 같은 뜻을 지닌다. 인간에게는 반드시 이후스가 있어야 하는데, 이 이후스는 교육을 통해서 가능하다고 했다. 이후스는 하루아침에 얻을 수 있는 것이 아니다. 대체로 이후스는 세습적이어서 부모에게서 전수를 받는다. 그렇다고 해서 부모가 존귀하다 해서 자식도 자연히 존귀하게 되는 것은 아니다. 말하는 태도, 몸가짐, 심지어 웃는 모습도 품위를 지녀야 한다. 이 모든 것은 학문 연마로 가능하다. 반드시 배움 속에서 찾을 수 있는 고귀한 품성이다. 이후스는 세 가지 품성에서 결정된다. 학문, 행동과 관용한 선행으로 평가한다. 이후스는 자기가 한 말에 죽고 사는 책임성이 있는 인품으로 자기가 한 말을 어기면 죽는 편이 낫다고 가르친다. 비유대인이 이후스를 모독하는 말이나 행동을 하면 이후스는 아무 말도 않고 정면으로 그의 눈을 노려본다. 모욕한 자는 그 엄청난 눈의 시선에 질려 고개를 숙인다.

유대인의 보통 사람을 프로스트(prost)라 하는데, 이 보통 사람도 교육을 받으면 이후스가 된다. 유대인 가정은 아무리 가난해도 가장 많은 지출은 교육비다. 아버지는 가정의 제사장이고 어머니는 가정의 선생이다. 유대인 어머니는 대체로 고등학교 교사의 수준이다. 아무리 산골짜기에 홀로 살아도 자녀를 고등학교 수준으로 독학시키고 대학으로 보낼 수가 있다. 그뿐만 아니라 어머니는 작은 수입 가운데서도 자녀교육비를 위해 항상 적립하여 장자는 물론 둘째 셋째도 교육을 시켰다. 그리스도인들은 유대인의 이 점을 존경하여 자기들도 그렇게 하려고 노력했다. 그리스도인들이 자녀교육을 시키는 이유는 자녀가 출세하면 부모나 형제들을 돕고 그 위신을 올려 주기 때문이다. 유대인의 경우 아무리 가난해도 자녀에게 교육을 시키는 이유는 자녀의 출세를 통해 자기 신분이 올라가기 위해서가 아니라 교육을 통해 하나님의 뜻을 따르는 사람이 되게 하기 위함이다. 유대인이 교육 특징 가운데 하나는 남자 아들만이 아니고 딸도 아들처럼 교육을 시켰다.

유대인의 교육수준이 높아진 것은 12세기부터였다. 보통고등학교 수준의 교과과정은 성경, 히브리어, 탈무드. 철학, 시문학, 아리스토텔레스 철학과 논리학, 유크리트의 기하학, 산수, 알키메데스 수학, 광학, 천문학, 음악, 역사, 의학, 자연과학, 형이상학이 포함되어 있었다.

이에 비해 비유대인의 교육 수준은 캄캄한 어둠이었다. 그리스도인이라 하여 다르지 않았다. 무지 속에 사니 무지는 바로 미신의 길이다. 그마저 교회에도 가지 않는 사람은 짐승처럼 살았다. 신앙과 지성을 사랑하는 유대인 가운데서는 실력 있는 의사, 재정가, 그리고 지혜의 길잡이인 랍비와 철학자가 나왔다. 아무리 교육을 받지 않는다 해도 유대인은 보통 교육수준을 지켜 읽고 쓰는 일에는 별 불편함이 없었다. 그 문맹의 시대에 읽고 쓰는 것만으로도 대단한 수준이었다. 유대인과는 같은 지역에서 살면서도 완전히 다른 생활을 하는 이방인들은 다른 세계에서 사는 사람 같았다. 유대인 아이들은 가난해도 안식일을 지키며 청결생활을 하는데 비유대인 아이들은 시궁창에서 뛰어노는 모습은 완전히 다른 가치관을 가진 것으로 차이가 났다.

같은 마을에 살면서도 게토나 슈테틀 유대 아이들은 품위를 지켰고, 비 유대인들은 거칠고 천박하였지만, 유대인 아이들은 게토 중등학교 수준만 공부를 했는데도 무지렁이인 비유대인 아이들과는 비교할 수 없는 수준이 되었다. 처절한 근세의 독일과 폴란드의 게토는 말하지 않는다.

111. 게토에서 자본주의가 태동했다

유대인은 지식을 구하여 학문을 쌓고 자기의 신앙을 지키려는 것과 마찬가지로 끊임없이 발전하여 게토 유대인은 뛰어난 학자, 의사, 과학자, 존경받는 철학자를 배출했다. 유대인에게 주는 여러 가지 모독 가운데 가장 참기 어려운 것은 유대인을 상징하는 가슴에 단 노랑 배지였다. 비유대인들의 아이들은 그 배지를 보면 놀려대며 돌을 던지기까지 했다. 그렇다고 해서 그리스도인 전부가 유대인을 경멸한 것은 아니었다. 게토와 슈테틀의 유대인은 같은 유대인이었으나 그들의 처지는 달랐다. 독일, 불란서, 네덜란드, 영국의 유대인은 과학과 산업, 재정적으로 크게 활약을 하고, 폴란드, 소련, 헝가리, 리투아니아 유대인들은 완전히 다른 세계에 살았다. 스테틀 유대인은 촌놈인지라 무지몽매했지만 게토의 유대인은 도시적이고 국제적으로 학문적 수준은 유럽에서도 최상위 수준이었다. 이와 같은 교육수준을 갖춘 유대인은 다양한 분야에 최고급 인재를 양성해 냈다.

험악한 시대에 모든 모멸을 당하면서도 시대에 다양한 인물들을 배출했다. 이교 시대에는 종교분야의 인물을, 그리스 로마시대에는 인문주의 사상으로, 마호메트 시대에는 철학, 근대에서는 이론과학에서 두각을 나타내었다. 경제 분야에서는 항상 남다른 실력을 발휘해 왔지만 특히 중세에는 발군의 실력을 보여 그리스도교 학자들 사이에서는 중세 유대인이 자본주의를 생산했다고 주장까지 했다. 유대인이 공산주의와 그리스도교를 생산했다는 주장은 내키지 않지만 인정 안 할 수가 없다. 유대인이 자본주의를 창시했다는 말은 단호히 부정한다. 앞에서 말한 바 있는 독일 경제학자 베르너 좀바르트는 「유대인과 근대자본주의」 논문(1911)에서 자본주의는 근대의 게토에서 시작했다고 주장한다. 유대인은 이를 긍정하지 않는다. 최근에 와서 좀바르트의 이론이 긍정적으로 검토되게 되었다. 생각해 보면 그의 견해에서 자본주의는 잉여자본의 유통이란 관점에서 유대인의 자본이 중세 경제의 윤활유 역할을 했다는 관점에서 그렇게 본 것 같다.

　유대인이 자본주의를 만들었다고 인정한다면 유대인을 약탈 자본가로 인류의 적이라고 반셈주의자들이 매도할 것이다. 뿐만 아니라 유대인이 공산주의, 기독교, 자본주의까지 만들어 인류를 고통의 도가니로 밀어 넣은 인류의 적이라고 할 것이다. 이런 이론을 만든 좀발트도 1933년에 나치당원이 되었다. 반셈주의자는 자기 편리에 따라 양쪽을 왔다 갔다 하는 놈들이라, 자본주의가 아니고 공산주의를 만들었다고 하면 또 수탈 공산주의라고 할 것이 뻔하다. 나치도 유대인이 세상의 병폐를 만들었다고 비난했다. 정신병자의 발언은 행방도 목적도 없어 횡설수설하는 것에 대꾸할 필요는 없지만 그리스도교, 공산주의, 자본주의는 그리스도교의 그늘에서 만들어진 것이라고 말하는 것이 오히려 정당하지 않을까?

　그러므로 유대인이 현대 자본주의의 시작이라고 하는 것을 경솔하게 부정할 일은 아니다. 실상 자본주의가 유럽의 서방지역에서 생겼고 마침 그때 유대인들이 그곳에 살았고, 상거래를 하여 은행 거래를 하고 있었다. 역사가 시작된 이래 인간은 상업과 산업을 하며 무역 거래를 해왔다. 그 옛날에 인도, 중국, 애굽, 그리스, 로마에도 경제 유통이 있었다. 어떤 시점에 이들 나라에 금은 보화가 차고 넘쳐 어떤 나라와도 비교할 수가 없을 때도 있었다. 하나 유대인의 특별 기능은 잉여 자본을 중세 사회에 유통시켜 사회의 윤활유 역할을 했다는 점에서 인정하기로 하자.

　유대인은 어디에 살든 그들의 독자적 문화를 만들어 온 것을 보아왔다. 유대인의 문화는 그들의 일원으로 에워싼 문명의 색조를 띠고 있으면서도 그들의 서클 밖에 있었다. 히브리 문명은 어떤 문명 속에서도 자기의 본질을 벗어난 적이 없었다. 봉건제를 다시 정의할 필요는 없지만 봉건사회는 승려와 귀족과 농노라는 세 가지 계급뿐이었다. 한데 유대인은 이 계급의 바깥에서 그 사회의 윤활유 역할을 상업이란 계급으로 해왔다. 말하자면 유대인은 그 사회가 생각지도 못한 추상경제 (abstract economy)를 함으로 그 이전 시대의 창조경제와는 큰 대조를 보여 주었다.

112. 탈무드는 고리대를 금지한다

성경에 고리대금업은 착취 도적으로 규정한다. 특히 형제에게 돈을 빌려줄 경우 이자를 받지 말라고 했다. 그러나 중세가 되어 잉여재물을 필요로 하는 사람에게 빌려 주는 것은 편리를 주는 것이다. 이것이 토라를 범하는 것인가? 아니면 어려운 사람을 돕는 일인가? 탈무드는 토라 본래의 뜻을 거스르지 않고 당면한 시대를 바로 살 수 있도록 유연한 토라 새 해석법을 알려준다. 마이모니데스는 필요한 사람에게 빌려주는 편리를 주고 합리적 이자를 받는 것은 죄가 아니라고 했다. 고리대의 금지법을 가진 유대인들이 세계은행과 돈의 맥을 잡고 있는 것도 희한한 일이다

앞장에서 만난 셰익스피어의 희곡 「베니스의 상인베니스의 상인」에서 유대인을 악덕 고리대업자로 묘사한다. 돈이 필요한 것은 비유대인이고, 약속한 날짜에 갚지 않은 것도 비유대인인데 중세는 유대인을 악덕 고리대금업자로 묘사한다. 돈을 빌려준 유대인의 잘못이 무엇인가. 오늘날 은행은 돈을 빌려주고 이자 받는 일을 누구도 악덕이라 하지 않는데 중세는 그러했다.

역사적으로 보아도 유대인은 추상세계에 대해 친숙했다. 하나님의 존재를 추상적으로 사고해 온 터라 경제도 구상적인 경제가 아니라 추상 경제를 잘 받아들일 수가 있었다. 유대인의 삶의 과정이 실제보다는 추상세계의 무진장한 실체를 바라보았다. 유대인의 추상 경제 세계는 이미 열려 있었다. 유대인의 추상 경제 세계는 3대륙, 3문명에 뻗쳐 있었다. 국제적인 스케일에서 금이나 은이 아닌 추상 거래수단으로 재화를 주고받았다. 유대인의 최초 여행가 투데라의 벤자민(1165)은 로마에 있으면서 인도나 중국의 유대인회사와 추상 경제인 어음 절수를 유통할 정도였다. 이만큼 유대인은 추상의 신과 추상의 경제에 익숙했다. 이런 점에서 경제에서도 유대인들은 완전히 선진적이었다.

자본주의라는 말은 그저 재화를 주고받는 용어라 별 구별 없이 사용된다. 그런

점에서 자본주의는 태고 적부터 존재한 것이라고 주장하는 학자도 있다. 부의 축적, 이자를 받는 금전 거래, 싼 물건을 사서 비싸게 파는 일, 투기, 전리품에 의한 재산 분배, 이런 일들은 아주 옛날, 자본주의란 말이 생기기 전부터 있어온 것이다. 그러나 이런 것은 현대적 의미에서 자본주의는 아니다. 경제용어에서 자본주의는 잉여재산으로 잉여재산을 만드는 행위를 자본주의라 했다. 중세에는 싸게 사서 비싸게 파는 것을 악덕이라고 했다. 그래서 중세 초기에 유대인들은 다른 방법을 고안해 냈다. 이미 그 당시에 신용과 유통증권을 사용했다. 오늘날에 비하면 아주 단순하고도 초보적인 방법이지만 유대인 사회에서는 가능한 방법이었다. 채무에 관한 법도 로마법에 기초해서 채권자는 기일 내에 갚아야 했는데 부채증서를 제삼자에게 팔 수도 있었다. 채권자가 사망하면 돈을 갚지 않아도 되었다. 영국에서도 1850년대까지는 청구권은 양도할 수 없게 되어 있었다.

탈무드법은 훨씬 발전하여 신용제도를 인정하고, 지불을 요구하는 자에게만 갚게 되어 있었다. 오늘날 은행업무와 비슷한 제도를 탈무드가 가르치고 있다. 그 쉬운 방법으로 지불하고 채무에 대해서도 유연성 있게 제도를 마련한 것은 금융에 대한 유대인의 발전된 사고를 본다. 국가 간의 채무이행도 신뢰를 우선으로 하고 추상 경제로 결제하고 어음으로 처리한다. 이산이 유대인을 이렇게 발전된 금융거래법을 가르쳐 주었다.

이산한 유대인은 3대륙, 3문명 속에 비록 흩어져 있을지라도 하나의 민족이요, 하나의 신앙과 하나의 언어, 하나의 탈무드 법으로 태어나고 자라왔기 때문에 나라 안의 법으로 끈끈히 묶여 있었다. 탈무드에는 국제법이 있어서 경제나 무역거래에서 도덕, 윤리, 그리고 신뢰로써 처리했다. 탈무드법이 10세기에서 12세기부터 제정되어 있어 실제 시행한 것을 보면 유대인은 놀라운 사람들이다. 탈무드 국제법에 사적인 범죄, 실수, 무역규칙, 손해, 보상, 부동산, 상업, 계약법 같은 세목이 다 정리가 되어 있다.

랍비들은 탈무드에 있는 상법과 국제 거래법도 잘 알고 있었다. 학자들도 탈무드법을 몰라 곤란을 당했지만 돈에 관한 삶의 실제 법이기에 유대인들은 숙지하고 있었다.

113. 유대인의 상업 활동

중세의 봉건체제는 유대인이 생성시킨 자본주의 발전에 크게 기여했다. 중세는 귀족, 승직자, 그리고 노예로 조직되어 있었다. 이상하게도 유대인은 이 세 계급의 어디에도 속해 있지 않다고 말했다. 예외 계급인 유대인의 할 일은 이 세 계급이 하지 못하는 윤활유 역할, 즉 그 사이의 유통 역할을 하게 된다. 쉽게 말해 농노가 생산한 농산물, 귀족과 귀족 사이의 금융거래의 중개 역할을 하게 된다. 심지어 귀족과 귀족 사이의 혼인관계까지도 유대인이 거간꾼 역할을 하니 유대인의 활동 영역은 광활해졌다.

유대인의 광활한 역할은 10세기에 이미 나타났다. 10세기에 유대인은 이미 무역 중개소를 북아프리카, 근동, 인도나 중국에도 있었다. 마르코 폴로가 13세기에 동방 여행을 했을 때 인도, 중국에서의 유대인의 활동상을 보고하고 있다. 그곳에서 이미 상업 활동을 크게 하는 유대인을 보았다.

유대인은 무엇에서든지 선구적이었다. 그때 이미 유대인들은 추상 경제인 어음, 절수를 사용하여 교환소를 가지고 있었다. 남프랑스 항구인 몽페리가 유대인 중심지였다. 당시 유대판 마르코 폴로라 불리던 투델라의 랍비인 벤자민은 몽페리의 모습을 묘사했다. 이곳에서 아랍의 귀족, 세계 각국의 그리스도인을 만나는 상업중심지다.

11-13세기에 지중해의 대부분의 큰 항구들은 유대인의 상업 활동 중심지였다. 투데라의 벤쟈민 랍비는 그곳에 유리제품이 차고 넘치고 조선소가 많은 뱃사람들이 모여 들었다고 했다. 스페인에서 유대인이 추방당할 때까지 지중해의 상업을 주도했다. 양모와 견직, 사탕, 후추, 유리제품 등 모든 것을 취급하였다. 당시 유대인은 국제 무역의 중심역할을 했고 각국의 화폐교환소까지 운영했다. 화폐교환소를 중심으로 많은 투자가 있었다. 이익이 생길 제품에 투자가 들어와 많은 금융거래

가 성행했다. 이 거래의 대부분의 투자가는 유대인이었다.

당시 세계에서 돈을 만지는 상인들, 무역업자들과 금융인들은 존경받는 직업이 아니었다. 그래서 유대인들은 그리스도교 교인들로부터 하대와 멸시를 당했다. 그 멸시 받는 직종 가운데서도 돈을 만지는 금융업이 가장 천대를 받았다. 아마 유대인이 이룬 가장 큰 중세의 공적은 금융업의 발전이었을 것이다. 이것이 오늘날 은행의 문을 연 시발이 되었다. 그러나 시간이 지남에 따라 직업관이 바뀌었다. 분명히 종교개혁으로 인하여 직업의식에 변화가 생기어 그런 일이 벌어진 것이다. 그러니 유대인이 감당했던 무역과 상업의 직장이 그리스도교 교인에게로 옮기기 시작했지만 금융은 유대인이 잡고 있었다. 평판이 좋지 않은 금융일은 그리스도인은 하지 않았다.

흉년이 들면 농민은 다음 해 파종할 씨앗을 사기 위해 자금이 필요했다. 가축이 병들면 새끼 짐승을 사야 할 자금이 필요했다. 흉년으로 양식이 부족할 때에 돈이 필요했다. 세금이 밀려 논밭과 집이 경매에 넘어갈 때 돈이 필요했다. 돈을 충분이 가지고 있어 빌려줄 수 있는 사람은 유대인뿐이었다. 오늘날 은행 역할을 했지만 그 당시로서는 고리대 수준이었다.

가난한 농민만의 문제는 아니었다. 영주가 성을 팔거나 보수공사를 할 때 돈이 필요했다. 경쟁을 하는 시합경기가 있었다. 교회가 대성당을 짓거나 수리를 한다. 여기에 들어갈 돈을 빌려줄 사람은 유대인밖에 없었다. 금융업에 있어서 유대인을 빼고는 어떤 말도 할 수가 없었다. 베니스 공화국에 라벤나시가 편입할 때 막대한 자금이 필요했지만 돈이 없었다. 유대인이 추방을 앞둔 상태였지만 돈이 필요하니 유대인을 끌어들일 수밖에 없었다. 르네상스의 영광이 넘치는 플로렌스도 자금이 부족하여 자금 유통을 위해 유대인이 도로 들어와 살기를 요청했다.

왜 유대인이 돈을 만지는 금융업에 종사했는지를 이미 말해 왔다. 당시 그리스도교 사회에서 금융업은 고리대로 전혀 존경을 받지 못하는 천한 직업이었다. 하지만 제2의 모세라 일컫는 마이모니데스 공정한 이자법의 세목까지 다 만들어 탈무드화 해놓았다. 금융업은 화석법이 아니라 생동하는 현실법이다. 마이모니데스는 미래를 내다보고 금융에 관한 원리를 다 만들어 놓았으니 그 현명함은 다 말하지 못한다.

114. 유대인은 왜 금융업에 종사했는가?

　금융업, 무역업 같은 상업에 종사하는 것은 중세의 유럽에서는 천한 직업이었다. 그래서 그리스도인은 그런 직업을 멀리함으로 천한 직업은 전부 유대인 차지였다. 금융업은 본래부터 악덕사업이라 지옥에 갈 사람으로 규정했다. 금융의 정의는 고리대였다. 고리대는 악마의 사업이었다. 현대의 고리대는 은행이 합법적인 절차에 의해 이자를 받는 기관이지만 그 당시 고리대는 누가 하든 나쁜 직업이었다. 이윤의 비율을 떠나 이자를 받는 것은 악이기 때문이었다.

　그러나 저러나 유대인은 지옥 갈 놈들이니 천한 직업은 맡아 당연한데, 거기에다 고리대 하나를 더 한다고 한들 달라질 것이 없다고 생각했다. 세월이 지나 종교개혁 후 그리스도인의 시대가 되고 직업관이 변하여 모든 직업은 신이 내린 천직이라고 가르쳐 무슨 직업이든 문제가 되지 않은 시대가 되었다. 그리스도인이 산업, 상업, 무역, 금융업으로 진출했다. 그리하여 유대인이 가지고 있던 직업을 하나 둘 빼앗기 시작한다.

　유대인은 사회 환경에 의해 직업 선택을 자유스럽게 할 수 없어, 상업, 무역, 금융업에 종사하다가 직업관이 바뀌니 이제 유대인이 천한 직업을 그리스도인이 빼앗아간다. 유대인은 그리스도인의 직업관과는 달리 아주 선진적이라 어떤 직업이든 귀하게 생각하여 구별 없이 했다. 거기에다 탈무드의 가르침은 금융업을 전문화하여 이자 규정까지 다 만들어져 있었다. 특히 13세기 마이모니데스는 금융업의 세목을 전문화하여 이자율까지 정해 놓았다고 했다.

　스페인이 유대인을 15세기에 추방하자 그런 천한 직업은 자연 그리스도인이 맡게 되었다. 그리스도인들이 금융에 경험도 법률 규정도 없어서 질서 있게 운영도 못하고, 이자가 터무니없이 올라갔다. 교황과 황제가 금융업자에게 이자를 내리라고 명령을 한다. 그런 악덕 이자 놀이를 하지 말고 유대인들처럼 하라고 명령하나

듣지 않았다. 하는 수 없이 정부가 유대인을 다시 불러들여 유대인에게 그 일을 맡기려 했으나 일반 여론이 그렇게 되지 않았다. 영국, 불란서, 이태리 등지에서는 황제에게 유대인을 불러 고리대를 맡기자고 했으나 때는 늦었다. 동쪽으로 추방당한 유대인은 폴란드에서 환영을 받고 있었다.

종교개혁은 단지 종교의 변화가 아니라 사회와 모든 삶의 구조를 변화시켜 놓았다. 종교개혁은 유럽 중심부에 뿌리를 내려 사회의 변화와 경제구조의 변화를 가져왔다. 30년 종교전쟁은 유럽 전체를 바꾸어 놓았다. 가톨릭이 이긴 것도 아니고 프로테스탄트가 이긴 것도 아니었다. 모두가 패자요 승자였다. 양자 모두가 자기의 신념에 따라 신앙의 생활을 할 수 있도록 선택의 자유가 주어졌기 때문에 모두가 승리한 것이지만 30년의 세월 동안 파괴되고 죽은 생명은 보상의 길이 없기에 양자가 패자가 되었다.

30년 전쟁이 가져온 폐허를 복구하면서 새로운 경제계급이 탄생하기 시작했다. 새로운 신앙과 사회 질서가 구축된 것이 이때이고, 경제학자들은 공통적으로 이때를 자본주의의 발생기로 본다. 결국 개신교의 운동이 자본주의를 만들었다는 결론이 된다.

종교개혁 운동, 특히 프로테스탄트가 어떻게 해서 사회 혁명이 되고 현대 자본주의의 동기가 되었는가를 살폈다. 마르크스 웨버의 질문은 정당한가? 아니면 변증법적 유물론자들처럼 자본주의가 기독교를 생성시켰는가? 그리스도교와 자본주의가 어떤 관계에 있었는지를 냉정하게 살펴보아야 할 필요가 있다고 본다. 유물론자는 생산형태가 우리의 정치 종교를 결정한다고 주장한다. 결국 생산, 풍요한 물품이 인간의 삶의 방향과 정신세계를 결정한다고 주장한다. 결국 물질이 풍요하면 인간의 정신세계와 삶이 전진한다고 본다. 유물의 생산이 인간과 사회구조를 전진시킨다고 보았다. 유물론자들은 세상 원리를 거꾸로 보았다. 인간의 정신사가 물질을 생산하고, 또 풍요하게 만든다고 보는데 유물론자는 그렇지 않게 본다. 사회의 구조나 생산이 개신교를 만든 것이 아니고 개신교 정신이 자본주의의 사회를 만든 것이다. 더 이상 다른 결론을 말할 필요는 없을 것이다.

115. 종교개혁이 낳은 사회문제들

종교개혁이 단순히 교황청을 향한 부조리 문제만 제기한 것이 아니라 엄청난 사회문제를 만들었다. 종교개혁이 유대인에게 별 영향이 없는 문제지만 종교문제라 종교국의 백성으로 관계가 안 될 수가 없고 사회 변화를 가장 민감히 받는 사람이 유대인이다. 애초 루터는 유대인을 향해 대단한 호감을 표하면서 종교자유를 위해 자기편을 들어 달라고 했으나 유대인이 거절하자 루터는 돌이킬 수 없는 유대인에 반감을 갖게 되어 나치의 홀로코스트로 가는 길을 열었다고까지 말하는 사람들이 있다.

다음으로 생각할 수 있는 문제는 종교 안의 문제가 아니라 종교개혁으로 인하여 일어난 사회적인 문제와 사건들이다. 루터의 종교개혁은 독일의 농민 전쟁과 30년 전쟁을 일으켰다. 이 두 전쟁은 유럽의 정치판도와 사회경제에 엄청난 변화를 불러 일으켰다. 농민전쟁(1524-1525)은 과중한 세금에 농민들이 영주를 반항하는 사건으로 그 후에 일어난 사상이지만 다분히 공산주의적 투쟁이었다. 가난한 자를 돌보며 함께 나누어 먹는 공동체 생활을 추구하는 것까지는 좋았으나 영주들이 농민들의 요구를 받아 주지 않자 극렬한 투쟁을 하는데 그것이 극악한 살인운동으로 변하자 호감을 가지고 있던 루터마저 그들을 옹호하지 않게 된다. 30만 명의 투쟁 농민 가운데 10만 명을 죽임으로써 농민 전쟁은 끝을 보게 된다. 갑자기 찾아온 종교 사상의 혁명이 가져다준 패착이었다.

30년 종교전쟁은 가톨릭과 개신교와의 알력이고, 그 관계에 있는 영주들과 제후들과의 싸움이었다. 종교전쟁으로 시작하여 종교의 관계를 달리하며 따지는 정치 전쟁은 물론 싸움의 한가운데 종교가 있었지만 사회개혁이었기 때문에 새로운 국가의 개념도 만들어냈다. 그 새로운 국가 개념은 향상된 중산계급에게는 아주 적당한 것이었다. 사회 이념은 종교의 충성심을 불러일으키고, 종교의 신앙심은 애국심

으로 전환되었다. 개신교나 가톨릭이냐는 것은 하나의 형식이고 불란서냐 영국이
나 네덜란드란 국가의식이 더 중요했다. 종교개혁 이전에는 권력이 귀족과 봉건군
주에 의해 나왔는데, 산업이 발전하고 나서는 권력은 중산층에서 나왔다. 이 전에
는 전쟁비용이 전부 귀족이나 영주의 주머니에서 나왔지만 이제는 달라지고 있었
다. 중산층의 주머니에서 자금이 나왔으나 통치자들이 의지하는 것은 유대인의 주
머니였다.

시대도 변하고 전쟁의 방법도 변하였다. 나폴레옹의 군비를 거의 다 유대인이
빌려준 것처럼 30년 전쟁에서도 군비는 유대인이 충당했다. 30년 전쟁으로 이제
유럽은 변하여 산업사회로 가고 있었다. 유대인은 자본주의의 구현자요, 통치자는
유대인과 결탁해야 살 길이 나왔다. 근대 국가주의가 형성될 때 유대인이 앞장선
일은 없었으나 국가가 필요로 하는 물질적 수단을 제공했다. 각 나라가 유지되는데
필요한 군대를 지탱하는 군비도 전부 유대인이 제공했다. 국가의 유지력은 그 나라
의 군대에 있다는 것을 보여주었다.

개신교의 개혁이 가져다 준 새로운 사상인 자본주의는 그 당시로서 대중이 쉽게
받아들일 수 있는 제도는 아니었다. 아주 애매하게 잉여재산이 잉여재산을 만들고,
모든 직업은 신성하여 귀천이 없는 만인 성직이란 생소한 것이었다. 유대인에게는
아주 친숙한 사상이라 별로 새로운 것이 전혀 없었으나, 문제는 유대인의 일자리를
빼앗기는 것이었다. 자본주의라는 금융의 제도가 이해되지 않은 상태에서 개신교
나 가톨릭 모두가 자본주의를 맹렬히 공격했다. 자본주의란 말이 교회강단과 만찬
회에서 진지하고 고상하게 사용되어지기까지는 200년이란 세월이 필요했다.

물론 자본주의 사상이 발아 초기라 정확한 개념 설정은 안 됐지만, 자본주의와
동시에 공산주의도 태동하고 있었다. 너무나 고단한 일생을 산 농노들은 농민전쟁
을 통해 함께 잘사는 이상세계를 그리워하여 생명을 건 투쟁을 했다. 비록 뮌츠가
농민 전쟁으로 죽기는 했으나 꿈군 이상향은 공산적 메시야 사회였을 것이다.

116. 근대의 최고 금융인 궁전 유대인

유별난 짓을 최초로 유별나게 행하는 유대인인지라 유대인에게는 일상적이지만 비유대인에게는 유별나게 보인다. 그것은 궁전 유대인(COURT JEWS)이다. 이 뿌리는 1555년의 베네치아 게토에까지 올라간다. 궁전 유대인이란 누구이며 무엇을 하는 사람들이었는지 궁금하다.

유럽의 통치자들은 일찍부터 유대인들의 지적 경제적 능력을 높이 평가했다. 그래서 16세기 초 스페인에서 유대인을 마지막으로 추방한 것을 후회하고 몇 번이나 다시 불러들였다. 모든 유럽의 왕들의 공통적인 생각이었는데 애초에 왕들은 유대인을 추방하고 싶지 않았으나 대중들의 선동으로 유대인 추방을 할 수밖에 없었다. 17,18세기에 유럽으로 돌아와 거기서 그들은 역사를 새롭게 하는 역할을 담당하게 되는데 그것이 국제은행 제도의 시초를 놓는 것이었다. 중세의 마지막 대역사로서 꼭 이야기해야 할 만한 것은 궁전 유대인이다. 아주 별난 존재들이다. 그들은 중앙 유럽의 여러 나라, 특히 독일제국에서 두각을 드러낸 사람들이다. 그들이 담당한 역할에 대해서 학자들이 진지하게 생각한 것은 자본주의 연구를 새롭게 한 최근의 일이다. 궁정 유대인과 그들의 역할에 대해 연구하는 역사가들은 흥미로운 내용을 보고하고 있다.

1900년대 초 궁전 유대인은 국제은행의 원형이라 할 수 있지만 오늘날의 형태로는 재무장관, 재무총리 같은 역할을 했다고 볼 수 있다. 그의 업무는 광범위했다. 군비의 보급, 왕족의 재정정책, 화폐주조소의 책임을 맡는 것임과 동시에, 재원확보, 국제차관의 교섭, 채권 발행, 세금제도 연구 등으로 나라 살림을 전부 맡아 관리하는 것이었다. 궁전 유대인은 왕족과 귀족과 나라 살림을 관리하여 왕정이 돈에 대해 걱정 없게 하는 것이다.

30년 종교전쟁 후 신성 로마제국이 거느린 200여 대공국과 공국, 영주들이 거의 모두 다 궁정 유대인을 거느리고 있었다. 제수이트의 막강한 힘으로 황제에 오른, 왕중의 왕이라 할 수 있는 샤르르 5세조차도 요슬이라는 궁정 유대인을 거느리고 있었다. 요슬은 왕의 조폐사업과 나라의 재무를 담당하여, 그의 세력이 너무 커서 그가 없이는 왕이 아무 것도 하지 못할 정도였다.

궁정 유대인은 그들이 섬기는 왕족들에 대한 충성도는 절대적이었다. 그는 언제든지 자유로이 왕궁을 출입할 수 있을 뿐만 아니라 왕과 식사도 함께 했다. 궁정유대인에 대한 칭호는 여럿이 있었다. 대신, 장관, 대장, 왕의 비서 등으로 불렀는데 아무리 높은 칭호를 가졌음에도 동포들을 잊지 않았다. 궁정 유대인은 게토의 형제들의 매개자요 민족을 위한 큰 공로자였다. 개종만 하면 궁정 유대인은 국가의 최고 자리에 오를 수 있는 인물들이었다. 놀랍게도 누구도 개종하는 사람이 없었다. 개종을 않는다고 해서 왕족 고관들이 그들을 증오한 것은 아니었다. 왕족과 귀족들이 궁정 유대인을 싫어한 점은 그들이 새로운 국가사상과 자본주의의 도래를 알리는 사람들이었다. 왕족들은 그대로 봉건체제가 좋은 것이었다. 귀족들은 궁정 유대인을 통해 미래에 닥쳐올 자신들의 파멸의 날을 알고 있었다.

궁전 유대인은 3세기에 걸쳐 개성이 풍부하고 해박한 지식을 가지고 모험적인 국가 대사를 만들어 냈다. 궁정유대인 가운데서도 가장 화려하고도 대담했던 사람은 칼 1세의 재무장관인 요셉 슈스 오펜하이머(Joseph Oppenheimer)였을 것이다. 그 많은 궁전 유대인 가운데서도 탁월한 능력가인 삼손 워데임어(Samson Wertheimer)였을 것이다.

오펜하이머는 솜씨 좋은 재정 능력으로 나라의 재정을 안정시키고 귀족들이 재정 자유를 누리는데 발군의 역할을 했다. 그는 능력 있는 재정가요 정치가였다. 그럼으로써 그는 다수의 귀족으로부터 미움도 받았다. 시대의 변화로 사회는 산업화와 자본화가 되는 것을 모르고 모든 책임을 오팬하이머에게로 돌렸다. 오팬하이머에게 책임을 돌린다 해서 사회적 변화를 막을 수 있는 것은 아니었다.

오팬하이머의 극적인 삶을 유명한 작가 포이흐트방거는 「유대인 슈스」라는 역사 전기 소설을 썼을 정도로 극적인 인생이었다.

117. 최고의 궁전 유대인 오팬하이머

개종을 하지 않은 유대인은 돼지 같은 마라노 취급을 당했다. 사람이지만 사람으로 취급할 수 없는 돼지란 뜻이다. 유럽 어디를 가도 유대인은 사람이 아니었다. 그들은 정부 일도 할 수 없는 국적도 없는 국외자 신세였다. 법규를 어겼다고 때려 죽여도 죄가 되지 않는 존재들이었다. 유대인 아이들과 함께 놀아도 부정하다 할 정도로 천시 받는 존재들이었다.

이런 시대에 어떻게 최고의 관직인 궁정 유대인의 자리를 전 유럽의 대공국, 공국, 영주령의 200이 넘는 궁전 유대인의 자리를 차지했을까? 이 일을 어떤 시각에서 어떻게 해석해야 할까? 그들이 게토의 학원에서 닦은 수학과 논리학과 정치수업의 실력 때문일까? 아니면 미래를 내다보는 혜안이 있어 그랬을까? 귀족들은 유대인을 추방하고 그 재산을 빼앗으려고 압력을 가한다. 그런 압력 속에서도 재무의 최고 관리인 궁전 유대인으로 재무장관으로 기용한 이유를 설명해야 한다. 그들은 성실했고 능력 있고 주군을 향하여 충성을 다하는 사람들이었다. 군주들 사이에 소문이 있었다. 중요한 요직은 유대인에게 맡겨라. 그들은 틀림없는 사람들이다. 그뿐이었을까?

이제 다시 오팬하이머에게로 돌아가자. 그는 소설의 주인공이 될 정도로 전설적 인물이다. 포이흐트방거에 의하면 오팬하이머는 아름다운 여배우인 미카엘 슈스와 마샬 하이데르도프 사이에 태어났다. 배우의 남편 오팬하이머는 순회 극단의 단장이요 그리스도인이었다. 아들 오팬하이머는 아버지의 존재를 잘 몰랐다. 모세의 율법에 의하면 적자이건 서자이건 아니면 사생아라 할지라도 유대인 어머니에게서 태어나면 유대인이었다. 그런 점에서 오팬하이머는 유대인이었다. 아버지 오팬하이머는 부르텐 왕가의 혈통을 받은 왕족이요 그리스도인이었다.

젊은 날 그는 아버지의 신분을 모르고 어머니 슬하에서 유대인으로 자라나 튜빈

겐 대학에서 언어와 수학과 법률을 배웠다. 그는 머리 좋은 청년이었으므로 귀족과 왕족들과 교제하며 기지 넘치는 대학 생활을 했다. 미남에 유명한 배우 어머니의 아들인 그는 인기가 있어 많은 여인들이 사귀기를 원했다. 대학 졸업 후 그는 화폐 주조와 인지세금의 일을 보아 주었는데 왕이 그의 일 처리에 호감을 느껴 왕가의 일을 보게 했다. 아주 우연한 일로 뷰루텐버거 왕가와의 인연이 그를 궁정 유대인이 되게 했다. 오팬하이머는 궁정에서 많은 인기가 있었고, 많은 여인의 침실에서도 인기가 있어서 사교계의 왕자로 군림했다. 이렇게 왕가와 귀족 여성들과 교제를 하는 고급 생할을 하면서도 그는 게토를 잊지 않고 항상 찾아와서 위로했다. 고난 당하는 형제의 힘이 되고, 출세를 위하여 개종한 이복형제들을 경멸했다.

귀족들은 자신의 특권이 점점 상실되고 약화되어 가는 것을 느끼자 모든 책임을 오팬하이머에게 돌렸다. 그래서 그를 증오하고 모함하여 그를 없애버릴 방책을 찾고 있었다. 칼 알렉산더의 죽음 후 음모를 만들어 그를 반역죄로 체포한다. 감옥에서 형을 기다리는 중에 그는 자신의 출생비밀을 알게 된다. 그가 누구인지 아버지 이름만 대면 그리스도인이 되고 해방되어 출세 길로 가게 된다. 그러나 그는 그리하지 않고 유대인으로 죽고 싶었던 것이다. 1738년 눈이 내리는 어느 날 그는 교수대로 향해 갔다. 그리스도인 폭도들은 오물을 끼얹으며 그를 능멸했지만 그는 "이스라엘의 주님이시여, 우리의 하나님, 주님은 한 분이시다."하며 고함을 지르며 갔다.

그날 밤, 유대인들은 오팬하이머의 시체를 끌어내리고, 알지도 못하는 시체를 두고 사라졌다. 유해는 다른 공국으로 모셔져 비단으로 싸서 아브라함의 하나님, 이삭의 하나님, 야곱의 하나님이라고 영창을 부르며 유대인 묘지에 안장되었다. 그와 함께 장사된 것은 중세의 암흑이요, 그 무덤에서 새로이 자본주의가 태어난 것이다.

궁정 유대인으로 살면서 그는 일생 게토와 유럽을 연결하는 일을 하며 민족을 위로했다. 게토의 히브리 자본을 투자하여 많은 이익을 남겨 유대인에게 돌려주는 역할을 했다. 이 잉여자본이 국제은행의 길을 열었다.

118. 모든 종교는 신비적이다. 카발라

모든 종교는 신비적이다. 합리적 인간의 사고로 이해할 수 없고 설명 불가한 사실들을 신비적이라 한다. 그런 점에서 모든 종교는 신비적 요소를 가지고 있다. 종교의 진리는 인간의 두뇌로 설명 불가능한 저 너머 있는 신비이다. 대학 강당에서 설하는 진리는 아무리 높고 고상하다 해도 합리적 사고로 이해하고 설명 가능한 것이다. 그것은 학문이다. 하지만 종교에서 말하는 진리는 신비적 요소가 있어 인간의 두뇌로서 이해 불가해한 요소를 가지고 있다. 그렇지만 신비주의도 논리나 체계가 있어 학문성이 있어야 한다. 사실 종교의 모든 진리가 신비적이지만 그것을 논리화하고 체계화하니 그것을 신학이라고 한다. 신학의 내용은 대단히 신비적이지만 학문적 정리를 하는 것이다.

한국에서 신비주의는 하늘 번개 치듯 자기만 체험하고 아는 수수께끼 세계를 말한다. 한국의 신비주의는 한 세대가 지나면 역사 속으로 사라진다. 그 이유는 전혀 학문적 논리나 체계가 없는 개인 차원의 경험이기에 학문적 전수가 불가능했다. 성격상 신비적 신앙은 어두운 시절, 앞이 캄캄하여 미래를 내다볼 수 없을 때 희망의 출구로 신비 신앙을 찾았다. 우리의 지난 세월은 아주 어두웠기 때문에 신비한 신앙을 찾았다.

지금까지 보아온 바로 유대인들만큼 캄캄한 시대를 산 민족은 없을 것이다. 그래서 유대인들은 항상 신비 속에서 시대를 이기고 지혜로운 미래를 찾아 살았다. 신비적 환상과 신앙 없이는 결단코 현실을 이길 수 없어 그들은 신비 속에서 삶의 지혜의 길을 열어 왔다. 유대인답게 그들은 신비적 신앙을 넘어 신비주의를 학문적 체계를 세워 카발라라 하여 중세 7세기부터 18세기까지 그것을 발전시키고 민족의 지혜와 용기를 주는 역할을 해왔다. 신비적 사건을 추구하기에 수없이 많은 유사 메시야가 이 카발라 신학에서 배출되어 유대인을 착취하는 사기꾼이 되었다.

카발라의 전승이란 영원히 홀로 지속된다는 뜻을 가졌다. 유대 자체가 신비한 것인데 유대의 신비는 전부 카발라로 통합되어 그 속에서 만나진다. 신비사상은 유대인의 생활과 신앙에서 전혀 새로운 것이 아니다. 우리는 지금까지 유대사의 중세를 육체적으로 어떻게 죽지 않고 살아 왔는지를 살펴왔다. 그들은 위험지대에서 안전지대를 지뢰를 피해 가는 병사처럼 조마조마하게 피해 왔는데 더 이상 피해 갈 곳이 없는 중세를 살아왔다. 이런 상황 속에서 그들은 구원, 더 큰 구원을 찾아 살 길을 헤매었다. 더 큰 구원의 길을 카발라 속에서 찾았다. 유대인이 그 암흑의 긴 중세를 살아가는 정신의 대로였다.

카발라는 유대의 신비주의다. 신비주의는 유대교 사상 이전부터 있었다. 모세가 시내산에서 야웨를 만나 토라를 받기 전부터 있었다. 히브리들이 율법을 받고 나서는 신비주의는 율법 아래로 스며들었다. 신비주의자에 의하면 신비주의는 토라와 함께 받았는데 토라는 모든 사람에게, 카발라는 몇 특수한 사람들에게만 허락되었다. 토라는 모두가 이해할 수 있는 것이지만 카발라는 누구나 다 이해할 수 없는 것이기에 성인들에게만 성문율이 아닌 구문으로 주어졌다는 것이다.

모든 시대를 통해 이 신비주의는 토라와 탈무드의 저류에 끊임 없이 흘러왔지만 토라 탈무드 때문에 가려져 왔다고 가르친다. 성문이 아닌 구승율법으로 입에서 입으로 전해져 내려온 신비주의 카발라도 구승율법처럼 정통적이다. 그러니 유대교 안에서 밀교적 가르침으로 내려오다가 조로아스터교의 부활신앙, 그리스의 과학과 수리학, 그노시스의 이원론을 가미하여 발전하였다. 그리하여 유대인 성인과 학자들이 카발라의 진수를 흑암에 있는 유대인을 위로하는 체계로 바꾸어 놓았다.

신비주의의 저류가 비로소 표면화된 것이 7세기 말이었다. 남 이태리에서 세상의 창조원리를 설명하는 카발라 경전인 「창조서」가 편집된다. 이 창조의 서는 우주의 창조와 더불어 영적 신비물의 창조를 설명하고 13세기가 되자 제2의 저류가 표면으로 나타나는데 그것을 조하르라고 했다. 창조의 서와 조하르를 합쳐 카발라고 했다.

119. 카발라의 경전, 창조의 서와 조하르

유대의 신비주의 「창조의 서」와 「조하르」가 카발라의 경전이다. 창조의 서는 주로 신접의 황홀 체험과 이 우주의 창조의 과정과 본질을 설명한다. 조하르는 개화되고 발전된 유대인의 사고를 개혁하는 신비와 과학, 형이상학의 그리스철학, 신비의 백과사전과 같은 것이다. 그동안 유대인들이 그리스의 형이상학 철학을 배워 세련된 민족이 되어 유대신비를 그리스 철학으로 풀이한다. 그래서 카발라 신비주의는 극히 유대적인 형이상학적 철학이 되었다.

카발라의 주제는 대략 10개로 요약된다. 영광의 하나님, 지혜의 원천, 지식의 길. 자비의 하나님, 심판의 주, 능력을 얻는 길, 인생의 아름다움, 승리하는 삶, 인생의 기본, 영원한 왕국이다. 우리의 손가락이 열이듯이 진리의 길도 열로 요약된다. 태초에는 죽음의 나무로 인류가 멸망했으나 이제는 생명의 나무가 준비되어 있어 누구나 이 생명나무로 와야 한다고 설파한다. 우주천리를 달통한 이삭 루리아(Issac Luria1534-1572)가 가장 위대한 교사이며 메시야이다. 이삭 루리아는 후장에 가서 더 논하겠지만 어려운 시대, 암흑이 작은 촛불이라도 길잡이로 찾듯, 도무지 풀리지 않는 현실을 위해 메시야를 구했다. 카발라 속에서 많은 유사 메시야가 탄생했다.

13세기 조하르가 편집 출판되자 카발리즘이 통합되면서 두 조류로 강조되어 갔다. 하나는 신비 속에서 서양 철학적이고도 합리적 과학의 길을 따르는 형이상학적 체계로 스피노자를 생산한다. 또 하나의 흐름 원류는 독일에서 시작하여 폴란드 쪽에서 성장한 신비적 상상력을 찾는 악귀 쫓기, 귀신해방 같은 미신으로 흘러갔다.

「창조의 서」와 「조하르」는 라틴어를 비롯한 여러 말로 번역되어 유대인과 그리스도교의 신학자들에게 영향을 주었다. 종교를 연구하는 대학인들에게도 많이 읽혀졌다. 합리적 신비주의는 과학적 상상력을 추구하는 17세기 순수 물리학자들에

게 엄청난 상상력을 주었다. 그래서 과학적 발상에 동기를 제공하여 과학 발전의
동인이 되었다고 한다. 과학 역시 고도의 상상의 세계를 추구하므로 카발라 신비주
의와 과학이 만난 셈이었다. 카발라가 쇠퇴하여 자기 생명을 다한 것도 이때쯤이었
을 것이다. 과학이 새로운 이론 세계를 발견함으로써 더 이상 카발라적 발상이 필
요 없게 되었다.

이론상 아무리 고양된 경험이라 할지라도 그것으로는 신을 체험할 수 있는 것은
아니기 때문에 카발리스트들은 상징적 언어와 상징적 사고를 도입하였다. 그들은
일상적 언어의 의미를 버리고 문자에 수치를 부여하였으며 문자와 수치 양쪽에 신
비적 속성을 부여했다. 이 상징적 사고는 1에서 10까지의 숫자와 히브리의 알파벳
의 숫자를 의미하는데 이 모두를 합치면 32가 되는데 32는 히브리적 사고에서는
신비의 표시다. 카발리스트들은 이 추상적 기호를 통해 신비한 형이상학 체계를 쌓
아 올렸다. 그 숫자의 세계는 숫자의 콤비네이션에 따라 회전한다. 그들은 날카로
운 언어 감각과 형식의 변화에 남다른 열정을 가지고 있었다. 이로 인해 그들은 위
대한 시가(詩歌)를 창조하여 그 시문들은 오늘날에도 히브리 기도문에 들어 있다.

중세에 있어서 카발리스트들의 역할은 다양했다. 과학에 창조의 신비를 불어 넣
고 절망 가운데 있는 유대인에게 신비한 희망을 갖게 했다. 유대인 과학자는 말할
것도 없고, 비유대인인 뉴턴, 갈릴레오에게도 영감적 자극을 주었다. 아무 자극 없
는 진공 가운데서 새로운 사상이 발생하지 않는다. 카발라는 유대인의 신비적 토양
에 과학과 추상적 능력을 키울 수 있는 동기를 제공했다. 초기의 카발라적 과학자
인 아브라함 바르 히야(Abraham Hiyya)는 아랍어 과학저서를 라틴어로 번역하였
는데 자기가 친히 쓴 지리학, 천문학, 수학서적도 번역하였다. 히브리어로 된 과학
서적을 최초로 번역하고 과학 방법론을 제시한 사람이다. 앞에 언급한 카발라 대가
요 메시아인 이삭 루리아도 우주를 향한 3단계 연구를 제시한 위대한 학자였다. 우
리가 이해하고 있는 신비주의와 유대의 신비주의는 근본적으로 다름을 느낀다. 카
발라의 신비주의는 과학적 신비사고로 우주를 과학적 대상으로 삼아 연구하므로
오늘날 노벨상에 이르는 과학자를 생산했다고 본다.

120. 카발라 신비주의와 과학

카발라 신비주의라 할 때 우리는 구름 잡는 황당한 헛소리를 생각했다.

7세기에서 18세기에 이른 천여 년 간 유대인의 신앙사고와 과학적 신비 출구를 연 놀라운 세계를 만났다. 오래 전 카발라와 주역의 비교연구란 책을 보고 깊이 천착하지 못한 이유는 저자가 주역의 세계를 잘 모르기 때문이었다. 우리의 경우 신비주의 신앙이라면 자기 혼자의 황홀 신비 체험으로 몇 년 반짝하다가 사라지는데 천년이 넘게 유대인의 사고와 과학세계의 차원을 넓혔다는 생각을 하니 신비주의에 대한 다른 이해를 갖게 된다.

카발라는 이 우주의 창조와 운행, 그리고 인간만사를 신비로 본다. 카발라 신비의 상상력이 17세기 과학연구에 동기를 제공했다. 그 이전에 카발라 신비와 과학을 융합시키려는 노력을 이삭 루리아가 했다고 했다. 이삭 루리아는 우주적 진리 증명의 방법으로 삼단질문(TRILOGY. 후장에서 세론한다)으로 하는 창조성을 보여 오늘날에도 모든 논문 연구방법에서 그의 논리를 적용한다. 카발리즘과 과학을 본격적으로 결합시킨 학자는 스페인 출신 유대인 이븐 라티브(Abraham ibn Latif 1220-1290)였다. 라티브는 카발리즘과 아리스토텔레스의 철학과 수학과 자연 과학을 결합하여 통합된 하나의 학문체계를 세웠다. 히브리어로 쓴 그의 책은 라틴어로 번역했고 13세기 스페인의 최우수 그리스도인 과학자인 레몽 룰리의 칭찬을 14세기의 룰리는 과학을 억압하고 있는 스콜라철학의 굴레를 벗어나려고 방법을 찾고 있던 당시의 선진학자였다. 그는 라티프의 저서를 그의 저서 「아르서 마그나(Ars Magna)」의 기초를 삼았다. 그의 책 아르서 마그나는 중세의 대학 교재가 될 정도였다. 그는 북 아프리카에서 복음서를 설교했다는 이유로 회교도에게 돌로 맞아 죽었다.

불란서의 유대인으로 수학자이며 천문학자인 임마누엘 본파일(Immanuel Bonfile

14세기)은 14세기에 십진법을 고안했는데 이것은 유럽의 과학자가 십진법을 알게 된 150년 전의 일이었다. 그는 수학에 새로운 개념을 도입했고 그가 고안한 천문 지리는 항해사들에게 널리 쓰여 콜럼버스의 항해에도 사용되었다. 레비 벤 게르손은 당시의 과학이론이 오류라고 지적하고 새로운 삼각법을 만들고 야곱의 지팡이라 부르는 4분법을 발명했다. 마젤란과 콜럼버스가 항해를 할 때 이 야곱의 지팡이 4분법을 활용했다.

카발리즘이 유대인의 과학세계를 확대시켰을 뿐만 아니라 그리스도인의 세계에도 큰 영향을 주었다. 이보다 더 중량 있는 학자 요한 로이힐린이 카발라 연구에 가장 큰 공헌자다. 16세기 그의 신학철학은 카발라에 기초하고 있다고 본인 스스로가 분명히 했다. 로이힐린은 기독교를 향한 유대신학을 선전 방어하며 개혁자 루터의 선생격의 역할을 한 사람이다.

언급한 바 있는 이삭 루리아(1534-1572), 그는 신비주의의 최고 학자로 카발라에 희랍 형이상학을 결합시켜 카발라의 성격을 바꾸었다. 루리아의 형이상학 체계에서 가장 큰 공헌은 물질과 사고는 삼단논법의 사이클로 전개되어야 한다고 주장했다. 이 세 사이클은 테제(thesis),안티테제(antithesis), 회복 또는 통합(synthesis)으로 모든 논문이나 진리 증명에 사용하는 방법론인데 우리가 알고 있기로 희랍철학에서 나온 논리로 생각하지만 이것은 이삭 루리아의 작품이다. 다른 말로 하면 이것은 카발라적 삼단계 사이클이라고도 한다.

5세기에 그리스-로마의 멸망과 함께 희랍의 과학 논리도 멸망했다가 카발라의 생기를 불어 넣어 과학이 재생했다. 잠자는 과정에서도 카발라의 입김이 강해 잠을 자면서도 깨어 있는 상황이라고 했다. 그리스도교의 시대는 스콜라철학의 경직된 교리로 과학은 천 년 간 고개를 들지 못하고 잠을 자다 17세기에야 비로소 잠을 깨고 일어난다.

신비주의 카발라시대는 미신적 신비보다는 과학적 신비를 추구한 새로운 시대였다. 카발라는 종교 신비보다 오히려 형이상학적 합리적 신비를 추구한 시대였다. 그래서 과학이 카발라의 모티브를 받아 깨어 일어나 서구 과학 시대의 동인이 되었다. 우리가 생각한 신비주의와는 완전히 다른 신비주의다.

121. 카발라 신비주의, 과학발전의 토양이 되다

  카발라 신비주의가 두 흐름으로 발전하여 가는데 하나는 희랍의 형이상학과 만나 과학신비를 만들어 갔다. 이 기운이 강성하여져서 유럽세계를 완전히 과학으로 새롭게 하고 다른 한 흐름은 신비적 체험세계를 추구하니 불건전한 미신 세계를 만들어 갔다. 미신적 신비체험을 추구한 카발라는 인류 역사상 가장 많은 메시야를 생산한다. 유대인 사회가 너무나 혼란하여 메시야 없이는 살 길이 없으므로 메시야를 간구했다. 7세기 발아한 카발라 사상은 과학 메시야와 미신 메시야를 생산하는데 이 장에서는 과학 메시야를 만나고 그 다음 미신 유사 메시야를 만난다.

  기독교의 스콜라 철학으로 인하여 6세기부터 천여 년 간의 철학과 과학의 암흑시대를 지나 17세기에 와서 비로소 철학적 세계에서 에픽테투스, 마르쿠스 아우렐리우스, 베이컨, 데칼트, 록크, 라이프니치를 생산한다. 과학적 분야에서 무슨 동기가 있지 않았을까? 있었다면 그게 무엇이었을까? 1300년 1600년대에 라티프, 롤리나피코, 델라, 미란돌라나, 로이힐린 등이 있었고, 유대교와 기독교의 학자들은 신비주의적 형이상학을 발전시켜 인간의 사고의 문을 열었다. 히야, 본피스 게르손 같은 유대 과학자들의 공헌이 근세 유럽의 철학과 과학의 길을 열었다고 생각한다.

  비유대인의 철학과 과학이 16세기까지는 아무런 변화가 일어나지 않았다. 그 이유는 아직껏 스콜라 철학이 유럽을 지배하고 있었기 때문에 사고가 자유스러울 수가 없었다. 스콜라 철학의 연역적 사고 위에서는 어떤 창조적 사상이 일어나지 않는다. 17세기 이후부터 서유럽에서 창조적 과학이 무성히 일어나 코페르니쿠스, 케플러, 갈릴레오, 뉴턴, 베이컨, 데카르트, 록크, 라이프니치 등이 나왔는데 이 모두가 카발라 사상이 자유로이 토론되던 곳이었다. 이 지역의 대학에서는 카발라 서적을 자유스럽게 연구할 수 있었는데 이것이 과학세계와 철학의 창조적 상상력을 잘 키워준 것이라 볼 수 있다.

그러나 이런 카발라 현상이 과학과 철학 발전에 기여했다는 사실이다. 그리하여 17세기부터 과학과 철학이 자유스럽게 발전할 수 있었다. 여러 가지 이유 중 교회로부터 과학과 철학이 자유로웠기 때문이었을 것이다. 이때 유대인은 추방을 당하여 거의가 다 폴란드를 중심한 동유럽에 와 살았다. 동서 유럽의 유대인들은 완전히 다른 방향으로 발전하고 있었다. 동유럽의 유대인은 카발라 중 과학-철학의 카발라가 아니라 미신 카발라에 천착하고 있었다. 그 이유는 그들의 삶이 너무 어려워 과학이나 철학에 관심을 둘 여유가 없고, 가난하고 무식하였다. 히브리어를 겨우 읽고 히브리 기도도 문법에 맞추어 할 수 없는 무지렁이 농군들이었다. 유대인의 삶이 13-16세기 초까지 추방을 당하여 동쪽으로 동쪽으로 쫓겨났다. 이곳의 카발라는 철학이니 형이상학 같은 것을 몰랐다. 너무 힘들고 어려운 삶이니 무엇보다도 위로가 필요했다. 동유럽의 카발라는 유대인의 고통을 덜어주고 위로하는 카발라였다. 그것은 동부 유대인을 위한 메시야가 곧 오신다는 것이었다.

카발라 신비주의자들은 7세기 「창조의 서」가 완성되고 그 책속에 숨겨진 비밀인 메시야 도래의 메시지가 핵심이라고 설교했다. 그 메시야가 속히 오게 하는 방법을 가르쳤다. 신을 가까이 하고자 열정을 품고 믿으면 신이 속히 메시야를 보내어 주어 유대인의 고통을 그치게 하며 괴롭히는 원수를 제거하여 평화의 세계를 얻을 수 있다고 했다. 카발리스트들은 메시야 다윗의 후손이 오신다는 상상적 믿음을 불러일으켰다. 중세의 고통스런 유대인의 삶에는 매 십년마다 메시야라고 선포한 사람이 나타났다. 그러나 카발리스트들이 주장한 메시야는 아니니 진정한 메세야 도래를 기다렸다.

동부의 열렬한 카발라 신도들은 카발라의 주류가 가고 있는 카발라가 아니라 전혀 다른 카발라로 가고 있었다. 동부 유럽에서의 카발라는 형이상학 철학자나 과학적 카발라가 되어 우주의 본질을 찾는 것에 이용됐을 뿐 유대인의 실제 고통이나 아픔에는 별 관심이 없었다. 유대사에는 항상 훌륭한 학자나 랍비만이 출생하는 것이 아니라 기괴한 인물, 사기꾼, 미치광이, 모험가가 나타나는데 그 가운데 유사 메시야가 나타났다.

122. 카발라의 유사 메시야

유대는 기괴한 인물들을 생산했다. 만왕의 왕에서부터 그 만왕을 죽이는 배신자를 동시에 생산했다. 특히 카발라 시대는 특출한 과학자, 학자를 배출했는가 하면, 자칭 메시야라고 선언하는 미치광이도 생산한다. 유대역사에서 제외하고픈 사람들이나 카발라가 낳은 부산물이기 때문에 유대사의 일부가 되는 것이다. 이 엉뚱한 사기꾼, 미치광이들이 나름대로 단조로움을 깨는 유대역사의 한 부분이다.

동유럽은 서유럽과는 달리 농부나 장사꾼, 막노동꾼들인지라 자기 이름도 제대로 못 쓰고 히브리어로 기도도 할 수 없는 무식쟁이들이다. 가상하게도 그렇게 가난하고 비참한 생활을 해도 아예 신앙만은 놓지 않고 아브라함 하나님이 메시야를 보내 줄 것으로 확신하고 소망하고 있었다.

아브라함 아볼라피아(Abraham Abulafia 1240-1291)는 기록상 처음 나타난 신비주의 거짓 예언자요 메시아였다. 아볼라피아는 스페인계 고급 명문가정의 아들로서 젊어서부터 탈무드-카발라 공부에 몰두했다. 예루살렘 여행 중 하늘 소리를 들었다. 스페인으로 가서 예언자라고 선포하라는 것이다. 아무도 인정도 않고 그의 말을 듣는 사람도 없었다. 그는 그저 돈 많은 집의 아들로만 알려져 있는데 하루아침에 예언자라고 하니 누가 믿겠는가? 1280년 또 다시 하늘소리를 듣는다. 교황 니코라스 3세를 유대교로 개종시키라는 것이었다. 교황을 만나 개종하라는 하늘 계시를 받았다고 선포한다. 교황은 너무 놀라 사형에 처하라고 명령하고 그 후유증으로 3일 만에 교황은 죽고 말았다. 돈이 많은 사람이라 간수한테 뇌물을 주고 화형을 면하고 시실리로 도망을 간다. 도망가는 도중에 다시 하늘소리를 듣는다. 너는 메시야니 민족을 구원하라는 소리였다. 그러자 사람들은 그를 사기꾼으로 몰아붙이자 마음이 약한 그는 또 견디지 못하고 여행을 떠난다. 그 후 그는 사라져 행적을 찾을 길이 없다.

동유럽 유대인이 살기가 힘들어 야훼 신앙을 버리고 16세기에 그리스도교로 많은 유대인이 개종하여 절망에 빠졌다. 이때 한 사람의 멋있는 책사가 나타났다. 여러 뜻 맞는 사람과 짜고 자기가 메시야라고 소문을 퍼뜨린다. 교황과 왕들도 그에게 동조할 정도였다. 1524년 한 여름날 나는 듯이 날렵한 백마를 타고 인물이 나타났다. 백마 위에 앉은 사람은 얼굴이 까맣고 키가 작아 귀신같이 생긴 괴물이었다. 그 사람의 이름은 데이빗 루베니라고 했다. 그는 터키 저쪽의 아라비아에서 용감히 싸우고 있는 루벤족의 왕의 동생이라고 소개하였다. 이교도와 싸우는 유대 십자군을 도와 달라고 원조를 청하기 위해 가는 중이라고 했다.

이 볼품없는 인물은 모양답지 않게 매력적이어서 교황 클레멘트 7세는 루베니의 접견을 허락했다. 교황은 그에게 호감을 느껴 그의 말을 믿었다. 이때는 개신교의 종교개혁이 태동하고 있는 터라 머리가 혼란한 상태였다. 가톨릭교회가 위기에 빠졌는데 터키가 유럽으로 진격해 오고 있었다. 소문에 의하면 터키군의 뒤에는 그리스도를 낳은 유대인이 추격한다고 했다. 교황의 상담자들도 루베니는 하나님의 참 좋은 사자이니 만나서 의논하는 것이 좋다고 조언했다. 그래서 루베니는 교황의 축복을 받고 포르투갈로 가게 된다. 포르투갈 왕도 그가 메시야라고 믿고 감격하며 환영했다.

리스본에서 싸우고 있는 루베니 족을 위해 무기를 보낼 의논을 하고, 보낼 준비를 할 때 이때에 스페인의 마라노 박해를 중지했다. 지금 유대인 속에서 메시야가 출현했으니 마라노를 박해하면 안 된다고 명령을 내렸다. 메시야의 출현으로 포르투갈은 혼란에 빠졌다. 유대인에게서 메시야가 출현하니 많은 가톨릭이 유대교로 개종을 하게 되었다. 교황과 왕은 당황하여 다시 마라노를 박해하기 시작하고, 개종한 가톨릭을 사형에 처했다.

시간이 가면서 루베니가 가짜 메시야인 것이 드러나자 개명하여 솔로몬 몰코라고 했다. 이렇게 했음에도 그의 진실성 없음이 드러나자 1532년에 사형을 받았는데 몇 년 후 부활했다고 소문이 났는데, 그의 죽음에 대한 것은 잘 알려지지 않았다.

123. 카발라의 최고 메시야 샵바타이 제비

유대의 역사는 메시야의 역사이다. 물론 그리스도교의 메시야와는 다르기 때문에 그리스도교의 관점에서 평가하면 안 된다. 지금도 유대사에서 가장 위대한 메시야는 135년의 바 코허바인데 지금도 유대인들은 그를 메시야로 추앙한다. 그후 1500년 후에 나타난 말썽 많은 인물이 하나 나타난다. 물론 유대인들이 그를 메시야로 추앙하는 사람은 아니다. 중세 카발라 시대에 수십 명의 가짜 메시야가 카발라에서 나왔는데 그 가운데서 가장 유별나고 복잡하고 흥미로운 카발라 가짜 메시야는 샵아타이 제비(Sabbatai Zevi 1626-1676)였다.

제비가 나타난 시대는 30년 종교전쟁으로 살육에는 진저리가 난 시대였다. 모두가 파괴되고 피폐한 유럽에 누군가의 도움이 절실한 시대였다. 제비가 메시야라고 선언했을 때는 가난한 자나 부유한 자나 배운 자나 못 배운 자를 가릴 것 없이 모두가 메시야를 환호했다. 영국에서 터키, 폴란드에 이르기까지 100만이 넘는 유대인이 이번에는 메시야가 와서 유대인을 구원할 것이라고 기대하고 있었다.

제비는 터키에서 태어났다. 부친은 그 지방에서 영국 상업을 주로 하는 중개인이었다. 최고 학부에서 공부하여 히브리어와 아랍어에 능통했다. 어려서 카발라 교육을 받고 오늘날 말하는 정신분열 현상을 일으켰다. 당시로는 그런 발작이 성인의 증표로 여겨졌다. 유대인을 구원하라는 음성을 듣고 불러서는 안 될 하나님의 이름을 불러 야웨를 모독했다고 엄청난 징계를 받고 유대교에서 실시하는 단식을 폐지하고 탈무드를 통렬히 비난했다. 그가 한 행동은 8세기의 카라이트의 행동과 같았다. 그가 메시야라고 선언하자 그의 복음을 들으려고 그의 천막으로 유대인들이 모여 들었다.

제비는 전도 여행으로 제일 먼저 애굽으로 떠났다. 거기서 그는 대단한 화제꺼리가 되는 결혼을 하였다. 국제적 창녀인 사라와 결혼한 것이다. 사라는 유명한 인물로서 6세 때 폴란드에서 부모님이 학살당하고 양친을 여읜 그녀는 수도원으로 들어갔다. 10대가 되어 이미 결혼하여 집에 들어앉기 전에 유럽을 여행할 작정으로 수도원을 도망쳤다. 그녀는 아주 지적이고 목가적인 아름다움과 풍만한 육체를 가지고 폴란드에서 암스테르담까지 무사히 여행을 했다. 암스테르담에서 그녀는 두 가지 환청을 들었다. 제비에 대한 사실과 제비와 결혼하라는 하늘 음성이었다. 성서에 성인과 창녀가 결혼하라는 예는 들어 있다. 호세아도 창녀와 결혼했듯이 메시야는 부정한 여인과 결혼하는 전승이 있었다.

결혼 후 둘은 팔레스타인으로 갔는데 거기서 대중이 그를 메시야라고 미친 듯이 환호했다. 그는 술탄을 타도하기 위해 콘스탄티노플을 공격한다고 선포했다. 술탄이 이놈을 죽이면 순교자를 만들어 주는 것이 되므로 감옥소로 보냈다. 몇 천 명의 군중이 모여들어 그의 설교 듣기를 요청했다. 이에 술탄은 협박을 했다. 사형을 받을 것인가 아니면 회교로 개종할 것인가? 그는 생명 보존을 위해 개종을 택했다.

그의 개종은 사바타이 운동의 근본을 흔들어 놓았지만 그래도 그의 인기는 땅에 떨어지지 않았다. 확고한 카발리스트들은 이것이야 말로 카발라 예언의 성취라고 믿었다. 카바라 경에 메시야는 안으로 성인이고 겉으로는 악인의 모습이라고 해석했다. 개종을 했음에도 사바타이는 메시야 의식을 버릴 수가 없어 그의 복음 설교는 계속되었다. 술탄은 이에 불안을 느꼈다. 많은 사람들이 새 힘과 용기를 얻고 숫자가 자꾸 늘어나기 때문에 어떤 일이 터질 것이라고 염려했다. 사바타이는 종신토록 감옥에서 지내다 그곳에서 죽었다. 경건한 그의 추종자들이 와서 그의 죽음을 애도하며 장례를 치러 주었다. 사바타이에게는 바울 같은 충성분자가 없었기 때문에 서서히 소멸되어 버렸다.

사바타이가 환상에 사로잡힌 성인 메시야였는지 사기꾼이었는지 지금도 의견이 엇갈린다. 사바타이의 후계자라고 자칭하는 야곱 프랑크는 사기꾼이라는 데에 모두가 일치하고 있다.

124. 야곱 프랑크의 메시야 운동

유대 메시야 역사에서 가장 난삽한 인생을 산 샤바타이 제비는 살기 위해 야웨와 민족을 배신하고 가 버렸다. 버린 쓰레기 더미에서 더러운 새싹이 하나 올라왔는데 그 이름은 야곱 프랑크였다. 제비에 대한 평가는 엇갈리지만 프랑크에 대한 평가는 일치한다. 희대의 사기꾼이요 난봉꾼으로 유대인을 향해 속임을 벌이고 자기 딸이 이어 받아 같은 사기를 치다가 망해 사라져 버렸다. 놀라운 일은 그토록 영특한 유대인이 그처럼 어설프게 속아 넘어 갔다는 사실이다. 하기야 삶의 정황이 너무나 암담하면 무엇이든 붙잡고 살려달라고 애원하는 심사이니 유대인이 속아 넘어간 것을 나무라지 못한다.

프랑크의 동상을 보면 그는 검은 눈과 날카로운 인상을 가진 미남이었다. 긴 수염을 가진 그는 터키식 모자를 쓴 멋있는 사나이였다. 1726년 우크라이나에서 태어나 행상을 하는 중 터키로 가서 그곳에서 카발라를 배우고 사바타이 메시야 운동에 가담한다. 청렴으로 구원받은 것은 당연한 일이다. 그러나 부정 가운데서 새로운 사람이 되어 구원을 받는 것은 기이한 일이다. 거기에다 그의 구원은 성적인 난행으로 시작한다.

프랑코가 이런 난잡한 성적 행위를 자행하는 것을 알게 된 랍비회에서 그를 파문한다. 터키 나라도 이 일을 알고 못 마땅히 여겨 그를 추방한다. 추방당하여 폴란드로 가 자신이 사바타이가 환생하여 자신 속에 들어왔다고 선언한다. 그의 교리는 그리스도교의 삼위일체와 비슷하게 진리를 설명하는데 성부와 성자와 사바타이가 삼위일체를 이루는데 자신이 사바타이의 후속이라고 주장한다.

그를 따르는 자들은 금을 바침으로써 금으로 축복을 받는다. 그 금으로 공작의 소유였던 성을 사서 귀족처럼 차려입고 장려한 마차를 타고, 스스로 프랑크 공작이라고 선언했다. 폴란드 랍비와 유대인들은 그를 음란죄로 이단으로 파문한다. 그리스도교 주교에 의해 자기들의 주장을 설파하여 탈무드 논쟁을 하여 폴란드 역사 상 처음으로 탈무드 분서갱유를 하게 된다. 살기 위해, 사기를 치기 위해 그들은 무엇이든 다한 사람들이다. 이차 논쟁에서는 유대인을 부정하고 개종하여 그리스 도교의 세례를 받았다. 귀족들은 그를 개종한 그리스도인으로 인정하여 보호하게 된다. 프랑크와 그의 무리들이 그리스도교의 세례를 받았다 할지라도 유대교 학문 을 포기하지 않고 계속 주장했다. 그들이 세력을 강화하여 폴란드와 러시아의 귀족 과 정계와 친밀하여져서 학문적 영향을 주어 후일 그 나라에 자유주의 사상에 영향 을 주게 된다.

프랑크의 영화스런 삶은 점점 그 도수가 높아졌지만 그 영화도 진하여져 종말이 가까워오고 있었다. 그의 삼위일체 교리를 듣자마자 그리스도교회가 그를 체포하 여 투옥한다. 하나 폴란드 왕이 대부인지라 그 문제로 화형에 처할 수가 없었다. 13년간 감옥에 잡혀 있다가 러시아가 폴란드를 침략하여 승리하자 그를 석방시킨 다. 프랑크는 오스트리아 비엔나로 가서 사교계의 왕자가 된다. 그의 호위 무사들 은 특별한 복장을 하고, 창끝에는 카발라 깃발을 날리고 있었다.

1781년에 프랑크는 뇌출혈로 죽었는데 프랑코파가 완전히 죽기까지는 시간이 걸렸다. 그의 아름다운 딸이 아버지의 방법을 계승하여 이단 운동은 계속되었다. 그 당시에 그린 그녀의 초상화는 풍만한 젖가슴만을 가린 채 섹시한 모습을 보인 다. 그녀는 조하르 문화에서 말하는 성적인 매력과 침실의 신비를 결합하여 회비제 로 회원을 모집하여 돈벌이 종교행위를 계속했다. 카발라의 힘으로 그녀의 젊음을 유지하며 극도로 사치스런 생활을 하여 재산을 탕진하고 중년을 넘기고 나이가 들 어감에 따라 세력이 줄어들었다. 그녀를 젊었을 때부터 알고 지낸 사람들은 그녀를 성부인(성적 화신)이라고 불렀다.

카발라와 삽아타이 운동이 왜 이처럼 강하게 민중에게 호소력이 있었는가? 사 기꾼들의 연극인 것은 확실하지만 그 드라마 속에 숨어 있는 무슨 이유가 있었을 것인데 그것이 무엇이었을까?

125. 카발라의 이단 속에서 하시디즘의 발아

한 사상이 나타나 100년의 수명을 유지하는 것은 거의 어렵다. 아무리 위대한 사상도 몇 십 년이 지나면 수그러든다. 간디, 슈바이처, 처칠의 영향은 대단했지만 얼마 가지 않아서 조용해졌다. 한데 카발라 사상이 7세기에 얼굴을 드러내어 18세기까지 유대인의 삶과 사상에 영향을 끼쳤는데 그 이유가 무엇이었을까?

물론 삽바타이 운동은 불건전한 이단 사상이지만 어떤 이유로 카발라가 그처럼 강렬하고도 유대인의 마음을 오래도록 사로잡았을까? 카발라는 가짜 메시야의 온상이어서 수십 명의 가짜 메시야가 일어났지만 그 중에도 가장 잘 알려진 몇 명의 면면을 살펴보았다. 스페인 부자 아들 아볼라피아, 교황개종을 시도한 땅딸보 루베니 몰코, 가장 광범위하게 호응을 받은 삽베타이 제비, 성적 잔치를 벌인 야곱 프랑코, 이 모두는 민중을 선동한 사기꾼들이지만, 이 희극은 당시 유대인의 심리를 반영한 사건들이다.

당시 유대인 상황은 너무나 절박하여 기도와 생활 가운데서 메시야의 도래를 항상 간구했다. 메시야 없이는 살 수 없는 유대인 사회 환경이었다. 어느 나라에 가서도 자리를 잡을만하면 추방을 당하여 쫓겨나는 유대인의 상황은 메시야가 와야만 했다. 그래서 엇비슷한 신비한 인물이 나타나면 메시야가 되어 달라고 간구했다. 이 절박한 현 상황에 있는 유대인은 메시야지 탈무드가 아니었다. 탈무드는 고도의 지식을 요구하는 지성주의다. 하루하루 살기도 어렵고 히브리어 기도문도 읽지 못하는 무식한 유대인은 탈무드가 아니라 신비 체험을 통해 잠시라도 괴롬을 잊고자 했다. 그러니 유식자가 아니면 탈무드를 가까이할 수 없는 이론을 벗어나 원초주의로 가는 운동이다.

카발리스트 철학은 탈무드 철학과는 다르다. 탈무드는 이성적으로 합리주의의 길을 추구하고, 카발라는 인간의 본능적 직관에 의한 진리체험주의다. 진리나 지혜

가 상징화 되는 신비에로 회귀하는 무의식 차원을 찾는 것이 카발라였다. 카라이즘
은 탈무드의 중개 없이 자유로이 토라에 가고자 하는 성서운동이기도 하다. 더 엄
격히 말해서 탈무드나 토라 없이 하나님의 자녀의 길로 가는 유대인성을 찾는다,
어떻게 보면 탈무드도 토라도 없이 하나님의 자녀가 된 아브라함의 모습을 찾는다.
사바타이에게 있어서 유대주의, 즉 유대인성은 토라나 탈무드가 아니라 구원자 메
시야였다. 따라서 유대교의 핵심 토라 613조를 부정하는 것은 당연한 일이다. 왜
냐하면 토라나 탈무드 없이 유대인성만으로 족한 것이다. 애굽을 탈출하여 사막에
방황할 때 야웨가 강요한 엄격함을 항의한 바가 있었다. 프랑크의 이 무의식적 반
항으로 탈무드주의를 물리치고 원초적 인간 본능에 의존했다. 이런 지나친 행동은
탈무드적 유대의식에 충격을 주었다.

　중세 이래 시련과 고통 속에서 살아온 유대인들이 신비 속으로 들어감으로 현실
을 잊어버리고 자유케 했다. 탈무드보다는 카발라가 유대인의 미래를 개척해 준다
고 믿었다. 카발라만 믿으면 카발라 속에서 메시야를 만날 수 있다고 믿었다. 메시
야가 오지 않으면 중세의 암흑을 물리칠 길이 없다고 생각하여 유대민족의 운명을
카발라에 맡겼다.

　수없이 많은 이단을 배출한 카발라는 유대민족의 반성이었다. 합리적 이성주의
인 탈무드는 유대인의 현실적 삶을 타개하여 재주 있게 요리조리 피하고 살아가는
방법을 제시했을 뿐, 유대인성의 본질에는 가지 않은 재주꾼 같은 것이었다. 카발
라 정신은 그러지 말라는 것이었지만 나타난 모든 메시야들은 진정한 메시야가 되
지 못한 사기꾼들이었다.

　비록 잘못된 길로 갔지만 카발라 이단 운동이 암시하는 정신은 쉬이 잊히지 않
았다. 가난과 무식 속에 있던 동유럽 유대인들은 자기들의 잠재의식 속에 있는 이
런 감정을 대신 표현해 줄 사람, 비록 낮은 곳에 있지만 그들의 정신을 들어 올려
줄 사람을 기다리고 있었다. 탈무드 정신으로는 너무나 약하다고 믿고 있을 18세
기에 새로운 정신이 태동한다. 이런 사행심으로 출발한 것이 아니라 생명을 건 의
로운 길이 카발라의 토양 위에 태동한다. 발셈 톱(Bal Shem Tov)의 하시디즘
(Hasidism)이다

126. 발 셈 톱의 하시디즘

발 셈 톱(1698-1760)을 소개하기 전에 착각하기 쉬운 하시디언과 하시디즘의 차이부터 먼저 분명히 하고자 한다. 하시딤언과 하시디즘은 완전히 다른 것이다. 하시디즘은 발 세톱에서 발원한 사상으로 시온주의를 낳아 이스라엘 나라를 세운 정신 신앙운동이고, 하시디즘 혹 하시딤언은 주전 2세기에 쿰란 동굴에서 청순 경건주의 신앙 집단이다. 헬레니즘의 강요가 한창이던 어두운 시절에 의로운 구원자를 기다리며 호세아의 헤세드 신앙을 지켜온 무리들이다. 헤세드 신앙이란 인애와 순결의 신앙을 지키는 호세아의 후예로서 이스라엘의 예언 신앙의 본질을 지키려던 사람들이다. 이들은 신앙으로 바른 신앙 국가를 위해 하스몬 마카비 전쟁에 참가했는데, 이것이 순수 신앙 운동이 아니라 집안의 권력 다툼인 것을 알자 하시디언은 마카비 전쟁을 떠나 신앙 운동에만 집중했다.

하시디언은 신앙에 양보 없는 의로운 선생을 찾고 있는 거룩한 사해 쿰 집단이었다. 그리스의 세라쿠스 정권하에서 헤세드 신앙의 하시디언 집단이 독립된 마카비 왕국에서 생각과 신앙의 차이로 사두개, 바리새, 에세네, 열심당으로 분립되어 내려오는데, 요한과 예수도 사해 공동체와 관련이 있어 하시디언 집단은 그리스도교의 신앙의 고향이다. 일설에는 그리스도교는 예수 이전 최소한 200년 전에 존재했던 하시딤 공동체에서 시작됐다고 하는 학자도 있다. 오늘날 정설로 받아들인다.

자, 이제 발 셈 톱의 하시디즘으로 가자. 17세기의 동유럽의 상황은 어떤 점에서 예수시대의 BC AD 1세기경과 비슷했다. 그 시기 유대인의 생활은 로마의 압정 아래서 살기 위해 몸부림치는 피폐 속에 있었다. 유대주의가 바리새, 에세네, 사두개와 열심당이 나누어져 분열하여 항쟁하고 있었다. 유대주의 안에 여러 이교의 가르침이 혼입되어 있었다. 특히 그리스도교는 모든 종교 안에 있는 좋아 보이는 것을 전부 수집하여 부활신앙. 사후생명, 영원한 삶, 천국의 복락 같은 교리를 만들어 놓았다. 한데 유대교는 탈무드(당시는 탈무드가 없었다) 가르침이 해이해지고 잡다한 신비 사상이 유대교 안에 들어와 원하는 구원을 빌어 자신의 고통을 잊으려 했다. 가난과 박해에 찌든 유대인은 천박하기 그지없는 천민처럼 되어 가고 있었다.

예수시대 상황과 17세기 하시디즘의 상황이 비슷했다. 정치적 억압, 사회불안, 메시야 운동, 고행, 성적 타락, 고행적 신앙 같은 것으로 그때나 하시딤즘 시대와 유사했다. 그리스도교가 신비주의를 초월한 것처럼 하시디즘도 카발라 가짜 메시야들이 추구했던 비윤리적인 것을 전부 초월하고 순수한 신앙만을 유지했다. 원시 그리스도교가 정치에 비현실적인 것처럼 하시디즘도 정치에 초연하고, 많은 점에서 원시 그리스도교가 하시디언의 신앙을 본뜬 것처럼, 하시디언은 원시그리스도교의 모습을 본받았다.

18세기 하시디즘은 단순한 것 같지만 복잡한 현상이었다. 분명한 특징 가운데 하나는 지식에 대한 무지의 승리였다. 탈무드는 무식한 사람은 하나님 앞에 설 수도 경건할 수 없다고 가르친다. 하시디즘은 그 반대를 가르친다. 무식하더라도 순진하면 하나님은 즐겨 받아 주신다는 것이다. 유대주의의 재래와 전통은 버리고 그 정신만을 인정했다. 하시디즘이란 체험을 통해 얻는 희열과 황홀에 대해 긍정적이다. 카발라의 프랑크가 말하는 육감적 황홀이 아니리 신을 앎으로 오는 희열이다. 발 셈 톱은 인간의 약함을 강함으로 만들고, 패배를 승리로, 무식을 신의 확신으로 바꾸었다. 예수가 바리새과 지식인들과 충돌한 것처럼 하시디즘은 탈무드학자와 부딪쳤다. 말했듯이 하시디즘은 원시 그리스도와 동질로 진행되었다.

제자들에 의하면 발 셈 톱(착한 스승님)은 하시디즘의 창시자인데 본명 이스라엘 벤 엘리제는 야곱 프랑코 동시대인이며 우크라이나의 같은 지방에서 태어났다. 제자들이 전하는 바에 의하면 그의 행태는 놀라울 정도로 예수와 닮았다고 한다. 그의 양친이 아주 나이가 들어 낳았는데, 태어날 때 천사의 계시가 있었다고 한다. 천사의 말이 아브라함에게 내린 축복을 너에게 내린다고 했다. 모든 신동들이 가진 전설적인 설화를 발 셈 톱도 가지고 태어났다.

127. 예수를 닮은 발 셈 톱의 언행

하시디즘을 낳은 발 셈 톱은 카발라 가짜 메시야와 동시대에 동일한 정신 상황에 나고 성장했다. 노년에 낳은 발 셈 톱의 양친은 그가 어릴 때 죽었다. 6세가 되자 탈무드 규칙에 따라 회당의 장로들이 무료로 교육시킨다. 청년시절부터 기적을 행하며 극히 빈곤하게 살았다. 그의 기적에 대한 설화는 많이 전해 내려오고 있다. 그의 옷깃에 닿기만 해도 병이 낫고, 물 위를 걷고, 그가 나무를 향해 노려보기만 해도 불이 붙고, 야웨의 이름만 불러도 귀신을 쫓아내었다. 마을 청년들이 어떤 창녀를 놀리며 괴롭히는데 그가 한 번만 만지니 온전한 성녀가 되었다. 그가 한 마디 하면 고통당하는 영혼이 구원을 받아 자유로운 삶을 살게 된다. 그는 하늘과 대화하면 하나님과 직접 현현하여 말씀을 주시고, 그의 주위에는 항상 후광의 광채가 그를 둘러싸고 있었다. 아마 그는 그리스도교의 예수의 행전에 큰 영향을 받은 듯하다. 물론 그가 예수를 따른다는 말은 한 번도 한 적은 없지만, 이상하게도 쉐파르딕발 셈 톱이 한 언행은 전부 예수를 모델로 한 일생이었다.

발 셈 톱은 글을 모르지는 않았지만 글을 쓰지 않았기 때문에 그의 가르침은 제자들의 전언에 의존할 수밖에 없다. 그의 언행은 예수와 같으며 대개 우화나 예화로 남겨져 있다. 1760년 그가 죽었을 때 남겨진 제자가 10만 명이나 됐다. 그의 절정기에는 동유럽에 하시디즘 신자들이 유대인 절반의 인구였다. 그의 제자 돕 베르(Dov Ber)가 전 유럽의 하시디즘 신자들을 인도했다. 시작에서부터 발 셈 톱에 대한 반대가 극심하여 그가 죽고 나서 얼마 되지 않아 그의 영향력이 급속히 쇠하여졌다.

그에 대한 행적은 그를 따른 제자들의 기록인데, 대중은 그를 좋아하지 않았다. 발 셈 톱은 게으르고 어리석어서 무엇을 해도 바르게 하는 일이 없어 어디에서 일을 해도 쫓겨나고 무책임한 실패자라고 했다. 발 셈 톱은 낮이면 잠을 자고 밤이 되면 몰래 공부를 했다. 그의 제자들은 하나님이 그를 크게 사용하실 때까지는 일부러 바보스럽게 행동하며 살았다고 한다. 42세가 되자 하늘 능력이 함께 하자 자신이 누구인지 무엇을 하는 사람인지를 분명히 선언한다.

하나 그의 죽음 후 하시디즘은 약화되었는데 외부 공격에 의해서라기보다 내적 약화에 의한 것이었다. 혁명과 마찬가지로 신흥 종교도 내부 구조가 튼튼하여 제도화하지 못하면 자체 내부가 안고 있는 파괴 요인에 의해서 붕괴되는 것이다. 하시디즘도 마찬가지였다. 신흥종교가 제도화하기 위한 내부 힘이 대단히 중요하다. 알렉산더의 후계들처럼 하시디즘도 지역에 따라 분열되고 중간 지도자에 의해 분열되어 버렸다. 하시디즘 랍비 중 큰 인물이 없어 전체를 수용 지도할 능력자가 없어 산산 조각이 났다.

그리스도교에서는 바울이라는 강력한 지도자가 능력을 가지고 조직을 만들어 갔기 때문에 하나의 독립된 종교가 성립되었지만 하시디즘에는 그런 인물도 실력자가 없어 1세기가 지나자 거의 소멸되어 버렸다. 그러나 그 후속 영향은 완전히 죽지 않아, 그 온기 속에서 새로운 정신이 태동한다. 하시디즘은 카발라 가짜 메시야와는 달리 불건전한 요소가 없었기에 모두의 가슴에 아름답게 살아남아 있었다. 가난하고 무식해도 누구나 신 앞에 설 수 있다는 믿음의 담대함이 모두에게 희망과 용기를 주었기 때문이다. 여기에서 유대인의 르네상스, 계몽주의가 태동한 것이다. 하시디즘의 신앙과 정신이 하스카라를 낳았다. 마르틴 부버가 천착하여 일생 연구한 하시디즘, 현대의 유대 실존주의가 바로 여기에서 시작한다.

회고해 보건대 유대인 중세 1200년은 그리스도교회나 유대교회에나 동일하게 암흑이고 수난이고 피 비린내 나는 시대였다. 한데 이런 상황 속에서 유대인은 어떻게 살아남았을까? 어떤 역사학자가 한 마디로 유대인의 생존 비밀을 요약했다. 어떤 민족이 존속하는 비밀은 패배를 받아들이는 태도에 있다. 패배를 두려워 말라. 유대인은 결단코 패배 속에서 체념을 하지 않았기 때문에 살아남았다. 결단코 패배를 인정하는 종교는 아니다. 영원한 희망 속에 있다.

128. 중세의 유대주의 총정리

유대주의를 평하여 이렇게 말했다고 전술한 바 있다. 어떤 민족이 성공적 존속의 비밀은 패배를 받아들이는 태도에 있다고. 유대주의는 패배를 인정하는 종교가 아니다. 유대주의 사상에서 최후의 심판이나 종말 같은 사상은 없다. 어떤 시대를 마감하고 새 출발하는 신기원이 있을 뿐이다. 미래를 부정적으로 보고 절망하는 것은 죄악이라고 가르친다. 인간이 사는 세상은 오직 하나밖에 없으며 사는 동안 신의 이름으로 즐겁고 희망차게 사는 것이다. 이것이 유대주의를 설명하는 전체의 말이다.

유대주의의 역사는 히브리와 야웨와의 끝임 없는 대화로 어떤 상황 속에서도 그 대화가 쇠퇴한 적이 없었다. 유대주의의 철학은 탈무드주의인데 항상 그곳에서 벗어나려는 경향이 있어 왔다. 한참 탈선해 있다가 다시 탈무드주의로 돌아온 역사인데 유대역사에 돌아오지 않고 가버린 세 번의 사건이 있었는데 유대주의에서 보면 그것은 유대의 이단이다.

유대주의를 항거한 반 탈무드주의 중 첫 번째는 그리스-로마 시대의 그리스도교였다. 물론 당시는 탈무드의 발아기였지만 랍비문학이 탈무드의 길이었는데, 그리스도교는 유대교 속에 있다가 돌연 유대교를 떠나 독자적 길을 가버렸다. 제2의 반탈 운동은 아랍시대에 부딪친 카라이즘이다. 카라이즘은 성서로 돌아가자는 소리인데 탈무드가 그것을 흡수해 버리자 잠잠해졌다. 세 번째 위협은 가장 강력하고도 장구한 카발리즘이다. 탈무드주의에 이의를 제기한 사람이 너무 많고 강렬하여 카발리즘을 무시할 수도 삼켜버릴 수도 없는 형편이었다. 부득이 탈무드주의는 카발라주의와 함께 나란히 동행하여 어느 것인지 분간하지 못할 정도였다. 오늘날 카발리즘은 완전히 유대인의 신앙에서 사라졌지만 당시 카발라의 영향은 대단했다. 지금 탈무드 신앙이 강하지만 쇠약해지고 있는 것만은 확실한데, 후일 탈무드는 소수자의 신앙으로 남을 것이다.

　고난의 세월이었지만 중세는 유대인에게 무익한 것만은 아니었다. 중세는 유대인을 근대로 나아가는 교육장이라 할 수 있다. 고난을 당했다 하나 유대인은 중세 봉건치하에서 특수한 지위를 누려 경제적인 훈련을 충분히 하고 유대인성을 세계로부터 인정받는 시대였다. 그 속에서 유대인은 세계주의와 보편정신의 훈련을 한 셈이다. 여러 가지 문화와 언어 세계를 살면서 세계주의를 맛본 것이다. 유대인은 국외자였지만 정신적으로는 지도적 역할을 한 선구자였다. 유대인은 세계를 경험한 유일한 보편주의자여서 세계의 가치와 방향을 관조하는 국제적 예언자적 인물이 되었다.

　중세의 황제나 교황이 유대인을 몰살시켜 씨를 말리려 했다면 그렇게 할 수 있었을 것이다. 그런데 왜 유대인을 몰살시키지 않았는가? 유대인은 그들의 사회에 필요한 존재가 되어서 그랬을까? 당시 유대인은 무역 중개인, 상업, 실업가, 재정가, 외교관, 정치가, 학자, 의사로서 암흑시대의 광명의 사도였다. 유대인은 그 사회의 무용지물이라고 생각지 않았다. 그렇다면 이것이 유대인을 몰살치 않은 이유였겠는가?

　인간의 마음에는 경계하는 터부가 있다. 중세가 믿고 따르던 그리스도교인들은 생각하기를 유대인은 우리 구세주의 혈족인데, 구세주의 형제들을 어떻게 죽이겠는가? 이런 금지 심리가 있었지만 종교 경제적 방해물이 될 때 유대인들은 멀리 추방시켜버렸다. 말한 대로 유대인을 추방한 이유는 간단했다. 첫째는 종교적 이유 둘째는 경제적 이유였다. 개종을 했더라도 아무리 유대인이라도 경제력만 있었으면 문제 삼지 않았을 것이다. 모든 생명은 영혼이 있는데 이 영혼은 신께 속한 것인데, 이 영혼을 구원하기 위해 유대인을 추방으로 교훈과 반성을 주자고 생각했다. 그후 유대인을 몇 백만을 죽이는데 그 이유는 종교적 훈도력이 쇠잔했기 때문이다.

　황색 배지를 단 중세 1200년의 유대인의 수난과 아픔이 유대인과 유럽인에게 무익한 것이었는지 아니면 유럽 문명을 풍요하게 했는지에 대해서는 조금 더 생각할 시간이 필요한 것 같다. 비록 숫자는 적지만 유대인이 유럽 문화의 방향타로서 중요한 역사적 사명을 띤 민족으로 살았다는 정당한 자각이 언젠 나올는지 모른다.

제8장. 사망의 계곡에서 현대로

1200년의 험한 중세를 요행스럽게 살아온 유대인이 근세로
들어오면서 삶의 활기가 문학과 금융에서 두드러진다.
때마침 인간 해방과 자유의 밝음이 찾아오며 유대인은 새
꿈을 꾸게 되는데, 그것이 죽음의 계곡으로 가는지를 모르고
살았다. 좋은 것은 항상 불행의 전조인 줄을 모르고 600만의
유대인의 생명이 인류의 제물로 바쳐진다.

인류역사에 가장 비참한 죽음의 장송곡
히틀러의 살인 행각
그리스도인 700만,
유대인 약 600백만
한 사람의 야만적 야욕으로 사람의 생명을 짐승처럼
죽여버리는 전대미문의 사건
인류 전체의 반성을 촉구하는 사건이다.

2000여 년 수난과 죽음의 피 위에
2000여 년 전에 잃어버린 나라를 다시 찾는
영광의 노래.
히브리 노예들의 합창이 울려 퍼진다.

129. 유대인은 무엇으로 2000여년을 살아왔는가?

백년도 아니고 천년도 아닌 이천 여년을 유대인은 무엇으로 살아왔는가?

가는 곳마다 박해와 죽임 속에서 그것을 견디며 이겨 나온 힘이 무엇이었는가? 나라를 빼앗기고 성전이 무너지고 어디를 가든 그들을 환영하여 반겨주는 곳은 없었다. 혹 환영한다 해도 그들을 이용하여 자가 유익을 취하려는 사람들뿐인 상황에서 그들은 무엇으로 살아남았는가?

주전 721년에 북왕국 이스라엘이 앗시리아에 의해 멸망하여 그들은 그 흔적을 찾을 수 없을 정도로 소멸하고 남왕국 유대가 587년에 멸망하여 포로의 노예생활이 오늘에 이르기까지 계속, 1948년에 나라를 찾는 순간까지 그들은 죽음보다 더한 질고 속에서 살았다.

36년간 일제의 침략 속에서 말과 정신을 잃고 북간도, 일본, 미국으로 흩어져 살아온 우리가 이천 년을 그렇게 살았다면 어떻게 되었을까? 아무리 굳은 결심이라 해도 10년 20십 년이 지나면 결심은 무너지고 동화되고 그 흔적을 찾을 수 없는 것이 보편 인류사인데 유대인은 그렇지 않았다.

역사적으로 그들은 아브라함의 언약시대를 지나 성서시대, 그리고 예언 시대를 거치면서도 그들은 언약의 백성이란 자각은 희미했다. 유대인들의 자각은 포로로 끌려가 노예생활을 하던 바빌론 포수시대였다. 자기를 지키기 위한 방편으로 토라를 찾고 보니 그것은 적어도 600년 전의 고문서여서 그들의 상황에 맞지 않아 주석을 첨부하여 생활에 맞게 신축성 있게 해석 적용했다. 그것이 미드라쉬고 그것이 발전하여 탈무드가 된 것이다.

가나안 땅에서 속 좁게 살던 그들이 바빌론을 접했을 때 그들은 놀랐다. 자기들이 변하느냐? 아니면 토라를 새롭게 해석하느냐 하는 질문 앞에서 살기 위해서 고안한 것이 미드라쉬이며 탈무드였다. 바빌론의 생활은 전부가 새롭고 놀라움이어서 그들에게는 하늘이 내린 유학수업이었다. 그들의 사고와 생활 그리고 토라의 해석과 적용까지도 바꾸어놓았다. 완전히 새로운 유대인이 된 것이다. 어떤 점에서 국제화되고 세련된 유대인이 되었다. 이 탈무드정신으로 그들은 2천 년을 버티어온 것이다. 그들은 바빌론 포로로 모든 것을 잃고 모든 것을 다시 찾은 셈이다

이천 년 탈무드시대라 하여 유대인들은 한결같이 탈무드를 추종하고 산 것은 아니었다. 6세기에 발흥한 반탈 운동인 카라잇과 카발라는 탈무드의 길을 막았다. 하기야 지나고 보니 반탈 운동인 카라이트 운동과 카발라 운동도 탈무드의 지경을 넓히고 폭을 확장하는 역할을 한 셈이 되었다. 이렇게 탈무드는 유대인의 생활과 사고를 유연하고도 고상하게 발전시켜왔다.

그렇다면 카라잇과 카발라 운동과 탈무드가 유대인들에게 어떤 동력을 주어 그 모진 세월을 참고 견디며 이기게 하고 인류사에 우뚝 높게 서게 했는가. 탈무드로 지난 2천 년을 살아왔다고 하나 탈무드가 가르치는 핵심은 단 하나이다. 유일 신관과 선민사상이다. 이 우주와 세상 어디를 가도 우주와 세상을 지으시고 통치하시는 슈퍼파워는 야웨라는 것이다. 모든 것을 잃고 포기한다 해도 그들은 이 야웨 유일 신관만은 버릴 수 없었다.

돌이나 나무에 인격을 부여하여 신이라고 추앙하는 것이 얼마나 허무한 것을 알아 야웨 외는 어떤 신도 거부했다. 야웨만이 유일한 초능력의 신이시고 삶의 지혜시고 영존의 윤리 질서 인도자이므로 이 한 분만을 섬김으로 그들의 사고는 추상 속에서 창조로 발전해 갔다. 이것이 유대인으로 하여금 다른 민족과 다른 유별난 존재가 되게 했다.

따라서 야웨 유일신 사상으로 그들은 선민이란 자존감을 갖게 되었다. 우주 창조의 초 파워의 자녀로서 자존감은 박해와 불구덩이 속에서도 의연하였다. 천만번을 죽여도 우리는 창조주의 장중에 있다는 자존감으로 한 번도 비굴하지 않았다. 적들은 유대인을 무시하고 박해했지만 유대인들은 그들을 경멸했다.

유대인들이 디아스포라로 온 세상에 굴러다니는 돌처럼 차여 천대를 받아도 이천 년을 당당하게 견딜 수 있었던 힘은 유일신 야웨 신앙과 그의 자녀라는 선민 자존감 때문이었다.

130. 해방을 향한 몸부림

유대인의 중세 1200년, 변함없는 박해와 차별, 그리고 추방의 연속, 그리고 죽임. 그 한가운데는 개종이란 숙제가 있었다. 개종만 하면 모든 문제는 해결된다. 해결될 뿐만이 아니라 유럽 최고의 신분이 보장되고 승승장구 출세의 길이 보장되어 있음에도 개종을 마다한 유대인들의 2천년이 넘는 세월, 죽음 앞에서도 야웨와 민족을 떠나지 않은 집요한 이유가 무엇이었을까? 아브라함의 믿음의 조상이란 환영이 결단코 미망이 아니란 확신 때문일까? 하루 이틀도 아니고 일년 십년도 아닌 2천여 년의 수난의 세월을 이긴 히브리들이 해방을 향한 몸부림을 시작한다.

교회와 봉건제가 통치한 억압의 중세 천년시대, 어떤 변화도 희망도 없는 흑암의 세월을 이기고 근대의 문 앞에서 유대인뿐이 아니라 인류가 어떤 준비를 해야 할지 아무도 모르고 있었다. 중세 천여 년의 흑암이 아무런 변함이 없었던 것이 변화였다면 근세는 모든 과거가 다 무너지는 가치 전도의 시대였다. 봉건제가 무너지니 승려의 제복 권위를 인정해 줄 자가 없으니 성속이 구별이 없게 되었다. 17세기에 시작되는 근세는 모든 것의 전도이다. 그 시대까지 존재했던 모든 질서와 가치는 다 무너진다. 흔히 말하는 새 창조의 수준이 아니라 천지개벽이다. 인류역사 4000여 년의 고인 물을 다 빼버리고 새 물로 갈아 넣은 조수의 기간이었다.

중세의 유럽 역사는 귀족이 교회에 복종하고 평민은 순종하는 봉건제였다. 중세 유럽사는 국왕도 교회에 복종하고 평민은 저항하는 데서 시작됐는데, 국왕이 교회에 복종한 이유는 평민이 국왕한테 복종하라는 명령이었다. 중세국가는 가톨릭이라는 방파제를 가지고 백성을 노예로 삼음으로써 학문과 과학의 모든 것도 노예로 삼은 전제주의였다. 이러한 중세 상황에서 시작된 근세국가는 국가와 인간의 관계 설정, 즉 사회계약속에서 유지된다.

계약이란 쌍방의 약속 관계이다. 한쪽이 부정하면 계약은 끝이 난다. 그러므로 양쪽 모두가 약속을 성실히 지켜야 한다. 이 사회계약이 불란서에서 나오기 전 600년 전에 할레비가 국가와 백성의 관계는 야웨와 아브라함의 관계 계약에서 힌트를 얻어 통치자와 백성의 관계를 사회계약이라고 했는데도 그 시대는 할레비의 뜻을 이해하지 못했다. 근세는 창조적 변화를 만들어내는 시대로서, 정치권력이 교회에서 시민에게, 신앙에서 이성으로, 귀족의 주머니에서 은행으로 옮겨졌다. 이 변화 속에 유럽의 의식을 가장 크게 변화시킨 것은 state-nation의 출현이다. 그 이전까지는 국가 권력에 의해 제국이 형성되어 유럽 제국이 유럽 전체를 철권통치를 했다. 그러니 자립 독립을 함으로써 개인의 인권이 보장되어 자유의 길로 가는 국가의식의 혁명이었다.

중세의 유대사는 추방사였다. 영국에서 천 삼백 년, 불란서에서 천 사백 년, 스페인에서 천오백 년, 독일은 천 팔백 년에 유대사의 중세는 끝이 나고 새 시대를 바라보게 되었다. 물론 추방당하는 유대인에게는 아픈 경험이었지만 새 시대를 맞이하는 진통이었다. 17세기가 되면 유럽 제국들이 자기 필요에 의해 유대인을 다시 불러들이니 이때부터 유대사는 근세이다. 때에 불란서를 중심한 계몽주의 사상이 불어오나 독일 게토는 무너지지 않는다. 동구라파는 동토여서 계몽이 늦어 19세기가 되어 비로소 유대인의 근대사기 시작된다. 중세 유대사는 그리스도교와 유대교가 서로가 역행 관계였지만 근세에는 기독교와 유대교는 동행관계가 됐다. 기독교를 삼킨 사상은 유대교도 삼켰다. 기독교와 유대교는 살인자에 의해 함께 죽었다. 가치 동일한 유대기독교(judea-christianity)는 서로 갈등을 일으킬 필요가 없는 것이다. 유대교를 말살한 포악은 기독교도 말살시켰다. 근대의 비극이었다.

근대 유대사는 다섯 가지의 특징을 가지고 나타났다. 서유럽의 희망과 환상, 유럽의 퇴보, 미국의 부상, 나치의 악몽, 이스라엘의 재건이라는 유대 실존주의 사상이다. 결국 17세기는 유대사의 자유물결의 시작이다. 이것은 유대교의 몸부림에서 온 것이 아니라 그리스도교에 의해서 온 것이다. 이 장에서부터 우리는 유대사의 근세 자유의 몸부림을 17세기로 거슬러 올라가 살핀다.

131. 자유의 물결

유럽을 처음 통일한 샤르망 대제(740-812)의 왕권이 쇠퇴한 후 유럽의 판도는 전쟁보다는 왕족들의 침실에서 결정되었다. 왕족의 누구와 결혼하느냐에 따라 통치의 판도가 달라졌다. 프랑코 왕권이 약해지자 유럽의 모든 힘은 스페인으로 모여졌다. 네덜란드를 포함한 유럽의 대부분의 나라의 왕실은 스페인의 왕과 혈족 관계에 있게 된다. 스페인의 필립 2세, 즉 합스부르크 왕가 출신이 유럽 왕실을 장악하는데 이는 창세기의 계보보다 더 복잡하다. 광신적이고 전제적 독재자가 유럽을 다스리다가 1556년 개신교국이 된 네덜란드가 독립하여 나온다. 네덜란드는 개신교국이요 자본주의 중심이 된다. 가톨릭국은 종교재판과 알비공을 이용하여 로마제국처럼 반대하는 나라들을 살육으로 패망시킬 수 있다고 믿었다. 이에 네덜란드가 반란했고 청교도국이 된 영국의 엘리바베스 1세가 네덜란드에 힘을 보탠다. 영국은 가톨릭과 스페인의 세력을 죄악시했기 때문이다.

스페인의 필립 2세는 이 동맹을 깨뜨리기 위해 132척의 선박과 3165문의 대포로 무적함대를 조직했다. 그러나 역사는 스페인의 소원대로 되지 않아 프란시스 드레이크경이 1588년에 경이적으로 물리쳐 패주시킨다. 잔존 선박은 헤브리즈 열도 근해에서 폭풍우를 만나 전부 침몰, 수백 명의 스페인 수병들이 아일랜드 해안에 표착한다. 스페인 수병과 아일랜드 처녀가 결혼하게 되어 스페인의 이름을 가진 검은 머리의 아일랜드의 아이가 많은 것은 그것을 설명한다.

역사학자들이 거의 주목하지 않은 이 작은 나라 네덜란드에 이상한 일이 일어났다. 독립한 지 20년이 되기도 전에 최강의 상업해상국이 된다. 1602년에 네덜란드에는 유럽의 상업중심지가 되고 암스테르담은 세계 보석과 금융의 중심지가 된다. 이와 같은 네덜란드의 무역 상업, 금융의 융성은 유대인의 네덜란드 입국과 때를 같이하고 있는 것은 우연이 아니다. 1492년 스페인이 유대인을 추방할 때 거의 모든 유대인이 네덜란드로 입국하였고 그곳에서 살기를 원했는데 그들은 스페인 마라노(돼지 유대인)였다.

제일 먼저 네덜란드에 입국한 유대인들이 비밀리에 유대인 종교의식을 행하고 있는 것이 발각되었다. 네덜란드 당국은 분명히 가톨릭교도들의 반동질이라고 생각했다. 처음에는 가톨릭교도들의 예배의식으로 생각했는데 전혀 언어가 통하지 않았다. 유대인 중에 네덜란드어를 아는 자가 없었는데 다행히 독일어를 하는 라틴어 학자가 통역을 했다. 그들의 종교 행위가 유대교 의식임을 알고 네덜란드 내의 유대인의 존재를 알게 되었다. 그들은 가톨릭교도가 아니라 유대인임을 알게 되어 몇 가지 조건을 내세워 네덜란드에 거주를 허락한다. 그리스도인과 결혼하지 않는다. 네덜란드의 종교를 침해하지 않는다. 적국인 스페인과 대적할 때 네덜란드를 위해 싸운다. 이에 스페인에 거주하는 마라노 유대인을 설득하여 네덜란드로 오게 한다. 이러한 조건은 유대인들도 원하는 바라 즉시 동의하고 네덜란드의 일원이 된다. 그리하여 포르투갈과 스페인과 가까운 독일의 게토에서 유대인들이 속속 네덜란드로 입국한다.

스페인과 포르투갈의 마라노들이 행복하게 네덜란드에 들어온다. 그들은 해박한 지식과 기술과 유대인의 세계적 채널, 그 위에 엄청난 재력을 가지고 들어와 암스테르담은 새 예루살렘이 된다. 당시 유대인들은 유럽의 대 항구마다 상업의 거점을 가지고 무역을 독점했다. 유럽뿐만이 아니라 인도, 오스만 제국, 남아메리카, 북아메리카에 무역 네트워크를 가지고 있어 네덜란드의 해상권이 막강하여 미국의 새 암스테르담을 설립하여 미국을 점령한다. 새 암스테르담은 후일 뉴욕이 된다. 유럽을 무역으로 점령한 네덜란드는 미국을 접수하고 동인도 회사를 설립하여 인도지역까지 점령한다. 새 암스테르담은 세계의 보석 센터가 되었다. 이 모든 상업과 무역 거래에서 유대인들이 중심 역할을 했다.

유명한 네덜란드 화가 렘브란트가 유대인상을 그린 그림에서 당시 유대인의 시골스런 모습을 본다. 17세기 말, 당시 암스테르담의 유대인의 숫자는 일만 명 정도였으나 그 짧은 시간에 그곳의 무역 상권을 거의 다 쥐고 있었다.

132. 네덜란드를 젖히고 영국이 최고 강성국이 되다

갑작스런 네덜란드의 변화. 독립한 지 20년도 채 안 된 시간에 상업과 무역의 중심지가 되고 유럽 해상권을 독점하고 미국의 뉴 암스테르담이란 식민 도시까지 개척하여 세계에 우뚝 선 네덜란드를 어떻게 해석해야 할까? 어느 나라를 막론하고 유대인이 거주할 때는 나라의 금융이 활성화되고 상업과 산업이 융성해졌다. 그러다 유대인이 추방당하여 빠져나가면 나라의 경제가 힘을 잃고 비실거려 다시 유대인을 불러들이곤 했다. 그런 원리가 네덜란드에도 적용됐는지 모를 일이다.

1588년 스페인과의 전쟁에서 승리하여 독립을 쟁취하기 전 1492년부터 네덜란드에 소수의 유대인이 살고 있다가 1593년부터는 포르투갈과 스페인의 미리노들이 대거 입국했다. 네덜란드의 후원으로 암스테르담의 유대인들이 지금의 뉴욕인 뉴 암스테르담으로 이주한다.

세계무역에 있어서 최상위를 차지하고 있던 네덜란드가 올리브 크롬웰이 영국의 정권을 잡게 되자 17세기에 끝난다. 크롬웰은 위대한 혜안이 있는 정치가였다. 국내의 항거를 받으면서도 영국의 개신교의 후원하의 개혁과 자본을 결합하여 승리한다. 크롬웰이 자본주의를 위해 세운 공덕은 루터가 독일에서 세운 것과 같은 것이었다. 영국에서 자유경쟁 자본주의가 철기병이라고 불리는 군대의 호의를 받으면서 성공한다. 크롬웰은 영국에서 호국의 신과도 같은 존재가 되었다. 영국에서 가톨릭교도들은 개신교에게 모든 직위와 자리를 내주는 꼴이 되고 말았다. 중세기에 유대인이 가진 지위와 직장을 기독교인에게 빼앗기는 것과 같은 처지였다. 자본주의는 사회의 새로운 체제가 되고 부정이득은 새로이 부각한 권력자의 수중으로 돌아갔다. 나라가 자본주의화 되자 영국은 모든 역량을 무역과 선박으로 돌렸다. 한 세기가 지나기 전에 영국의 선박이 세계를 누비게 됐다.

세계정세에 민감한 유대인은 크롬웰 치하에서 영국의 새로운 자본주의제도가 성공하는 것을 보고 유대인은 대표를 보내 영국에 재입국 가능성을 탐지했다. 크롬웰은 확대일로에 있는 자본주의를 위해 인재를 찾고 있던 중이었다. 그는 암스테르담의 유대인의 활약이 어떠한지를 잘 알고 있었다. 크롬웰은 암스테르담의 유대인 대표인 랍비 머낫세를 만나고 싶어 했다. 렘브란트의 그림에 나오는 그의 모습은 유대인의 전형적인 모습이라기보다는 근위대 같은 복장의 모습이었다. 군복에 긴 콧수염이 학자다운 랍비의 모습이라기보다는 말을 타는 기병의 모습이었다. 신동이라고 불린 그는 유대 역사상 처음으로 18세에 암스테르담 회당의 랍비가 된 사람으로 유대인으로서는 처음 인쇄소를 개설했다. 그의 저술은 라틴어와 스페인어로 번역될 정도였다. 이를 계기로 그는 기독교를 향한 유대인의 대표학자가 되었다.

청교도의 마음을 정확히 이해한 머낫세는 개신교의 마음에 호소하기로 했다. 유대인이 영국의 상업발달에 얼마나 도움이 될 것인지를 물었는데 머낫세의 답변은 전혀 다른 것이었다. 유대인이 영국에 감으로 최후 심판의 날이 속히 오리라고 답변했다. 그의 논리는 극히 단순했다. 다니엘이 예언(12:1-)하기를 유대인이 세계 도처에 살게 될 때 구원이 도래한다고 했는데 영국에 유대인이 거주하게 되면 이 예언이 현실화된다는 것이다.

이 같은 랍비 머낫세의 답변은 효력이 있었다. 유대인이 영국에 삶으로써 영국의 경제와 영국국민이 구제를 받을 수 있다는 확신을 가지고 영국이 입국을 허락하게 된다. 그러나 국민들의 반응이 부정적으로 나올 것을 염려하여 공식적인 초청은 하지 않더라도 영국에 와서 사는 것은 문제를 삼지 않기로 한 것이다.

당시 영국에는 묘한 법이 있었다. 유대인은 법에 의해 소매상에는 종사할 수가 없게 되어 있었다. 그래서 영국에 입국한 유대인은 소매상에는 진출하지 않고 은행, 금융과 국제 무역 및 도매사업에 종사했다. 네덜란드의 경우처럼 유대인은 성공하여 높은 지위에 오르게 됐다. 유대인은 온 세계의 유대인 네트워크와 연결하여 상거래 처를 열고 왕립 거래소까지 만들어 부를 쌓아 올렸다. 얼마 지나지 않아 영국의 무역과 상업이 네덜란드에 도전하기에 이르고, 마침내 경쟁자를 물리치고 세계 제일의 무역국이 되었다.

133. 영국 금융에 끼친 유대인의 영향

영국 경제에서 유대인의 역할이 어떠했는지를 생각하는 것은 참 신비롭다. 영국에서 유대인의 역할뿐이 아니라 세계 역사에서 유대인의 역할을 생각하는 것은 더 신비스럽다. 고헨 박사는 유대인은 인류와 세계사의 나침반이라고 했다. 유대인이 살아가는 모습과 행동을 보면 하나님의 섭리의 방향을 볼 수 있다고 생각했다. 유대인을 보면 하나님의 뜻이 어느 방향으로 가고 있는지를 알 수 있다고 했다.

유대인이 없는 나라가 없다고 하는데 유대인의 이산의 시대에 한국을 찾아왔다고 하나 쇄국정책으로 입국이 허락되지 않았다. 유대인이 입국하므로 영국의 경제활동은 완전히 달라진다. 세계 열국 판도에서 3등국인 영국이 세계 일류 최강국이 된다. 유대인을 자랑하고자 하는 말이 아니라 유대인이 사는 지역은 유대인도 복을 받아 잘 살지만 유대인을 후원한 그 나라 백성들도 큰 축복을 받았다. 이것은 야웨가 아브라함에게 말한바 역사 이래 줄기차게 나타난 현상이었다.

1300년 대영국에서 유대인이 추방을 당하고 영국의 금융을 기독교인들이 장악한다. 기독교인들이 금융을 잡자 금융질서는 엉망이 되고 이자는 이유 없이 천정부지로 올라 완전히 악덕 고리대 수준이 되어 버렸다. 1700년대에 유대인이 영국에 입국하자 제일 먼저 부탁한 것은 기독교인 악덕 고리대 업자를 차단해 달라는 부탁이었다. 그 공덕으로 윌리엄 3세는 유대인 은행가 솔로몬 메디나에게 기사 칭호를 주며 칭찬한 것은 금융업에 그의 공적이 얼마나 컸느냐를 보이는 실례가 된다. 7년 전쟁 때는 윌리엄 피트가 유대인이 경제적으로 협조해 줄 것을 요청했다. 영국은 국채를 국가 법정 가격보다 비싸게 파는 것을 막아달라고 유대인들에게 부탁했다. 그 공덕의 결과로 유대인 몇 사람에게 기사 칭호를 주었다. 유대인들은 풍부한 재원으로 많은 돈을 벌 수 있었지만 정부에 협조하여 나라의 경제를 안정시켰다. 유대인은 개인의 번영보다 국가나 전체의 유익을 도모하는 공명심을 떠나지 않았다.

영국은 유대인들에게 많은 신세를 진 셈이었다.

스페인에서 온 마라노들이 영국에 산 지 100년이 지난 시기에 독일과 러시아에서 온 게토족이 영국으로 모여들었다. 그러나 그들은 마라노들과 세파르딕 유대인과 아슈케나즈 유대인이 섞여 살았다. 세파르딕 유대인은 아슈케나직 유대인과 마라노, 러시아, 독일 유대인들과는 교제를 하지 않았다. 많은 부를 축적한 세파르딕은 그들을 깔보았고 영국의 핵심 문화의 주류 속에 있었다. 스페인은 무력으로 유대인을 억압하려 했지만 실패했고 영국은 무관심, 무간섭 정책으로 성공했다. 이미 그때부터 스페인의 국력은 기울기 시작하였다. 몹쓸 일부 세파르딕이 영국 국교회에 세례를 받겠다고 했다. 영국교회는 두 팔을 벌리고 환영하고 세례를 주었다. 영국 국교회는 세례증명서에 귀족의 칭호까지 하사했다. 독일계 아슈케니직과 러시아 유대인은 그들의 거주지에 틀어박혀 있다가 어느 정도 영국 흐름에 익숙해지자 비로소 상류사회에 그 모습을 드러내었다. 그때까지만 해도 세파르딕 스페인 유대인이 모든 분야에서 우세하였다.

불란서의 경우는 다른 나라들과는 경우가 아주 다르다. 1648년 루이 14세 때에 재입국이 허락되었는데 역사의 부산물이었다. 웨스트팔리아조약으로 오스트리아 알사스 땅이 불란서로 편입될 때 유대인과 게토가 무단히 따라 들어온 것이다. 그 유대인들은 불란서의 어떤 분야에도 영향을 주지 못했다. 소규모 금전 대부업과 헌옷가지를 파는 일이 그들의 150년 동안의 생활 수단이었다. 그런 상황 속에서도 궁정 유대인은 네 사람의 불란서 왕을 섬겼다.

불란서에서의 유대인은 영국처럼 왜 번영하지 못했는가? 대답은 간단하다. 불란서는 영국 같은 유대인의 재능을 필요로 하지 않았다. 뿐만 아니라 불란서는 영국 같은 프로테스탄트국도 아니고 자본주의 국가가 아니었기 때문이었다. 당시 불란서는 이념을 떠나서 경제적인 면에서는 아직 눈을 뜨지 못했다. 지금 와서는 달라졌지만 불란서는 경제 후진국이었다.

134. 유대인은 왜 돈이 많은가?

어느 날 우연히 텔레비전을 보는데 베스트셀러 작가와의 만남에서 기자가 물었다. 유대인이 돈이 많은 이유가 무엇인가? 유대인들이 네덜란드에 이민을 가서 경제활동을 잘하여 돈을 벌어 유럽의 금융을 지배하게 되었다는 엉터리 대답을 들었다. 전혀 아닌 것은 아니지만 지극히 본질이 아닌 대답을 했다.

이야기가 나온 김에 네덜란드 이야기부터 하자. 유대인이 네덜란드에 이민을 하게 된 것이 1556년 후 개신교의 일파인 칼뱅주의가 네덜란드를 지배하고 난 후의 일이다. 15세기 후반 스페인 필립 2세는 합스부르크 왕가의 출신으로 복수심이 강하고 광신적 독재자였다. 목을 자르면 안 될 일이 없다고 확신한 악종 왕이었다. 이때 네덜란드는 스페인을 향해 독립반란을 일으켰다. 무력도 재정도 없는 네덜란드를 청교도인 영국 여왕 엘리자베스가 가톨릭이 확장되는 것을 두려워하여 신교국인 네덜란드를 도왔다. 스페인은 영국과 네덜란드의 동맹을 깨기 위해 수백 척의 배와 대포를 동원하여 네덜란드를 공격했지만 영국의 도움으로 네덜란드는 승리하고 독립을 쟁취했다.

이 승리로 네덜란드가 독립하여 개신교 칼뱅주의 국가가 되었다. 칼뱅주의란 자본주의를 숭상하며 개개인의 능력을 무한대로 인정하여 후원하는 신앙인들이다. 여기에서 장로교가 나오고 한국도 그 영향을 받는 대표적인 개신교국이다. 스페인에서 추방된 마라노(돼지) 유대인들이 네덜란드로 이민을 들어와 독립한 지 20년밖에 안 되는 네덜란드가 유럽의 경제 패권을 쥐게 되었다. 스페인 마라노들이 많은 자본을 가지고 네덜란드에 들어와 경제를 유럽의 최정상으로 만들었다. 유대인이 네덜란드에 와서 부자가 되고 경제부흥을 시켜준 것은 사실이지만 그 이전부터 유대인들은 엄청난 재화를 가지고 네덜란드로 들어와 경제를 부흥시켰다.

유대인들이 재화를 많이 가지게 된 또 다른 이유는 중세의 천 년간 봉건사회 체제에서 소수의 귀족, 그리고 성직자 계급과 98% 이상의 농노들뿐인데 유대인은 제4계급이 된다. 제4계급은 어느 계급에도 속하지 않는 등외계급으로 무역, 상업, 중개업을 하면서 3계급 사이에 윤활유 역할을 했다. 돈도 모르는 왕, 무역도 모르는 귀족에게 외국에서 생산된 희귀한 물건을 공급하며 상업 무역을 유대인이 담당하게 된다. 당시 유대인은 교육받은 지식인으로 무역, 경제 거래를 하면서 유럽의 최고 실력가가 된다. 여기에서 유대인은 유럽의 재화와 무역을 손아귀에 쥐는 실권자가 된다.

이것이 유대인이 중세의 재력을 가진 이유이고, 이에 앞서 유대인이 돈을 많이 가진 이유는 태생적이다. 야웨가 히브리를 자기 선민으로 택할 때, 천하의 의와 공도를 행하며 천하 만민의 복의 근원이 되리라고 축복한다. 은도 금도 너희의 것이니 천하 만물이 너희 것이라고 축복한다. 유대인은 태생적으로 천하를 자기 것으로 축복 받고 태어난 존재들이다. 탈무드법에 선민이 가난하게 되는 것은 죄악이라고 선포한다.

토라는 은금보화와 재화를 전혀 악으로 규정하지 않는다. 당연히 천하를 누려야 한다고 강조한다. 재화가 악의 도구로 사용되어지니, 축복으로 준 재화의 금기 법령은 아주 후일에 규정된다. 성경 어디에도 재화가 악이라고 규정한 예는 없고 재화를 악의 도구로 사용하는 것을 경고할 뿐이다. 유대인에게 있어서 재화는 하나님이 주신 축복으로 긍정적으로 받아들일 뿐 무소유를 찬양하거나 권장하지는 않는다.

유대인 부모는 재화에 대한 훈련은 아주 어려서부터 시작한다. 가장 큰 재화의 수업은 13세 때 성인식 축하금으로 받은 축하금인 잉여자본으로 시작한다. 유대인 어린이는 어려서부터 투자와 증식의 훈련을 시킨다. 유대인은 어디를 가더라도 부동산을 가지지 않고 현금을 가져야 추방당할 때 휴대할 수 있기 때문에 자신을 보호하기 위한 방편으로 돈을 모은다. 돈은 야웨의 축복물이기 때문에 개인의 소유가 아닌 야웨의 관리자로 살 뿐이다. 유대인의 재화는 태성적이며 본질적이기도 하지만 후천적 환경이 돈을 모을 수밖에 없었다.

135. 세례만 받으면 모든 죄악이 영광으로

2000년 유대인 박해의 핵심은 개종이다. 유대교를 포기하고 세례만 받으면 모든 죄악이 영광이 된다. 두 번째 유대인 박해의 핵심은 너무 잘났다는 것이다. 보통사람의 길이 아니고 특수한 인생을 사는 것이 죄악이다. 어디를 가서 무엇을 하든 유대인은 보통 사람 위에 우뚝 높은 곳에 서 있다. 재정업무를 맡겨도, 사업을 해도, 정치를 해도 유대인들은 누구도 감당할 수 없는 능력으로 우뚝 높은 곳에 선다. 이 두 가지가 유대인이 저지른 죄악이다. 이 두 가지보다 더 절실한 사실은 유대인의 삶을 누구도 감당할 수 없다는 것이다. 고난을 당해도 지혜롭게 문제를 푼다. 아무리 고난을 당해도 유대인들은 교육을 게을리하지 않는다. 배우고 배운다. 특히 자녀 교육에 있어서 신명을 바쳐 전심을 다한다. 먹고 마시는 가족생활에서 그들의 지혜로운 삶의 방법은 누구도 따르지 못한다. 이 세 가지 핵심 문제의 한 가운데 하나의 중추가 있다. 그것은 야웨의 가르침을 따르는 신심이다. 이 신심이 유대인의 삶의 방향을 결정한다.

이 같은 유대인을 없애버리기 위해 정치가 할 수 있는 모든 조치를 다 취해 왔다. 그럼에도 불구하고 유대인을 없애지도, 가는 길을 막지도 못했다. 그래서 마지막 방법이 게토라는 울타리를 만들어 가두어 버리는 것이다. 역사의 흐름에서 마지막 조치가 하나 있지만 게토는 유대인의 마지막 길이었다. 그 이상의 길은 막다른 길, 죽음뿐이었다.

서유럽에서 유대인은 어떻게 게토에 들어갈 수 있느냐고, 동유럽에서 유대인은 어떻게 하여 게토에서 빠져나올 수 있느냐였다. 오스트리아에서 게토가 이동되기 시작한 것은 1600년경인데 스페인 태생인 마리아 테레샤가 찰스 6세인 아버지가 폐허가 된 나라를 물려받을 때부터이다. 그녀는 강하고 야심찬 여성으로 모성애가 강해 열다섯 명의 아이를 낳은 계명적이고 미신적인 여인이었다. 그녀는 유럽에서 가장 강력한 포병대를 가지고 있었지만 개신교도와 유대인을 몹시 두려워했다.

그리스인이 세계를 그리스화하려고 했던 것처럼 그녀는 보헤미안, 실레지안, 폴란드인, 루마니아인 그리고 유대인을 자기 품안에 품어 오스트리아화하려고 노력했지만 실패했다. 실패하자 양면 정책을 썼다. 회유정책으로 봉건제를 완화하고 농민의 정책도 개선했다. 그럼에도 불구하고 유대인은 빈과 프라하에서 추방했다. 경제가 파탄나자 3년 후 궁지에 빠진 재정과 공평이 깨진 것을 염려하여 부득이 유대인을 다시 불러들였다. 군수물자와 재정 문제는 유대인 없이는 불가능했기 때문이었다.

여왕 마리아 데레샤는 개종하지 않은 유대인을 몹시 두려워하여 멀리했으나 개종한 유대인에게 호감을 가지고 있었다. 개종한 마라노들은 출세 길이 열려 성직이나 고관이 되어 자기가 소망한 길로 갈 수가 있었다. 게토 태생으로 개종한 유대인이 어떻게 출세하는지를 보여주는 표본이 존넬 펠스였다. 18세기 존넬 펠스는 어려서 개종을 하고 군대생활을 마치고 법률을 공부했다. 후일 그는 고문 학대법을 폐지하고 오스트리아 국립극장을 창립하고 왕립 예술원장이 되었다. 그는 왕실의 가장 가까운 친구요 조언자였다. 그는 유대인이 개종만 하여 저렇게 출세할 수 있다고 보여주는 표본이다. 그러나 유대인은 야웨의 길을 포기하지 않았다.

요셉 2세가 왕위를 계승했을 때 그는 선포한다. "나는 조건 없이 모든 인간을 사랑한다." 이 말을 유럽 귀족들이 들었을 때 공포를 느꼈다. 무슨 뜻으로 그런 말을 했을까 하고 의아했다. 계몽주의를 이야기하는 것은 우아한 일이지만 그것을 실천하는 것은 위험한 일이었다. 요셉 2세가 왕위에 오른 지 1년 만에 '신앙의 관용'을 선포한다. 그 관용에는 개신교와 유대인을 포함해서 하는 말이다. 가톨릭과 유대인을 동일하게 보는 것은 왕의 의도는 아니었지만 유대인에게는 실제적 자유를 의미했다. 유대인의 복장 자유화, 직장의 선택 자유, 게토에서 자유, 자녀들이 공립학교에 가도 좋다, 유대인도 대학에 갈 수 있다, 자기 공장을 세워도 좋다는 법령이었다. 이 얼마나 놀라운 자유 법령인가. 이러한 관용 법령하에 유대인의 최고 문화 사교장인 '살롱 유대인'이 태어난다.

136. 살롱 유대인, 멘델스 존

미리아 데레샤의 아들 요셉 2세(1765-1790)는 합스부르크의 왕으로 오스트리아의 전성기 왕으로 유럽 전체를 호령하는 최고의 왕권을 행사한다. 그는 유대인을 향한 자유 선포, 관용의 치세를 함으로 유대인은 차츰 게토에서 빠져 나온다. 사업도 하고, 대학도 가고, 새 직장도 가지고, 금융업도 하여 사회적인 세력을 확장을 하게 된다.

궁전 유대인은 정치와 금융에 엄청난 영향을 끼쳐 유럽의 재정이 유대인의 손에서 처리된다. 은행과 금융제도의 시원이 되는 자본주의가 유대인의 두뇌에서 나온다. 궁전 유대인은 자본주의 역사에서 후일 자본주의의 아버지라 불리는 리카도(1772-1823)보다 최소한 100년 전의 일이다. 궁전 유대인의 역할이 유럽 역사에 끼친 공헌 다음 갈 정도로 중요한 사건이 살롱 유대인이다. 살롱 유대인이란 무엇인가?

요셉 2세가 선포한 관용의 치세에 오스트리아 사교계에 새로운 유대인이 등장한다. 살롱 유대인이란 문화 사교클럽이다. 그리스-로마시대, 이슬람 시대에 그렇게 했던 것처럼 여기서도 유대인들은 문화 지식으로 우뚝 높이 선다. 당시 오스트리아는 돈이 있고 재주와 문화가 있어 연극과 음악과 문학 등에 관심이 있었다. 개화된 그리스도인들은 유대인의 살롱에서 문학과 음악과 철학을 논하기 위해서 모였다. 오스트리아의 최고의 문사들과 지식인들의 사교 모임이 되는데, 우아하고 세련된 문학 지식인들의 모임이라 저명인사와 귀족과 왕족을 만나고 싶으면 유대인 살롱으로 오라고 할 정도였다. 그러나 유대 정사에서는 별로 중요하게 다루는 주제는 아니다.

하지만 유대인 모두가 그렇게 고급문화 생활을 한 것은 아니다. 당시 1800년대의 오스트리아 유대인은 세 계급으로 되어 있었다. 가난에 얽매여 있는 빈곤층, 게토를 떠나 갈 곳이 없는 유대인, 고급 살롱에서 문학, 철학과 음악을 즐길 수 있는 수준으로 되어 있었다. 이 수준의 사람들은 귀족과 성직자의 그룹이었다.

유대인이 처음에 베를린에 살게 된 것은 대 선거 후인 프리드리히 빌헬름(1640-1688) 시대이며 1712년에는 그곳에 회당을 지어 낙성식을 거행했다. 대선거 후가 왜 유대인에게 호감과 관심을 가졌는가? 여러 설이 있는데 프로이드 학파는 궁중 유대인의 바람기가 대 선거 후의 아내에게 호감을 주었기 때문이라 한다. 경제적인 면에서 역사를 보려는 자들은 이렇게 평가한다. 유대인들의 경제적인 능력이 나라를 윤택하게 했기 때문이라고도 했다. 아마 경제적인 측면에서 본 견해가 옳을 것이다. 이렇게 유대인에게 호감을 가졌으나 실제로 유대인의 삶에 진로를 열어준 사건은 아니다. 하나 유대인은 자력으로 노력하여 길을 열었다. 어디에 가서든 그렇게 했던 것처럼 속박에서 풀려나자 유대인들이 산업과 학문을 목표로 하여 출세의 계단을 오르기 시작했다.

오스트리아에서 시작된 살롱 유대인의 활약은 프로시아와 독일 전역에 진출했다. 그러자 자유의사로 세례를 받은 자들이 살롱으로 나오기 시작했다. 그들은 이미 그 사회의 고관이요 귀족이 되어 있었다. 게토에서 나온 유대인들은 지체할 시간도 없이 귀족 사회에 동화해 버렸다. 하늘이 만들어 내린 인물이 시운을 얻어 최초의 유대주의 개혁운동을 추진한 영웅이 하나 나타났다.

연극을 전문으로 연출하는 연출가라면 살롱 유대인의 주연으로 게토의 추악한 곱사등이 사나이를 택하지 않았을 것이다. 그러나 역사는 이 곱사등이를 살롱 유대인의 드라마의 주연으로 스카우트한다. 그 이름은 모세 멘델스죤(Moses Mendelson 1729-1786)이다. 그는 데샤우의 게토에서 태어난 곱사등이였다. 그리스도인에게는 유대주의 문학과 사상을 전하고 유대인에게는 기독교의 진리를 전하는 가교역할을 성공적으로 수행했다. 유대인이 게토에서 나고 죽기 때문에 그것이 유대인의 삶이라고 인식하고 있었다. 게토는 유대인의 문화와 생명을 말살하고자 세운 악이라고 말했다. 그는 유대인의 사고를 변혁하는데 독일학교 교육과정으로 가르쳐야 한다고 주장하여 실천했다. 게토 유대인은 세속의 교육은 악이라고 배웠기 때문이다.

137. 살롱 유대인의 창시자 멘델스 죤

내가 제일 먼저 멘델스죤을 알게 된 것은 어려서 방송국에서 나오는 멘델스죤의 교양곡 때문이다. 그때 나는 멘델스죤이란 음악가가 유대인인지 독일 사람인지도 몰랐다. 오늘 우리가 만나는 음악가 멘델스죤은 모세 멘델스죤의 손자이다. 멘델스죤의 가정은 궁정 유대인 출신으로 돈이 많은 부유한 집안으로 은행을 운영하고 있었다.

모세 멘델스죤은 어린 열네 살에 세속적인 교육을 받기 위해 게토를 나와 베르린으로 갔다. 거기서 그는 루소와 볼테르의 영향을 받고, 모든 전통적인 사상에 반항하는 계몽주의 사상에 심취해 있었다. 임마누엘 칸트의 우인이 되어 당시 독일의 대 극작가이던 고트홀드 레싱과 알게 되었다. 레싱은 멘델스죤을 알게 되고 교제를 통해 관찰한 결과를 극작 드라마로 만들었다. 「현자 나탄」이란 작품이 유럽 전역의 호평을 받자 현자 나탄이 멘델스죤이란 것을 알게 되었다. 게토의 유대인이 풍요한 문화유산을 이어 받은 자랑스러운 유대인으로 모습이 바뀌었다. 멘델스죤은 철학 연구로 독일의 소크라테스로 불렸다. 그는 문예평론에서 독일 굴지의 유명한 평론가로 인정받고 있었다. 미술 평론분야에서 심미적 비평의 기초를 다졌다.

멘델스죤은 본래 곱사등이가 아니었다. 세속의 모든 공부를 다 했다. 철학, 심미학, 수학, 천문학과 논리학까지 공부를 하여 허리가 부러질 만큼 열중하여 곱사등이가 된 것이다. 그의 곱사등은 태생적인 것이 아니라 후천적인 것이었다. 그런 학문적 사고로 그는 살롱을 고안하여 오스트리아에서 시작하여 독일에까지 살롱을 확대했다. 멘델스죤이 나이가 들자 그의 딸들이 살롱을 더 크고 멋있게 운영했다.

살롱 유대인의 아버지가 된 멘델스죤은 유대인 계몽주의 전도사가 되어 자신을 그리스도교인들과의 접촉으로 가게 된다. 그리스도교회를 통해 유대주의 회복을 꿈꾸었는데 이것은 하늘이 준 기회가 아니라 역사가 준 요행이었다. 그가 당면한 종교적인 현실 문제를 향해 동의하여 세례를 받든지 부정하든지 해야 할 일이다. 이러한 종교적 숙제를 가지고 고민하던 멘델스쫀은 유대교로 남아 있어야 할 책무가 있다고 결론을 내렸다.

당시 궁지에 몰린 유대인이 당면한 문제로 멘델스쫀을 정확히 바라보고 있었다. 만일 유대인이 게토에 그냥 머물러 있다면 활기를 잃고 무용한 존재가 되어 버릴 것이다. 계몽주의의 준비도 없이 봉건제를 떠난다면 주류인 기독교에 삼키어져 사라질 것이다. 그래서 멘델스쫀은 자기가 할 일이 두 가지가 있다고 자각했다. 스스로 유대인은 자유로울 수 있는 자각을 가지는 것이다. 두 번째로 낡은 유대교적인 가르침을 벗으나 새 시대를 개척해 나가야 할 생활법칙을 찾는 것이다. 2천 년 동안 썩어 내려온 유대의 낡은 정신과 관례를 청산하고 새 시대를 위한 법을 만드는 것이었다.

그 방법으로 멘델스쫀은 게토에 있는 유대인들에게 독일어를 가르쳤다. 독일어를 알지 못하고는 독일에서 살아갈 수 없다고 느껴 모세 오경을 독일어로 번역하는 것이 급선무라고 생각했다. 수려한 독일어로 성경을 번역하여 독일어를 익혀 종교적 문학과 수학, 철학과 과학서적도 읽어야 한다고 믿어 그렇게 가르쳤다. 더 이상 게토의 교육수준으로는 세상을 살아갈 수 없다고 단정했다. 청년들이 게토를 탈출했지만 밖에 나가 무위도식하는 처지가 되었다. 멘델스쫀은 계몽주의를 지나 도래할 유대주의의 미래를 준비해야 한다고 믿었다. 그래서 그는 몇 권의 책과 팸플릿을 제작하여 유대주의의 기초를 새로 놓았다. 그는 할레비의 계약론을 연구하다가 루소의 계약론을 유대인의 삶에 적용할 수 있도록 개정했다. 루소의 계약론에서 그는 신을 개입시켰다. 그것이 루소와의 다른 점이었다.

멘델스쫀은 시대를 새롭게 바라본 선구자였다. 한 시대에 주어진 법이 다른 시대에도 그대로 적용되어진다고 생각지 않았다. 법정신은 살아 있더라도 법의 규정은 새롭게 항상 개정되어야 한다. 봉건제도 속에 묶여 유대인이 종이 되어 있어야 할 이유가 없다고 생각하여 새 법을 선포했다. 그는 진정한 계몽주의 선구자였다.

138. 멘델스죤과 하스카라운동

유대인 역사에 혁명적 사고로 역사의 물길을 돌린 사람이 멘델스죤이다. 게토의 유대인은 캄캄한 흑암에 살다가 광명의 바깥 세계에 나오자 눈이 부시어 갈 길을 찾지 못해 방황할 것을 염려하여 멘델스죤은 미래를 바로 밝혀나길 길을 가르친다. 언젠가 게토를 떠나야 할 상황을 준비하여 미리 교육을 준비했다. 독일어로 수학, 천문학, 논리학, 건축, 지리학을 가르쳐 유대인이 특수한 믿음의 족속이 아니라 세계인과 함께할 수 있는 인본적 보편 인간을 만들었다. 하시디즘에서 발아한 하스카라이다.

하스카라는 유대인판 계몽주의다. 물론 계몽주의는 불란서의 백과사전파 볼테르, 몬테스큐, 루소 등으로 주도된 인문주의 사상이다. 이 사상을 도입하여 유대인을 계몽케 하자는 운동이 멘델스죤에 의해 주도되었다. 하시디즘은 이성을 무시하고 감정과 열정의 기쁨을 주로 하는 종교본능만을 중시하는 무식이 미덕인 무지렁이운동이었다. 여기에서 일어난 자각이 하스카라, 유대인의 계몽운동이었다. 언급한 멘델스죤 외에도 랍비 나하만(Nachman), 아브라함 마푸(Abraham Mapu), 유다 고르만(Judah Gordon) 등이 자기 지역에서 하스카라 운동을 했다.

하스카라 운동은 신앙에 포로가 된 인간성을 이성으로 회복하자는 운동이다. 지금까지 그리스도교는 신앙이 이성을 지배하여 바른 이성적 합리주의를 배격하여 과학 진보의 후미에 따라 오고 있다. 유대인은 애초부터 신앙에서 이성을 구별하여 과학세계를 폭 넓게 발전시켜 오고 있었다. 일반적으로 유대인의 하스카라 계몽주의를 불란서에서 배워 왔다고 하나 실상은 그보다 앞서 있다. 유대교에서 스피노자(1632-1677)를 무신론자로 규정 파문하였으나 스피노자의 역점은 신앙과 이성을 구별하자는 것이었다. 그래서 이성의 인정이 없는 신앙의 주장을 배격하자는 것인데 실상은 유대인의 하스카라는 이미 그때 시작된 것이다. 그런 점에서 멘델스죤

(1729-1786)보다 약 백 년 전에 유대인 하스카라가 시작되었다. 애초부터 유대인의 사고는 과학적 합리를 중시하므로 오늘날 과학 발전의 선두에 있는 것은 우연이 아니다.

스피노자의 과학정신을 이어 받은 멘델스존은 지난 세월의 모든 가르침을 새롭게 해석했다. 유대인을 교육시키기 위해 탈무드의 해석까지도 개정했다. 백성과 국가 간의 관계도 계약으로 설명했다. 루소의 영향보다 할레비의 영향이다. 하나 그 당시로는 루소의 이름 하에서 백성을 설득시키는 것이 더 용이했을 것이다. 게토에 갇혀 있는 유대인들은 게토와의 관계를 청산하고 국가와 새롭게 새 계약을 할 수 있는 권리가 있다고 설득했다. 기독교도들도 봉건제와 관계를 끊고 국가의 새 국민이 된 것을 보라. 유대인의 해방은 낡은 봉건제의 사슬을 끊는 데서 시작한다. 이 같은 선진 국가관은 나폴레옹 시대에 와서야 이해될 수가 있었다. 유대인의 넓은 미래는 낡은 구습에서 벗으나 영원한 진리의 미래를 생각해야 한다. 유대인으로서 생존하기 위해서는 일시적 지역 법에 묶이지 않고 영원한 신의 법을 찾아야 한다. 그는 분명히 시대를 앞서 가는 예언자였다.

멘델스존이 주장한 두 가지 주장은 종교적인 위반은 사적인 죄이지 사회적 범죄는 아니다. 파문이 일률적 종교 통일성을 위해 사용되어서는 안 된다고 주장한다. 아마 스피노자의 파문을 염두에 두고 한 말 같았다. 한 마디로 요약하면 종교의 법이 보편법이 아니라는 것이다. 이 같은 선진적 사고는 지금 이 시간에 들어도 새롭다.

18세기 러시아의 유대인 역사는 없는 것이나 마찬가지다. 그때까지 러시아는 암흑이었다. 계몽주의가 무엇인지도 모르는 시대에 그곳의 유대인도 마찬가지였다. 네덜란드와 영국이 융성하고 있을 때 오스트리아와 프로시아에서 살롱 유대인이 그리스도인들과 교제하고 있을 때 멘델스존은 하스카라 복음을 설교하고 있었다. 리투아니아와 루마니아와 러시아에서 변화 없는 단조로운 생활을 하고 있을 때, 그 당시 예수의 이름보다도 더 많이 알려진 한 인물이 나타나 유럽을 완전히 뒤집어 놓는다. 나폴레옹의 출현이다.

139. 나폴레옹의 등장과 유대인의 해방

18세기 말엽은 영국과 네덜란드만이 국운이 강할 뿐만 아니라 국민이 자유를 누렸으나 중세의 봉건제는 여전하였다. 봉건제는 국민을 노예화한 제도이다. 이 노예제도를 귀족과 교회가 후원하며 장려한 사회제도이다. 천여 년간 유지해 온 국민 착취제도는 불란서 시민혁명 때(1789) 봉건제 폐지선언을 한다. 시민혁명은 불란서 루이 16세의 폭정과 사치 생활에 항거한 시민권리 쟁취운동이다. 봉건제의 사회는 세 계급으로 됐는데 귀족과 성직과 노예인데, 98%가 노예이고 2%가 귀족과 성직인데 이들은 세금을 내지 않았다. 이런 세월이 혁명을 불렀다. 혁명의 불을 지핀 사람은 계몽주의자들이었다. 이런 시대의 한가운데 나폴레옹이 등장하였다.

19세기의 유럽과 유대인의 운명은 18세기의 불란서에 의해 결정되었다. 18세기 불란서는 새로움과 낡음의 알력과 투쟁으로 죽이고 살리는 광란의 시대로서 폭정의 왕실과 귀족, 계몽주의 철학자와 나폴레옹이 있었다. 이 세 부류가 불란서에 끼친 영향은 전 유럽에 변화를 불러일으키고 세계를 놀라게 했다. 불란서가 재채기를 하면 유럽은 감기에 걸린다고 어느 역사가가 익살을 부렸다. 그리스가 세계를 움직였다. 불란서의 역사를 좌우한 것은 정치가가 아니라 볼테르, 루소, 몬테스큐, 콩드르세 같은 몇 사람의 사상가이다. 이 네 사람의 사상가 가운데 유대인은 없다. 그 이유는 불란서에서 유대인은 자유로운 주거가 허락되지 않았기 때문이다.

볼테르의 지성이 교회의 비합리성을 신랄히 비판하여 그 뿌리를 침식시켰다. 디드로의 과학적 사고가 신앙의 가치를 흔들었다. 루소의 사회계약론이 낡은 국가 관념을 허물고 콩드르세의 인류의 무한한 진보가 새로운 이성적 인간상을 만들어 인류에 희망을 주었다.

그 중에서도 루소의 사회계약론은 불란서 시민 혁명의 원동력이 되었을 뿐만이 아니라 19세기 state-nation 사상을 불타오르게 했다. 사회계약론은 국민과 통치자 사이의 관계 계약으로 성립되는데 상호 호혜적이어야 한다. 시간이 진보함에 따라 과학, 예술, 정치에 간섭받지 않은 자유 인권을 보장받는 삶까지를 말한다. 국민은 나라를 위해 일정 부분 희생하지 않으면 안 된다. 그러나 통치자가 국민이 천부로부터 받은 권리가 침해를 받으면 사회 계약은 스스로 파기된다. 400년 전에 유대 민족시인 할레비가 말한 야웨와 아브라함과의 쌍방계약에 의해 형성된 관계 계약과 동일한 것이다.

18세기의 불란서의 현상, 어느 쪽이 먼저인가 하는 것이다. 새로운 사상이 낡은 제도를 타파했는가? 낡은 제도가 무너지면서 새로운 사상이 왔는가? 새로운 사상이 생산성을 높였는가? 높은 생산성이 새로운 사상을 만들어냈는가? 어느 쪽이든 간에 불란서의 합리주의적 사고를 만든 계몽사상가들이 그 시대의 정신을 사로잡은 것만은 확실하다. 루이 16세는 스위스의 용병을 불러들여 자유, 평등, 박애라는 민권 사상에 감염되지 않도록 자동소총을 들고 막으려 했으나, 다행스럽게도 성공하지 못했다.

불란서 혁명은 국민을 이해하지 못하는 왕에 대한 반란으로 시작하여 지도자가 물러나는 광란으로 발전했다. 이성이 마비되고 공포가 수단이 되어 살인으로 발전하는 무서운 소용돌이였다. 계몽 혁명가들이 갇혀 있는 바스티유 감옥이 습격을 받았다. 마침내 의회는 공화제를 선포하고 왕과 왕비를 처형하고 매월 350명의 귀족이 사라져 갔다. 왜 성직자는 처단하지 않았는가? 누구도 말하지 않는다. 1973년 11월에 불란서의 신이었던 왕을 끌어내리고, 1794년 6월 로베스피에로를 대사제로 받들어 그를 추앙하게 되었다.

그러나 아이러니컬하게도 혁명을 주도했던 혁명가들은 혁명의 역학에 의해 죽어갔다. 마라는 혁명을 배신했다는 이유로, 당톤은 혁명 노선을 고수했다는 이유로 로베스피에로에 의해 형장에서 목이 달아났다. 로베스피에로 역시 당원에 의해 살해당했다. 대포를 쏜 자가 그 대포알에 맞아 죽는 것과 같이 됐다.

140. 나폴레옹 통치하의 유대인

불란서의 혁명의회는 유대인을 불란서의 적으로 간주했다. 그 이유는 간단했다. 가톨릭교회는 불란서 혁명의회의 적인데 유대인도 구약을 중심한 교회기 때문에 적인 것이다. 그래서 유대인을 처결할 작정이었는데 멘델스쫀의 명성과 미라보 백작의 설득 때문에 포기한 것이다. 멘델스쫀은 유대인과 그리스도교회의 성인이었다. 미라보 백작은 멘델스쫀의 친구요 감동받은 사람이었다. 유대문화는 4000년의 전통을 가지고 가톨릭과 그리스도교회의 뿌리가 되는 것을 알고 있었다. 미라보 백작은 불란서의 대표적인 웅변가로서 존경받는 지도자였다. 그 많은 혁명가 가운데 자기 침대에서 임종을 맞이한 한 사람이었다.

바스티유 습격 후 유대인이 혁명 재판소에 출석하여 유대인에게도 평등한 시민권을 달라고 요청했다. 미라보는 이 말을 귀담아 들었다. 이 말을 들은 혁명의회는 논의를 거듭한 후에 투표로 결정하였다. 반 유대파는 자기들의 승리를 확신하고 있었으나 결과는 참패였다. 파리의 60개 구역 중에 53개 지역이 유대인의 평등권에 찬성했다. 그리하여 1791년에 불란서의 7만 유대인이 평등한 시민의 권리를 얻게 되었다.

불란서 공화국과 새 자유를 얻은 유대인이 같은 위험 속에 빠지게 되었다. 그 이유는 영국을 반대하여 공화제 정부를 만든 미국의 행동에 공포를 느꼈기 때문에 불란서의 공화제도 미국의 것과 같은 것으로 생각했기 때문이다. 미국의 독립선언문은 루소의 '사회계약론'을 모방한 것으로 생각하여 유럽 황제들은 불란서를 반대하여 공격하였다. 유럽은 불란서 공화제를 반대하여 반혁명 테러를 감행하였다. 이를 항거하여 나타난 사람이 나폴레옹이다. 나폴레옹이 쏜 포도탄 몇 방으로 불란서의 귀족들을 분쇄해 버렸다. 1794년 시민혁명이 끝난 후 1815년까지 키가 작은 땅딸보인 청년에 의해 나라가 통치되었다. 그는 단언했다. "나는 루이 16세의 후예가

아니라 샤르망 대제의 후계자라"고 했다

불란서를 정복하여 권좌에 오른 나폴레옹은 황제와 신의 권능을 발휘하였다. 그는 성직자를 억압 굴종시켰고, 불란서 사회는 나폴레옹 법전으로 통치했고, 학교는 국가가 관리하는 통제에 두어 부르주아적 가치관을 확립했다. 이러한 정권이 유대인들에게 어떤 영향을 끼쳤을까?

중세의 유대인은 희한하게도 특권을 누리며 살았다. 왕족도 귀족도 아니고 그렇다고 해서 농노도 아니었다. 유대인은 제4계급으로 3계급의 윤활유 역할로 무역, 상업 등 중개인 역할을 했기에 풍요하고도 자유스런 삶을 살았다. 이것이 또한 유대인을 자본적인 인간이 되게 했다. 유대인은 다행스럽게도 유대인 자치 경찰, 재판소, 조세제도를 허락받아 나라 안에 나라의 역할을 하므로 자유를 향유했다. 유대인의 생활수준은 불란서의 귀족수준은 아니지만 상당한 수준의 생활을 했다. 불란서의 유대인과 다른 나라의 유대인의 생활수준을 비교하는 것은 흥미롭다.

연극을 좋아한 나폴레옹은 유대인 명사회를 만들어 궁금해 하던 유대인에 대한 12항목을 질문함으로 참석한 사람들을 놀라게 했다. 유대인은 다른 중동 국가처럼 일부다처제를 허락하는가? 이혼을 허용하는가? 가톨릭교인과 결혼을 허용하는가? 불란서 태생의 유대인은 자신이 불란서인이라고 생각하는가? 유대인은 불란서 국법에 자진해서 복종하는가? 랍비가 가진 유대인 경찰권이라는 것이 어떤 것인가?

유대인 명사들은 이러한 질문에 당황하여 술렁이었다. 무엇이라고 대답하기 전에 우리가 진지하게 대답해야 할 문제라고 생각하여 시간을 요청했다, 2-3주 후에 나폴레옹에게 대답을 보냈다. 유대인은 일부다처제를 좋아하지 않는다. 이혼은 부득이한 경우에만 허락한다. 유대인들이 이교도와의 결혼은 금지하지만 기독교인을 이교도라고 생각지 않는다. 불란서에서 태어난 유대인은 유대계 불란서 사람인 고로 불란서를 지켜야 한다. 랍비는 경찰권은 없으나 유대인을 바르게 훈도할 책임이 있을 뿐이다. 이에 대해 나폴레옹은 놀라운 대책을 발표한다.

141. 산헤드린의 회복

나폴레옹이 내린 12개의 질문에 랍비들은 성실하게 대답했다. 이에 나폴레옹은 상상도 못할 수법으로 유대인을 놀라게 했다. 예루살렘 성전이 파괴된 이후 한 번도 열린 적이 없는 산헤드린, 유대인 의회를 1800년 만에 개최하라는 것이다. 랍비들의 답변에 대해 유대인을 통치할 수 있는 방법으로 산헤드린을 허락한 것이다. 유대인이 좋아서 산헤드린을 허락한 것이 아니라 유대인 통치방법이었다. 랍비들은 나폴레옹의 속셈을 알았지만 위풍당당하게 역사를 회복시켜 주는 것에 눈물을 흘리며 감격했다. 이 소식은 전 세계 유대인에게 전달되어 유럽과 미국의 회당에서 나폴레옹을 위한 축하 예배를 드렸다.

나폴레옹이 자기의 목적이 달성되자 산헤드린을 와해시키고 말았다.

이에 대해 랍비회의에서 다음과 같은 성명을 발표했다. 모세의 율법은 세속법이 아니라 종교법이란 사실, 유대인은 자기가 살고 있는 나라에 충성하고 국방에 참가해야 한다. 랍비의 권한은 공민과 사법부에 미치지 않는다. 유대인은 자치법을 가지고 있지만 그 법은 그 나라 법에 속한 것이다. 이로서 유대인의 봉건적 사고도 종말을 고하게 되었다.

나폴레옹의 군사적 패배는 워터루와 함께 찾아왔고 정치적 패배는 오스트리아의 빈(1815)에서였다. 이 빈 회의는 유럽의 황제들이 모여 시민혁명을 반대한 것이었다. 이 빈 회의에는 유럽 황제들이 시종과 미녀 호위병을 거느리고 찬란하게 모여 봉건제를 유지하는 결의를 했다. 구체제로 돌아가야 된다는 동맹을 맺어 반대의 뜻에서 유럽 신성 동맹을 맺어 결속을 다짐했다. 이 동맹의 최종 결의는 군주 제도와 봉건제를 위하여 혁명을 정지시키는 일이었다. 이로써 낡은 군주 봉건제가 성공한 것으로 생각했다.

그러나 유럽 전토에서 시민혁명 운동이 연이어 일어났다. 거센 자유 물결이 파

도처럼 일어나고 군주제를 반항하는 불길이 치솟아 올랐다. 1820년의 혁명과 1830년과 1848년의 시민혁명은 누구도 막을 수가 없었다. 시민들은 몇 번이나 넘어졌지만 굴복하지 않았다. 그리고 최후의 승리는 시민의 것이 됐다. 불란서 국민은 부르봉 왕조의 재활을 반대했고, 그리스는 터키의 지배를 물리쳤고, 이태리는 국가를 통일했고 독일에서는 비스마르크가 나라를 재건했다. 대부분의 유대인은 기독교인과 함께 민주대열에서 함께 싸웠다. 유대인은 자기가 거주한 나라인 이태리, 독일, 불란서, 오스트리아, 영국에서 혁명을 위해 싸웠다. 자유민주의 깃발을 들고 인류애를 고취하면서 싸우는 동안에 전기와 기관차가 발명되어 삶의 스타일이 달라졌다. 산업혁명으로 왕좌보다는 주식 거래소의 의자가 더 중요하다는 풍토를 조성했고, 독일은 영국의 산업혁명을 보고 독일인의 힘을 새롭게 하여 일어났다. 세계는 인간이 인식하지 못하는 사이에 세계 제1일차전쟁에 휘말려 들었다.

19세기에 유럽에서 유대인의 해방은 이태리에서부터 시작했다. 불란서 지휘관이 관솔불을 밝혀 식전에서 불란서인과 유대인에게 자유 선포를 한다고 했다. 이로써 게토의 담이 헐리고, 이태리인들은 유대인 랍비의 손을 붙잡고 시민 랍비 만세라고 소리치며 거리를 활보했다. 그렇게 자유의 나무를 심었다

나폴레옹의 워터루 패배는 유대인과 이태리의 민주시민의 패배였다. 나폴레옹이 패배한 순간 추방당했던 유럽의 군주들이 환호를 하며 집어넣어 두었던 낡은 황제 제복을 끄집어내어 먼지를 털고 신성 동맹의 조약에서 모든 제황들이 제휴했다. 제일 먼저 이태리 제왕이 복귀하여 왕위에 올랐다. 시민의 자유나무는 뽑혀지고 유폐되었던 교황이 부활하고, 종교재판이 재개되었으며 유대인은 다시 게토로 끌려들어갔다.

황제들의 동맹으로 타오르던 시민혁명의 불길이 꺼져 버릴 것인가? 시민들이 천여 년 동안 가슴에 맺힌 수난과 절망의 소원이 그렇게 쉬이 허물어져 버릴 것인가? 황제들의 착각이었다. 이미 시민들의 의식은 자유 민주 세계에 와 있었다.

142. 이태리, 독일, 오스트리아 유대인들

신성동맹의 황제들이 제휴하여 시민 혁명을 막기 위해 온갖 무력을 다 동원했다. 종교재판을 재개하여 유대인을 추방하고 사형에 처하고, 이태리에서는 시민권까지 박탈했다. 그렇다고 해서 자유의 물결을 막을 수 있는 시간은 오래 전에 지났다. 시민의 자유물결은 전 유럽에서 쓰나미처럼 밀려오는 것을 누가 막을 수 있으랴.

자유혁명 사상에 물이 든 이태리는 황제의 반동파와 싸우기 위해서 비밀 결사대를 조직했다. 그 중에서도 가장 강력한 조직이 카르보나리당이었는데 그리스도교의 이상으로 무장하고 유대인의 자금으로 활동했다. 그래서 그리스도교인과 유대인이 협력하여 활동했다. 1820년에 처음 반동운동을 착수했으나 신성 동맹군의 개입으로 실패하고 말았다. 배고픈 시민들이 요구한 것은 자유와 빵이었는데 돌아온 것은 총검과 탄알뿐이었다. 이 반란은 실패했으나 자유를 찾는 시민 투쟁은 끝나지 않았다. 규제쁘 마찌니는 교황과 신성 동맹으로부터 해방받기 위해서 새로운 결사대를 준비하고 있었다. 랍비들은 이 결사에 참여하고 후원금을 보내라고 설교했고 유대인은 마찌니의 청년 이태리당 산하에서 결속했다.

제2의 혁명운동(1830-1831)인데 이것도 결과적으로는 실패로 돌아갔다.

그러는 동안 이태리에 혁명적 새 영웅이 나타났다. 그는 큐제쁘 가리발디였다. 1849년의 혁명 때 마찌니와 함께 투쟁했던 가리발디는 이태리를 맨 처음 통일하는 데 성공했다. 해방 세력을 후원하며 찬양하고 새로운 이태리공화국의 해방선포를 보기 위하여 전국 각처의 유대인이 로마로 모여들었다. 공화국의 해방독립을 위해 헌신한 유대인들이 고위 관직에 임명됐다. 새 공화국은 오래 가지 못하고 신성 동맹에 의해 파산되어 이태리는 산산조각이 나버렸다. 그럼에도 해방을 위해 지하 독립운동은 계속되었다. 유대인은 카부로 백작이 이끄는 해방 전선에 가담하여 가리발디의 혁명당원과 함께 시실리와 나폴리를 탈환하기 위해 싸웠다. 그후 혁명이 성공하여 새로운 입헌 군주제가 선포된 1861년에는 이태리인과 함께 목이 터지도록 감격의 환성을 울렸다.

유대인은 새롭게 해방된 이태리의 높은 지위에 오르게 되었다. 국민 은행의 설립자인 루이기 루자티는 수상을 지냈고 다섯 번이나 재무장관을 역임했다. 카부로의 해방 통일 전선에서 싸운 규제쁘 오톨렝기는 유대인으로 처음 이태리 군 참모총장을 거쳐 국방장관이 되었다. 시드니 소니노라(Sidney Sonnino)는 유대인으로서 수상을 두 번이나 역임하고 제1차 대전 당시는 외무장관으로서 독일, 오스트리아, 이태리 3국의 동맹을 포기하고 이태리를 연합국으로 돌리는데 성공했다. 로마시는 유대인 에르네스 토나단이 시장으로 선출되었다. 이태리의 민사소송법을 체계화한 루도비 코모르타라는 이태리 최고 재판소장이 되었다.

독일의 경우, 유대인의 생활상은 이태리와 비슷했다. 1798년 독일의 게토는 무너지고, 독일인들이 앞장서서 노래를 부르며 게토의 문을 부수어버리고 유대인은 독일 시민이 되었다. 이태리에서 그랬던 것처럼 유대인은 혁명 세력에 가담하여 해방을 찾는 독일군에 협조했다. 빈 의회에서의 결정을 반대하여 프로시아와 합병한 독일군에 협조하고 비스마르크와 함께했다. 1870년 나폴레옹 3세가 프로시아에 선전 포고를 했을 때 비스마르크에 방조하여 불란서 국경을 넘어 진격한 자들이 7천 명이 넘었다. 이리하여 독일의 유대인은 독일의 그리스도인과 함께 승리를 축하하고, 불란서의 유대인은 불란서의 그리스도인들과 함께 복수를 맹세했다.

오스트리아의 유대인 해방은 처음에는 장애물에 부딪쳤지만 독일처럼 순조로웠다. 신앙의 관용은 요셉 2세의 죽음으로 매장되었지만 1848년도의 혁명은 성공을 하여 군주와 황제들은 다 도망가고 오스트리아가 빼앗겼던 땅을 다시 찾았다. 빈 의회의 주동자인 메테르니히를 처형하려하자 최후의 궁전 유대인 로스차일드가 탈주를 도왔고 망명 후 생활까지 돌보아 주었다. 이제 러시아의 유대인을 찾아간다.

143. 소련 슬라브의 유대인들

슬라브는 동서남 슬라브가 있어 주로 러시아의 남부, 독일과 폴란드에서 이주하기에 가까운 지역을 슬라브라 한다. 원하지는 않지만 유대인은 박해를 피해 부득이 피신하여 살다가 슬라브 유대인이 되었다. 영토가 광활하여 다스리기도 힘들고 교육도 되지 못한 원시 수준의 사람들이라 땅도 척박하고 교육도 열악하여 항상 가난하고 후진적이었다.

그래서 스비툴라 강 서쪽에는 유대인 해방 운동이 급속히 진행되는데 강 저쪽, 러시아 지역은 자유가 무엇인지 해방이 무엇인지도 모르는 후진한 지역이었다. 침체되어 문화의 빛도 모르는 저급한 생활이었다. 19세기 로마노프 황제가 통치했으나 계몽주의를 배격하고 봉건제를 확립하여 가혹한 수단으로 백성을 수탈했다. 농노에게 제한된 자유를 주었으나 농토는 허락지 않았다.

1801년에 알렉산더 1세가 즉위했을 때 러시아의 백만 유대인은 해방자라고 찬양했다. 그는 정치범을 특사했고 고문을 폐지하고 농노를 해방시켰다. 유대인은 희망하는 직업을 가지려고 대학을 가며 어디에 살든 거주의 자유를 허락받았다. 농사나 양 치던 유대인이 제조업과 상인이나 기술자가 될 수 있었다.

그런데 알렉산더 1세가 빈 회의에 참석하고 난 후 기류는 완전히 바뀌었다. 다른 황제들의 충고를 들었다. 그렇게 자유의 물길 속에 백성을 놓아주면 왕정의 붕괴는 시간문제라고 했다. 철저한 감시를 하는 경찰국가로 변했다. 유대인을 협소한 지역, 즉 게토 같은 곳으로 밀어 넣었다. 러시아인, 폴란드인과 유대인이 차별 없는 학정으로 들어가 소련 사회는 완전한 중세로 변했다.

유대인은 하룻밤 사이에 거주지에서 쫓겨나 수용소 같은 짐승 우리 속으로 끌려갔다. 10만의 유대인이 무일푼 노숙자 신세가 되었다. 12세에서 18세까지 청년을 군대로 강제로 끌고 가는데 이것은 부모와 영원한 이별이었다. 유대인의 자치제는 없어지고 러시아 정부가 직접 관리하는 농노 같은 신세가 되었다. 부패가 만연하고 돈이 없으면 아무것도 할 수 없는 파멸의 세상이 되었다.

알렉산더 2세의 등장으로 대담하게도 4000만 농노를 해방시키고 정교회의 권력을 약화시키고 유대인 청소년 강제 징집을 취소했다. 러시아 문호를 개방하고 거주지역에 있는 유대인 30만 명을 풀어 주었다. 거기에다 유대인이 유럽에 있는 유대인 은행과 연계를 가지고 러시아의 은행 일을 맡아 달라고 부탁했다. 그리하여 유대인을 통해 러시아 산업을 위해 금융 일을 유대인에게 부탁했다. 러시아의 철도왕으로 알려진 유대인 사무엘 폴리아코프가 러시아의 동부와 서부를 연결하는 철도를 성공적으로 완수함으로써 나이트 작위까지 받았다. 이 같은 자유는 눈 깜박할 사이에 사라졌다. 자유 혁명주의자들을 총살시키고 그 친족들까지도 처벌했다. 나라는 다시 암흑으로 바뀌고 가난과 질병이 다시 찾아왔다

1850년대에는 유대인의 거주지역이 절반으로 줄어들었고 생활의 빈곤과 기아로 허덕였다. 1855년 니콜라이 1세의 유해를 증오와 분노의 눈으로 바라보았다. 전제군주인 니콜라이 2세가 배고픈 백성이 빵을 요구했는데 총살로 백성을 죽임으로 자신도 총살에 쓰러졌다. 이리하여 러시아도 여기저기서 자유의 함성이 들리기 시작했다. 러시아는 빈사상태에 몰렸다. 질병과 굶주림과 죽음이 나라 안에 차고 넘쳤다. 입헌 개혁주의를 위해 체제를 뒤엎고 의회가 권력을 장악하고 황제를 퇴위시켰다.

마지막 두 황제의 통치하에서 유대인의 생활에 변화가 오고 있었다. 새로운 사상이 유대인 거주 지역에 들어오기 시작했다. 전제군주의 참혹한 횡포 속에서도 유대인은 살아남았다. 참고 참던 유대인 청년들은 이제 지하 반항조직에 가입하고 심지어 혁명가 유대인 레온 트로스키(Leon Trotsky)의 조직에도 가담하여 저항운동을 하기 시작했다.

유대인은 유럽의 동부와 서부는 다른 유대인이 되어 형제끼리 총을 겨누며 싸우는 상황까지 가게 되었다.

144. 반셈주의가 무엇인가?

안티셈미티즘(anti-semitism)이 무엇인가? 반유대인과는 어떤 차이가 있는가? 같은 것으로 생각하나 안티셈미티즘과 반 유대인은 다르다는 전제하에서 본장을 전개한다.

4000년 유대사에서 1850년 이후에 발생한 안티셈미티즘만큼 유대인의 운명에 지대한 영향을 끼친 것은 없다. 운명뿐이 아니라 유대인 몰살 작전인데, 하만의 음모 이후 처음 실시된 유대인 몰살작전이다. 역사에 이런 대규모, 완벽하고도 잔인한 살인방법은 없었다.

이를 바로 이해하기 위해서 반셈주의의 성격과 그 기원을 알아보아야 한다. 독일을 중심으로 일어난 대량 살인 작전인 반셈주의는 국가주의와 인종차별주의에서 나왔다. 이 반셈주의가 유대인 600만 명을 살해하는 참극을 빚어내었다. 반셈주의는 언제 어디에서 어떻게 일어났는가? 왜 일어나서 어떤 경로로 확산되었는가?

유대사 4000년 동안 반셈주의가 있었다고 주장하는 사람이 많다. 유대인을 중심으로 일어나는 모든 반감을 반셈주의라고 치부해 버린다. 이와 같은 견해와는 달리 1879년 이전에는 반셈주의는 존재하지 않았다. 1879년에 유대인과 기독교의 관계를 새롭게 표현하기 위해 생겨난 언어이다. 근세 유대사의 특별한 과정을 이해하기 위해서는 반셈주의와 반유대주의의 어원을 밝혀 볼 필요성이 있다.

정확한 개념을 파악하기 위해서 어원(semantics)을 구별하는 것이 얼마나 중요한가? 반셈주의와 반유대주의는 그 동기와 결과에서 다르다. 2019년 12월 뉴욕시에서 유대인이 사업을 너무 잘하여 우리 돈을 다 끌어가니 보기 싫다고 창문을 깨고 사업을 훼방했다. 이 사건을 언론은 반셈주의 사건이라고 했다. 이것은 반셈주의 사건은 아니고 반유대주의 사건이다. 누구를 좋아하고 싫은 것은 정당한 자기표현이다. 하나 이유 없이 무조건 싫어하고 반대하는 것이 반셈주의다. 반셈적 행위와 반유대적 행위는 어떻게 다른지를 정리해 본다.

반셈주의는 네 가지 점에서 반유대주의와 다르다. 반셈주의는 비이성적이고 비논리적이며 무의식적 충동 속에서 생긴다. 그러나 반유대주의는 정신적 편견에 논리적이고 이성적이고 의식적 동기에서 생긴다. 유대인을 싫어하는 이유가 있고 증오의 내용을 설명할 수가 있다. 한편 반셈주의는 인종문제이다. 유대인을 무조건 증오하고 유대인이라면 어떤 조직이든 개인을 다 미워하는 것이다. 반유대주의는 개인 한 사람 한 사람의 구체적인 행동 때문에 유대인을 미워한다. 그리고 반셈주의는 유대인만을 추적한다. 다른 민족이 무슨 잘못이 있어도 문제로 삼지 않으나 유대인이 그런 행동을 하면 끝까지 추적하고 문제로 삼고 유대인의 문제는 해결되지 않는다. 개종을 하지 않으면 죽여 없애 버려야 한다고 주장한다.

우리는 유대인을 증오하는 사람을 반셈주의로 몰아서는 안 된다. 일본인이나 미국 사람이 다 좋을 수는 없다. 불란서인이나 미국 사람이 다 좋은 것은 아니다. 누구에게나 꼴 보기 싫은 사람이 있으나 유대인을 좋아하든 싫어하든 그것은 개인의 문제다. 볼테르는 유대인이 무지몽매 고집불통이라고 했다. 그렇다고 해서 유대인을 다 죽여야 하는 이유는 되지 않는다. 보기 싫으면 안 보면 된다. 보기 싫다고 죽여야 할 이유는 없다. 반셈주의는 유대인 자체가 죄악이기 때문에 다 없애 버려야 한다고 주장한다. 그래서 홀로코스트 대량학살이 일어난 것이다. 반셈주의는 마음의 문제, 편견의 문제인데 실례를 들어 살펴보자.

오늘날 아랍세계의 감정은 비논리적인가? 무모한 감정일까? 2500여 년 살던 팔레스타인에서 이유 없이 추방당했다. 그들은 갈 곳이 없어 유리방황하고 있다. 이들은 아직도 유대인을 두려워한다. 쫓아낼 때의 유대인의 모습이 머리에 살아남아 유대인을 증오한다. 유대인들은 아랍세계를 자유스럽게 여행을 하지 못한다. 이것이 반셈주의적인가? 아니면 반유대적인가? 아랍세계는 유대인을 혐오하고 두려워해야 할 충분한 이유가 있어 미워한다. 이것은 반유대적이지 반셈주의는 아니다.

145. 근세의 산업사회와 반셈주의

　종교개혁이 봉건제도를 붕괴시키고 산업사회에 얼마나 큰 영향을 끼쳤는지 별로 인식하지 못한다. 개신교의 등장으로 중상주의가 얼마나 발달하고 금융과 자유무역의 정신이 얼마나 발달했는지 별로 생각지 않는다. 종교개혁은 교회의 부조리를 개혁하자는 것뿐만이 아니라 인간의 사고와 산업에도 지대한 변화를 일으켰다. 종교가 정치에서 분리되고 종교의 역량이 줄어들자 교회를 가든 말든, 유대인이 개종을 하든 말든 그것은 문제가 되지 않았다. 문제는 무엇을 하고 사느냐로 관심이 옮겨졌다.

　종교개혁 이후 모든 분야에 혁명이 전염병처럼 일어나니, 기업이 산업화를 통해 대량생산으로 바뀌니 자본이 대량으로 이쪽저쪽으로 이동하니 자본주의가 발달한다. 자본주의가 발달하니 부유한 자는 부요해지고 상대적으로 빈곤층이 생기어 자본주의와 함께 공산주의가 생겼다. 사회주의와 공산주의가 생기니 빈곤한 계급탈락자인 디크라세와 유대인도 필요했다. 디크라세의 불안정한 경제생활은 그들의 잘못이 아니라 자본주의가 만들어놓은 악이라고 규정한다. 자본주의는 유대인이 만들어놓은 악덕이니 유대인의 책임이라고 추궁한다. 자본주의로 백성의 삶이 피폐하게 되면 그것은 유대인의 책임이고 공산주의로 인하여 생활에 피해가 와도 그것도 유대인의 책임이었다. 공산주의를 만든 사람이 유대인이니 그것 또한 유대인의 탓이다. 유대인만 없었다면 자본주의의 피해도, 공산주의의 피해도 없었을 것이라 하여 유대인에게 책임을 묻는다.

　여기에서 반셈주의가 시작했다. 반셈주의는 정치운동이 아니고 정치적 살인 무기였다. 중세의 유물인 반유대감정이 새로운 정치 용도에 쓰임으로 반셈주의로 발전해 나갔다. 유대인을 추방하면 계급 탈락자나 실업자가 없어질 것이라고 주장하나 유대인이 사회에서 없어지면 그들의 처우가 오히려 더 나빠진다.

19세기 말엽에 세 사람의 인종차별 종교 지도자가 생겨났다. 이 인종교 지도자는 인종교를 학문적으로 증명하여 유대인을 말살하는 것이 합리적이라고 주장한다. 불란서의 고비노 백작, 독일의 프리드릭 니체, 영국의 스튜어트 챔브린이 반셈주의의 인종교 이론자들이다.

인종학살이 독일에서 일어났지만 인종 차별의 발상지는 독일이 아니다. 1800년 초기에 state-nation 개념이 유럽에 확산되면서 국가주의가 태어날 때 거기에 자극을 주어 일어난 사건이다. 인종론자를 처음에는 누구도 주목하지 않았지만 19세기 말엽에 가서는 중요시되었다. 제국을 부정하는 국가주의는 훌륭한 인문학자들에 의해 선한 뜻으로 생겨난 것이다. 루소, 버크, 제퍼슨, 피히테, 로크, 마찌니 같은 인물들이 주장했다. 루소는 1712년에 출생, 1872년에 죽은 마찌니에 이르기까지 이 사회철학자들의 사상은 개인적인 측면에서는 모순이었다. 그들의 사상의 핵심은 인간은 신에 복종해야 함과 더불어 국가와 국민 한 사람 한 사람으로 보는 데 있다. 이는 분명히 중세의 신정 국가의 시대가 완전히 끝나지 않은 과도였기 때문일 것이다. 사이비 철학자들은 국가주의 사상이 국민의 평등한 권리와 인권을 중시하는 척하면서 인종주의란 독기 어린 사상을 만들어내었다. 이 인종론자들은 덕은 피로 이루어지고 힘의 원천은 '초인'이라고 믿었다.

인종론자의 이론을 처음 창도한 고노비 백작은 불란서의 하급 외교관이었는데 자기의 지위가 오르지 못한 것을 몹시 불만스러워 했던 사람이었다. 1853년에 펴낸 「인류의 불평등」이란 책에서 그는 백인의 우월성을 주장했다. 처음 그 책이 나왔을 때 많은 비난을 받았다. 모든 위대한 문명이 붕괴되는 배후에는 천한 피가 섞여 있기 때문이라고 했다. 아리안인이 역사와 문명이 정치의 주축이 되어야 하는데 천한 피가 들어와서 그런 문화 파탄을 일으켰다고 했다. 그가 말하는 더러운 피가 문명을 파괴한다는 말의 요점은 유대인이었다. 유대인이 아리안의 성스러운 피를 더럽혔다는 것이다. 고노비의 천한 피와 '인류의 책'을 통해 '초인'의 개념을 창안한 니체와 친구가 되었다.

146. 나치의 선구자들

아무리 아름다운 미사여구로 포장한다 해도 니체는 나치의 선구자다. 무솔리니가 파시즘을 만들어 일당 독제를 한 것처럼 나치는 히틀러를 살인자로 만든 독일 정당이다. 많은 학자들이 니체를 현대 철학의 태두처럼 높이 받들지만 그의 철학은 죽음의 사자의 발톱 역할을 한 것뿐이다. 최근 니체를 인도주의의 윤리적 선구자로 받드는 자들이 나타났지만 그는 신경질환자 이하로 볼 수밖에 없다. 그의 윤리 역시 토라나 성서의 윤리가 아니라 이를 완전히 반대하는 나치스의 정치 윤리관에 구색을 갖추는 준비물에 불과하다.

니체는 「선악의 피안(In Beyond Good and Evil)」에서 피로 글을 써라. 그러면 피가 정신임을 알게 될 것이다. 일을 하지 말고 투쟁하라. 평화를 추구하지 말라. 승리를 획득하라. 남자는 무사로 키우고 여자는 남자를 기쁘게만 하라. 여자를 상대하는가? 항상 채찍을 잊지 말라 같은 훈사로 초인의 덕의 길을 닦았다. 인간은 허위의 의견일수록 더욱 필수불가결로 추구한다. 이 말에 따르면 그의 초인사상은 선악사상을 초월한 이상적인 인간의 모습이다. 복음서나 모세의 경을 뿌리째 파기할 의도였다. 그는 나치스의 정치 강령의 기초를 쓰는데 10년이 걸렸으며 그것을 마치고 미쳐서 죽었다. 니체는 자기의 저술을 창도하지는 않았지만 명석한 예언자적 선언을 한 것만은 분명하다. 그는 명석한 철학자인지는 몰라도 그의 철학이 초래한 결과를 알지를 못했다. 죽음의 역사를 창도한 것은 니체 인간이 아니라 그의 글 쪼가리이다.

반셈주의의 이론가중 한 사람인 스튜어트 챔벌린은 독일에 거주한 영국인으로 고비노의 반셈 이론과 니체의 철학을 연합하여 「19세기의 기초」란 책을 저술했는데 이것이 독일에서는 1899년에, 영국에서는 1911년에 출판되었다. 요점은 우수한 아리안의 피를 보존하기 위해 천한 피를 배격하고 아리안 인종의 초인성을 불어

넣어야 한다는 것이다. 챔버린이란 자는 1차 대전을 피하기 위해 조국을 버리고 독일로 도망친 자가 아닌가? 실상 그들이 주장하는 우수한 혈통 아리안족이 누구인가? 메소포타미안이 그렇게 우수한지를 밝히지는 않고 아리안은 우수한 혈통이고 비 아리안은 없애야 할 천한 피란 것이다. 이 천한 피의 유대인은 조잡하고 어리석은 멍청이로 그렸다. 반셈주의자들은 열등의식과 피해망상증의 발작인 것이다. 잘난 자를 그렇게 바보로 만듦으로 자기 위상이 올라가고 자기 행복에 도취되는 것이다.

반셈주의 인종교 철학을 만드는데 공헌한 사람 중 알프레드 로젠버그(부버의 제자 프란츠 로젠버거와는 구별하라)를 기억하지 않을 수 없다. 그의 주제는 독일은 복음 위에 세워서는 안 되고 나치의 정치 철학에 입각하여 국가를 수립해야 한다고 주장했다. 기독교도 병폐를 지닌 유대교에서 나왔으니 유대인과 함께 반드시 제거해야 한다는 것이다. 그 가운데 성 바울은 그 뿌리까지 파헤쳐 바울 없는 기독교이어야 한다. 왜냐하면 바울은 인종의 보편주의자니 반아리안이라는 것이다. 군 조직에서도 유대인이 비밀 정보를 뽑아간 간첩으로 몰아넣는 음흉한 도모도 있었다. 전부 나치를 정당화하고 위대케 하기 위한 도모였다.

유대인을 대량 살상하기 위한 간첩음모사건이 드레퓌스 사건인데 그 음모가 전부 거짓임이 드러나 유대인 대량 살인 작전은 좌절되었다. 최초의 반셈주의 사건으로 전 세계가 다 아는 일이 되었다. 반셈주의가 불란서에서는 실패했지만 1900년대에 독일에서는 성공하여 반셈주의의 교조가 되었다.

20세기의 인종 차별 예행 연습장이 된 유럽은 유대인 지식층이 일어나는 시기이기도 했다. 유대인의 입장에서 19-20세기는 유대인의 르네상스이기도 했다. 서양 문명이란 틀 안에서 볼 때 유대인은 두 가지 문화를 창조했다. 서양의 정신을 형성한 그리스도교의 가치관에 공헌했고 혼란의 시대에 변함없는 윤리를 심은 것이었다. 이제 우리는 인종 차별주의의 본 드라마에 들어가기 전에 유대인의 창조적 성격을 살펴본다,

147. 유대인의 계몽주의, 하스카라

히브리어로 하스카라(haskalah)는 계몽이란 뜻이다. 깨우쳐 밝게 한다는 뜻이다. 하시디즘이란 순수 경건주의 신앙으로 탈무드를 모르는 무식하고 가난한 농민들도 하나님 앞에 나아갈 수 있다는 자신감을 심어주었다. 이 하스카라 유대 계몽운동은 하시디즘 속에서 나왔다. 무식은 유식을 부른다. 무식은 유식하기를 갈구한다. 마르틴 부버는 가장 순수한 영혼이라 하여 평생 하시디즘을 연구했다. 무식한 유대인들이 폴란드를 중심으로 남겨놓은 아름다운 이야기들을 수집하여 하시디즘 스토리를 만들어 노벨 문학상에 추천되기도 했다. 그만큼 아름답고 순수한 신앙 이야기들이 많은데 그곳에서 하스카라의 싹이 틔어 나왔다.

전장에서 멘델스죤이 하스카라의 선구자로 오스트리아와 독일을 중심으로 살롱 유대인을 전개했다고 했다. 거기에다 실상은 멘델스죤 이전에 스피노자가 첫 하스카라고 말한 바 있다. 도도한 유럽의 그리스도교의 물결 속에서 유대인은 2천 년을 어떻게 살고 무엇을 생산해 놓았는가? 의식이 없는 인간은 사건의 지배를 받지만, 의식이 있는 인간은 사건을 지배한다. 유대인은 어떤 사건 앞에서도 피동적인 방관자가 아니라 능동적으로 역사를 움직이는 삶을 해왔다. 그들은 항상 역사의 지배를 받으면서도 역사의 주인으로 살아왔다. 유대인은 숫자를 떠나 소수이면서도 망각되어질 인간이 아니라 사상을 만들고 인류의 미래 길을 밝혀 왔다.

유럽에서 르네상스시대의 영향을 받아 계몽주의를 만든 19-20세기는 인류의 역사 중 가장 찬란한 인물들의 시대였다. 인류역사에서 유래를 찾을 수 없는 거장들; 헤겔, 쇼펜하우어, 밀, 다윈, 스펜스 등, 예술 분야에서 고야, 세잔느, 르노와르, 스펜스, 고갱, 베토벤, 브람스, 모찰트 등, 명저를 낸 괴테, 키츠, 발자크, 버나드쇼, 예이츠의 명저도 이때 나왔다. 이 세기에 내연기관과 X광선이 개발되고 파스퇴르 접종법도 보급되었다.

여기에 문화 창달에 기여한 유대인의 이름을 열거하지 않으면 이 시대를 선명히 부각하지 못한다. 이 시대에 마르크스, 프로이드, 베르그송, 아인슈타인, 피사르, 스틴, 샤갈, 모딜리아니, 멘델스죤, 오펜바하, 산샹, 비제, 말러 등 과학자와 음악 예술가가 나와 시대의 물줄기의 흐름을 바꿨다. 독일에서는 유대물리학이라고 불렀던 이론 물리학이 개발되고, 바세르만, 에르리히, 시크 등은 현대의학을 발달시켰다. 이 시대에 유대인은 수학과 생물학과 화학의 분야에 새로운 공식을 개발했다. 가장 소수의 민족인 유대인이 노벨상을 최고로 많이 받았다. 유대인은 총독이나 수상, 장군, 전위적인 지식인이 되어 세계의 지도를 새롭게 만들었다. 그러나 당시 서유럽과 중부 유럽에 거주하던 유대인은 전체인구의 0.5%도 되지 않았다.

이 공헌자들은 신앙적으로는 비유대적이다. 또는 개종을 하고 배교를 했다 해도 그들은 유대전통 속에서 나온 사람들이기에 일일이 구별할 문제는 아니다. 굳이 말하면 개종을 했다 할지라도 유대인은 유대인이지 중국이나 인도의 전통에서 나온 것은 아니기에 유대인임에는 틀림없다. 유대인 가운데서도 굴절된 삶을 살아 유대 인성이 약화되었다고 할 수도 있겠으나 어떤 삶을 했든 유대인이다.

1635년에 태어난 암스테르담의 스피노자는 크게 한번 굴절되었으나 폭 넓은 유대인으로서 찬란한 빛으로 있다. 그가 비록 민족에서 파문을 당했지만 어떤 다른 민족이나 개종의 길을 가지 않음도 유대인임을 보존한 것이다. 현대 금융인의 아버지라 부를 수 있는 궁정 유대인 오팬 하이머는 그리스도인 아버지에게서 태어나 한마디로 나는 기독인이라고 하면 부귀영화가 그 앞에 있었으나 아브라함의 하나님이라고 부르면서 죽음을 택했다. 유대인 됨이란 부귀나 생명과도 바꿀 수 없이 존귀한 것이다.

유대인의 하스카라는 유대인 됨을 찾아 자기의 능력과 할 일을 찾는 자각운동이었다. 유대인의 하스카라는 위대한 정신적 계몽운동이다. 이 하스카라에서 유럽에서 르네상스시대의 영향을 받아 계몽주의를 만든 19-20세기는 인류의 역사 중 가장 찬란한 인물들의 시대였다. 인류역사에서 유래를 찾을 수 없는 거장들; 헤겔, 쇼펜하우어, 밀, 다윈, 스펜스 등, 예술 분야에서 고야, 세잔느, 르노와르, 스펜스, 고갱, 베토벤, 브람스, 모찰트 등, 명저를 낸 괴테, 키츠, 발자크, 버나드 쇼, 예이츠의 명저도 이때 나왔다. 이 세기에 내연기관과 X광선이 개발되고 파스퇴르 접종법도 보급되었다.

여기에 문화 창달에 기여한 유대인의 이름을 열거하지 않으면 이 시대를 선명히 부각하지 못한다. 이 시대에 마르크스, 프로이드, 베르그송, 아인슈타인, 피사르, 스틴, 샤갈, 모딜리아니, 멘델스존, 오펜바하, 산샹, 비제, 말러 등 과학자와 음악 예술가가 나와 시대의 물줄기의 흐름을 바꿨다. 독일에서는 유대물리학이라고 불렀던 이론 물리학이 개발되고, 바세르만, 에르리히, 시크 등은 현대의학을 발달시켰다. 이 시대에 유대인은 수학과 생물학과 화학의 분야에 새로운 공식을 개발했다. 가장 소수의 민족인 유대인이 노벨상을 최고로 많이 받았다. 유대인은 총독이나 수상, 장군, 전위적인 지식인이 되어 세계의 지도를 새롭게 만들었다. 그러나 당시 서유럽과 중부 유럽에 거주하던 유대인은 전체인구의 0.5%도 되지 않았다.

이 공헌자들은 신앙적으로는 비유대적이다. 또는 개종을 하고 배교를 했다 해도 그들은 유대전통 속에서 나온 사람들이기에 일일이 구별할 문제는 아니다. 시온주의가 나와 잃었던 나라를 2천년 만에 다시 찾게 한 힘이 되었다.

148. 민족의 품안에서 쫓겨난 스피노자

현대철학의 아버지를 데카르트로 규정하는 이유는 종교에서 자유하여 이성으로 돌아가는 것이라 할 것이다. 그렇다면 스피노자는 종교에서 자유롭게 이성으로 돌아오지 않으면 진정한 진리의 길을 갈 수가 없다고 단정한다. 데카르트(1596-1650)와 스피노자(1632-1677)는 거의 같은 연대에 같은 길을 걸었는데, 두 철학자의 공통점은 종교에서 이성이 자유로운 것이다. 그런 점에서 데카르트, 스피노자를 현대철학의 아버지라 해도 무리한 표현은 아닐 것이다.

스피노자는 그의 천재성으로 인하여 동족의 세계에서 쫓겨난 버려진 사람이 됐다. 완전히 굴절된 삶으로 민족에서 파문당한 사람, 민족에게서 흉악한 저주를 받아 그와 교제하는 사람도 같은 저주를 받는다고 선언을 했으니 누구와 사귀랴. 스피노자는 위선이 아닌 정직한 인생으로 일생을 살았다. 동족의 장학금과 후의를 거절하면서 안경 깎는 노동자로서 일생을 살았다. 이성을 신앙 위에 둠으로 하스카라의 시조 멘델스죤의 선구자 역할을 한 사람이다.

스피노자는 마라노의 아들이다. 마라노인 아버지는 뛰어난 실업가였으나 스피노자는 돈 버는 재능이 없었다. 어려서부터 토라와 탈무드, 그리고 카발라를 배웠는데 얼마 안 가서 스승을 능가하여 천재로 인정받았다. 그는 마이모니데스와 그의 탈무드와 철학과 데카르트의 합리주의 철학을 배웠다. 그의 스승 프란시스 엔데의 아름다운 딸을 사랑하여 결혼하고 싶었으나 그녀가 돈 많은 남자와 결혼하여 그는 일생 독신으로 살았다.

스피노자는 무신 철학을 연구하는 것 같아서 그로 인하여 유대인이 무신론자로 취급당하면 안 된다는 불안감에 싸였다. 그가 태어나 살게 된 네덜란드의 암스테르담은 엄격한 칼뱅주의자들이 주를 이루는 경건한 도시에 무신론을 퍼트리면 유대인 전부가 그곳에 살 수 없는 염려를 하여 연금과 장학금을 주겠다고 제의했으나 그는 거절한다. 예수가 신성 모독죄로 고소를 당한 것처럼 스피노자도 신성 부정죄로 민족에게서 파문당했다. 히브리어와 스페인어가 유창한 그가 4권의 책들은 네덜란드어와 라틴어로 치밀하고도 간결하게 썼다. 너무 간결하게 썼기에 그의 글은 난해하다.

스피노자의 철학을 상론할 수는 없지만 몇 가지 점에 대해 간략히 정리하고자 한다. 그의 철학은 이성과 법에 의해 다스려지지만 신성에 모순되지 않고 자유사회를 추구하는 모습이다. 종교란 상상력의 소산이다. 그의 신은 자연이다. 다른 말로 하면 신은 자연 속에 만유하는 존재로 범신론처럼 들린다. 신에 대한 체험과 인식이 인간의 정신을 불멸의 것으로 만든다. 신 존재에 대한 인식이 없이는 인간은 바른 길을 갈 수가 없다. 당시로서 스피노자의 신 이해는 위험한 것이었다. 그래서 그는 비난을 받고 민족으로부터 추방당했다. 그러나 그의 모든 저서에는 신이 존재하고 있어 그는 신에 도취한 사람이라고 했다.

스피노자는 인간의 행동과 정신을 유클리드의 기하학 같은 원리로 설명한다. 선과 면으로 입체를 설명하는 어려운 시도를 했다. 그래서 일반인은 이해할 수 없는 수준이었다. 만일 그가 마흔 넷에 죽지 않고 더 오래 살았더라면 그의 수학적 원리를 인간의 삶과 정치 경제에 적용했을는지도 모른다.

스피노자의 철학에는 토라, 탈무드, 카발라, 마이모니데스, 그리스도교의 스콜라철학, 그리고 데카르트에 영향을 받은 흔적이 있다. 1676년에 그가 죽었을 때 그의 철학도 매장되는 줄 알았는데 1882년 헤이그에 그의 동상이 세워졌을 때 르난은 이렇게 말했다. "아마도 가장 진실한 신의 비전이 여기에 있다"라고. 아마 그가 그리스도교 교인으로 태어났다면 1600년대에 이태리 철학자 부르노처럼 화형을 당했을는지도 모른다. 이슬람 시대에 태어났더라면 철학자로 존경을 받았을 것이다.

신앙의 필연, 자유와 정의, 우주를 통괄적으로 바라보는 과학의 개념, 이성적 사고방식의 스피노자의 철학이 후일에 오는 네 사람의 유대인 사상가에 의해 구체화된다. 그 네 사람은 누구인가?

149. 스피노자의 네 자녀들

스피노자가 렌즈를 깎은 먼지로 인해 1676년에 외로이 폐결핵으로 죽었을 때 그는 영원히 잊힐 것으로 생각했는데 그의 철학을 따르는 네 자녀에 의해 다시 살아났다.

스피노자가 우리에게 가르친 교훈 첫째는 합리적 신앙, 즉 과학적 신앙이었다. 18세기 서유럽의 해방의 풍조가 유대인의 게토까지 불어 닥쳤다. 게토의 유대인은 유럽의 성자 멘델스존의 계몽방법을 따르게 되었다. 그 당시 그만한 인물은 없었지만, 그의 주장은 선명성이 없고, 이상적 유대주의 신앙이 되기에는 불충분했다. 게토에서 나온 모든 유대인을 하스카라로 인도하기에는 유연성이 부족했다. 개종을 하는 유대인은 날로 늘어났다. 유대주의를 과학적으로 설명할 필요성이 있었다. 그수준 높은 정신 체계를 보편적으로 설명할 사람이 스피노자였다. 그만큼 유대인의 문화와 지적 수준이 발전되어 있었다는 것이다. 그의 영향 하에서 성장한 네 명중 차례로 살펴보자. 준즈, 칼 마르크스, 프로이드, 아인슈타인이다.

레오폴드 준즈(1794-1886)는 목마른 자에게 샘물 같은 존재였다. 보편적 유대인을 추구하는 지식인이요 문학가였다. 독일의 게토 출신 유대인인 그는 흰 구레나룻 수염을 한 산신령 같은 인물이다. 가난한 게토에서 출생하여 유대인회에서 장학금을 주어 교육을 받았다. 명성을 얻고도 오래도록 가난한 생활을 하고 92세에 돌아갈 때까지 그렇게 살았다. 그의 방대한 연구저작 가운데 후기 히브리 문학에 관한 것으로 최초의 체계적 유대 문학을 정리한 것이었다. 학자로 자칭한 그리스도교인의 유대주의를 비평한 글의 오류를 지적한 것이다. 그는 과학자는 아니지만 그의 글은 과학적이고, 과학적 신앙을 촉구하는 글들이었다. 준즈는 유대인이 과학에 공헌한 업적을 바로 알아야 한다고 생각하고 그 기록을 체계적으로 정리했다. 그래서 그는 '유대인의 문화와 과학 기관'을 설립하고 라쉬(Rashi 1040-1105)의 전기를 정리했다. 그의 획기적 업적은 「유대인 예배설교」였는데 이것은 회당의 역사와 발전을 정리한 대작이었다. 회당의 발전의 연대를 확실히 하고 유대교의 신앙이 어떠한지를 그리스도인에게 증명한 것이었다. 유대교가 예수 탄생 전후쯤에 화석이 되지 않고 살아 있는 교훈이 되고 변함없이 성장하는 윤리가치관을 가진 산 종교임을 밝혔다. 그는 분명히 했다. 유대인에게 있어서 종교란 무엇인가. 종교는 과학도 문학도 철학도 아닌 종(뿌리)의 기원과 원리를 설명하는 본질의 추구였다.

그후 준즈는 유대문학과 성서를 해석하는 일에 착수한다. 성서의 인물에 관한 기원과 역사를 정리했는데 그의 강조점은 그리스도교의 오해를 푸는 것이었다. 그의 과학적 유대주의는 자기들의 신앙을 보호하는 것임과 동시에 그리스도교가 이해할 수 있도록 하는 것이었다. 그 과학적 유대주의를 유대교에게 전수하여 계속 발전하기를 기원했다.

스피노자의 차원 높은 유대신앙이 계몽주의 유대신앙이 되어 가고 있었다. 그것은 그의 네 자녀들의 노력 덕분이다. 그 위에 멘델스존의 살롱 유대인의 문화 활동이 서유럽에서 활발했기에 개종하는 자의 숫자도 줄어들었다. 하시디즘은 가난하고 무식한자의 종교였지만 하스카를 통해 교양 있는 상류층의 종교로 개혁되어가고 있었다. 시나고그는 아름답고 화려하게 단장되고 예배는 근대화되어 값비싼 피아노의 음악소리와 예배기도는 히브리어와 독일어로 진행되었다. 여자와 남자가 함께 예배를 드리고, 예배 시 모자를 벗지 않아도 되었다. 지금까지 예배 방식은 게토에서 형성된 것이지 영원한 유대교의 것이 아니기 때문에 영원히 변해야 한다는 것이 준즈의 주장이고 개혁파 유대인이 동의한 것이다.

레오폴 준즈가 근세 유대주의를 개혁하는 과학적 방법을 구했듯이 칼 마르크스는 사회정의를 경제에서 찾고자 했다. 정의는 경제에서 시작한다고 보았다. 결국 그에게 있어서 정의는 경제였다. 마르크스가 세계에 끼친 영향은 긍정과 부정을 떠나 다대하지만 여기서 그 가치 판단은 보류하고 그가 무엇을 추구했는지를 밝혀 보자.

150. 스피노자의 자녀들 - 칼 마르크스, 프로이드

 스피노자의 네 자녀, 준즈, 프로이드, 아인슈타인, 그리고 칼 마르크스를 살펴본다. 마르크스는 1818년 독일의 트리아에서 부유한 유대인 가문에서 태어나 열여섯에 루터교회의 세례를 받았다. 유대교와 그리스도교회의 두 문화 속에서 자라며 두 문화를 거부하는 반항자가 되었다. 유대교나 그리스도교는 둘 다 불평등 사회 체제의 잔재로서 악이라고 생각했다. 스피노자가 과학적 방법으로 삶의 본질을 추구하듯 마르크스 역시 과학적 방법으로 인간 정의를 추구했다. 과학적 방법으로 경제정의를 실현해야 한다고 국가를 비판함으로 독일에서 추방되자 런던으로 갔다. 미국으로 건너가 뉴욕의 트리분지의 기자로서 지냈지만 다시 영국으로 돌아가 생의 대부분을 영국에서 보낸다.

 마르크스는 역사를 경제에 의해 형성되는 것이지 심리종교적 요인에 의한 것이 아니고 종교나 심리는 경제 질서의 부산물이라고 보았다. 경제정의가 실현되면 종교나 심리적인 행복은 자연적으로 오게 돼 있다. 인간 사회의 불평등과 갈등은 인간의 경제 욕심에서 생기는 것으로 경제가 평등하게 해결되면 그 같은 문제는 다 해결된다. 그래서 자본주의 악의 질서가 사회주의적 질서로 바뀌면 인간 불평등과 갈등은 다 해결된다고 보았다. 마르크스가 예상하지 못한 결과로 그가 만든 공산주의가 비 유대인의 손으로 넘어갔다. 공산주의는 풍요한 물질이 필요하므로 발달된 과학의 나라, 자본이 풍요한 나라에서 가능하다고 보았는데, 예상치도 않게 러시아나 중국처럼 뒤떨어진 경제구조를 가진 후진국들이 공산주의를 받아들였다. 그러므로 공산주의가 필요로 하는 산업 경제는 노예처럼 변하였다. 마르크스가 원했던 사회정의는 오지도 않았고 사회가 나아진 것은 아무 것도 없었다. 그의 사회주의는 악이어서 수천만 명이 공산주의 병으로 굶고 병들어 죽고 전쟁의 참화로 사라졌다. 공산주의가 악이라고 하는 것은 공산주의가 생긴 지 80년 만에 증명, 폐기되었다.

불란서의 파리와 오스트리아 빈에서 교육받은 지그문트 프로이드는 정신 분석학을 정신 의학에 혁명을 일으켰다. 그는 유대인이기 때문에 인간으로서 가지는 여러 가지 편견에서 벗어 날 수가 있었다. 유대인은 소수로서 다수의 편견을 이기는 훈련을 받아온 종족이기 때문이었다.

프로이드가 의학을 공부할 당시에는 정신병의 경우 주로 목사에게 맡겨져 있었지만 프로이드는 질병의 수준에 따라 '질병분류학자'에 의해 정신과 의사에게 맡겼다. 그때까지의 정신질병은 병이 아니라 악귀의 소행이라고 규정했다. 그래서 환각증 환자나 노쇠편집증 환자는 전부 목사의 기도로 치료하는 시대였는데 프로이드는 정신병으로 분류 연구하기 시작했다. 육체의 기질에서 일어난 기질성 정신병과 정신적 요인에 의해서 일어나는 기능적 정신병을 구별했다. 당시 정신병은 인간의 타락이나 범죄로 인하여 온 악령의 발동이라는 관념을 물리쳤다.

최초로 정신병을 의학적으로 분류하는 돌파구를 만든 프로이드는 꿈의 해석으로 신앙의 대상이었던 것을 정신 심리학의 대상으로 만들었다. 나아가서 어린이의 성욕과 정신적인 연관성을 발표하자 피할 수 없는 험담에 몰렸다. 그래서 프로이드는 악명으로, 악명의 프로이드가 온 세계에 의학의 신동으로 알려지게 되었다. 정신분석학은 복잡한 구조를 가졌기 때문에 정신병의 치료를 위해서 의학적 기초를 새롭게 세워야 한다고 했다. 당시 의학계는 프로이드가 발표한 정신의학의 새로운 연구를 완전히 이해하지 못했다. 문제는 그 당시 의학계가 정신분석이 무엇인지를 몰랐기 때문이다. 정신분석 및 정신의학은 계속 연구해야 할 분야지만 프로이드가 당당하게 의학의 새 분야로 출발시킨 장도를 열었다.

독일 나치군이 1938년 오스트리아를 합병했을 때 프로이드의 연구실에 나치스의 돌격대가 들이닥쳤다. 침착한 프로이드의 얼굴을 보자 총칼을 든 게슈타포가 주춤했다. 한 문명인과 야수인 나치스와의 만남이었다. 게슈타포는 프로이드에게 어떤 위해도 행하지 못했다. 프로이드가 조용히 가족과 함께 영국으로 가는 길목 (1938)을 막지 않았다.

151. 스피노자의 자녀, 아인슈타인

스피노자의 범신론적 신관은 인간의 한계는 우주 저쪽까지, 신의 존재가 만유한다는 사고에서 인간의 상상력을 고양시켰다. 이에 아인슈타인은 그의 연구대상을 우주, 그리고 가공할 힘의 원천을 찾고자 하여 시도한 것이 $2=mc2$란 공식을 만들어 인간 최대의 능력 세계로 나아갔다. 이 가능성 있는 과학의 상상력은 스피노자에게 빚진 것이고 항상 그의 아들로서 스피노자를 떠나 철학을 생각해 본 적이 없는 사람이다.

아인슈타인은 독일이 생산한 하스카라의 소산이다. 그는 스피노자가 무너뜨리려고 시도했던 기계론적 우주관의 과업을 완수했다. 아인슈타인은 자신과 스피노자를 연결시키는 관계를 여러 번 분명히 했다.

보스턴의 어느 추기경이 아인슈타인은 무신론자이니 조심하라는 경고문을 보냈다. 이에 한 랍비가 전보로 아인슈타인에게 물었다. 당신은 하나님을 믿는가? 그는 담대히 대답한다. 나는 스피노자의 신, 모든 존재의 조화 속에 자기를 현현하는 그 신을 믿는다고 대답했다. 오늘날 아인슈타인의 사상과 연구는 프로이드보다 더 높게 평가되고 있다.

아인슈타인이 역사에 명사로 등장하게 된 것은 상대성 원리를 발표한 1905년이었다. 브라운 운동과 광전 효과의 이론에 관한 해석으로 노벨 물리학상을 받음으로 그의 명성은 더 높아졌다. 아인슈타인의 이 이론의 전개방법은 모두가 카발라적이다. 카발라적 삼중 관계에 대한 본질적 질문이다. 외면적 실험에만 의존할 것이 아니라 직관적 지성과 논리에 근거를 둔 그의 이론은 내면적 일관성에 근거를 두어야 한다고 말했다.

1933년 우수한 민족이라고 자찬한 아리안인이 아인슈타인을 독일에서 추방했다. 그는 미국으로 이민을 가 프린스턴대학에서 교수로 재직하다가 1955년에 세상을 떠났다. 생전에 그는 백악관에 초청을 받아가 루즈벨트 대통령을 만나 핵분열에 의한 가공할 폭발력에 대해 설명했다. 그와 같은 폭탄의 제조는 비밀리에 진행되었다.

프로이드와 아인슈타인은 의학과 과학 분야에서 새로운 경지를 개척했고, 유대인은 실천적인 삶의 문제뿐이 아니라, 이론가로서 서양 문명에 공헌했다. 유대인은 삶의 원리와 방법론을 개발했고 새 사상을 낳았으며 새 분야를 개척했고 새 과학 원리를 창시했다. 의학 분야에서 유대인 과학자들은 1850년에 이미 세균이 전염병의 원인이 되는 것을 주장했고, 심장병에 대한 현대 의학 치료법의 기초를 놓았다. 나선형의 법칙을 만들어 세포내의 화학작용이라는 이론을 개발했고 전염 예방법을 위한 혈청과 식세포를 발견하고 혈액형을 발견하여 수혈이 가능하게 했다. 매독병의 세균을 발견하고 성병의 치료를 개발했다.

어둡고 칙칙한 게토에서 막 나온 유대인들이 어떻게 이 같은 성취를 할 수 있었는가? 프로이드가 인간의 소질과 개발에 관한 이야기를 듣지 않는 한 이 설명은 불가능할 것이다. 자랑 같아서 그 일부만 간략히 이야기하고 넘어 가야겠다. 칼 야고비의 역학과 미분 방정식, 타원 함수론과 행렬식, 칸톨의 가산집합의 개념, 민토프스키의 정수론의 기하학적 원리, 크레모나는 총합기하학의 원리, 치비타는 절대 미분법으로 상대성원리의 기초이론을 만들었다.

윌리암 헤셜은 천체의 운동 원리를 관측하여 태양과 별들의 거리를 측정하는 천문학자로 천왕성도 발견했다. 후일에 만들어진 천체 망원경도 그의 이름을 따 불리어졌다. 칼시바르츠실드는 항성의 내부구조를 연구하여 천문학 발전에 공헌했다. 데이비드 리카도는 공산주의의 피해에 대해 유대인이 책임이 있다고 주장하여 자본주의의 길을 열어 그를 자본주의의 아버지라고 부른다. 리카도가 그리스도교로 개종하고 영국 여자와 결혼하여 상류 계급의 생활을 시작했을 때 그의 아버지는 유대교식 장례식을 주장하여, 아들의 영적 죽음을 애도했다.

독일 유대인은 화학산업과 염료산업에 크게 공헌했다. 물리학 분야의 공헌은 다 말하지 못한다. 유대인은 헬츠파, 광전자, 감마선, 동이원소, 프로택티늄을 발견하고, 수없는 물리학에 공헌했다.

152. 19세기의 유대인의 별들

　19세기 예술 정치 금융 분야의 유대인들은 앞장에서 언급한 바 있으나 19세기를 종결하면서 한번 정리하는 것이 좋을 듯하다. 예술이나 인문과학 분야에 활약한 유대인이 대단히 많다. 19세기 유럽의 멘델스죤의 살롱에 나타나지 않은 명사는 없었다. 음악분야나 예술 양식에서 큰 업적을 이루었다. 나치의 살인 물결이 오기 전까지는 마르크스 라인하트는 연극계의 지도자이고 사라 베르나르는 무대의 여왕이었고, 로테 레망과 요셉 시게티는 음악의 세계적인 일인자였다.

　영국에서 문인으로 명성을 떨친 디즈레이는 수상이 되었다. 후일 인도의 총독이 되어 그 지도력이 빛나 작위를 받았다. 모세 몬테피오리경은 프로페셔널 은행을 설립했다. 그의 선한 행동으로 자선의 아버지라 불렀다. 아이작스는 최고 재판소 소장을 지내고 나이트 작위를 받았다.

　아돌프 크레뮤는 불란서의 법무장관으로 식민지의 노예제도를 폐지하고 정치법의 사형제를 폐지했다. 이삭 페레이르와 에밀 페레이르는 은행의 신용 거래제를 설립하고, 불란서의 최초 철도사업을 시작했다. 레옹 블룸은 재무장관 국무장관과 수상을 여러 차례 역임했다.

　독일에서 유대인의 활약은 다른 나라보다 눈부시다. 페르디 난트는 세계 최초로 노동조합을 설립했다. 입헌 개혁에 선봉을 선 가브리엘 리저는 후일 입헌 위원이 되어 헌법을 수정하는데 공헌했다. 독일 유대인은 연방 하원의원과 재판장, 은행가였다.

　우리가 잘 아는 궁중 유대인은 없어지고 거의 모두가 금융인 또는 은행 책임자가 되었다. 은행의 원형이라고 할 수 있는 로스 차일드 가문에 대해서는 다 말하지 못한다. 그의 은행과 금융 증권의 활약을 말하자면 몇 권의 책을 써야 할 형편이기 때문이다. 분명한 것은 유대인이 금융의 책임자라 해서 모든 돈을 유대인이 다 움

켜쥐고 있은 것은 아니다. 유대인은 금융의 아이디어맨이었다. 그 아이디어 가운데 금융과 어음을 국제화함으로 독일 경제를 상향 발전시키고 나라 경영을 유대인이 하다시피 책임 있는 일을 했는데 오히려 이것으로 유대인은 미움을 받았다.

이것이 참다운 근세의 유대인이다. 유대인은 편협하고 완고하며 이기적이고 돈만 아는 무식한 족속이라고 간주하여 시민권도 얻지 못한 채 소수 국외자로 살았다. 그럼에도 불구하고 경제, 정치, 예술, 학술 분야에서 눈부신 활약을 하고 금융 분야는 20세기 초까지 영향력을 행사했다. 유대인이 이같이 눈부신 활약을 할 수 있었던 이유가 무엇인가? 바빌론 시대부터 유대인은 교육을 야웨를 신앙하는 것만큼 중요하게 생각하고 실천했기 때문이다. 어떤 상황 속에서도 유대인은 그리스도인들보다 두세 배가 넘는 노력을 하여 사회의 최고 지위에 올랐다. 모든 사회분야에서 유대인은 선민의 자존심에 상처가 나지 않을 만큼 노력했다. 선민으로 최고가 되지 않으면 야웨 앞에서 죄악이라는 자각을 가지고 살았다. 이러한 유대인의 삶을 지탱해 준 것은 탈무드였다. 그 다음 유대인이 중시하는 것은 어디 가서 무엇을 하든 정의 앞에 서야 한다고 믿었다. 정의는 또 다른 말로 모든 사람 앞에서 진실을 의미한다. 이것은 예언자적 삶의 자세로 유대인의 기나긴 전승이다. 그 다음은 유대인의 신앙과 교육의 방법이 추상적 상상력이란 것이다. 상상의 한계는 끝이 없는 가능성의 세계. 그러므로 유대인은 항상 가능성의 세계에서 무한히 발전하고 무한히 희망하는 심리상태를 가졌다.

유대인은 철학에서 스피노자, 경제학에서 마르크스, 의학에서 프로이드, 물리학에서 아인슈타인을 배출했지만 문학과 음악과 예술 조각의 분야에서는 그렇지 못했다. 거기에는 충분한 이유가 있다. 유대인은 국외자로서 정신적 안정도 없고, 또한 유대인 자신이 그곳에 어떤 애착을 가질 여유가 없었다. 건축 조각에 대해서는 앞에서 누차 말했듯이 제2계명의 선을 무너뜨리지 않기 위해서였다. 유대인의 4천년의 생존 드라마가 끝이 나고 스위트홈을 갖게 될 때는 보편적 유대 신화로서 표현하게 되면 괴테, 베토벤, 고흐 같은 천재를 기대할 수 있게 될 것이다.

153. 근세 유대인의 문학세계

유대인들의 문학 세계는 2천 년 전에 버린 히브리어를 사용하여 문화나 문학 활동을 할 수 없어 자기가 살고 있는 나라의 언어로 문학 활동을 했다. 히브리어는 사어가 됐으나 유대인들은 회당에서 토라는 히브리어로 읽고 기도했다. 불편하지만 히브리를 향한 사랑과 야웨에 대한 신앙이 그들의 글을 지켰다. 엘리위젤 벤 예후다(1858-1922) 박사가 고전 히브리어에 모음을 붙여 사용하기 편하게 현대화를 했다. 의학을 하던 예후다 박사가 모국어 연구를 하여 모음 없는 히브리어는 읽을 수도 없어 불편한 것을 현대화하여 그가 죽기 전 영국으로부터 이스라엘의 언어로 인정받았다. 성서 히브리어는 제한된 단어로 예후다 박사가 처음 수집한 히브리어 단어가 고작 8000이었는데 3만 단어의 사전을 만들었다. 그와 그 가족이 히브리어를 정착시키기 위한 피나는 노력을 유대인들은 다 알고 있다.

1822년 전까지는 히브리어로 소설이나 문학 작품이 없었는데 예후다 박사의 노력으로 히브리어를 생활화하기에 이른다. 그 이전까지는 스페인 유대인들은 스파니 올리쉬라는 현지어와 히브리어를 합성화한 언어를 사용했다. 아슈케나즈는 독일어를 히브리 글로 쓰는 이디쉬를 창안했다. 모든 문학 작품은 이디쉬를 사용하여 문서와 일상생활을 했다. 글은 히브리어이고 내용은 독일어로서 유대인의 일상 언어가 되니 지금까지 사용되고 있다.

이디쉬 문학은 히브리어의 세속 문학과 함께 발전해 왔다. 히브리 언어사에서 이디쉬 문학 같은 것은 없었다. 히브리어는 토라와 예언자 문학의 언어였고 4천년 유대역사의 고어였지만 이디쉬는 12세기 라인강 협곡에서 생긴 히브리어의 사생아로서 천민들이 쓰는 속어였다. 유대인들이 당시 일상용어를 할 때는 독일어를 썼지만 글을 쓸 때는 히브리어를 사용했다. 새로 만들어진 이 언어는 유대인이 이동할 때도 따라가 폴란드, 러시아, 리투아니아에서도 사용했다. 스페인에서 사용했던 스파니 올리쉬는 쓰이지 않고 이디쉬만 쓰여지고 히브리어는 회당에서만 쓰여졌다.

히브리 문학을 가장 풍성하게 성장시키면서 유대사에 영향을 끼친 사람은 히브리 평론가인 아하드 하암(Ahad Ha-Am 1856-1927)이다. 그는 우크라이나의 부유한 유대인 가정의 아들로 태어나 토라와 탈무드를 공부하고 베를린 대학에서 수학을 공부했다. 하암은 기본적으로 평론가요, 하임 비알릭(Hayim Bialik1873-1934)은 민족시인 할레비와도 비견될 만한 계관 시인이었다. 그는 러시아에서 일어난 대량학살(Pogram)을 피해 망명하면서 러시아의 대량학살에 대한 글을 써 근대 히브리어에 생명을 불어넣은 학자였다.

숄렘 알레이헴(Sholem Aleichem 1859-1916)은 폴란드 슈테틀의 부유한 가정에서 자라 아버지와 처갓집의 재산을 다 털어 먹고 살기 위해 러시아어를 가르치며 히브리문학을 했다. 그의 기행과 천재성은 미국의 마크 트웨인이라 할 만한 작가였다. 숄렘은 게토의 유대인과 슈테텔의 비참한 유대인을 향해 하나님 때문에 가난하게 된 사람들이라고 표현하며 웃었다. 그의 소설 「지붕 위의 바이올린니스트」에서 들을 수 있는 말이다. 그의 소설이 영화가 되어 지금도 절찬리에 상영중이다.

근세 유대문학을 말함에서 프란츠 로젠 바이크(알프레드 로젠 바이크와 구별:1886-1929)와 마르틴 부버를 말하지 않을 수 없다. 로젠 바이크가 '구원의 별'을 저작한 것은 일차대전에서 동부전선에서 종군할 때였다. 그가 엽서나 담배 갑 껍질에 메모해 둔 것을 정리하여 어머니에게 보낸 글들이다. 그는 마르틴 부버의 제자요 친구로서 일생 함께 했으나 인생의 마지막에는 비참했다. 엄지손가락 하나를 제외하고는 전신을 쓰지 못할 상황에서 아내의 도움 없이는 아무것도 하지 못했다. 개종하려던 뜻을 바꾼 뒤의 일이었다. 부버에 대해서는 '너와 나'로서 그리스도교의 신학자에게까지 큰 영향을 끼친 학자로 할 말이 많은 사람이다. 1938년 예루살렘으로 이주하여 히브리대학에서 사회철학을 가르쳤다.

154. 미국을 향한 유대인들

아메리카로 불리는 미국, 신이 이 아메리카를 숨겨두지 않았다면 현대의 인류역사가 어떻게 됐을까? 물론 미국에 원주민이 있었지만 문명 인간이 아니었기에 미국에 인류역사는 없었다. 창조 이래 숨겨두었던 땅이 발견됨으로 인간의 이상을 실현하는 땅이 되어 처음에는 길 잃은 자들의 도피처로, 꿈을 실현하는 인류의 이상향으로 변했다.

1492년 크리스토퍼 콜럼버스가 미국을 발견하였지만 그가 처음은 아니지만 공식적인 첫 발견자가 된다. 지도 제작자 유대인 발트 제뮐러가 베스푸치니 아메리카가 미국의 발견자로 알고 그 이름을 따서 이 신대륙을 아메리카로 불린 것이 오늘의 아메리카가 된다. 콜럼버스는 자기가 발견한 땅이 죽는 순간까지 인도로 알았다. 콜럼버스가 항해를 시작할 때 미지의 바다 저쪽 낭떠러지에 떨어져 죽을 것이라 생각해서 누구도 가기를 원치 않았다. 스페인 여왕 이사벨에게 감옥에 있는 마라노를 항해사로 보내 달라고 부탁했다. 비록 유대인이 마라노가 되어 감옥에 있었지만 그들은 유능한 항해사, 천문학자, 지도제작자들이었다. 콜럼버스가 유대인 혈통이란 말은 그가 유대인에 둘러싸여 있었기 때문이고 그의 배에 탄 사람들은 전부 유대인들이었다. 역사적으로 콜럼버스가 신대륙에 처음 도착했으나 실제로 도착한 사람들은 유대인 마라노였다.

콜럼버스보다 11년 늦게 발견한 베스푸치니(1503)는 신대륙인 것을 알고 그렇게 보고하여 제뮐러가 지도제작에서 그의 이름을 부여한 것이다. 콜럼버스는 재수 없게 자기의 공덕을 잃어버리고 영원히 베스푸치니에게 양보한 것이다. 그러나 역사의 오류를 회복하는 관점에서 미국에서 콜럼버스 기념일은 있어도 아메리카를 기념하는 축제는 없다.

미국을 향한 이민의 시작은 스페인에서 추방당한 마라노들이 남미에 도착한 것이다. 희망을 가지고 신대륙을 찾은 것이 아니고 갈 곳이 없어 생명을 걸고 떠난 여행이다. 신대륙은 방랑자의 도피처, 무지렁이 범법자들의 은신처, 그리고 후일에 이상향을 꿈꾸는 사람들이 몰려들었다. 스페인 포르투갈 사람들은 은금보화가 지천으로 쌓여 있다는 남미로 가족 없이 홀로 떠나, 금은도 잃고 가족도 잃어 현지 인디언들과 결합하여 오늘의 치카노 인디언들이 생산되었다. 신앙의 자유와 꿈을 가진 영국과 네덜란드의 개신교도들은 북미를 향했다.

실제로 유대인의 이민은 콜럼버스가 인도에 가는 항로를 개척한 해에 같이 시작했다. 그 이전 이스라엘 멸망 시에 10부족이 남미로 이주했다는 설이 있으나 역사적 증거는 없다. 서유럽에서 추방된 유대인들이 갈 곳은 유럽 천지에는 없었다. 그래서 찾은 곳이 남미였는데 16세기 말에 이르러서는 그 수가 급증하였다. 불행스럽게도 유대인을 심판하는 이단 심문소가 남미에서도 개설되었다. 스페인, 포르투갈 정부와 긴밀한 관계를 가진 이민 책임자들이 신대륙에서도 마라노를 심문했다. 그러나 남미에 은금 보화가 쌓여 있다는 소문에 영국, 불란서, 네덜란드가 참가하여 남미를 지배하니 더 이상 유대인 이단 심판소는 자연 없어지게 되었다.

본격적인 이민은 1621년에 미국으로 온 스페인 마라노들은 문화나 정치에 무지한 무지렁이들이라 미국의 독립이나 정신사에 전혀 관심이 없었다. 그후 유대인의 이민 물결은 1650-1880년의 1차 이민은 문화의 불모지였고 살기 위해 생명을 건 사람들로 회당도 없이 짐승처럼 살았다. 2차 이민은 1880-1950년에 온 문화 클럽이었다. 이때에 소련의 대량학살(pogram)을 피해온 200만의 이주로 유대인의 지성의 중심지가 유럽에서 신대륙으로 옮겨지는 순간이었다. 그때까지는 유대인이나 그리스도인의 원조는 유럽이었기에 모두가 유럽의 모방이었다. 유대가 멸망하여 유대 지성이 예루살렘에서 바빌론으로 옮겨지는 순간과 같았다.

20세기 전까지만 해도 미국은 유럽에 비해 열등한 나라로서 모든 것은 유럽을 향해 바라보고 살았다. 유럽은 문학과 철학과 과학에서 미국과 비교가 안 되는 땅이라 미국과 유대인들은 열등의식을 가졌다. 1730년까지 미국에는 시나고그가 없었다. 그때까지 정신적 황무지였다.

155. 마라노들과 청교도의 만남

유대인 신대륙 이주에 대한 윤곽을 살핀 우리는 이제 상론을 살핀다.

남미의 마라노들이 브라질에 자리를 잡고 살려고 마음을 먹고 있는데, 스페인과 네덜란드가 싸워 네덜란드가 패하자 이단 심판소가 재개되고 1654년에 유대인 박해가 다시 시작되자 유대인은 뿔뿔이 흩어졌다. 당시 뉴욕은 네덜란드의 개척지인 뉴 암스테르담이었다. 브라질에서 도망쳐 온 유대인들이 뉴 암스테르담에 도착하여 거주케 해달라고 청원했다.

암스테르담은 당시 국제도시여서 18개 외국어를 사용했는데 히브리어를 사용하는 자는 없었다. 네덜란드의 동인도 회사의 사장은 유대인이었는데 서인도회사의 사장이 본국에 연락하여 유대인을 살게 해달라고 청원한 바 1657년에 허락을 받고 네덜란드의 시민이 되었다. 그렇게 되자 네덜란드와 영국이 전쟁하여 영국이 승리하자 암스테르담은 뉴욕이 되어 버렸다. 이렇게 유대인들이 네덜란드시민에서 영국시민이 되었다.

유대인이 미국에 쉬이 미국화가 된 것은 뉴잉글랜드가 청교도 정신의 신앙을 가졌기 때문이다. 청교도 무리가 미국에 도착한 것은 1620년, 그들은 숫자가 적었지만 미국의 정신적 지주 노릇을 하는 신대륙의 기둥이었다. 이들은 구약의 신앙 정신을 이어 받아 그대로 살자고 한 사람들이었기 때문에 유대인과는 강한 정신적 연대가 있었다. 그들은 구약성서에서 신의 뜻을 찾으려는 신자들로 청교도들을 신파 유대인이라 불렀다. 청교도가 영국 탈출을, 에굽에서 유대인의 탈출로 견주어 매사추세츠만의 연안을 새 예루살렘으로 생각했다. 하바드대학을 설립할 때 그리스어, 라틴어와 하께 히브리어를 교과과정에 넣었다. 식민지의 언어를 히브리어로 하자는 의견이 강하게 나왔다. 청교도 지도 목사인 죤 카튼(John Cotton)은 뉴잉글랜드의 법을 모세오경을 정리한 법제를 제안했다. 이러한 청교도 신앙의 분위기 속에서 유대인은 호감 있게 받아들여졌다.

식민사회의 유대인은 개인적 차원의 이주였기 때문에 조직적인 계획도 발전도 없었다. 1621년에 버지니아, 매사추세츠에는 1649년, 메릴랜드에는 1658년에, 1733년에는 조지아와 오하이오에 유대인의 거주가 시작되었다. 그러고 보면 유대인의 합중국 이주는 아주 빠른 편이었다.

미국의 독립혁명이 일어났을 때 유대인은 다른 잉글랜드 주와 마찬가지로 자유를 향한 진영에서 싸웠다. 워싱턴 장군은 그리스도교의 장군이요 재정가였는데, 많은 유대인 재정가의 도움으로 군수물자와 무기를 공급받았다. 유대인 하임 솔로몬은 혁명 정부를 위해 3만 불을 기부했다는 소문이 나 유대인에 대한 인식이 달라졌다. 그러나 그것은 사실이 아니었다. 그가 금융 책임자로 애국자였기 때문에 그렇게 알려진 것이다.

애초에는 세파르딕 유대인이 다수였으나 시간이 갈수록 아슈케나즈의 수가 늘어나 세파르딕은 흡수되어 아슈케나즈가 주류를 이루고 재정과 문화적인 면에서 스페인 유대인이 감당할 수 없게 되었다. 그때만 해도 유대인은 먹고사는 것에 전심, 다른 것에 여유가 없었다. 돈이 되는 것은 하지 않은 일이 없었다. 심지어 노예 매매업에 종사한 사람이 있을 정도였고 부유한 유대인은 영국으로 유학을 보내기도 했다.

1650 이후 175년 동안 유대인의 이민 일단계가 끝날 무렵 유대인은 고작 만명 정도의 소수였다. 그들에게 종교를 제외하면 다른 이민자와 다를 것이 없었지만 1773년에 가서야 비로소 시나고그가 세워졌다. 이에 유대인은 황색 배지도 달지 않아도 되었고, 긴 귀밑머리도 하지 않고 검은 긴 코드를 입을 필요도 없었다. 이름도 이상한 스페인의 철자가 아닌 영어 이름으로 바꾸어졌다. 이런 동화 속에서 유대인은 점차로 유대인성을 잃고 세속화되어 갔다.

이 1단계 이민 시대를 지나 소련의 pogram 족속 200만 명(1880-)이 몰려오자 합중국의 유대인 수는 기하급수적으로 늘어났다. 합중국의 이민 물결의 제2단계가 되어 유대인 문화가 싹을 틔우는 본격적인 시대가 된다.

156. 미국에서의 유대인들의 확장

1820-1880년대 미국의 유대인 인구는 25만 정도였지만 1880년에 소련의 대량학살(pogrom 1822-1835)로 200만 명의 소련 유대인이 입국하자 유대인 인구 판도는 완전히 달라진다. 소련의 대량학살은 숫자에서 몇 천에 불과하지만 마을마다 도시마다 몇 십 몇 백 명의 유대인을 잔인하게 죽였다. 여자의 젖가슴을 도려내고 국부를 찢고 눈알을 뽑아내는 살인 행위였다. 이 여파로 소련 유대인이 대거에 몰려왔다. 때에 맞춰 유럽의 반혁명파들이 견디지 못하여 크리스천 700만 명이 들어오면서 함께 들어온 몇 만 명의 유대인이 포함되어 있었다.

700만의 그리스도인들은 거의 농부여서 중서부 평원으로 가서 농부가 되고 주로 중산층 출신인 유대인들은 상업 내지 기업가가 되었다. 대부분이 독일계 아슈케나즈 유대인은 동부해안에 머물지 않고 남부로 내려갔다. 그들은 거의가 상업과 기업을 개발했다. 지역의 거의 모든 대상은 유대인이요 약소한 소매상을 통해서 유대인은 사업의 기반을 잡아 부자가 되고 자녀들은 고급학교에서 공부를 하게 된다.

1861년 노예문제로 남북이 싸울 때 유대인도 남북으로 갈라져 총부리를 겨누었다. 이스라엘과 유대가 남북으로 나누어져 싸운 것처럼 같은 종족이 노예문제로 싸웠다. 남북 모두에 수많은 지도자와 장교들이 유대인인데 남부의 쥬다 벤쟈민은 제프선 데이비서 아래의 첫 국무총리직을 수행했다. 자녀들은 공부를 잘하여 명문 대학으로 보내 의학, 법률학을 공부하여 사회의 중요한 직책에 맡게 된다. 새롭게 도착한 유대인들은 돌볼 사람이 없어 숱한 고생을 하는데 부요한 유대인들은 무관심하였다. 미국의 신문은 이들의 아픔을 지적하고 부요한 유대인을 질책하니 전에 없던 관용을 보이며 구조조직을 만들어 직업학교, 병원, 복지관을 만들어 동족을 보살폈다. 이들이 세운 복지기구나 구조단체의 활동은 후일 대공황시대(1929)에 지옥 같은 경제파탄이 왔을 때 뉴딜 정책(1933)으로 국민들의 삶의 희망과 용기를 준

구조의 모델이 되었다.

1924년부터 25년에 걸쳐 이민을 제한하는 조치가 취해졌다. 당시 유럽에는 공산당의 바람이 맹위를 떨치는지라, 공산당 이민자들이 공산당 선언을 들고 오는 것을 막기 위한 조치였다. 반공 히스테리가 강렬했지만 미국에서는 반셈주의는 나타나지 않았다. 유대인의 주변에 인종주의 갈등이 일어났지만 유대인의 풍요에 질투로 생긴 반유대주의였지 반셈주의는 아니었다.

유대인의 미국에서의 문화는 미국을 풍부하게 하고 활기차게 했다. 1935년에 이민법이 완화됐다. 유럽에서 무차별 학살이 일어나자 이 생명을 구하기 위한 조치였다. 30만 명의 유대 이민과 수천의 그리스도인들을 종교적 자유를 위한 조치였다. 이때 미국으로 온 유대인 중 과학자, 문인, 물리학자, 의학자, 화학자들이 있어, 미국의 노벨상 수상자가 15명이었는데 13년 사이에 미국의 노벨상 수상자가 39명이나 됐다. 이 이민의 무리 속에 아인슈타인도 있었다. 독일에서는 그 반대 현상이 일어났다. 38명이나 되던 독일 노벨상 수상자가 5명으로 줄어들었다. 유대인들이 공헌한 문화의 수준은 미국의 위상을 새롭게 하고 히브리들의 자존심을 올려주었다.

서유럽의 계몽주의 하스카라가 무지렁이 유대인들을 새롭게 빚어낸 것처럼 미국의 유대인 하스카라의 시대가 온 듯했다. 분명히 훌륭한 일이었지만 유럽에서의 공적은 거의가 다 지식적이어서 광채가 있었지만 미국의 것은 대중적 실제적이어서 빛은 없었지만 실익은 대단했다. 무엇이든 미국에서 아름답고 존귀한 것이 있으면 유대인의 손길이라고 말할 정도의 성취가 나타났으므로 유대인은 삼가 조심하는 경고의 목소리가 날 정도였다. 신이 미국을 숨겨둔 것은 21세기의 신천지 창조를 위한 신의 계획이라 할 수도 있지만 고난과 죽음 속에서 살아온 히브리들의 보상이 아니었을까? 이런 성취와 공헌으로 히브리가 세계에 봉사하는 것을 잊는다면 히브리는 잘못된 길을 가는 것이다.

157. 문화 예술 분야의 유대인들

그 짧은 기간 동안에 그 많고 위대한 연극, 배우, 극작가, 영화산업, 언론인, 언론사, 과학자, 화학자와 물리학자, 정치가, 노벨상 수상자를 어떻게 배출했는지 계산하지 못한다. 과학과 의학에 이룬 공적과 은행을 경영하여 금융에 이룬 공적은 아예 말하지 않는 것이 나을 정도이다. 연극을 하든 영화를 만들든 2000년을 축척해온 그들의 삶이 세계를 감동시키고도 남을 정도이다. 무진장한 이야기가 무진장한 돈과 무진장한 기술로 만들어내는 영화와 학문은 어떤 누구도 흉내 내지 못한다.

영화산업에 대해서만 조금 이야기해 보자. 감독, 배우, 대본 작가, 제작진은 세계적인 수준이라 누구도 경쟁하지 못한다. 리차드 로저스, 오스카 해머스타인 2세의 작업은 현대 뮤지컬과 코미디의 모델이 되었다. 극작가중 롬버그, 제롬 컨, 어빙 벌린, 죠지 거쉬윈은 최고 수준의 작가라 할 수 있을 것이다. 굿맨은 카네기홀에 들어가 재즈를 대중화시켰다.

벤쟈민 카르도조, 펠릭스, 프랑크 퍼트, 브랜다이스는 최고 재판소의 판사가 되었다. 브랜다이스 대학은 아이 비 리그에 못지않은 명문이다. 버나드 바루크는 윌슨 대통령 때부터 아이젠하워 아래서 일했다. 어스카 스트라우스는 미국 최초 유대인으로서 각료가 되고 레만은 뉴욕 시장을 4번이나 역임하고 후일 상원의원이 되고, 키신저는 국무총리에 노벨평화상을 받았다. 아돌프 오크스는 '타임즈' 설립, 콜롬비아 대학에 신문학과를 두고 저널리즘과 문학과 음악 발전에 기여하고 퓰리처상을 제정했다.

미국 이민으로 귀화한 많은 음악가들의 활약으로 미국은 세계적인 음악가를 두었다. 피아니스트 불라다미르 호르비츠, 알렉산더 브레일로스키, 아르투르 루빈 스타인, 바이올린에 미샤엘만, 에프렘 짐발리스트, 야사 하이페츠, 나탄 밀스타인,

아이작 스턴, 첼로에 그레고리, 피아티고로스키, 보스톤 교악악단의 지휘자 코세츠 비키는 영원히 잊을 수 없는 사람이다.

미국은 게토의 제약이 없는 나라였기 때문에 인재들이 자기의 재주를 뿌리 내리기에 너무나 좋은 나라였다. 맨델스죤, 준즈나 가이거 같은 이들의 문학이 미국에 잠깐 사이에 뿌리를 내렸다. 보헤미안 출신의 랍비 아이작 메이어(1819-1900)는 뉴욕의 랍비로 있다가 신시내티 정통파 회당의 랍비 직에 취임하고 1875년에는 미국 역사상 최초의 랍비대학인 신시내티 히브리 유니온 대학을 설립한다. 이 대학은 뉴욕, 신시내티, 로스안젤리스, 그리고 예루살렘에 있어 어느 학교를 가든 동일한 교육을 받는다. 그가 1900년에 사망했을 때 미국의 개혁파 유대주의의 아버지라 불렀다. 저자는 이 학교에서 2년간 연구교수로 공부한 바 있다.

20세기 초까지 미국에는 개혁파 유대주의와 정통파밖에 없었는데, 개혁파는 너무나 개혁을 하여 전통을 잃어 개신교회와 아무런 차이가 없을 정도였다. 유대주의에서 벗어날 정도의 과도한 개혁운동을 한 사람은 페릭스 애들러에 의해 시작된 세속적 종교, 윤리문화 협회이다. 이것은 유대주의와 그리스도교를 혼합시킨 것으로 공통 윤리로 결합시킨 것이다. 쉽게 말해 종교에서 인간의 기능과 하나님의 분량을 말할 때 개혁유대교는 인간의 기능에 너무 많은 분량을 주어서 곧 반성하고 좀더 유대적으로 돌아왔고, 그 후로 미국의 개혁운동이 안정된 성장을 계속함으로써 지금 500개 이상의 시나고그를 확보하고 25만의 교도로 발전했다.

이미 유대주의에서 새로운 싹이 트고 있는지 모른다. 저 바빌론에서 희생제물을 버리고 기도의 회당으로 변한 것처럼 새로운 유대주의를 기대하는 시점이었다. 지금 미국의 개혁파 유대주의는 이전과는 다른 기능을 시작하고 있다. 랍비는 탈무드에 근거한 유대주의의 해설자가 아니라 조언자이며 다른 종교와 사회와의 중재자이다. 종교적인 행위만 행하는 곳이 아니라 사회적인 기능을 해야 한다. 유대주의가 토라와 탈무드를 1/3 정도를 포기한 것처럼 개혁교회는 식이법과 의식법을 양보했다. 미국의 유대사 전체를 어떻게 평가해야 할까? 미국의 유대주의가 성장한 것은 몇 차례의 이민 물결의 증가로 된 것이다. 이제 남은 마지막 드라마인 유대인 몰살극인 홀로코스트로 간다.

158. 현대의 살인 무기 히틀러의 발광

역사의 대실수, 아돌프 히틀러가 1933년 1월 30일 독일 총통이 된 사건이다. 그가 총통이 된 것을 독일 시민들은 너무 기뻐 길거리로 쏟아져 나와 환호했다. 순진한 독일 시민은 독일의 자존심이 살아나는 위대한 날이 온다고 믿어 민족적 환호를 외쳤다. 후일 무슨 일이 벌어질지도 모른 채 그를 칭송 환호했는데, 12년 동안 가스실에서 독가스로 1300만 명을 살해하고, 그 시체에서 뽑은 기름으로 비누를 만들어 그 자식들에게 나누어주는 기괴한 살인사건을 저지르고 1945년 4월 어느 날 총구를 입에 넣고 자살한 살인마, 히틀러는 1300만의 생명을 살인하면서도 성전을 수행한다고 독일 시민을 속여 축하했다. 1300만의 살인 가운데 700만은 그리스도교 교인이고 600만이 유대인이었다.

아돌프 히틀러는 아버지 아로이스 히틀러가 세 번째 결혼한 시골 처녀인 하녀 사이에 태어난 사생아다. 그는 성적이 나쁘고 불량한 학생, 무능한 병사, 서투른 페인트공이면서 화가를 꿈꾼 몽상에 사로잡힌 사람이다. 그렇다면 이렇게 불량하고 무능한 병사가 어떤 힘으로 그 많은 사람을 거느리고 통솔하며 그 많은 사람을 죽인 이유가 무엇이며, 왜 하필이면 그리스도인과 유대인만을 골라 살인을 했는지를 알아본다.

제1차 세계전쟁(1914-1918)은 독일 역사의 분깃점이다. 독일의 권위와 위상을 받들고 싶었는데 4년 동안의 전쟁에 독일은 망해 버렸다. 독일 전쟁이 끝나고 왜 독일이 전쟁에서 패배했는지를 따지자 독일의 패망은 유대인 때문이라는 결론을 내렸다. 전쟁에서 유대인이 배신하여 정보를 적군에게 보내고 전쟁에 협조하지 않은 탓이라고 했다. 그것이 사실이고 아니고를 떠나 이 근거 없는 결론으로 인하여 반유대주의 반 그리스도주의로 변한 것이다. 유대인을 몰살하고자 한 반유대인 집단에게는 호기가 된 것이다. 그러는 아돌프 히틀러는 독일 제국의 총통이 되었다.

히틀러가 유대인과 그리스도인과의 사이에 어떤 개인적인 악한 감정이 있었는지도
살핀다.

그의 소원은 유대인을 몰살시켜 이 지상에서 씨를 말리자는 것이었는데 그는 살
육으로 유대인의 역사를 끊어버리지 못했다. 예수가 요한계시록에서 세우고자 한
천년왕국을 히틀러가 세우고자 했는데 그의 왕국은 12년 만에 그의 죽음으로 끝났
다. 몰살시키고자 한 유대인은 몰살을 당하지 않고 2000여 년 동안 잃어버린 나라
를 다시 세우고 그 땅으로 이주하는 기적을 이루었다.

독일은 본래 개신교를 생산한 산모의 역할을 한 개신교국가이다. 이런 나라에서
반 그리스도교와 반 유대교가 나왔다는 것은 희한한 일이다. 독일 노동당인 나치가
결성될 때 반유대주의 슬로건은 있었지만 반 그리스도교는 나오지 않았다. 그러나
유대주의를 몰살하고 그 뿌리에서 나온 기독교도 말살해야 한다고 믿었다. 그 증오
의 뿌리는 니체의 반 그리스도교에 이른다. 전술한 대로 바울이 없는 기독교를 주
장하다가 그것이 확대되어 그리스도교로 간 것이다.

나치의 주장에 의하면 그리스도교는 아리안의 유수한 피를 흘리게 한 사상의 원
흉은 바울이다. 남자나 여자나 종이나 상전이 모두 형제라는 말은 독일의 우수한
피를 붉게 만든다고 반대했다. 바울을 독일의 위대한 피를 배신했다고 주장했다.
국가 사회주의인 독일만이 참 복음이요 히틀러야 말로 참 구원자이다. 이 터무니없
는 나치이론이 정강이 되니 반유대주의와 반 기독교론이 생겨나게 된 것이다. 그러
므로 반유대주의와 반기독교는 같은 것이다. 같은 뿌리에서 나온 원 둥치와 가지이
기 때문이다. 종교 없는 독일이 진정으로 위대한 독일의 길이라고 했다.

1933년 독일이 교황과 조약을 맺었다. 가톨릭교회의 신앙 자유를 보장한다는
조약을 맺고 일 년 뒤 사제단이 히틀러 돌격대에 피살되었다. 이에 동조하는 정치
가와 장관들은 전부 감옥소로 보냈다. 이리하여 독일 비밀경찰인 게슈타포가 그들
을 관리하고 체포 구금했다.

159. 살인의 대상, 그리스도교와 유대교

그리스도 교인이 살인의 대상이 된 것은 참 희한한 일이다. 그리스도 교인들도 같은 아리안인데, 문제는 바울 때문이다. 바울은 모든 피는 그리스도의 자녀로서 구별 없이 사랑해야 하는 형제란 것이다. 그리하여 아리안의 적이 되는 그리스도인을 다 죽여 없애야 한다.

그리하여 나치 초기의 몇 년간의 감옥소는 거의 전부가 그리스도인이었다. 그 뒤 수용소에 끌려온 사람들이 유대인이었다. 감옥소에 불러들이는 5단계가 있었다. 제1단계는 나치가 시작된 1933년에는 유대인 상품 불매운동, 유대인 상점 탈취, 유대인에 대한 폭행죄. 제2단계는 1953년 뉘른베르크법의 제정 문제였다. 유대인의 돈줄을 막는 것이다. 제3단계는 1939년에 유대인 대량 체포에서 시작했다. 이것이 최초의 조직적인 폭력이요 강제 수용소 길을 연 것이다. 그리하여 유대인이 돈을 내면 독일을 떠날 수 있는 허락을 했다. 유대인 30만 명이 돈을 내고 독일을 떠난다. 15억 마르크를 내면 유대인 전부를 출국시켜 준다고 했으나 흥정이 깨어져 버렸다. 제4단계는 독일계 유대인과 오스트리아 유대인을 폴란드의 게토로 보내는 것으로 시작된다. 그곳에 모인 유대인은 환경이 열악하여 병들고 굶어 죽어갔다. 최종의 단계는 1941년에 시작한 수용에서 살인으로 변했다. 유대인을 노예로 팔아먹는 장사였는데 30만 명이 독일에 노동 노예로 보내진 후 그리스도교인도 같은 취급을 당했다.

히틀러가 고안한 대량 살상 방법은 아주 구체적이었다. 유대인, 체코인, 폴란드인, 러시아인을 변두리 사역장으로 끌고 가 구덩이를 파는 일을 시켰다. 작업이 끝나면 더우니 옷을 벗으라고 해놓고 구덩이에 나란히 세워 놓고 일제히 기관총 사격을 했다. 죽지 않은 자는 다시 확인하여 죽이고 흙을 덮었다. 또 다른 살인 방법은 정맥에 공기를 주입하는 의학적 방법이었다. 동맥을 절단하기도 하고 독약을 먹여 죽였다. 이러한 방법은 시간과 경비가 너무 들어 그냥 죽여 묻어 버리라고 했다.

유대인의 살인의 최종방법의 해결사는 아돌프 아이히만이었다. 석유제품 판매원인 그는 나치에 발탁되어 총통 친위대 대령이 되어 살인 총책이 되었다. 15년이 지나 이스라엘 정복국에 체포됐을 때 그는 모든 질문을 부정했다. 탱크나 비행기를 만드는 강철은 부족했지만 살인 장비를 만드는 강철은 아낌없이 제공했다. 타고 있는 인체의 몸부림치는 모습을 구경하기 위해 유리로 만든 구멍을 들여다보면서 시시덕거렸다. 아우슈비츠의 밀집 수용소에서 일한 독일인이 7천여 명인데 금으로 된 치아에서 나온 금이 17톤이 되었고, 그 재는 비료로 사용했다.

이런 죽음의 상황 속에서 유대인은 무엇을 했는가? 600만 명의 동족이 죽어 가는데, 이미 죽을 몸인데 왜 저항하지 못했는가? 로마군대가 예루살렘을 포위하고 있을 때 둘러싼 성벽 너머서 석탄을 던져 로마인을 죽이며 3년을 항쟁한 것처럼 게슈타포를 향해 유대인도 항전했다. 바르샤바 게토의 주변에 성벽을 쌓고 싸웠다. 5만 명밖에 수용 못하는 지역에 45만 명을 수용했을 때 유대인은 봉기하여 부분적인 승리를 거두었다. 총칼 앞에서 맨손으로 무엇을 할 수 있었겠는가? 결국은 몰살당하는 비극뿐이었다.

죽음의 수용소에서 사살된 유대인은 300백만 명이 넘었다. 대부분이 동유럽 유대인이고 폴란드를 중심한 서유럽 유대인은 드물었다. 동유럽 중에도 폴란드의 행위는 가장 몰인정하여, 폴란드에 있던 330만 명의 유대인중 280만을 독일로 보내 살인케 했다. 독일에 대한 폴란드의 행위는 정말 모순이었다. 유대인보다 폴란드를 더 무시하고 경멸했는데도 폴란드는 독일에 협조하여 유대인 죽이는 데 일조를 했다.

세계 제2차 대전의 끝 단계인 1945년 봄, 소련은 독일군을 추격하는 마지막 전쟁에 들어갔다. 독일의 도시가 불바다가 될 때 히틀러는 목구멍에 권총을 대고 쏘아 자살했다. 최후의 일각까지 싸우겠다던 독일군도 말없이 잠잠해졌다. 이로써 세계 제2차 대전은 끝이 났다.

160. 인류 최악의 살인 소동

연합군에 의해 전쟁 범죄인으로 지목된 대부분의 나치스들은 색출되어 재판에 회부되었다. 전원이 무죄라고 주장하며 자기들은 기계처럼 명령을 수행했을 뿐이라고 변명했다. 그토록 충성을 맹세한 나치들이 히틀러를 향해 미치광이요 대 살인자라고 비난하는가 하면 애원하기도 하고 양심의 회개를 하여 자결하는 자도 나왔다. 1944년 6월 20일 히틀러 암살 계획자를 처벌하고, 그 유명한 본헤퍼 목사도 히틀러 죽기 몇 주 전인 1945년 4월 9일 전쟁이 끝나기 전에 처벌되었다 .

죄 없는 천삼백 만을 죽인 2차 전쟁은 인류의 대살인 광란이었다. 그처럼 짧은 시간에 그처럼 많은 비용을 들이고 그 많은 사람을 죽인 전쟁에 대한 비용을 계산해볼 수밖에 없었다. 세계 제2차 전쟁의 6년간 징병된 남자만 천칠백 만이 전투에서 죽었다. 천팔백 만 비전투요원이 전쟁의 직간접으로 죽고 5백만 명 이상이 부상당하고, 거기에다 천삼만 명이 종교적 이유로 나치에 의해 죽었다. 7백만의 그리스도인 가운데 얼마나 많은 목사님과 존귀한 학자가 있었겠는가? 7백만 호 이상의 건물이 무너지고, 6년간의 전쟁으로 그 당시의 돈으로 272억 달러의 돈이 들어갔다. 이 이상으로 인류가 받은 피해를 어떻게 다 계산할 수 있겠는가? 인류가 역사에서 지불한 최고의 전쟁 경비였다. 최악의 폭군도 이 같은 다수의 생명을 살상하고 그 많은 경비를 사용한 살인 광란은 없었다.

수치스런 인간의 이야기는 여기서 마친다. 이 사건을 두고 유대인은 어떤 생각을 하고 독일인은 어떤 생각을 했을까? 인간을 짐승보다 못하게 취급한 나치는 아마 귀신에 사로잡힌 병자가 아니었을까 하고 생각한다. 세계는 이 상황을 알면서도 할 말도 못하고 싸우지도 못한 수치를 느낀다. 나치스를 지지하며 그들을 위해 일해 온 자들은 인류를 배신하고 자신을 배신한 병기 같은 존재들이다. 나치스의 살인자들은 최후에 자기들도 나치스의 희생자가 되었다.

이들에 의해 희생당한 자들의 의미를 찾아주지 않는다면 흉노족에 의해 희생당한 수십만의 생명과 마찬가지로 망각될 것이다. 나치즘은 독일의 부끄럼으로 반그리스도적이요 반 유대적인이요 반인류적이었다. 나치의 민족 우월의식은 전혀 근거 없는 사디스틱한 악몽이었다. 나치즘에서는 아리안족만이 살 자격이 있고 다른 민족은 아리안의 도구가 될 뿐이었다. 오싹한 일이지만 소련군이 폴란드의 강제 수용소에서 발견한 독약은 2000만 명을 충분히 죽일 수 있는 분량이었다고 했다. 세계가 유대인 죽음 600만 명의 생명만을 쉬이 말하지만 700만의 그리스도인을 별로 말하지 않는 것에 대해 미안하게 생각한다. 우리가 독일 그리스도인 700만의 생명을 기억하지 않는다면 600만의 유대인의 죽음도 의미가 없어질 것이다. 나치의 장래 계획은 비독일인 매년 1000만 명씩 죽일 계획을 하고 있었다. 그렇게 계속되었다면 아리안족 이외에 누가 더 살아남았을까?

가스실이나 죽음의 수용소를 보지 않고 믿지 못한 사람들은 지금 하고 있는 말도 믿지 못할 것이다. 독일 이외의 인간들의 상상력은 그런 반인간적인 사실을 믿지 못할 것이다. 영화나 책으로 알려진 것은 전체의 지극히 작은 일부에 불과한 것이다. 서구의 상식에서는 유대인과 그리스도인에 대한 낭만적 생각과 호감을 가지고 있다. 한데 독일에서는 이런 인간적인 낭만이 사라져 버렸다고 생각한다. 그러나 독일의 그리스도인 700만이 죄 없이 죽은 것을 생각해 보라. 나치의 비인도적 잔인성에 의해 독일의 그리스도인들의 위대성이 가려진 것도 기억해야 할 것이다. 그들은 나치에 항거하다 죽임을 당한 존귀한 자들이다.

나치의 살인 소동은 유대인으로 하여금 몇 천 년 동안 꿈꾸던 자기나라를 회복하는 길로 매진하게 된다. 이 움직임의 배후에는 시오니즘이 있는데 시온주의는 하스카라 하시디즘의 토양에서 자랐다. 그래서 우리는 다시 역사를 뒤돌아보아 나라를 세우게 한 시오니즘, 하스카라, 하시디즘의 발자취를 찾아볼 것이다.

161. 이스라엘의 탄생

　유대인이 나라를 잃은 지 2500년에 다시 나라를 찾은 날, 1945년 5월 14일은 감격과 환희의 날, 나라가 없어 구박당하고 박해와 죽음 당하고, 세계에 흩어진 유랑인이 되고 맞아죽어도 보호해 줄 사람도 호소할 곳도 없던 사람들이 나라를 세운 날이다. 이 감격의 밤이 지나자 아랍 5개국, 애굽, 요르단, 이락, 레바논, 시리아가 연합군이 되어 방금 독립한 이스라엘을 멸망시키겠다고 침공한 날이기도 하다. 막 독립을 한 이스라엘은 나라를 보존할 아무런 무기도 없었다.

　영국의 허락 하에 1948년 5월 14일 다비드 벤규리온이 주도한 이스라엘 독립을 선언한다. 나라 이름을 여러 가지를 놓고 의논한 결과는 이스라엘로 정하고 독립을 선언했다. 독립을 선언한 그날 밤 독립을 축하하는 축배잔을 내리자 전쟁이 시작된 것이다.

　이스라엘 독립전쟁(1948-1949)은 전투, 책략, 행운, 드라마가 있는 역사소설에서 볼 수 있는 모든 것이 다 있었다. 독립한 지 이틀째 되는 날, 전 인구 76만 명 중 전쟁에서 싸울 수 있는 자는 2만 명도 되지 않았다. 그들의 대부분은 토라밖에 손에 대보지 못한 사람들이 총칼을 잡아야 했다. 영국제 무기로 숙련된 아랍 연합군을 당해낼 길이 없었다. 첫 공격으로 5월 20일 구 예루살렘을 빼앗겼다. 하지만 아랍연합군은 이스라엘을 과소평가했다. 독립한 지 일 주일밖에 되지 않은 이스라엘이 무엇을 할 수 있느냐고 생각했다. 절망적인 상황에서 유대인은 승리의 확신이 차고 넘쳤다. 2500년 동안 나라 없이 살면서 죽음의 일상으로 살아온 마지막 결기가 나타난 것이다. 한 치의 양보도 없는 전진, 전진뿐이었다. 유대인은 아랍 연합군을 다섯 개의 전선에서 막아냈다. 일주일이면 끝날 전쟁이 한 달이나 계속되자 연합군은 지쳐 싫증이 났다.

　6월 11일 폴크 배르나도테 백작이 주선한 정전 협정을 이유 없이 받아들였다.

정전을 하는 척하면서 쌍방이 군비를 준비하는 시간으로 삼았다. 쌍방이 전쟁을 그
만두지 않고 한판 붙어야 한다고 생각했다. 인접 국가들은 정전에 협조하는 척하면
서 무기를 팔기에 정신이 없었다. 이전부터 준비한 바 있는 유대인들은 체코에서
무기구입을 했다.

　다음 전쟁은 검은 작전이라 부르는 무기 수송 야간작업이었는데 미군과 영국군
전선에서 전쟁 경험이 있는 모든 유대인이 다 모여들었다. 유대는 아랍이 협정을
깨기를 기다렸다. 아랍도 준비를 만만히 하고 병력도 이만 명이던 것을 6만 명으로
증가시켰다. 아랍의 승리를 확신하고 있었다. 일 개월 정전 후 전쟁이 시작되어 아
랍군은 전진, 전진만 했다. 막강한 무기와 막강한 수의 병력으로 유대인을 압박했
다. 그러나 결과는 사람의 계산에 있지 않았다. 전쟁은 10일 만에 끝이 나 연합군
쪽이 휴전을 요구했다. 유대인은 결전을 통해 승부를 결착시키고 싶었다. 연합국이
우세한 지역은 애굽 전선뿐이었다. 그러나 이스라엘은 애굽의 본토까지 침략할 태
세였는데 영국이 이스라엘에 요청했다. 전쟁을 끝내고 물러가라고 요구한 데에는
이유가 있었다. 당시 애굽은 영국의 반식민지이고 수에즈운하의 이권이 있기 때문
에 영국이 유대에 요청한 것이다. 이에 휴전협정을 하게 되자 다른 아랍연합군도
동의할 수밖에 없었다.

　독립전쟁을 하고 있는 동안에도 이스라엘 정치가들은 이스라엘국의 국제적 관계
를 확대했다. 1949년 총선으로 영국의 과학자 하이츠만이 대통령, 벤 구리온이 총
리로 당선되었다. 벤 구리온은 폴란드에서 태어나 젊었을 때부터 슈테틀의 유대주
의를 반대하고 하스카라 운동을 하였다. 유대인의 현대화운동인데 하시디즘 속에
서 하스카라가 나와 하스카라가 시온주의를 생산하여 이스라엘의 독립을 일으킨
것이다. 하스카라는 말한바 유대 계몽운동이다.

　벤 구리온은 1차 대전 때부터 자보스키 군대에서 싸운 전사로서 국제 연맹과 유
엔 멤버들과 유대를 만들고, 유엔 총회에서 승인받는데 절대적 헌신을 한 사람이
다.

162. 이스라엘 독립을 이룬 산파들

이스라엘 독립이 이루어지기까지 준비해온 이스라엘의 탄생의 산파들을 만난다. 나라를 잃고 2500여 년간 유대인의 오매불망은 샬롬과 NEXT YEAR JERUSALEM이었다. 평화, 그리고 내년에는 예루살렘에서 만나자는 소원을 인사로 나누었다. 무엇을 하든 어디에서 살든 그들은 예루살렘으로 돌아간다는 것이었다.

그러나 세계 1차 전쟁까지는 오스만이 다스렸다. 전쟁의 마지막 순간에 오스만이 독일군에 가입하여 연합군이 승리하자 팔레스타인에서 물러나고 연합군의 일원인 영국의 통치 아래 들어간다. 하나 영국은 그 척박한 땅에 관심이 없어 방치하다시피 하다가 유대인의 이민을 제한된 숫자만 허락하게 되었다.

1900년까지 팔레스타인은 버려진 쓸모없는 땅이었다. 여호수아 나무와 선인장이 수두룩한 땅이었다. 유대인이 그 땅에 들어가고부터 땅은 비옥하게 변하여 갔다. 어찌 이렇게 변할 수 있느냐고 물을 수밖에 없을 정도로 옥토가 되어 갔다.

불란서의 혁명 배후에 볼테르, 루소, 몬테스큐, 콩도르세가 있었고 미국의 혁명 배후에는 영국의 학자 버크, 베이컨, 로커, 홉스가 있었듯이 이스라엘의 건국혁명에도 그 같은 지도자가 있었다. 유대의 지도자는 시온주의자들이다. 시온주의 사상은 옛날부터 있었다. 그러나 시온주의자 사무엘 모힐레비(1824-1898)랍비는 최초로 팔레스타인 이민단을 조직하여 러시아와 폴란드 유대인을 데리고 입국했다. 함께 동역한 지식인은 유다 펜스키(1821-1891)였다. 러시아와 폴란드에서 동화되어 가는 유대인을 설득하여 입국하여 농업개발에 앞장섰다

데오돌르 헤즐은 현대 시온주의 사상을 개발하여 시온주의 운동을 일으킨 시온주의 창시자이다. 그는 동화된 부다페스트의 부유한 집안의 자녀로 대학에서 법률학을 공부했으나 언론인이 되었다. 드로퓌서 간첩 사건으로 유대인을 몰살시키고자 했을 때 그는 언론 기자로서 파견되어 유대인의 실상을 보고 유대인의 자각을

하게 된다. 헤즐은 유대인이 개종을 한다고 해결될 문제가 아니라 사회구조의 문제라고 생각하여 유대인의 생존 문제를 구조적으로 고민하게 되었다.

불란서에서 취재를 할 때 유대인은 죽여라, 유대인을 찾으라는 함성을 듣고 자기의 영혼이 말하는 「유대인 국가」라는 책을 1896년도에 출판한다. 이 얄팍한 책에서 그는 시온주의의 이상은 메시야 사상의 관점에서 기록하여 유대인들에게 감동을 주었다. 헤즐은 시온주의 사상을 국제운동으로 발전시키고자 했다. 그래서 1897년에 바젤에서 시온주의 일차대회를 열기로 했다. 결론은 팔레스타인에 가장 공정한 메시야 국가를 세운다는 것이다. 그때까지 개인적으로 팔레스타인에 입국했지만 이제부터 조직적으로 농업기술자, 실업가, 관리인, 실업가, 재정가, 학자들이 들어가 연대를 조직하여 협력하자는 것이었다. 세계는 시온주의 대회를 별로 주목하지 않았다. 135년에 로마를 대항하여 싸운 바 코허바의 사진이 든 동전을 나누어준 것도 기억하지 않았다. 당시 독립국을 선포하고 바 코허바의 동전을 만들어 사용한 것을 상기한 것이다. 유대인의 가슴속에는 코허바의 독립 같은 애국심이 끓어올랐다.

이 사건이 유대인 사이에서는 큰 감동을 불러일으켰다. 돈 많은 유대인과 동화주의자들은 시온주의 사상과 헤즐을 비난했다. 불가능한 짓을 하는 어리석은 사람이라고. 그러나 돈이 없는 가난한 유대인과 교육받은 지식인들은 시온주의 아래 모여 들었다. 그렇다면 헤즐이 동유럽 가난한 유대인과 지식인에게 매력을 불러일으킨 이유가 무엇이었을까? 대체로 세 가지 이유를 든다. 유대인의 자유의지로 영광의 탈출을 할 수 있다는 자신감이다. 둘째는 아직은 미지의 희망이지만 새로운 나라의 국민이 될 수 있다는 희망이었다. 세 번째 헤즐의 풍모가 모세를 닮아 신뢰가 가서 장래의 지도자로 믿은 것이다. 이 사실을 통보 받은 영국이 헤즐에게 아프리카의 우간다를 줄 테니 그곳으로 유대인을 데리고 가라는 것에 헤즐이 동의를 한다. 그것은 헤즐의 일생에 가장 큰 실수였다.

163. 벨포어 선언과 이스라엘 독립

시온주의 창시자인 헤즐이 일생에 가장 큰 실수를 했다. 영국이 우간다를 줄 테니 예루살렘을 포기하고 아프리카로 가라는 의견에 동의하여 엄청난 비난을 받았다. 헤즐의 일생에 가장 큰 실수였다. 헤즐은 자기의 잘못에 대해 사과를 했다. 큰 실수였으나 헤즐의 공적에 비추어 용서를 받았다.

그는 다음해 1904년 이스라엘의 건국도 보지 못한 채 44세의 나이로 죽었다.

시온주의자들이 유대에 입주하면서 팔레스타인의 땅을 대규모로 사들이는 작업을 했는데 이것을 눈치 챈 현지인이 값을 올렸다. 2000년 가까이 버려진 메마른 땅이 주인을 만난 듯 천정부지 값을 요구했으나 시온주의 유대국가 기금의 측정 가격으로 판매되었다. 8만 3천 명의 유대인 귀국자들이 233개의 마을을 만들고 500만 그루의 나무를 심었다. 1918년에서 1936년까지 15만 명의 유대인이 입국하여 버려진 팔레스타인을 옥토로 만들었다. 마을마다 학교와 공장이 들어서고 농장이 만들어져 모든 이들에게 희망을 주었다. 당시 65만의 아랍인 가운데 10만 이상은 펠라힌(Fellahin)이었다. 낙타의 똥을 연료로 사용하며 사는 사람들이었다. 이런 척박한 땅을 옥토로 만드니 현지인들도 환영하며 협조했다. 그 이전까지는 정통파 유대인이 죽어 뼈를 성지에 묻고 싶다는 희망으로 온 사람들뿐이었다.

시온주의자의 지도자인 모세 헤스(Moses Hess1812-1875)는 「로마와 예루살렘」 스몰렌스키의 「영원한 백성」, 핀스커의 「자력해방」 헤즐의 「유대인 국가」를 널리 읽고 팔레스타인으로 모여드는 유대인이 늘어났다.

1917년에 영국의 외무장관 벨 포어가 유대인의 독립을 약속하는 선언을 했다. 그것은 세계 1차 전쟁에 기여한 유대인에 대한 감사표시로 유대인의 독립의 가능성을 선포한 것이다. 특출한 화학자 하임 와이츠만(1874-1952)이 영국이 필요로 하는 폭탄 합성 아세톤을 제조하여 영국정부에 바쳐 전쟁에 사용케 했다. 이 모든 유대인의 공헌에 대해 감사의 표시로 유대인의 독립을 허락한다는 발표가 벨포어 선언이었다.

유대인의 자치 군대 창설자는 러시아 태생 블라디미르 자보스키(1880-1940)였다. 일명 노새부대라고도 하는데 초대 수상인 벤구리온도 이 군대의 병사로 독립운동을 했다. 터키인을 향한 항전으로 유대의 독립을 성취하려는 독립 군대인데 영국군의 통치시대라 평화를 해친다는 조건으로 자보스키가 체포되어 15년형을 받았으나 1년 만에 석방된다. 노새부대는 팔레스타인을 지키는 전쟁에서 혁혁한 전과를 올린다.

이제 시온주의의 혁명은 성공적으로 끝났고 이스라엘 국가는 건국되었다. 이것은 유대인의 숙원의 성취다. 아니라면 유대인이 걸어가야 할 장도한 인류의 역사의 다음의 숙원은 무엇일까?

유대인이 이스라엘의 국민이 되는 데는 자격시험을 칠 필요는 없다. 그곳에 살던 모든 팔레스타인과 아랍 현지인이 이스라엘의 시민이 되었다. 종전의 신분이나 시민권이 전혀 문제가 되지 않고 이스라엘의 시민이 되어 선거권과 교육과 복지혜택을 받을 수가 있었다. 아랍지역에서 최초로 여자가 투표권을 가지고 남자와 똑같은 사회활동을 할 수 있는 자유국가이다. 사방으로 적한테 우겨 싸여 있는 소국 이스라엘이 2500여 년 만에 회복한 이 나라가 이상적인 메시야 국가를 유지할 수 있느냐는 유대인만의 문제가 아닐 것이다. 작가인 아하드 하암과 비알리크가 말한 대로 이스라엘은 젖과 꿀이 흐르는 땅인 동시에 교육과 문화와 자유 종교가 있는 나라다.

아직도 이스라엘은 많은 문제를 가지고 있다. 가자지구의 영토문제, 바산으로 알려진 고란고원의 문제, 팔레스타인의 원주민 문제, 예루살렘의 수도 문제와 성전과 무슬림들의 모스크의 문제는 어떻게 풀어야 할지 답이 나오지 않는 난제이다. 그러나 분명한 것은 선한 의지는 반드시 성취된다는 사실이다. 많은 문제는 많은 도전을 요구하여 더 좋은 세상으로 나아가게 할 것이다.

164. 로스차일드

인류사에 우뚝 높이선 인물이 많지만 근대사에서 반드시 기억해야 할 유대인 마이어 암셀 로스차일드(1733-1855)가 있다. 그는 고물상으로 돈을 모아 궁전 유대인, 마지막 궁전 유대인이었다. 오펜하이머로 유명한 궁전 유대인은 유럽의 모든 나라의 돈줄을 쥐고 재정을 관리해온 인물들이다. 유럽의 왕실과 고위 지도자중 돈 관리를 유대인에게 맡기지 않는 나라는 거의 없다. 궁정 유대인이란 재무장관 내지 은행장과 같은 역할을 했다. 유대인이 궁정 유대인으로 유럽의 돈줄을 쥐고 재정 관리를 해온 이유는 간단하다. 그들은 정직했고 주인에게 충성했다. 거기에다 그들은 태생적으로 돈 관리 기술이 탁월했다.

이 같은 궁정 유대인 출신 로스차일드가 유럽사에 제일 먼저 뛰어든 곳이 나폴레옹 전쟁 때 전쟁 자금을 조달한 일에서부터다. 영국과 불란서 전쟁에 개입하여 나폴레옹이 패할 것을 알면서도 영국에 불리한 소문을 내어 영국 주식을 싸게 구입하고 나폴레옹의 전쟁 물자 제공을 한다. 전쟁이 끝나기 전에 나폴레옹의 부채를 전부 접수하고 손해를 보지 않았고 영국 주식에서 큰돈을 벌었다. 그는 고도의 정보 음모론을 조작하여 산업 스파이 역할도 했다. 영국의 산업 혁명으로 쏟아지는 자원을 활용했다. 지금 영국 정부마저도 로스차일드 본사가 있는 영국의 로스차일드 본부를 치외법권 법으로 처리할 정도이다.

영국의 아프리카 식민지 정책에 재정으로 깊숙이 관여하고 인도 식민지 개척에도 관여한다. 당시 인도의 총독은 영국의 수상을 지낸 디즈레이로서 같은 유대인이었다. 정치적으로는 디즈레이가 재정적으로는 로스차일드 가문이 인도를 착취한 것이다. 동인도 회사의 주식과 채권 소유자로서 막강한 이익을 챙겼다. 궁전 유대인은 유럽의 금융의 전신으로 주식, 그리고 은행의 역할을 하게 되어 로스차일드는 유럽 굴지 은행의 두취로서 신성 로마 제국의 금융을 쥐고 있다가 히틀러의 등장으로 망하여 히틀러의 대원수가 되었다. 이렇게 돈을 모은 로스차일드는 유럽 전쟁의 행방을 좌우하며 국가의 존망마저도 그의 손에 있었다. 심지어 중국은행에까지 주식을 행사할 정도이다.

사실 로스차일드란 그의 가문 명이 아니라 가문의 문장이다. 그 문장의 휘호는 다섯 화살로 다섯 아들을 상징하여 붉은 방패란 문장을 가지고 유럽 전체를 다섯 아들로 재정을 통치해 왔다. 다섯 아들들은 영국, 나포리, 파리, 빈 심지어 남아프리카의 재화까지도 장악하고 있었다. 악덕이라고 불릴 환전상으로 돈을 벌고 금융으로 모양새를 갖추어 금광 다이아몬드, 포도주, 석유, 유럽의 철도 사업도 로스차일드가가 맡아 해 왔다. 그리고 자선 사업에까지 관여하여 사실인즉 유럽의 미움이 된 것도 문어발식으로 뻗어나간 그의 재력과 정치력 때문이었다. 이 모든 사업에 다섯 아들이 주축이 되어 운영하여 그 비밀을 바로 알 수 있는 사람은 별로 없다. 그래서 지금 로스차일드 가문의 정확한 재산 내역을 아는 사람은 없다. 그들은 절대 자기들의 재력을 공개하지 않는다. 정보가 밖으로 나가지 않게 하기 위해 일본 왕실처럼 사촌간이 결혼함으로 근친상간의 우생학적 문제도 발생했다.

모든 유대인이 그러하듯 돈을 벌든 고관이 되든 그들은 선민으로 나라 회복에 전심을 다하는 일은 잊은 적이 없다. 디즈레이가 영국의 총리가 될 때부터 로스차일드 가문은 영국 정치에 깊숙이 관여하여 이스라엘 독립의 길을 닦고 있었다. 그는 이스라엘 독립운동의 선구인 시온주의를 위한 재정 제공자였다. 그는 독립을 위한 시온주의 운동에는 돈을 물 쓰듯이 뿌렸다. 영국의 외무장관 벨포어 경에게 많은 정치자금을 바치는 흑막의 거래를 하고 유명한 화학자 하임 하이츠만이 전쟁 무기 아세톤 발명에도 엄청난 재정지원을 하여 세계2차 전쟁을 승리로 이끌어 이스라엘 독립의 길을 닦았다.

그들은 부자가 되는 것을 자랑스럽게 생각하지 않는다. 야웨의 선민으로 그 돈을 어디에 쓰며 어떻게 사는 것만이 중요하다.

165. 중동의 6일 전쟁

아랍 동맹과 이스라엘의 전쟁은 4차에 걸쳐 아랍 동맹국과 이스라엘 간의 전쟁을 두고 하는 말이다. 4차의 전쟁 중 가장 극적이고 단호한 전쟁이라 우리의 기억에 남는 것은 6일 전쟁이다. 이 전쟁사만 기록해도 몇 권의 책이 될 것이지만 요점은 아랍동맹국이 이스라엘을 말살하여 이 땅에 흔적도 없이 만들겠다는 것이니 이스라엘로서도 생사를 건 전쟁이었다. 그 4차의 전쟁을 살피기 전에 중동과 이스라엘의 역사적 배경부터 살펴봄이 좋을 것 같다.

아랍족과 이스라엘은 모두가 한 혈통을 이어받은 형제들이었다. 아들이 없는 아브라함은 첩 하갈에게서 이스마엘을 얻으나 하나님이 따로 적자를 주신다는 약속을 받고 이삭을 얻는다. 그러니 서자 이스마엘은 설움을 받고 사막에 유리하는 방랑자였지만 그는 중동의 중시조로 숭앙받는다. 그는 서자이긴 하나 아브라함의 장자로서 당당한 족보의 우위를 차지한다고 주장한다. 그래서 그는 중동의 아버지다. 중동에서 마호메트와 같이 존경을 받아 메카에 장사지내 그 묘소가 신성시되고 있다. 그러므로 중동의 전쟁은 적자와 서자, 장자와 차자의 싸움이다.

당시 아랍연합공화국이라는 동맹군과 이스라엘의 전쟁은 우표딱지보다 작은 나라 하나를 없애기 위해 일억이 넘는 대국들의 궐기였다. 주요 동맹국은 애굽, 요르단, 시리아, 레바논이고 지원국은 이락, 쿠웨이트, 모로코, 알제리, 리비아, 팔레스타인 해방기구, 파키스탄, 튀니지, 수단, 소련까지 가세했다. 중요 동맥국과 주변 국들은 이삭의 장자 에서의 후예들, 롯의 딸에서 난 에돔 족속까지 참여, 장자 서자들의 싸움이 3천 년도 더 길게 이어 오는 피의 전쟁이다.

이 중동전쟁의 핵심은 간단하다. 중동에 나타난 이스라엘을 말살하는 것이고 두 번째 투쟁거리는 수에즈운하의 문제로 대국가들이 개입한 경제 이권의 문제이다. 그러나 수에즈 문제는 해결되었고 남은 문제는 중동 전체와 이스라엘 간의 문제이다.

수에즈 운하의 이권 문제부터 간단히 살핀다. 수에즈 문제는 애굽의 왕조에까지 거슬러 올라간다. 프토레미 왕조가 시작 단계에서 실패로 중단했다가 근세에 와서 1800년대에 불란서가 국제 채권을 발행하여 착수했다. 그러나 워낙 거액이라 어느 나라도 관심이 없는 중 영국이 거액의 채권을 당시 수상 디즈레이가 로스차일드의 도움으로 400만 파운드를 지불하고 불란서가 프로센 전쟁에 지면서 세력이 약해져 영국으로 주도권이 넘어간다. 이 거대한 이권이 영국으로 가고 중동 2차 전쟁이 1956년에 터져 이스라엘의 운명이 놓여 있는 상태에서 미국의 개입으로 모든 문제가 안정되어 수에즈 운하는 애굽쪽으로 이양, 지금 운하의 소유권을 가졌다. 아랍 연합국 일억과 80만의 이스라엘간의 4차에 걸친 전쟁은 이렇다.

아랍연합국은 땅을 빼앗기고 도로 찾는 이권 전쟁이었지만 이스라엘에게 있어서는 피맺힌 생명권의 전쟁이기에 빼앗기면 죽음과 같은 것이다. 이 피의 전쟁은 1948년 4월 14일 이스라엘이 독립 선언을 한 그 다음날 시작한 것이 약 10개월 계속되어 정전 협정으로 끝나니 이스라엘은 국토의 60% 이상을 확보했다. 2차 중동 전쟁은 전술한 수에즈운하 전쟁이고 3차 전쟁은 그 유명한 6일 전쟁이다. PLO의 결성으로 이스라엘을 말살시키기 위해 약 10개 아랍 연합국이 이스라엘을 파상 공세를 하였으나 이스라엘의 공군기 앞에서 굴복하여 6일 만에 전쟁이 끝났는데 안식일 문제로 종전하니 이스라엘의 기적 같은 승리였다. 이것을 6일 전쟁 또는 아랍쪽에서는 6일에 끝난 패전의 소리를 듣기 싫어 6월 전쟁이라 한다. 이스라엘은 요르단, 서안지구, 골란 공원을 확보했다. 4차 전쟁은 1975년 10월 6이래 시작하여 25일까지 한 전쟁으로 애굽, 시리아가 주축이 된 전쟁이나 아랍 연합군은 처절하게 패했다.

어머니 리브가의 뱃속에서 시작한 야곱과 에서의 싸움은 아마 세상 끝날까지 계속되어질 것 같다.

제9장. 히브리들의 이야기의 결어

히브리들의 순례 4000년의 유랑생활
그들의 약속은 이제 성취되어 나라를 찾음으로
그 순례는 끝이 났는가?
토라 탈무드 카라이즘, 카발라, 하시디즘, 하스카라,
시온주의가 가르치는 나침반을 따라 살아온 그들의 다음
순례의 과정은 무엇인가?

성서학자는 말한다.
이사야의 메시야 예언을 제외하고는
이스라엘의 재건으로 인하여
성서의 예언이 모두 성취됐다고 한다.
그렇다면
다음 4000년을 향한 이스라엘의
미래 예언은 무엇일까?

모든 예언이 성취된 지금
이스라엘이 나가야 할 역사의 방향은 어디일까?

166. 이스라엘이 성취한 자유행진

4000년의 순례로 이스라엘 나라를 세웠으니 이제 유대인의 유랑의 이야기를 끝내야겠다. 기원전 2000년, 기원후 2000년 동안 싸우고 패배하고, 도망가다가 맞아 죽고, 총 맞아 죽고, 죽었나 싶어 돌아서면 그리고 다시 일어나서 재생하기를 몇 백 번. 이제 그들은 죽어도 여한이 없는 할아버지의 땅을 찾아 평화의 감사기도를 드린다.

네 개의 대륙, 아시아, 아프리카, 중동과 유럽을 경험한 복잡한 사고의 역사, 여섯 개의 문명, 메소포타미아, 애굽, 바빌론, 페르시아, 그리스·로마, 아랍의 문명 속에서 그들을 흡수하면서도 흡수당하지 않은 유별난 문화의 백성 유대인, 민족과 사람을 말할 때는 유대인, 나라를 말할 때는 이스라엘이라고 불리던 이 나라는 세상에 있는 모든 고난의 한가운데서 살아났다. 어떤 시인이 평하기를 인류의 모든 고난과 아픔을 다 합쳐도 유대인의 그것에는 미치지 못한다는 말은 정확하지 않을까?

많은 친구들이 유대인 연구를 비꼬아 비난. 일본 역사를 연구하랴? 러시아와 미국 역사를 연구하랴? 이스라엘만큼 함축적이고도 신비한 역사의 나라가 있으면 말해 보라. 막걸리 시인 천상병은 이런 노래를 읊었다. '헤겔은 역사철학의 정립 때문에 각 민족의 역사를 두루 살펴 민족의 냄새가 안 나는 가장 보편적인 역사를 영국을, 헤겔은 마침내 이스라엘 민족사를 역사개념 정립의 터전으로 삼았다'고.

메소포타미아에서 유랑, 애굽에서의 노예생활, 나라의 멸망, 바빌론의 포로생활, 그리스·로마와의 만남, 마카비 반란, 로마의 박해와 압정, 회교시대, 봉건사회와 게토, 자본가로서의 삶, 살인의 수용소생활을 경험하느라 2000년이 걸렸다. 2000년의 끝자락에서 할아버지가 주신 잃은 땅을 찾아 나라를 세웠다. 본서는 왕이나 권력가의 역사로서가 아니라 2000년을 두고 도전해 온 인간의 애환에 대해 유대인이 어떻게 도전하고 무엇으로 그 어려움을 극복했는지를 메타 히스토리를 했다.

이 지난한 인간사를 어떻게 해석하고 평가하면 좋을까? 헨리 포드식으로 아무 의미 없는 사건의 나열로 보아야 할까? 아니면 그 사건들 뒤에 어떤 숨은 손길이 있다고 해석해야 할까? 여러 가지로 생각할 수가 있을 것이다. 마르크스적으로 유물론적 사고로 평가하면 물질적 조건이 유대인을 그렇게 끌고 왔을까? 물질, 즉 돈이 있었다면 역사의 방향이 다르게 흘러갔을까? 강성대국을 추구한 북왕국의 오므리나 남왕국의 영민한 요시야가 유대의 역사의 물길을 바꾸고 예언자 정신을 생산하여 유대인으로 하여금 정신적 민족이 되게 했을까? 영적 정신적인 측면에서 보자. 그들을 인도한 정신적인 힘, 토라, 탈무드, 카라이즘, 카발라, 하시디즘과 하스카라와 시온주의가 그들을 오늘까지 인도해온 힘일까?

역사 이론에 그 해석을 부탁해 볼까? 슈펭글러가 주장하는 주기적 역사 진화론으로 설명하면 어떻게 말할 수 있겠는가? 그렇다면 주기적으로 소멸 생성해야 하는데 왜 유대가 소멸되지 않고 여태껏 살아 있는가? 토인비가 말하는 도전과 응전의 원리는 어떻게 평가할까? 문화로서 유대인은 메소포타미아 문명에서 잔존한 가지에 불과하다는 말을 인정해야 할까? 신의 뜻이 있어 유대의 역사가 진행되며 또 진행되리라고 보는가? 그렇다면 어떤 신학적 해석이 나와야 설득을 받겠는가?

역사가의 사명은 랑게가 말했듯이 인간의 사건만을 정확이 기록하는 것만이 아니라 그에 대한 설명을 해야 한다고 볼 때, 신학적 설명을 인정하지 않는 사람들을 위해서 이제 자연 법칙의 차원에서 유대사를 둘러보기도 한다. 역사가는 역사사실에 자기가 좋아하는 채색을 해 버리기 때문에 채색이 안 된 모습을 찾는 것이 중요하다.

누가 뭐라고 해석해도 분명한 사실은 유대인은 선택받은 민족, 아브라함의 꿈이 실현된 계시의 역사이다. 어떤 역사 도식으로 유대사를 해석한다 해도 야웨의 선택받은 백성으로 아브라함의 환상을 떠나서는 해석할 수가 없다.

167. 유대역사를 바라보는 슈펭글러와 토인비

우리가 역사를 바라보는 시각은 시대구분으로 이해했다. 고대 중세 근세로 나누었지만 사상의 흐름으로 역사를 생각한다면 달리 이해되어질 것이다. 예를 들면 전쟁이나 어떤 영웅을 중심으로 역사를 구분하는 것도 또 하나의 방법이다. 이른바 위인사관이다.

인류 전체의 역사를 보더라도 인류는 20-30정도의 큰 문명을 창조했다. 거의가 다 소진되고 몇 살아 있는 문명은 살아남으려고 몸부림치고 있다. 미국의 문명이 창조성의 최고조에 있다. 그 창조성에 힘을 준 것이 무엇일까? 역사가는 추측하는 것뿐이지만 20세기 철학적 역사학자의 평가가 가장 가치 있는 평가일 것이다. 운명론적 비자유 의지 이론의 슈펭글러와 토인비의 자유 의지론적이다. 슈펭글러는 스스로 인간의 역사와 운명을 바꿀 힘이 인간에게는 없다는 것이다. 토인비는 이에 반대한다. 역사나 인간의 운명의 변화를 위해서는 인간이 무엇인가를 할 수 있다는 것이다. 이 두 학자 모두가 유대사를 다룸에서 각주로 내려 보내 평가할 가치가 없는 것으로 처리해 버렸다.

슈펭글러(1880-1936)는 이렇게 말한다. 문명이라는 한 정자가 수태되면 그 미래는 잉태와 생산의 과정을 통해 생산 성장 노쇠의 과정을 걸어 산화해 버린다. 이것은 자연이나 인간이 마찬가지다. 진화와 발전의 주기를 따라 그 길을 갈 수밖에 없는 것이 인간의 운명이듯이 문명도 그 같은 진화의 과정을 걷는다. 그래서 슈펭글러는 춘하추동의 주기설이 인간에게나 역사에 동일하게 적용된다고 보았다.

이에 비해 토인비(1889-1975)의 의견은 사뭇 다르다. 자연과 마찬가지로 역사는 끝임 없는 도전을 걸어온다. 역사나 자연이 걸어오는 도전에 바로 응하지 않으면 인간은 비역사적 존재로 산화해 버린다. 도전해 오는 역사에 잘 응전해도 계속해서 적절한 적응을 지속적으로 하지 않는다면 그 역사는 화석이 되어 버린다. 어떤 문명이 도전에 적절히 응전하기만 하면 그 역사가 영속할 것이란 질문에는 대답은 하지 않는다.

유대인의 역사는 이 수수께끼에 4000년 동안 성공적으로 잘 응전해 왔는데도 슈펭글러와 토인비는 유대사를 자기들의 역사원리에 포함시키지 않았다. 왜 그랬을까? 유대사가 그들의 문명 도식에 맞지 않아 그랬을까? 아니면 하찮은 삼류역사라서 무시해 버린 것일까? 대답은 간단하다. 유대사를 문명의 틀에 넣지 않고 문화의 틀에 넣으면 다 풀릴 수 있는 문제다. 유대사는 문명이라고 말할 수 있는 돌비석 하나도 제대로 남겨 놓은 것이 없는 문화국이기 때문이다. 이에 대해 여러 학자가 문명과 문화의 차이를 말했다. 쉽게 설명하면 문명이란 보이는 인간 발전사이고 문화는 그 속에 있는 심장이라고 하면 될 것이다.

슈펭글러의 입장에서 볼 때 유대사는 그의 주기설에 따라 성숙의 끝에서 죽어버렸다. 토인비에게 부탁하면 유대사는 유목생활에서부터 도전에 바로 응하여 국가 형성에까지 갈 수 있었다. 바빌론에서 포로로서 어떻게 살 것인가의 문제에 탈무드로 응전했다. 팔레스타인에 돌아와서 도전에 응전하려 했지만 실패하여 벌로 이산을 받는다. 실패한 유대인은 이산의 겨울이 온 것이 아니라 이산 자체가 디아스포라들의 응전 수단이 되어 죽지 않고 2000년을 버티어 온 것이다. 이산은 온 세계의 문명의 한 가운데로 인도하여 활기찬 문화의 길을 배우게 한 것이다.

유대인의 이산의 삶은 어떤 나라에 가더라도 이산 상태에서 정착하여 자신들의 문화를 만들어 죽지 않고 살았다. 어느 시대건 그들은 신의 선택받은 자녀로서 확신이 살아갈 의지와 목적을 낳았고, 토라가 그 생존 의지를 키웠고, 탈무드가 생존해 갈 수 있는 지혜를 갖다 주었다. 유대인답게 살지 못한 이유로 이산을 벌로 받았다. 그러나 지혜롭게도 이산을 응전의 방법으로 삼았다. 그러므로 이산은 유대인에게 있어서 징벌이면서 또한 축복이었다. 이산으로 인하여 유대인은 온 세계의 문명 위에 산보하며 껑충껑충 뛰어다녔다.

168. 디아스포라의 힘, 이산

이산은 나라를 잃고 유랑을 떠난 유대인들의 모습을 말한다. 정신적으로는 야웨를 잘못 섬긴 불신이요 겉으로는 나라를 바로 경영하지 못한 소치다. 그래서 그 벌로 조국에 살지 못하고 만리타향 외국에 버려진 상태이다. 당시는 깨닫지 못한 사실, 벌로 받은 이산이 유대인의 정신과 지식을 풍요케 한 축복으로 변했다.

유대를 몰락의 길로 몰아넣은 베스파시안 전쟁은 유대인의 해방이었다. 로마와의 전쟁은 유대인을 이산으로 쫓아내는 악운이었지만 세계의 풍요한 문명을 접할수 있는 축복이 된다. 유대인들은 풍요한 문화유산을 가지고 고향을 떠나 숱한 문명을 만났다. 이산이 유대인으로 하여금 많은 땅과 문화와 문명을 만나 최고의 문명인이 되게 했다. 한 문명지에서 그 문명이 영락하면 유대인도 영락하고 또 다른 문명으로 옮겨갔다. 그럼에도 그 문명이 영락해도 유대인은 영락하지 않고 새로운 문명으로 접붙임 받아 또 다른 성장의 경험을 하게 된다. 이와 같은 운명의 전이 현상을 유대인은 수차례 경험하여 어떤 문화의 변화를 한다 해도 그들은 의연이 감당해 왔다.

그래서 이산의 수명은 문명보다 길어서 이산의 유대인들은 문명의 첨단을 걷고 걸어 최고의 문화인이 되었다. 이산이야말로 유대인을 최고의 문화민족을 만든 축복이었다. 온 세계에 이산으로 흩어져 있더라도 유대인은 하나로 살았다. 가는 곳마다 회당이 있어 배움을 전달하고 하나님과 유대인과의 교통의 통로가 되었다. 그뿐이 아니었다. 회당은 온 세계 유대인을 묶는 네트워크가 되어 산업의 통로가 되어 모든 무역을 할 수 있게 했다. 이 같은 고난의 이산이 유대인에게 축복인 것을 아주 후일에야 알게 되었다.

가령 유대인이 추방의 이산을 모르고 살았다면 세계의 역사에서 전혀 문화의 힘을 발휘하지 못하고 안방마님 같은 생활을 했을 것이다. 이전에 그랬던 것처럼 유대인은 이스라엘이라고 하는 독립국가와 세계에 이산의 유대인을 가지고 있다. 쉬이 세계의 유대인들이 이스라엘로 모이리라고 보지는 않지만 이스라엘은 이산 유대인의 거점이요 정신의 고향이 된다. 그래서 이산된 유대인을 보호하며 거처가 되고 유대주의의 중심이 된다. 문명의 성쇠에 따라 이산의 중심이 여러 번 바뀌었지만 아직도 그 노정은 계속된다.

유대인은 계속 살아남을 것인가? 유대인의 도전 정신이 살아 있다면 이산의 정신은 유대인의 미래 생명의 불변의 요인이 되어야 할 것이다. 그런 점에서 이산의 정신은 없어서 안 될 유대의 생명정신이다. 유대인은 이천 년이 넘게 이 이산 속에서 성장하였다. 이산은 유대인의 성장 양식이 된 셈이다.

이제 유대인의 이산의 거점은 어디가 될까? 물론 유대인들의 꿈의 성취인 이스라엘이 있지만 2000년을 계속해 온 해외거점은 계속될 것이다. 이산의 형식은 바뀌어져 문화와 역사의 방향에 따라 결정될 것이다. 미국이 일후 300년 동안은 이산의 중심이 될 것은 분명하다. 문명의 규모나 인구, 경제 규모에서 어떤 나라도 필적하지 못하기 때문이다. 슈펭글러의 의견이 옳다고 한다면 서구문명은 가을을 지나 겨울에 들어섰다고 하니 미국도 서구문명에 속할진대 미국 아닌 다른 곳으로 옮겨지게 될 것인가? 그렇다면 슬라브문명지역이나 문명의 봄이라고 말할 수 있는 중국으로 갈까?

지금 러시아에서의 유대인의 상황은 14-15세기의 스페인과 비교될 정도로 비참하지만 그곳이 이산의 중심지가 아니 될 이유가 없다. 경제 규모에서나 유대인의 인구 규모에서 가능성은 많다. 지금 소련에는 약 30만의 유대인이 자치 지구를 만들어 살 정도니 그 가능성은 있다. 오늘날 세계적 추세로 볼 때 어디가 이산의 거점이 된다 해도 미국을 떠나서는 생각하지 못할 것이다.

169. 야웨가 유대인을 선택한 이유

이스라엘이 독립국으로 유대인의 정신적 법적 거점과 안식처가 되었지만 유대인의 이산은 계속될 것이다. 왜냐하면 유대인 1300만중 300여 만이 이스라엘에, 그 외는 전부 해외에 거주하기 때문에 이산은 계속될 것은 분명하지만 이제 2000년의 꿈이 성취된 지금 유대인은 무엇으로 살며 무엇을 위해 살아야 할지를 묻지 않을 수 없다.

유대인의 꿈이 성취된 지금, 지금부터 야웨의 선택을 받은 유대인의 사명은 무엇인가? 하나님은 무엇을 위해 이 민족을 선택했는가?

"내가 그 자식과 권속에게 명하여 여호와의 도를 지켜 의와 공도를 행하게 하려고 그를 택하였나니"

창세기의 뜻을 성취하고 더 나아가서 스피노자가 주장한 신은 만유의 자연이라는 명제하의 형제된 인류의 통합세계를 이룰 것인가?

유대인의 역사를 카발라적 3막으로 이해하면 어떨까? 3막의 길이는 제각기 2000년, 테제, 안티테제, 신테제로 6000년, 선택받은 민족 유대인은 남은 2000을 어떻게 무엇으로 채색할 것인가? 신은 계속해서 인간에게 역할을 맡기는데 유대인의 남은 2000년의 역할은 무엇인가? 지금껏 유대인은 인류의 제사장으로서 그리고 인류의 속죄 제물로서 하나님께 순한 양처럼 바쳐졌다. 이제 나라를 찾아 고토에 돌아가 예루살렘을 바라보며 샬롬, 샬롬의 감사노래를 하며 평안한 삶을 보내는 것이 그 종착점인가?

아브라함은 평범한 인간으로 믿음을 소유하여 그 역할을 다 행함으로 영웅이 되었다. 모세 역시 마찬가지다. 에스라 느헤미야는 꺼져 가는 등불의 심지를 돋우므로 민족을 위해 자기 사명을 다했다. 그러나 예수란 유대인이 나타나 유대인의 사명은 끝이 났고 그리스도교도들이 보편적 유대인으로서 그 사명을 맡을 시대가 왔

다는 것을 유대인들이 귀담아 들어야 할 때가 아닌가? 편협한 유대인이 하나님의
뜻인 보편 인간으로 사명을 다하지 못했기 때문에 야웨는 온 세계를 향해 그 뜻을
예수로 인하여 성취케 했으니 유대인은 더 이상 할 일이 없어진 것이다. 이에 대해
유대인은 할 말이 있는가?

유대인들은 지난 2000년 동안 인간의 연약함과 죄악을 책임지는 의미에서 유대
인 자신이 인류의 산제물이 되어 바쳐졌다. 인류의 죄악을 책임지는 제사장의 나라
로서 그리고 자신의 죄를 속죄받기 위한 산 제물이 되었다고도 본다. 이렇게 인류
의 죄악을 책임진 유대인이 그 짐을 포기할 수가 있을까? 혹자는 말하기를 홀로코
스트 600만 유대인의 생명은 인류의 제단에 평화의 헌물로 바쳐졌다고 해석한다.
유대인은 예나 지금이나 미래에도 인류의 제사장으로 그 책임을 다해야 할 것이다.
성서의 모든 예언이 소진된 지금 랍비들과 유대 철학자들이 유대인의 사명을 존속
시키기 위해 연구 노력하고 있다. 그렇다면 인류를 위해 유대인이 짊어질 십자가의
도는 무엇일까? 유대인은 노벨상을 통해 그리고 돈 버는 것으로 세상에 봉사한다.
이 말은 유대인을 자랑스럽게 하는 발언은 아니다. 유대인은 무엇이라고 대답해야
할까?

신이 내린 토라는 두 개의 법으로 형성되어 있다. 하나는 유대인이 자신을 위해
지켜야 할 법이고 하나는 인류를 위해 유대인이 지켜야 할 법이다. 유대인은 모든
율법의 1/3에 해당되는 제사법으로, 1/3은 휴머니즘의 인간애와 코샤법으로 유대
인성을 지키고, 나머지 1/3은 인류를 위한 보편법이다. 즉 도덕, 정의, 윤리에 관
한 법이다. 그렇다면 유대인은 세상에 이 법을 바르게 실천해 왔는가?

유대인은 마르크스의 물질사관을 경원하면서도 이 물질을 위해 살아왔다. 세계
를 물질로서가 아니라 정신으로 볼 때 이미 문명세계의 2/3 이상이 히브리 기독교
사상의 세례를 받았다. 모세, 이사야, 예수, 바울, 스피노자, 마르크스, 프로이드,
아인슈타인의 사상을 따르고 있다. 물질적으로 혹 정신적으로 유대인이 충분히 선
민의 사명을 완수했다고 볼 수 있을까? 다가올 2천년의 세대에 유대인은 어떤 계
시를 따라 살아야 할까?

170. 글을 마치면서

쓰지 않아야 할 글을 씁니다. 중간 중간 가까운 친구, 먼데 있는 친구들에게 글을 보내니 한결 같은 핀잔의 소리가 들려왔습니다. 우리 구주 예수를 죽인 놈들을 연구할 필요가 어디 있느냐? 살인자의 변호를 한다고 해도 그게 무슨 변명이 되겠냐만 먼저 유대인이 예수를 죽였다는 객관적인 증거가 부족합니다. 사도신경에도 빌라도에 의해 고난을 받으사 십지가에 못 박혀 죽었다고 했는데……

그러면 신약성서를 듭니다만 그것은 예수 편에서 쓴 글이라 공정성이 없다고 봅니다. 살인자라고 낙인찍힌 유대인의 소리도 들어봐야 하지 않겠습니까? 예수 심판의 과정이 전혀 유대적이 아니고 로마 철권에서 민족 청년 예수를 보호하기 위한 조치였다고 합니다.

친구들이 왜 예수 죽인 살인자의 글을 쓰느냐는 질문에 몇 가지로 대답했습니다. 예수를 탄생시킨 예수 민족의 생각과 삶의 방법을 정리하고 싶었고, 2천 년의 고난을 이기고 저렇게 우뚝 높이 선 저들의 지혜가 부러웠고 의학, 수학, 물리학과 천문학을 발달시킨 것만이 지혜가 아니라 죽음의 질곡에서 헤어 나와 이렇게 열매 만발한 삶을 만든 것이 부러웠습니다.

죽이기 위해 처넣은 게토에서 아름다운 학문을 하고 자본주의를 만들어 세계의 재화를 자기들의 소신껏 밀고 나가는 지혜가 부러웠습니다. 몇 개의 빌딩과 도시 반을 차지할 모빌 홈 팍을 가지고 있는 유대인 친구가 있습니다. 그의 차는 이천 년의 세비, 사무실은 나의 방보다도 작은데 일년에 200만 불 이상을 조국 개발을 위해 송금합니다. 자기를 위해 쓰는 돈은 거의 없는데 그 많은 돈을 가치 있게 쓴 것도 부러웠습니다.

600만의 귀한 생명을 인류 제단에 바치고도, 원수 갚지 않고 내일을 사는 그들의 고상한 사고는 어디에서 나온 것인가? 인류의 잔악에 함몰되지 않고 오히려 그 힘을 이용하여 자기들의 삶을 미화하고 미래를 준비하는 모습이 부러웠습니다. 친구들이 왜 유대인이 되지 않느냐는 친구도 있지만 나는 예수 그리스도로 인하여 인생길을 찾았기에 그 이상의 길은 없다고 생각합니다. 하나 그들을 삶의 모델로 삼아 닮아가고 싶습니다. 야웨는 히브리를 인류의 모델, 모름지기 이 정도는 되어야 내 자식이라고 인류의 표상으로 내세운 족속이니 따라 갈 만하지 않습니까? 잘 할 자신이 없으면 잘하는 사람을 따라 가기만 해도 지혜입니다.

구원의 노이로제에 걸린 한국교회는 구원이 무엇인지도 모르고 구원의 노예가 된 상태라, 인류를 향한 보편적 진리 메시지는 들리지 않습니다. 하나 모든 진리와 예언이 소진되었다 해도 기독교의 사랑만은 지구의 끝 날까지 인류의 생명이니 그 사랑 속에 인애, 자비, 긍휼 돌봄이 있어 그리스도의 길을 가면서 미래 세계를 준비하는 예지를 찾아야 한다고 봅니다. 끝임 없는 쇄신과 개혁 속에서 새 지혜를 찾는 것이 기독교의 본질이기 때문입니다.

본문에서 말했듯 2천 년의 세월 동안 유대인을 받쳐준 탈무드주의도 소진되어 혜안 있는 랍비들은 독립 이후의 유대인의 새 길을 찾고 있습니다. 말하기를 구약의 예언도 소진되고 남은 것은 이사야의 꿈뿐이니, 성서는 더 이상 인류의 길을 말하지 않습니다. 에스겔과 다니엘의 환상도 다 성취됐으니 남은 예언이 없습니다. 그러니 인류가 어떤 환상을 바라보고 어디로 가야 할지 모릅니다. 더 이상 인류에게는 바라볼 묵시도 환상도 없습니다. 예수의 재림, 천국 환상을 말하지만 그것은 최소한 몇 십억 년 후의 일입니다.

지구의 수명은 25억 년을 더 가야 할 장도인데 남은 세월에 인류는 어떤 길잡이를 찾아야 할지 대답이 없습니다. 예언자의 꿈이 소진된 상태인데 어디에 인류의 미래 환상을 찾을 수 있을까요. 랍비는 말합니다. 유대인은 하나님의 길을 찾는 나침반이라고 했는데 과연 다가오는 시대에도 그와 같은 공식이 가능할까요?

찾 아 보 기